"패턴을 알면 답이 보인다."

패턴국어
중학 문법
기본편

류대곤 | 이승환 | 김은정 | 황혜림 | 이지윤

- 개념 정리+기본 문제 -

알앤비
RNB

저자

류대곤　　인천하늘고등학교 교사

고려대학교 국어국문학과 및 교육대학원 국어교육과 / 저서 :《청소년을 위한 한국고전문학사》,《패턴국어 문법 심화편》,《패턴국어 중학문법》,《패턴국어 중학문법:심화편》,《패턴국어 문법 기본편》,《패턴국어 중등문학:현대시》,《패턴국어 고등문학:현대시》,《패턴국어 고등문법:기출문제》,《패턴국어 중등문학:현대 소설》

이승환　　영도중학교 교사

고려대학교 국어국문학과 졸업 / 2007, 2009, 2015 개정교육과정 중학교 국어교과서 집필,《패턴국어 중학문법》,《패턴국어 중학문법:심화편》,《패턴국어 중등문학:현대시》,《패턴국어 중등문학:현대 소설》

김은정　　진성고등학교 교사

고려대학교 국어교육과 졸업 / 저서 :《청소년을 위한 한국고전문학사》. 2009개정교육과정 고등학교 문학 교과서 집필, EBS 올림포스 문학 집필,《패턴국어 중학문법:기본편》,《패턴국어 중학문법:심화편》

황혜림　　성신여자고등학교 교사

고려대학교 국어교육과 졸업,《패턴국어 중학문법:기본편》,《패턴국어 중학문법:심화편》

이지윤　　양서중학교 교사

고려대학교 국어교육과 졸업,《패턴국어 중학문법:기본편》,《패턴국어 중학문법:심화편》,《패턴국어 중등문학:현대시》,《패턴국어 중등문학:현대 소설》

검토진

이기봉 청심국제중고등학교 / 정철 중산고등학교 / 김선혜 하남고등학교 / 정소리 원촌중학교 / 최수경 숭곡중학교

대치동 및 강남 서초 분당의 학원에서 학생들을 지도하시는 선생님들께서도 검토해 주셨습니다.

대치　　김규연 / 김나래 / 김지해 / 박소현 / 백애란 / 성수나 / 신일웅 / 윤지윤 / 이경희 / 이미연 / 이수현 정장현 / 지현서 / 채상아 / 한귀선 / 허승현

서초　　나선애 / 송남권 / 이정은 / 이정화

압구정　　곽은영 / 이정여 / 정종은

반포　　김기식 / 김민경 / 양세영 / 이채윤

분당　　김현진 / 민병억 / 서보현 / 함범찬 / 홍승희

잠실　　신희정 / 정태식 / 이수현

개정판 2쇄 2024년 4월 25일

저자 류대곤 | 이승환 | 김은정 | 황혜림 | 이지윤

펴낸이 이상기　　　　펴낸곳 ㈜도서출판알앤비　　　　등록 2018년 8월 22일 제 2019-000048호

주소 서울 강남구 남부순환로 2909 201-1호　　　　전자주소 rnbbooks@daum.net

ⓒ 류대곤 | 이승환 | 김은정 | 황혜림 | 이지윤 2022, Printed in Korea.

ISBN 979-11-979891-2-4 53700　　　　값 17,000원

목차

이 책을 펼치는 학생들에게

여러분은 문법, 하면 어떤 생각이 떠오르나요?

어떤 마음으로 이 책의 페이지를 넘기고 있나요?

우리는 문법을 왜 공부해야 할까요?

중학생 중에서 문법을 쉽고 재미있는 것이라고 여기는 사람은 많지 않을 것입니다. 대개 문법을 왜 배워야 하는지 모르거나, 부모님이나 선생님의 조언에 따라 성적을 잘 받기 위해서 어쩔 수 없이 공부해야만 하는 것으로 받아들입니다. 문법을 몰라도 사는 데 지장이 별로 없다고 생각해 애초부터 포기하는 경우도 있습니다. 열심히 공부하려는 학생들은 주어진 개념과 예시를 외우고 문제 풀이를 반복하고는, 시험이 끝나면 언제 배웠냐는 듯 이내 잊어버리고 맙니다. 안타까운 학습-망각의 쳇바퀴가 아닐 수 없습니다.

한편 문법을 가르치는 선생님의 입장에서도 어려움이 있습니다. 주어진 시간은 한정되어 있고 학습해야 할 내용은 많기 때문입니다. 강의식 수업으로 지식을 최대한 전달하고, 까다로운 부분은 예시와 설명을 보충하며 학생들이 일단 시험을 잘 볼 수 있도록 대비해 줍니다. 가끔 어떤 학생이 이런 것을 왜 배워야 하냐고 물어보면, 정확하고 원활한 의사소통을 위해 필요한 것이라고 답변합니다. 하지만 문법 개념과 현실의 의사소통 사이에는 마치 거대한 벽이 있는 듯합니다. 그 벽을 무너뜨려서, 학생들의 지식과 소통 역량이 연결·융합될 수 있도록 돕는 것이 선생님의 역할일 것입니다.

이 책은 여러분이 문법을 체계적으로 이해하고 탐구하여, 실생활에서 활용할 수 있는 힘을 기르는 데에 주안점을 두어 만들었습니다. 문법은 단순 암기의 대상이나 성적을 변별하는 도구가 아닙니다. 문법은 말과 글에 담긴 규칙과 원리이며, 인간을 인간답게 만들어 주는 언어의 체계입니다. 사람들이 살아가며 접하는 모든 정보와 지식은 언어의 형태로 생산·전달되는데, 그 언어의 질서가 바로 문법인 것입니다.

울음으로 자신의 모든 의사를 표현하던 아기가 처음 말을 배우기 시작하는 것을 보면 신기하기 그지없습니다. 여러분이 자신도 모르게 직관적으로 습득했던 국어의 말소리·단어·문장은 왜, 어떻게 그런 형태·의미·구

조를 지니게 되었는지 궁금하지 않으신가요? 물론 모든 질문에 대한 답을 찾기는 쉽지 않습니다. 그러나 중요한 것은 말과 글의 질서에 대해 궁금히 여기는 마음과 그 궁금증을 풀고자 하는 태도입니다. 이것이 바로 탐구심입니다. 어떤 분야에서든 탐구심은 발전과 혁신으로 이어지는 원동력이 됩니다.

'같은 말이라도 아 다르고 어 다르다'라는 속담이 있습니다. '아'와 '어'는 왜 다른지, '아'와 '어'의 차이점이 무엇인지 등을 이해하는 과정이 바로 문법을 공부하는 일입니다. 제대로 공부한다면, 실생활에서 상황과 상대에 맞게 '아'와 '어'를 어떻게 구별하여 써야 하는지 알고 적절하게 활용할 수 있겠지요. 이러한 점에서 우리의 모국어인 국어의 문법 체계를 이해하는 것은 정확하고 원활한 의사소통을 하는 데 도움이 되며, 나아가 탐구심은 물론 비판적·창의적 사고력을 기르는 바탕이 됩니다.

그럼에도 불구하고 문법을 공부하는 것 자체가 재미없고 어렵게 느껴질 수 있습니다. 마음의 빗장을 풀고 학습의 효과를 높이기 위해, 스스로 공부의 목적이나 학습 목표를 먼저 성찰해 보면 어떨까요? '목적'은 국어사전에 '실현하려고 하는 일이나 나아가는 방향'이라는 의미로 풀이되어 있습니다. 여기서 어떤 것을 실현하고 어디론가 나아가는 사람은 누구인가요? 바로 여러분 자신입니다. 남이 시켜서가 아니라 스스로 문법을 왜 공부하는지, 자신이 공부를 통해 무엇을 이루고 싶은지 등을 생각할 수 있다면 눈앞의 점수에 일희일비하지 않고 공부의 중심과 방향을 잘 잡을 수 있을 것입니다.

고생스러우면서도 뿌듯한 그 과정을 경험하는 여러분에게 이 책이 조금이나마 도움이 되기를 바랍니다. 중학교 교육과정에서 다루는 문법 개념 및 체계를 세울 수 있는, 양질의 문제를 만들기 위해 노력하였습니다. 문항에서 묻고 있는 것이 무엇인지 정확히 파악하고, 논리적인 근거를 들어 정답과 오답을 구분하는 연습을 꾸준히 해 보기를 추천합니다. 만약 비슷한 문제를 반복적으로 틀린다면 개념을 명확히 이해하지 못한 것이니, 어떤 내용을 혼동하는 것인지 차근차근 확인하면 됩니다.

자신이 무엇을 알고 모르는지 구분하고 자각하여, 부족한 부분을 스스로 보충하고 문제를 해결할 수 있는 능력을 '메타인지(meta-認知)'라고 합니다. 메타인지와 공부의 선순환이 만들어지면, 시간과 노력을 적절하게 조절할 수 있게 되므로 학습과 삶의 효율이 전반적으로 높아집니다. 특히 문법은 우리의 생활 속에 녹아들어 있기에, 말과 글의 규칙과 원리에 대해 탐구하는 것은 메타인지를 향상시키는 좋은 자극과 계기가 될 것입니다. 이 책을 통해 여러분이 시나브로 성장한 자신을 발견할 수 있기를 응원합니다.

이 책의 구성과 활용

1. 대한민국 하나뿐인 중학교 전 학년 문법 교재의 완결판

◆ 중학교 전 학년 문법 단원을 모두 모았다.

◆ 내신은 이 책 한 권으로 완벽하게 정리할 수 있다.

◆ 혼자서도 스스로 할 수 있도록 내용을 알차게 구성하였다.

◆ 중학교 모든 출판사의 교과서 내용을 총망라하였다.

2. 이 책의 구성

◆ 학습자 혼자서도 스스로 학습할 수 있도록 개념 설명이 자세하게 되어 있다.

◆ 기본에서 심화에 이르는 내용까지 단계별 학습을 할 수 있도록 하고 있다.

◆ 중요한 내용은 머릿속에서 쉽게 정리될 수 있도록 표를 통해 다시 한 번 제시하고 있다.

◆ '기본 문제'와 '연습 문제'를 통해 앞서 학습한 문법 이론을 정리하고 적용할 수 있도록 하고 있다.

◆ 중학교 모든 교과서의 학습활동 문제를 다수 연계하여 문제화하고 있다.

◆ 선다형 문제뿐만 아니라 서답형 문제(30%)도 함께 갖추고 있다.

◆ "모의고사" 문제를 통해 내신 대비 실전 감각을 키울 수 있도록 하고 있다. 특히, 고득점에 도달할 수 있도록 최고 난도 문제를 적절하게 배치하고 있다.

◆ 대단원 총 문제수만 100문제이기 때문에 모든 유형의 문제를 집중적으로 풀어볼 수 있도록 구성하여 학습자의 학습 효율을 높이고자 하였다.

◆ 〈정답 및 해설〉은 정답 선지에 대한 해설뿐만 아니라, 오답이 왜 오답인지에 대한 해설도 자세하게 덧붙이고 있기 때문에 자기주도학습교재로서의 요건을 완벽하게 갖추었다고 할 수 있다.

음운 01

01 언어의 본질 – 개념 정리

01 언어의 개념

언어는 인간이 자신의 생각을 표현하고, 사회 구성원들과 의사소통할 수 있게 하는 도구이다.

02 언어의 특성

- **추상성** : 실제 사물에서 공통 개념만 뽑아내는 과정(추상화 과정)을 거치는 성질
  실제 세상에 존재하는 '나무들'은 구체적으로 하나씩 살피면 같은 것이 하나도 없다. 하지만 사람들은 공통된 속성(광합성, 뿌리, 잎, 가지가 있음)을 뽑아내는 추상화의 과정을 거쳐 각기 다른 그것들을 통틀어 '나무'라고 부른다.

- **자의성** : 사물의 말소리와 관계가 제멋대로(자의적)인 성질
  예 같은 대상을 한국어로는 '꽃', 영어로는 'flower', 한자로는 '花'로 표시한다. 즉, 같은 대상을 그런 언어로 쓰는 데에는 특별한 이유가 없다.
  예 '닭이 우는 소리'를 한국어로는 [꼬끼오]라고 한다. 그런데 영어로는 [cock-a-doodle-doo], 프랑스어로는 [cocorico], 독일어로는 [kikeriki], 일본어로는 [kokekko]라고 한다.

- **사회성** : 사물과 말소리와 관계가 사람들 사이의 약속(사회)으로 정해진다는 성질을 언어의 사회성이라고 한다. 특정한 의미를 특정한 말소리로 나타내자는 약속이 일단 사회적으로 수용되고 나면, 어떤 개인도 마음대로 바꿀 수는 없다.
  예 어떤 대상을 '나무'라고 부르기로 했으면 그것을 지켜야 의사소통이 가능하다.

- **역사성** : 시간이 흐르면 단어의 소리와 의미가 변하거나, 문법 요소에 변화가 생긴다. 언어는 시대와 사회의 변화에 따라 태어나고 죽는 과정을 거친다.
  예 예전에는 '나모'라고 부르고 적었는데 지금은 '나무'라고 한다.

- **창조성** : 인간은 개수가 정해져 있는 음운이나 단어를 가지고 무한한 문장을 만들어 사용할 수 있고, 처음 듣는 문장을 이해할 수 있다.
  예 조지훈 시인의 시 '승무'에는 '나빌레라'라는 표현이 나오는데, 승무를 추는 모습이 마치 '나비'와 같이 부드럽고 아름답다는 뜻으로 이전에는 누구도 사용하지 않은 새로운 말이다. 독자들은 시에서 이 단어를 읽고 특별한 설명이 없더라도 비슷한 느낌으로 글을 이해할 수 있다.

- **규칙성** : 모든 언어에는 일정한 규칙이 있고 이를 문법이라고 부른다.

  예 우리말의 문장은 '나는 밥을 먹었다'처럼 주어-목적어-서술어 순서대로 되어 있어서 문장을 만들 때에도 이 법칙을 따라야 한다. 이와 달리 영어나 중국어는 'I drink water', '我喝水'와 같이 주어-서술어-목적어 순서대로 문장을 만들며, 새로운 문장을 만드는 사람은 이 법칙을 따라야 의사소통을 할 수 있다.

- **분절성** : 연속된 세계를 나누어 표현하는 성질. 언어는 더 작은 단위(음운, 형태소, 단어, 문장 등)로 쪼갤 수 있고, 작은 단위를 결합하여 수많은 큰 단위를 만들 수 있다. 또한 언어는 외부 세계를 반영할 때, 있는 그대로를 반영하지 않고 연속적으로 이루어져 있는 세계를 불연속적인 것으로 끊어서 표현한다.

  예 실제 무지개는 '빨강, 주황, 노랑, 초록, 파랑, 남색, 보라'로만 이루어져 있는 것이 아니지만, 우리는 그렇게 끊어서 이야기한다.

  예 뺨, 턱, 이마 사이에도 정확한 구획이 정해져 있는 것은 아니다.

  예 시간의 경계 : 묵은해가 가고 새해가 온다고 생각하지만 사실 12월 31일과 1월 1일 사이의 시간 흐름에는 어떤 분명한 경계가 없다.

[01-05] 다음 글을 읽고 물음에 답하시오.

(가) 사람들이 의사소통을 하는 방법은 여러 가지가 있는데, 언어를 활용하는 것은 그중에서 가장 효율적인 방법이다. 사람들은 일찍부터 정보와 감정을 주고받고자 할 때 언어를 이용하였다. 언어 가운데 가장 먼저 사용한 것은 소리였고, 시간이 흐른 뒤에는 문자도 사용하였다. 전하려고 하는 뜻을 약속된 소리나 문자로 표현하고 이해하면서 원활하게 의사소통을 할 수 있게 되었다.

(나) 우연히 소리나 문자 표기가 같을 수도 있겠지만 대부분은 언어마다 서로 다른 소리와 문자를 가지고 있다. 가리키는 내용은 같더라도 형식은 얼마든지 다를 수 있는 것이다. 소통만 잘 이루어지면 그 뜻을 지시하는 형식은 어떤 것으로 정하든 문제가 없다. 같은 대상도 언어마다 다른 소리와 표기로 표현되는 것을 보면 형식이 우연히 결정된 것임을 알 수 있다.

(다) 대상을 표현하는 언어의 내용과 형식의 관계가 일단 정해지면 같은 언어를 사용하는 사람들끼리는 그 약속을 지켜야 원활한 의사소통이 가능하다. '종자식물의 번식기관'을 [꼳]이라고 부르기로 정했는데 누군가가 이것을 [똑]이나 [꾿]이라고 부르면 의사소통이 제대로 될 수 없다. 또 자음과 모음을 적는 방법이 '꽃'으로 정해져 있는데 이것을 '춝'이라고 쓰자고 하면 다른 사람들이 받아들이지 않을 것이다.

(라) 내용과 형식에 대한 약속 및 일정한 규칙에 대한 약속이 이루어지면, 이후에는 이 규칙 안에서 새로운 말을 만들어 다양하게 표현하고 전달할 수 있다. 새로운 사물이나 개념이 나타나면 그에 맞는 단어를 만들어 낼 수도 있다. 또한 기존의 단어를 조합해 상황에 맞는 새로운 문장을 만들어 낼 수도 있다. 예를 들어 '꽃이 아름답다.'와 같이 단어의 순서, 조사나 어미를 붙이는 방법 등 문법을 정해 놓으면 이 방법에 따라 수많은 문장을 만들 수 있다.

(마) 언어가 늘 같은 모습으로만 있는 것은 아니다. 의사소통을 더 효과적으로 하기 위해 새로운 소리나 문자가 더해지거나 있었던 것들이 사라지기도 한다. 이때 단어의 소리나 표기가 달라지기도 하고, 단어의 뜻이 변하기도 한다. 또한 새로운 규칙을 통해 변해 가는 세상의 다양한 뜻을 담아내기도 한다.

01 윗글의 내용과 일치하는 것은?

① 문자는 소리 다음으로 의사소통에 사용하였다.

② 가리키는 내용이 같으면 형식도 일치해야 한다.

③ 개인이 새롭게 만든 말은 의사소통에 바로 활용할 수 있다.

④ 새로운 사물이나 개념이 나타나면 기존의 단어 가운데 골라서 불러야 한다.

⑤ 새로운 말을 만들어 내는 것보다는 기존의 표현을 그대로 쓰는 것이 효과적이다.

02 (나)에서 설명하는 언어의 특성으로 적절한 것은?

① 언어의 자의성 　　　　　　② 언어의 사회성
③ 언어의 규칙성 　　　　　　④ 언어의 창조성
⑤ 언어의 역사성

03 (다)에서 알 수 있는 언어의 특성과 관련된 사례로 적절한 것은?

① 모두가 '학교'라고 부르는 장소를 나만 '편의점'이라고 부를 수는 없다.
② '이슬비'나 '비가 온다'는 자연스럽지만 '비이슬'이나 '가비 다온'은 어색하다.
③ 한국어로 '책상[책쌍]'이라 부르는 것을 영어로는 'desk[데스크]'라고 한다.
④ '과즙상(과일과 같이 상큼한 인상), 주린이(주식에 익숙지 않은 사람을 어린이에 빗댐)' 등은 새로운 개념을 가리키기 위해 만든 말이다.
⑤ '다리'는 예전에 사람이나 짐승의 다리를 일컫는 말이었지만 지금은 책상과 같은 물체를 받치는 부분을 부를 때에도 쓴다.

04 윗글의 (가)~(마) 중, 〈보기〉에서 가장 두드러지는 언어의 특성이 나타나는 부분은?

보기
가: 너 아까 복도에서 얘기해던 애랑 무슨 사이야? 사귀어? **나**: 아니, 아직 삼귀는 정도야. **가**: 아 너네 썸 타는구나. 잘 어울린다. 　　2015년 3월 국립국어원은 '삼귀다'를 발표하였다. 이는 두 사람이 본격적인 연애를 시작하기 전 친밀하게 지내는 상태를 뜻한다. 서로를 탐색하며 알아가는 상태를 가리키며 유사한 말로 '썸타다'가 있다.

① (가) 　　② (나) 　　③ (다) 　　④ (라) 　　⑤ (마)

05 (마)에서 설명한 내용의 예로 알맞지 <u>않은</u> 것은?

① 'ㆍ'(아래 아)는 현대에 'ㅏ' 또는 'ㅡ'로 대체되었다.
② 오늘날에는 'ㅸ(순경음 비읍)'은 쓰이지 않는다.
③ 조선 시대에는 '열매'를 '여름'이라고 표현하였다.
④ '바다'는 프랑스어로는 '메르', 일본어로는 '우미'라고 한다.
⑤ 예전에 쓰이던 '온'이란 말 대신 이제는 '백'이라는 말이 쓰인다.

06 다음 설명을 통해 알 수 있는 언어의 특성으로 가장 알맞은 것은?

> **보기**
>
> '야옹'은 의성어로 의미와 음성의 관계가 매우 밀접하다. 그런데 한국인들이 보편적으로 인식하는 고양이 울음소리인 '야옹'은 다른 나라 사람에게는 '미야옹'으로 인식될 수도 있다. 언어는 음성과 의미 사이에 필연적인 관계가 없고, 그것을 사용하는 언어 대중 사이에서 사회적 약속으로 정하여 쓰면 그만이다.

① 언어의 역사성   ② 언어의 분절성   ③ 언어의 추상성
④ 언어의 자의성   ⑤ 언어의 보편성

07 언어의 특성에 대한 설명으로 적절한 것은?

① 사회성 - '맑은 날 이른 아침에 풀잎이나 나뭇잎에 맺혀 있는 물방울'을 [이슬]로 부르는 것은 말소리와 그 뜻이 우연히 결합하여 이루어진 것이다.

② 분절성 - 우리가 의사소통을 할 때에는 주로 문장이나 단어를 사용하지만 그 구성 성분을 살피면 최소 의미 단위인 형태소, 최소 발음 단위인 음절 등으로 쪼갤 수 있다.

③ 자의성 - 중세에는 '놈'이 사람 전체를 지칭하는 말이었는데, 오늘날 '놈'은 사람을 낮춰 부르는 말이기 때문에 상황을 가려 사용해야 한다.

④ 창조성 - '나', '밥'에 각각의 단어에 '는', '을'과 같은 단어가 결합할 때 '나는'과 '밥을'의 순서는 사용되지만, '는나'나 '을밥'은 사용되지 않는다.

⑤ 추상성 - 어린 아이들이 고양이를 개라고도 부르고 할아버지에게 할머니라 부르기도 하면, 이를 본 어른들이 의사소통에 혼란이 오지 않도록 정해져 있는 이름들을 다시 가르친다.

08 다음 글에서 남자가 밑줄 친 ㉠과 같은 상태에 처한 이유를 '언어의 성질'로 설명하시오.

보기

　남자는 침대를 사진으로 부르기로 하고 이렇게 말했다. "피곤하군, 사진 속으로 들어가야겠어." 그러고는 아침마다 한참씩 사진 속에 누운 채로 이제부터 의자를 뭐라고 부를까를 고심했다. 그러다가 의자를 '시계'라고 부르기로 했다.

　그러니까 그는 자리에서 일어나 옷을 입고, 시계 위에 앉아 양팔을 책상 위에 괴고 있었다. 그러나 책상은 이제 더 이상 책상이 아니었다. 그는 책상을 '양탄자'라고 불렀다.

　그러니까 남자는 아침에 사진 속에서 일어나 옷을 입고, 양탄자에 놓인 시계 위에 앉아, 무엇을 무엇이라고 부를 수 있을지를 고심했다.

　잿빛 외투를 입은 그 나이 많은 남자는 사람들이 하는 말을 더 이상 이해할 수 없게 되었다. 그건 그리 심각한 문제는 아니었다. ㉠그보다 더 심각한 것은 사람들이 그를 더 이상 이해할 수 없게 된 것이었다. 그래서 그는 그때부터 말을 하지 않았다. 그는 침묵했고, 자기 자신하고만 이야기했고, 더 이상 인사조차도 하지 않게 되었다.

09 〈보기〉에서 알 수 있는 언어의 특성을 언어의 소리(기호)와 뜻(내용)의 관계를 중심으로 설명하시오.

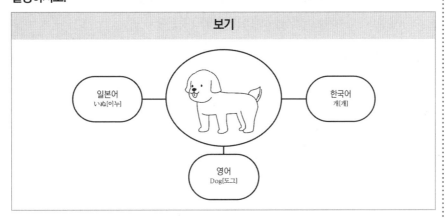

보기

10 〈보기〉의 사례에서 알 수 있는 언어의 특성에 대하여 20자 내외로 서술하시오.

보기

　방언 지도에 따르면 표준어 '고구마'를 현재도 제주도에서는 고구마를 '감자(감저)'라고 부르며, 감자는 '지슬(지실)'이라고 각각 부른다. 전라도, 충청도 지역에서는 고구마를 '무수감자(무감자)'나 '진감자'라고도 부른다.

02 음운의 개념 및 종류-개념 정리

01 음운

말의 뜻을 구별해주는 소리의 가장 작은 단위, 음소와 운소

[주의하기] 음운은 소리의 단위이기 때문에 쓰여 있는 그대로를 생각하면 안 된다. '강'과 '바다'의 음운은 쓰여 있는 것과 똑같이 'ㄱ, ㅏ, ㅇ', 'ㅂ, ㅏ, ㄷ, ㅏ'이지만, '악어'의 초성 'ㅇ'은 소리가 나지 않기 때문에 '악어'의 음운은 'ㅏ, ㄱ, ㅓ'가 된다는 것을 기억해야 한다.

[비교하기] 코를 골 때 나는 실제 소리는 **음향**
그것을 사람의 목소리로 따라서 표현하면 **음성**
그 소리를 '코'로 표현했을 때 자음과 모음은 **음운**
'ㅋ'은 혼자 발음할 수 없지만, 모음 'ㅗ'와 결합한 '코'는 소리 낼 수 있는데, 이렇게 한 번에 발음할 수 있는 최소 단위를 **음절**

[심화학습] 변이음 : 실제로는 다른 소리인데 우리에겐 같은 소리로 인식되는 것을 변이음이라고 한다. 예를 들어 '바보'의 두 'ㅂ'은 서로 다른 소리이지만 우리는 똑같은 'ㅂ'으로 인식한다. 왜냐하면 한국어를 사용하는 사람들에겐 단어의 맨 처음이나 받침에 오는 소리인 'ㅂ'(무성음)과 모음 사이에 오는 'ㅂ'(유성음)이 발음으로 구별되지 않아서, 같은 소리로 생각되기 때문이다. 이렇게 서로 다른 소리(음성)지만, 같은 소리(음운)로 인식되는 것들을 '변이음'이라고 부른다.

음운	분절음운 (음소)	자음	ㄱ, ㄴ, ㄷ, ㄹ, ㅁ, ㅂ, ㅅ, ㅇ, ㅈ, ㅊ, ㅋ, ㅌ, ㅍ, ㅎ, ㄲ, ㄸ, ㅃ, ㅆ, ㅉ
		모음	ㅏ, ㅐ, ㅓ, ㅔ, ㅗ, ㅚ, ㅜ, ㅟ, ㅡ, ㅣ, ㅑ, ㅒ, ㅕ, ㅖ, ㅘ, ㅙ, ㅛ, ㅝ, ㅞ, ㅠ, ㅢ
	비분절음운 (운소)		소리의 길이, 억양, 강세 등

02 분절 음운(음소)

① 자음
- **개념** : 공기의 흐름이 방해를 받으며 만들어지는 소리로 혼자서 발음이 안 되고 모음의 도움을 받아야만 발음할 수 있는 소리
- 국어의 자음은 19개(ㄱ, ㄴ, ㄷ, ㄹ, ㅁ, ㅂ, ㅅ, ㅇ, ㅈ, ㅊ, ㅋ, ㅌ, ㅍ, ㅎ, ㄲ, ㄸ, ㅃ, ㅆ, ㅉ)

② 모음
- **개념**: 공기의 흐름이 방해를 받지 않고 만들어지는 소리로 혼자 발음할 수 있는 소리
- 국어의 모음은 21개 단모음 10개(ㅏ, ㅐ, ㅓ, ㅔ, ㅗ, ㅚ, ㅜ, ㅟ, ㅡ, ㅣ) / 이중모음 11개(ㅑ, ㅒ, ㅕ, ㅖ, ㅘ, ㅙ, ㅛ, ㅝ, ㅞ, ㅠ, ㅢ)

03 비분절 음운(운소)

- **개념** : 명확하게 소리의 경계를 나눌 수는 없지만, 의미를 변별해주는 기능을 가진 것들. 길이, 억양, 강세 등이 있다.
  ① **소리의 길이(장단)**: 자음과 모음의 조합은 같지만 소리 길이에 따라 단어의 뜻이 달라진다. 이렇듯 한 가지 요소에 의해 말의 의미가 다른 말과 변별될 수 있다는 것은 국어에서 소리의 길이가 음운이라는 것을 보여준다.

예				
길게 발음	말:(word)	눈:(snow)	밤:(nut)	성:인(saint)
짧게 발음	말(horse)	눈(eyes)	밤(night)	성인(adult)

  ② **끊어읽기(연접)** : 단어와 단어 사이, 음절과 음절 사이에 잇거나 쉰다.
  예 '나물좀줘'라는 분절음운들을 '나∨물좀∨줘'로 읽는지 '나물∨좀∨줘'로 읽는지에 따라 뜻이 달라진다.

[심화학습] 국어의 음절 구성 방식

- **개념** : 한 번에 소리 낼 수 있는 단위를 '음절'이라고 하는데 음운을 조합하여 하나의 음절을 만든다. 그런데 자음 혼자는 소리 낼 수 없어서 혼자서 음절을 만들 수 없다. 반대로 모음은 혼자서 소리 낼 수 있기 때문에 혼자서 음절을 구성할 수 있다.
- **적용** : 음절은 실제로 소리 나는 것만 따져야 한다.
  예 '아기'의 첫 글자 '아'의 초성 'ㅇ'은 실제로 소리가 나지 않는다. 그러므로 '아기'의 음절을 분석할 때에는 첫 음절을 모음 'ㅏ' 하나로 구성되어 있다고 이야기해야 한다.

모음	ㅏ
자음+모음	바
모음+자음	앙
자음+모음+자음	방

01 다음 중 단어를 음운으로 나눈 것으로 적절하지 <u>않은</u> 것은?

① 빵 = ㅂ+ㅂ+ㅏ+ㅇ
② 풀이 = ㅍ+ㅜ+ㄹ+ㅣ
③ 온기 = ㅗ+ㄴ+ㄱ+ㅣ
④ 파랑 = ㅍ+ㅏ+ㄹ+ㅏ+ㅇ
⑤ 바늘 = ㅂ+ㅏ+ㄴ+ㅡ+ㄹ

02 〈보기〉의 문장에 사용된 음운의 개수를 바르게 찾은 것은?

보기
빛으로 반짝 물들이며

① 20개　　　② 21개　　　③ 22개　　　④ 23개　　　⑤ 24개

03 발음할 때 공기의 흐름이 발음 기관의 방해를 받지 않고 나는 소리가 <u>아닌</u> 것은?

① ㅣ　　　② ㅟ　　　③ ㅔ　　　④ ㄹ　　　⑤ ㅡ

04 ⓐ에 들어갈 음운의 속성으로 가장 적절한 것은?

보기	
(ㄱ) '돈'의 초성, 중성, 종성을 다른 음운으로 바꾸어 여러 단어를 만들어 보자. ■ 초성을 바꾼 경우: 논 ■ 중성을 바꾼 경우: 단 ■ 종성을 바꾼 경우: 돌	**(ㄴ)** 다음 단어 '눈'을 길게 발음할 때와 짧게 발음할 때의 차이를 이용해 문장을 만들어 보자. ■ 눈에 눈이 들어갔다.
(ㄱ)과 (ㄴ)을 고려할 때 음운은 (　　　ⓐ　　　).	

① 문자로 표기할 수 있다.
② 말의 뜻을 변별해 준다.
③ 일정한 자리에서 변화한다.
④ 어떤 위치에 나타날 수 있다.
⑤ 감정의 차이를 표현할 수 있다.

05 다음 글의 ㉠과 ㉡에 들어갈 말로 적절한 것은?

<table>
<tr><td>보기</td></tr>
</table>

단어의 　㉠　 을/를 구별해 주는 가장 작은 　㉡　 의 단위를 음운이라고 한다. 국어의 음운에는 분절음운인 모음과 자음, 비분절음운인 소리의 길이, 끊어 읽기 등이 있다.

	㉠	㉡
①	뜻	모양
②	모양	소리
③	소리	뜻
④	뜻	소리
⑤	모양	흐름

[6~7] 다음 글을 읽고 물음에 답하시오.

　친구1과 친구2가 "급식 먹으러 가자!"라고 말했을 때, 친구1과 친구2의 목소리는 구분할 수 있다. 사람의 발음 기관을 통해 나오는 말소리를 자연의 소리인 '음향'과 비교하여 '음성'이라고 하는데 음성은 친구의 소리를 구분할 수 있을 만큼 구체적이고 물리적이며 감각을 통해 경험할 수 있는 소리이다.

　음성과 달리 '음운'은 머릿속에서 동일하게 인식하는 소리를 말한다. 예시에서 친구1과 친구2의 목소리에 상관없이 '급식 먹으러 가자'라고 자음과 모음의 조합으로 내용을 파악하는 것은 두 목소리에서 공통적인 소리를 뽑아내는(추상화) 과정을 거쳐 내용을 파악하였기 때문이다. 이처럼 음운은 추상적이고 관념적인 소리이다.

　또한 음운은 의미의 차이를 낸다는 점에서 의미의 차이를 내지 못하는 '변이음'과도 구별된다. 예를 들어 '달'과 '발'은 나머지 구성 요소는 같고 오직 'ㄷ'과 'ㅂ'의 차이에 의해 의미 차이가 생기는데, 이때의 'ㄷ'과 'ㅂ'을 각각 하나의 음운이라고 한다. '고기'에서 두 'ㄱ' 가운데 첫소리 'ㄱ'은 성대가 떨리지 않는 무성음이고 두 번째 'ㄱ'은 모음 사이에 있어서 성대가 떨리는 유성음으로, 실제 소리가 다르다. 그런데도 우리는 두 소리를 구별하여 알지 못하고 똑같은 'ㄱ'이라고 생각한다. 이처럼 사람들이 서로 다른 소리라고 인지하지 못하고, 의미 차이를 만드는 데 사용할 수 없어서 하나의 음운에 속하는 소리를 변이음이라고 한다.

　우리에게는 변이음인 소리들이 다른 언어를 사용하는 사람들에게는 음운인 경우도 있다. 예를 들어 우리말에는 입술과 이가 만나서 내는 음운이 없기 때문에 [f]나 [v]를 두 입술이 만나서 내는 소리인 [p]나 [b]로 인식하거나 표현할 수밖에 없다. 그래서 Facebook은 '페이스북', victory는 '빅토리'로 적는다. 오랜 시간 영어를 배운 사람은 입술과 이가 만나는 영어의 음운을 인식하고 있기 때문에 [f]와 [p], [v]와 [b]를 자연스럽게 구분하여 사용하지만, 영어를 늦게 배운 사람은 그 구분이 쉽지 않다.

06 음성과 음운에 대한 설명으로 적절하지 <u>않은</u> 것은?

① 음운은 의미의 차이를 만든다.

② 음성은 청각을 통해 경험할 수 있다.

③ 모든 음성이 음운이 되는 것은 아니다.

④ 하나의 음운은 하나의 음성으로 표현된다.

⑤ 음운은 구체적으로 확인할 수 있는 소리가 아니다.

07 윗글을 읽고 추론할 수 있는 내용으로 적절하지 <u>않은</u> 것은?

① 개가 짖는 소리는 음성이 아니다.

② 음성이 다르게 들려도 음운은 똑같이 인식될 수 있다.

③ 다른 나라 말에는 있지만 우리말에는 없는 음운도 있다.

④ '봄'과 '꼼'의 뜻 차이로 보아 'ㅂ'과 'ㄲ'은 서로 다른 음운이다.

⑤ 외국어를 오래 배우면 국어에 있는 음운이 아니더라도 구별할 수 있다.

08 〈보기〉의 자료를 예로 들어 '음운'의 뜻을 쓰시오.

보기

꿈　　　　숨　　　　춤

09 〈보기〉의 ㉠~㉢을 예로 들어, 음운의 '종류'에 대해 쓰시오.

보기
㉠ 공감-공간
㉡ 먹다-막다
㉢ 배(짧게 발음함) 사람의 신체 부위 　배(길게 발음함) 수나 양이 그 수만큼 거듭됨

10 다음을 읽고, '마음-미움' 두 단어는 서로 최소대립쌍인지 밝히고, 이유를 적으시오.

보기
음운이란 말의 뜻을 구별해 주는 가장 작은 소리 단위를 말한다. 예를 들어, '말'이란 단어의 첫소리인 'ㅁ'대신 'ㅂ'을 쓰면 '발'이 된다. '말'과 '발'의 뜻이 다른 것은 'ㅁ'과 'ㅂ' 때문이므로 이들은 각각 별도의 음운이 된다.

> **〈자음 차이〉** 미움-비움, 개미-매미
> **〈모음 차이〉** 강 - 공, 밤 - 봄

　'미움'과 '비움'은 'ㅁ'과 'ㅂ'차이, '개미'와 '매미'은 'ㄱ'과 'ㅁ'차이로 뜻이 바뀐다. 자음뿐만이 아니라 '강'과 '공', 또 '밤'과 '봄'은 모두 모음 'ㅏ'와 'ㅗ'만 다른데도 뜻이 달라진다. 이렇게 자음이든 모음이든 한 가지 음운의 차이로 뜻이 달라지는 두 짝을 최소 대립쌍이라고 한다. 이러한 이유로 음운을 '최소 대립쌍을 이루는 소리'라고 말하기도 한다.

03 자음의 체계-개념 정리

조음방법 \ 조음위치		양순음 (입술소리)	치조음 (잇몸소리)	경구개음 (센입 천장소리)	연구개음 (여린입 천장소리)	후음 (목청소리)
파열음	예사소리	ㅂ	ㄷ		ㄱ	
	된소리	ㅃ	ㄸ		ㄲ	
	거센소리	ㅍ	ㅌ		ㅋ	
파찰음	예사소리			ㅈ		
	된소리			ㅉ		
	거센소리			ㅊ		
마찰음	예사소리		ㅅ			ㅎ
	된소리		ㅆ			
비음		ㅁ	ㄴ		ㅇ	
유음			ㄹ			

01 조음 위치

소리를 낼 때 좁아져서 장애를 일으키는 부분으로 **입술**, 혀가 닿는 부분(**윗잇몸, 센입천장, 여린입천장**), 성대(**목청**) 이렇게 5가지가 있다.

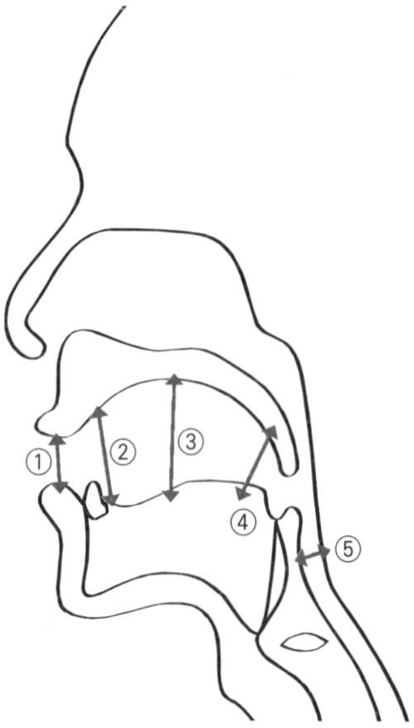

① **입술소리(양순음) :** 두 입술이 맞붙었다 떨어지면서 나는 소리이다.

② **잇몸소리(치조음) :** 혀가 윗잇몸에 붙었다가 떨어지면서 나는 소리이다.

③ **센입천장소리(경구개음) :** 혀가 딱딱한 입천장에 붙었다가 떨어지면서 나는 소리이다.

④ **여린입천장소리(연구개음) :** 혀의 뒷부분이 부드러운 입천장 부분에 붙었다가 떨어지면서 나는 소리이다.

⑤ **목청소리(후음) :** 성대의 두 근육이 떨리면서 나는 소리이다.

02 조음 방법

소리를 내는 방식으로 총 5가지가 있다.

터뜨리는 소리 **파열음**, 통로를 좁혀 틈 사이로 공기를 내보내는 소리 **마찰음**, 공기를 막았다가 공기를 조금씩 내보내어 마찰을 일으키는 소리 **파찰음**, 코로 공기를 내보내는 **비음(콧소리)**, 별다른 장애 없이 부드럽게 내는 소리인 **유음(흐름소리)**.

03 소리의 세기

파열음, 파찰음, 마찰음은 다시 성대(목청)의 긴장 상태에 따라 세기가 3가지로 나뉜다.

성대를 편안하게 하여 나오는 소리는 **예사소리**, 성대 근육을 긴장시켰지만, 숨이 약하게 나오는 소리는 **된소리**, 성대 근육이 긴장되고 숨도 세게 나오는 소리는 **거센소리**라고 한다. 다만, 마찰음에는 거센소리가 없다.

[01-04] 다음 글을 읽고 물음에 답하시오.

국어의 자음은 소리가 나는 위치에 따라 두 입술 사이에서 소리 나는 입술소리, 혀끝이 윗잇몸에 닿아서 소리 나는 잇몸소리, 혓바닥과 센입천장 사이에서 소리 나는 센입천장소리, 혀의 뒷부분과 여린입천장 사이에서 소리 나는 여린입천장소리, 목청 사이에서 소리 나는 목청소리로 나눈다.

자음은 목청(후두)이 떨리는지 여부에 따라 울림소리와 안울림소리로 나눌 수 있다. 울림소리는 발음할 때 입안의 통로를 막고 공기를 코로 내보내면서 소리 내는 ___㉠___ 와/과 혀끝을 잇몸에 가볍게 대었다가 떼거나 잇몸에 댄 채 공기를 그 양옆으로 흘려보내면서 소리 내는 ___㉡___ (으)로 나눈다.

안울림소리는 소리의 세기에 따라 발음 기관의 근육을 긴장시키지 않고 약하게 소리 내는 예사소리, 발음 기관의 근육을 긴장시키거나 목소리가 나오는 통로를 좁혀 소리 내는 된소리, ㉢**발음 기관의 근육을 긴장시켜 숨을 거세게 터뜨려 내는 거센소리**로 나눌 수 있다.

01 자음과 소리가 나는 위치와 자음을 연결한 것으로 적절한 것은?

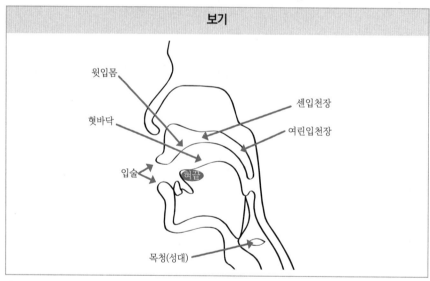

보기

① ㅎ: 입술
② ㄷ: 입술과 혀끝
③ ㅂ: 목청
④ ㅇ: 여린입천장과 혀의 뒷부분
⑤ ㄱ: 센입천장과 혀의 중간부분

02 ㉠과 ㉡에 해당하는 자음으로 적절한 것은?

	㉠	㉡
①	ㅁ	ㅂ
②	ㅎ	ㄹ
③	ㄴ	ㄹ
④	ㅈ	ㄴ
⑤	ㅇ	ㅁ

03 ㉢과 같은 방법으로 소리 나는 것은?

① ㅈ   ② ㅍ   ③ ㅇ   ④ ㄹ   ⑤ ㄲ

04 자음을 〈보기〉와 같이 나눈 기준으로 적절한 것은?

보기
ㅈ - ㅉ - ㅊ

① 혀의 높이에 따라   ② 소리의 세기에 따라
③ 소리 나는 위치에 따라   ④ 목청의 울림 여부에 따라
⑤ 혀의 최고점의 위치에 따라

05 각 자음과 소리 내는 방법이 바르게 짝지어진 것은?

① ㅍ: 된소리, 파열음   ② ㅉ: 된소리, 마찰음
③ ㄴ: 예사소리, 파찰음   ④ ㄱ: 예사소리, 파열음
⑤ ㅌ: 거센소리, 마찰음

06 같은 위치에서 소리 나는 자음으로 단어의 초성이 구성되지 <u>않은</u> 것은?

① 뱃멀미   ② 나사   ③ 자전거
④ 보물   ⑤ 동산

07 〈보기〉에서 설명하고 있는 자음이 포함되지 <u>않은</u> 것은?

보기
발음할 때 입안이나 코안이 울린다.

① 돌고래   ② 나라   ③ 마음
④ 사자   ⑤ 얼룩말

08 〈보기〉의 자음을 차례대로 발음할 때 생기는 변화를 쓰시오.

보기
ㅎ → ㅇ → ㅊ → ㄴ → ㅁ

09 '냉장고'에 쓰인 자음을 소리 나는 위치에 따라 분류하여 〈조건〉에 맞게 서술하시오.

보기
• '냉장고'에 쓰인 자음을 모두 찾아 각각 소리 나는 위치를 분명히 밝히되, 소리 나는 위치가 입술에서 가까운 것부터 순서대로 쓸 것 • '~은 / 는 ~서 나는 소리이다.' 형식으로 각각 쓸 것

10 〈보기〉를 참고하여 '태리'가 정확한 발음을 하도록 조언하는 말을 적어보자.(단, 밑줄 친 단어들의 자음을 발음할 때의 위치와 방법을 비교하여 설명한다.)

> **태리:** 나 오늘 무슨 말을 말했는데, 친구들이 웃었어.
>
> **아빠:** 어떤 단어였는데?
>
> **태리:** 나는 비둘기가 갑자기 날면 '**두리**'로 날 공격할까봐 너무 무섭다고 했는데, 애들이 웃었어.
>
> **아빠:** 아 '**부리**'를 '주리'라고 발음했구나.
>
> **태리:** 그래 나도 '**구리**'라고 발음했다니까?
>
> **아빠:** 응? 태리야, 아빠가 알려줄게. '부리'는 말이야, _____.

보기					
방법 \ 위치	입술	윗잇몸	센 입천장	여린 입천장	목청
파열음	ㅂㅃㅍ	ㄷㄸㅌ		ㄱㄲㅋ	
파찰음			ㅈㅉㅊ		
마찰음		ㅅㅆ			ㅎ
비음	ㅁ	ㄴ		ㅇ	
유음		ㄹ			

04 모음의 체계-개념 정리

01 단모음

• 발음할 때 **입술 모양**이나 **혀의 위치**가 **변하지 않는** 모음

• 혀의 앞뒤에 따라 **전설모음**과 **후설모음**, 입술 모양에 따라 **평순모음**과 **원순모음**, 혀의 높이에 따라 **고모음**, **중모음**, **저모음**으로 나뉜다.

혀의 앞뒤	전설모음		후설모음	
입술 모양 혀의 높이	평순	원순	평순	원순
고모음	ㅣ	ㅟ	ㅡ	ㅜ
중모음	ㅔ	ㅚ	ㅓ	ㅗ
저모음	ㅐ		ㅏ	

• 단모음 ㅚ, ㅟ는 **이중모음**으로 발음할 수 있다. (표준발음법 제4항)

02 이중모음

• 반모음과 이중모음이 합쳐져 있기 때문에 발음할 때 **입술 모양**이나 **혀의 위치**가 **바뀌는** 모음.
  예 'ㅑ'는 'ㅣ'와 'ㅏ'를 빠르게 연이어서 발음하면서 입모양이 바뀐다. 이때 단모음 'ㅏ'에 비해 좀더 짧게 발음하는 'ㅣ'를 반모음이라고 부른다.

• 반모음을 'ㅣ[j]'(입을 ㅣ처럼 옆으로 평평하게 벌리는 반모음)와 'ㅗ/ㅜ[w]'(입을 ㅗ나 ㅜ처럼 동그랗게 모으는 반모음)로 나누면 이중 모음은 다음과 같이 나눌 수 있다.

반모음 'ㅣ[j]'계열 이중모음	ㅑ, ㅕ, ㅛ, ㅠ, ㅒ, ㅖ, ㅢ
반모음 'ㅗ/ㅜ[w]'계열 이중모음	ㅘ, ㅝ, ㅙ, ㅞ

04 모음의 체계-기본 문제

01 다음 중 후설 모음, 저모음, 평순 모음에 모두 해당하는 모음은?

① ㅐ   ② ㅚ   ③ ㅏ   ④ ㅣ   ⑤ ㅡ

02 밑줄 친 단어 중 단모음으로만 이루어진 것은?

① 첫 번째 <u>고민</u>은 성적이다.

② 나는 라면에 <u>계란</u>을 넣어 먹는다.

③ 겨울에는 <u>모과차</u>가 더욱 향긋하다.

④ 친구는 나에게 <u>푸념</u>을 늘어놓았다.

⑤ 그 문제를 푸는 <u>원리</u>를 알고 싶다.

03 〈보기〉의 설명에 모두 해당하는 모음으로 알맞은 것은?

보기
• 발음할 때 혀의 최고점이 앞쪽에 있는 모음
• 입술이 평평한 상태에서 소리 나는 모음
• 발음할 때 혀의 위치가 높은 모음

① ㅐ   ② ㅓ   ③ ㅟ   ④ ㅡ   ⑤ ㅣ

04 평순 모음과 원순 모음이 모두 쓰인 단어는?

① 거미   ② 고기   ③ 보물   ④ 외국   ⑤ 괴로움

[05-07] 다음 글을 읽고 물음에 답하시오.

모음은 크게 두 부류로 나눌 수 있다. 발음할 때 입술 모양이나 혀의 위치가 변하지 않는 모음을 '단모음'이라 한다. '표준어 규정'은 원칙적으로 'ㅏ, ㅐ, ㅓ, ㅔ, ㅗ, ㅚ, ㅜ, ㅟ, ㅡ, ㅣ'를 단모음으로 발음할 것을 규정하고 있다.

단모음은 발음할 때 혀의 앞뒤 위치와 혀의 높낮이, 입술의 모양에 따라 구별할 수 있다. 혀는 움직임이 가장 자유로운 발음 기관으로서 높낮이를 다르게 할 수도 있고, 앞뒤 위치를 다르게 하여 조금씩 다른 모음을 만들 수 있다. 입을 벌리는 정도에 따라 혀의 높낮이가 달라지는데 이에 따라 고모음, 중모음, 저모음이 구별된다. 그리고 혀를 앞으로 내밀거나 뒤로 끌 수 있는데 이에 따라 전설 모음과 후설 모음이 구별된다. 또 입술은 평평하게 하거나 둥글게 할 수도 있는데 이에 따라 평순 모음과 원순 모음이 구별된다.

입술 모양이나 혀의 높이가 발음 도중에 변하는 모음은 '이중 모음'이라 하는데, 이중 모음은 홀로 쓰일 수 없는 소리인 '반모음'이 단모음과 결합한 모음이다. 예를 들어 이중 모음인 'ㅑ'의 발음은, 'ㅣ'를 짧게 발음하는 것과 유사한 소리인 반모음 '[j]' 뒤에 'ㅏ'가 결합한 소리이다. 'ㅑ'와 마찬가지로 'ㅒ, ㅕ, ㅖ, ㅛ, ㅠ, ㅢ'의 발음은, 각각 반모음 '[j]'와 단모음 'ㅐ, ㅓ, ㅔ, ㅗ, ㅜ, ㅡ'가 결합한 소리이다. 'ㅗ'나 'ㅜ'를 짧게 발음하는 것과 유사한 반모음 '[w]'도 있는데 'ㅘ, ㅙ, ㅝ, ㅞ'의 발음은 각각 반모음 '[w]'와 단모음 'ㅏ, ㅐ, ㅓ, ㅔ'가 결합한 소리이다.

'표준어규정' 안에 있는 '표준 발음법'에 따르면 'ㅚ'와 'ㅟ'는 단모음으로 발음하는 것이 원칙이지만 현실에서 이중 모음으로 발음하는 경우가 많다. 원래 'ㅟ'와 'ㅚ'를 정확하게 발음하려면 각각 'ㅜ'와 'ㅗ'를 발음하는 상태에서 (㉠) 하면 된다. 그런데 'ㅚ'를 이중 모음으로 발음할 경우에는 반모음 '[w]'와 'ㅔ' 소리를 연속하여 발음하여 'ㅞ'처럼, 'ㅟ'를 이중 모음으로 발음할 경우에는 반모음 '[w]'와 'ㅣ' 소리를 연속하여 발음한다. '표준 발음법'에서도 현실 발음을 고려하여 이와 같이 'ㅚ'와 'ㅟ'를 이중 모음으로 발음하는 것을 허용하고 있다.

05 윗글에 대한 이해로 적절하지 **않은** 것은?
① 'ㅕ'는 발음할 때 입술 모양이나 혀의 위치가 변한다.
② 'ㅔ'는 발음할 때 입술 모양이나 혀의 위치가 변하지 않는다.
③ 'ㅖ'의 발음은 반모음 '[j]' 뒤에서 단모음 'ㅔ'가 결합한 소리이다.
④ 'ㅘ'의 발음은 단모음 'ㅗ' 뒤에서 반모음 '[w]'가 결합한 소리이다.
⑤ 반모음 '[j]'는 홀로 쓰일 수 없고 단모음과 결합하여 이중 모음을 이룬다.

06 〈보기〉와 같이 모음을 분류한 기준으로 알맞은 것은?

보기
ㅣ, ㅔ, ㅐ, ㅟ, ㅚ / ㅡ, ㅓ, ㅏ, ㅜ, ㅗ

① 혀의 높낮이
② 입술의 모양
③ 혀의 앞뒤 위치
④ 입술의 움직임 여부
⑤ 소리의 세기와 느낌

07 ㉠에 들어갈 말로 알맞은 것은?

① 숨을 크게 내쉬도록
② 혀의 위치를 앞으로
③ 혀의 높이를 낮추도록
④ 입 모양의 변화가 없도록
⑤ 혀를 입천장에 붙이도록

08 윗글을 바탕으로 〈보기〉에 있는 학생들의 대화를 완성할 때 ㉠, ㉡에 들어갈 내용으로 적절한 것을 쓰시오. (빈칸 ㉠과 ㉡에 들어갈 말을 각각 쓰시오.)

보기
학생 1: '표준어 규정'에 따르면 'ㅚ'는 단모음으로 발음하는 것이 원칙이지만 이중 모음으로 발음하는 것도 허용하더라고. 그러면 '외가'는 [외가]로 발음하는 것이 원칙이지만, (㉠)로 발음하는 것도 허용한다고 할 수 있겠어.
학생 2: 그래, 맞아. '표준어 규정'에서는 'ㅟ'도 이중 모음으로 발음하는 것을 허용하고 있어. 이에 따른 'ㅟ'의 이중 모음 발음은 'ㅑ, ㅒ, ㅕ, ㅖ, ㅘ, ㅙ, ㅛ, ㅝ, ㅞ, ㅠ, ㅢ'의 발음 중에 (㉡).

09 다음 단모음을 발음할 때의 공통적인 특징을 모음의 분류와 관련된 기준을 바탕으로 한 문장으로 쓰시오.

보기
ㅡ, ㅓ, ㅜ, ㅗ

10 ⟨보기⟩에 있는 단어들을 발음할 때 혀의 위치가 어떻게 달라지는지 공통점을 쓰시오.

보기
오이, 우애, 아이

품사 02

01 품사의 개념과 체언-개념 정리

01 단어의 뜻

> 나는 새 신발 하나를 샀다. 와, 기분이 아주 좋다.

분리하여 자립적으로 쓸 수 있는 말이나 이에 준하는 말(예 나 / 새 / 신발 / 하나 / 샀다 / 와 / 기분 / 아주 / 좋다) 또는 그 말의 뒤에 붙어서 문법적 기능을 나타내는 말(예 는 /를 / 이)을 가리킨다.

02 품사의 뜻

일정한 기준(형태 / 기능 / 의미)에 따라 나누어 놓은 단어의 갈래이다.

03 품사의 분류 기준

① 형태

변하지 않는 단어	나 / 는 / 새 / 신발 / 하나 / 를 / 와 / 기분 / 이 / 아주	불변어
변하는 단어	샀다 / 좋다	가변어

② 기능

문장에서 주로 주체가 되는 역할을 하는 단어	나 / 신발 / 하나 / 기분	체언
문장에서 주체의 동작이나 상태 등을 설명하는 역할을 하는 단어	샀다 / 좋다	용언
문장에서 다른 단어를 꾸며 주는 역할을 하는 단어	새 / 아주	수식언
문장에서 문법적 관계를 나타내거나 특별한 뜻을 더해 주는 단어	는 /를 / 이	관계언
문장에서 다른 말들과 관련이 적고 독립적으로 쓰이는 단어	와	독립언

③ 의미

사람이나 사물 등의 이름을 나타내는 단어	신발 / 기분	**명사**
사람이나 사물 등의 이름을 대신하여 나타내는 단어	나	**대명사**
수량이나 순서를 나타내는 단어	하나	**수사**
사람이나 사물 등의 움직임을 나타내는 단어	샀다	**동사**
사람이나 사물 등의 상태나 성질을 나타내는 단어	좋다	**형용사**
체언을 꾸며 주는 단어	새	**관형사**
주로 용언을 꾸며 주는 단어	아주	**부사**
문법적 관계를 나타내거나 특별한 뜻을 더해 주는 단어	는 / 를 / 이	**조사**
느낌이나 부름, 대답 등을 나타내는 단어	와	**감탄사**

품사의 갈래

01 체언(體몸름말씀)

- 문장에서 주로 주체가 되는 역할을 하는 단어로, 주어나 목적어 등이 되는 자리에 쓰인다.
- 명사, 대명사, 수사를 통틀어 가리키는 말이다.
- 형태가 변하지 않는다.
- 조사와 결합하여 쓰이기도 하고 홀로 쓰이기도 한다.

① **명사(名이름詞말씀):** 사람이나 사물 등의 이름을 나타내는 단어. '이름씨'라고도 부른다.

기준	개념	종류	
구체성 유무	구체적인 모습을 갖춘 대상을 나타내는 명사	구체 명사	신발, 자동차
	추상적인 대상을 나타내는 명사	추상 명사	기분, 행복
사용 범위	특정한 대상을 나타내는 명사	고유 명사	서울, 이순신
	같은 범주에 속하는 대상을 두루 나타내는 명사	보통 명사	도시, 장군
자립성 유무	홀로 쓰일 수 있는 명사	자립 명사	삼겹살, 물
	다른 말에 기대어 쓰이는 명사	의존 명사	살 <u>것</u>, 먹을 <u>수</u>

② **대명사(代대신하다名이름詞말씀):** 사람이나 사물 등의 이름을 대신하여 나타내는 단어. '대이름씨'라고도 부른다.

개념	종류	예	
사람의 이름을 대신하여 가리키는 대명사	인칭 대명사	1인칭	나, 저, 우리
		2인칭	너, 너희, 그대
		3인칭	그, 그녀, 이분
사물이나 장소 등의 이름을 대신하여 가리키는 대명사	지시 대명사	사물	이것, 그것, 저것
		장소	여기, 거기, 저기
		시간	언제

③ **수사(數**세다**詞**말씀**):** 수량이나 순서를 나타내는 단어. '셈씨'라고도 부른다.

개념	종류	예
수량을 나타내는 수사	양수사	(고유어) 하나, 둘, 열, 스물 (한자어) 일, 이, 십, 이십
순서를 나타내는 수사	서수사	(고유어) 첫째, 둘째, 열째 (한자어) 제일, 제이, 제십

개념	종류	예	
		고유어	한자어
수량을 나타내는 수사	양수사	하나, 둘, 열, 스물	일, 이, 십, 이십
순서를 나타내는 수사	서수사	첫째, 둘째, 열째	제일, 제이, 제십

01 품사의 개념과 체언-기본 문제

01 단어에 대한 설명으로 적절한 것은?

① 뜻을 가진 가장 작은 말의 단위
② 말의 뜻을 구별해 주는 소리의 가장 작은 단위
③ 말과 글로 표현할 때 완결된 내용을 나타내는 최소의 단위
④ 생각이나 느낌을 나타내거나 전달하는 데에 쓰는 음성이나 문자와 같은 수단
⑤ 분리하여 자립적으로 쓸 수 있는 말이나 또는 그 말의 뒤에 붙어서 문법적 기능을
   나타내는 말

02 다음 문장은 6개의 단어로 이루어져 있다. 어떤 단어로 이루어져 있는지 쓰시오.

보기
수학과 과학은 매우 어렵다.

03 다음 괄호 ㉠, ㉡에 들어갈 알맞은 말을 쓰시오.

보기
품사란, 일정한 (㉠)에 따라 나누어 놓은 (㉡)의 갈래이다.

04 다음 가운데 품사의 분류 기준에 해당하는 것을 <u>모두</u> 고르면?

① 형태   ② 기능   ③ 의미
④ 글자 수   ⑤ 사용 빈도

05 다음 문장에 쓰인 단어 가운데 형태를 기준으로 나눌 때 분류 결과가 <u>다른</u> 하나는?

보기
아침에 일찍 일어나 학교로 달렸다.

① 아침   ② 에   ③ 일찍   ④ 일어나   ⑤ 학교

06 단어를 다음과 같이 나눈 분류 기준이 무엇인지 쓰시오.

보기
체언, 용언, 수식언, 관계언, 독립언

07 체언에 대한 설명으로 적절하지 <u>않은</u> 것은?

① 형태가 변하지 않으며 조사와 결합할 수 있다.

② 사람이나 사물 등의 이름을 나타내는 명사가 있다.

③ 사람이나 사물 등의 수량이나 순서를 나타내는 수사가 있다.

④ 사람이나 사물 등의 이름을 대신하여 나타내는 대명사가 있다.

⑤ 문장에서 주체의 동작이나 상태 등을 설명하는 역할을 하는 단어로, 주로 서술어의 자리에 쓰인다.

08 다음 문장의 밑줄 친 단어 가운데 품사가 <u>다른</u> 하나는?

<u>옆</u>　학급의　<u>새</u>　<u>급훈</u>이　'<u>사랑</u>과　<u>전쟁</u>'이래.
①　　　　　②　③　　　④　　　⑤

09 다음 문장의 밑줄 친 단어가 대명사인 것은?

<u>나</u>　<u>대신</u>　다른　<u>사람</u>이　<u>그</u>　<u>곳</u>에 갔다.
①　②　　　　③　　④　⑤

10 다음 문장 가운데 수사가 쓰인 것은?

① 학교가 최고로 좋다.
② 가장 먼저 학교에 온다.
③ 학교 공부가 늘 첫째이다.
④ 학교에 갈 날을 세고 또 센다.
⑤ 학교가 좋은 까닭은 수없이 많다.

02 용언-개념 정리

01 용언(用쓰다用들말씀)

- 문장에서 주체의 동작이나 상태 등을 설명하는 역할을 하는 단어로, 주로 서술어의 자리에 쓰인다.
- 동사, 형용사를 통틀어 가리키는 말이다.
- 쓰임에 따라 형태가 변하는데 이를 활용(活用)이라고 한다.
- 대체로 조사와 결합하지 않는데 결합하여 쓰이기도 한다.

① **동사(動움직이다詞말씀)**: 사람이나 사물 등의 움직임을 나타내는 단어. '움직씨'라고도 부른다.

기본형	활용형	어간	어미
먹다	먹다 먹고 먹어서 먹었다	먹-	-다 -고 -어서 -었다
토하다	토하다 토하고 토해서 토했다	토하-	-다 -고 -아서 -았다

기본형	활용형	어간	어미
먹다	먹다	먹-	-다
	먹고		-고
	먹어서		-어서
	먹었다		-었다
토하다	토하다	토하-	-다
	토하고		-고
	토해서		-아서
	토했다		-았다

② **형용사(形^{형상}容^{모습}詞^{말씀})**: 사람이나 사물 등의 상태나 성질을 나타내는 단어. '그림씨'라고도 부른다.

기본형	활용형	어간	어미
예쁘다	예쁘다 예쁘고 예뻐서 예뻤다	예쁘-	-다 -고 -어서 -었다
이러하다	이러하다 이러하고 이러해서 이러했다	이러하-	-다 -고 -아서 -았다

기본형	활용형	어간	어미
예쁘다	예쁘다	예쁘-	-다
	예쁘고		-고
	예뻐서		-어서
	예뻤다		-었다
이러하다	이러하다	이러하-	-다
	이러하고		-고
	이러해서		-아서
	이러했다		-았다

* **동사와 형용사의 구별**: 형용사는 상태나 성질을 나타내기 때문에 동사와 달리 움직임과 관련한 표현과의 결합에 제약이 있다.

결합 표현	동사	형용사
현재 시간을 나타내는 어미 '-ㄴ-/-는-'	먹는	예쁘는(×)
현재 진행을 나타내는 말 '-고 있다'	먹고 있다	예쁘고 있다(×)
명령을 나타내는 어미 '-아라/-어라'	먹어라	예뻐라(×)
청유를 나타내는 어미 '-자'	먹자	예쁘자(×)
목적을 나타내는 어미 '-(으)러'	먹으러	예쁘러(×)
의도를 나타내는 어미 '-(으)려'	먹으려	예쁘려(×)

02 용언-기본 문제

01 다음 문장에서 형태가 변하는 단어를 모두 찾아 쓰시오.

보기
내 짝은 실컷 먹는데 몸집은 작다.

02 다음은 용언과 관련한 설명이다. 적절하지 <u>않은</u> 것은?

① 동사와 형용사를 통틀어 가리키는 말이다.

② 주로 관형사 뒤에 놓여 관형사의 꾸밈을 받는다.

③ 상황에 따라 다양하게 쓰여 '쓸 용(用)' 자가 쓰였다.

④ 문장에서 주체의 동작이나 상태 등을 설명하는 기능을 한다.

⑤ 문장에서 쓰일 때 다양하게 변하는데, 이를 '활용(活用)'이라고 한다.

03 다음 문장에서 용언이 쓰이지 <u>않은</u> 것은?

① 책장 넘기는 소리만 들린다.

② 교실 창밖의 하늘은 아주 맑다.

③ 오늘따라 유난히 교실이 조용하다.

④ 다음 시간 수업 장소는 도서관이다.

⑤ 수업 내용을 교과서에 정성껏 썼다.

04 다음 문장에서 용언을 모두 찾아 기본형을 쓰시오.

보기
쉬는 시간 내내 떠들었더니 입이 엄청 아프군.

05 다음 문장의 밑줄 친 용언의 어간과 어미를 바르게 나눈 것은?

보기
엎드려 <u>자다가</u> 침을 <u>흘렸다</u>. 너무 **많아서** **창피했다**.

① 엎드려 〉 엎드리- + -어
② 자다가 〉 자다- + -가
③ 흘렸다 〉 흐르- + -었다
④ 많아서 〉 많아- + -서
⑤ 창피했다 〉 창피- + -했다

06 다음 문장의 밑줄 친 단어가 동사인 것은?

옆에 <u>**앉은**</u> 짝이 <u>**워낙**</u> <u>**재미있어**</u> <u>**날마다**</u> <u>**즐겁다**</u>.
　　　①　　　　②　　③　　④　　⑤

07 형용사에 대한 설명으로 적절하지 <u>않은</u> 것은?

① 동사와 함께 용언에 속한다.
② 활용을 하며 기본형을 가지고 있다.
③ 사람이나 사물 등의 상태나 성질을 나타낸다.
④ 동사와는 다르게 활용에 약간의 제약이 있다.
⑤ 주로 명사, 대명사, 수사를 꾸며 주는 역할을 한다.

08 다음은 동사와 형용사를 구별하는 방법이다. <u>잘못된</u> 것은?

① 명령형 '-아라/-어라'와 결합하면 동사이고 그렇지 않으면 형용사이지.
② 동사는 '-자'라는 청유형과 결합할 수 있지만 형용사는 결합할 수 없어.
③ 동사는 진행형 '-고 있다'와 결합하여 쓰일 수 있지만 형용사는 불가능해.
④ 동사는 현재 시간을 나타내는 '-ㄴ-/-는-'이 붙을 수 있지만 형용사는 그렇지 않아.
⑤ '-아라/-어라'라는 감탄형을 붙였을 때 동사는 자연스럽지만 형용사는 그렇지 않군.

09 다음 문장의 밑줄 친 ㉠~㉣의 품사가 무엇인지 쓰시오.

㉠<u>**깨끗한**</u> 교실에서 공부를 ㉡<u>**하니까**</u> 마음이 ㉢<u>**편안하고**</u> 잠도 솔솔 ㉣<u>**온다**</u>.

10 다음 밑줄 친 단어의 품사를 바르게 표시한 것은?

① 곧 1교시 시험을 <u>시작한다</u>. -형용사

② 문제지를 받자 머릿속이 <u>하얗다</u>. -동사

③ 컴퓨터용 수성 사인펜을 <u>잡은</u> 손이 떨린다. -동사

④ 교실이 적당히 <u>어수선하다</u> 보니 오히려 집중이 잘 되었다. -동사

⑤ 시험이 끝난 뒤에 확인해 보니 다행히도 절반은 <u>맞은</u> 것 같다. -형용사

03 수식언-개념 정리

01 수식언(修닦다飾꾸미다言말씀)

- 문장에서 다른 단어를 꾸며 주는 역할을 하는 단어로, 관형사는 관형어로 쓰이고 부사는 부사어로 쓰인다.
- 관형사, 부사를 통틀어 가리키는 말이다.
- 형태가 변하지 않는다.
- 관형사는 조사와 결합할 수 없으나 부사는 조사와 결합하여 쓰이기도 한다.

① **관형사(冠갓形형상詞말씀):** 체언을 꾸며 주는 단어. '매김씨'라고도 부른다.

개념	종류	예
사람이나 사물의 모양, 상태, 성질을 나타내는 관형사	성상 관형사	새, 헌, 옛
특정한 대상을 지시하여 가리키는 관형사	지시 관형사	이, 그, 저
대상의 수나 양을 나타내는 관형사	수 관형사	한, 두, 첫

② **부사(副버금詞말씀):** 주로 용언을 꾸며 주는 단어. '어찌씨'라고도 부른다.

개념		종류	예
하나의 성분을 꾸며 주는 부사 (성분 부사)	사람이나 사물의 모양, 상태, 성질을 나타내거나 소리나 모양을 흉내 낸 부사	성상 부사	잘, 아주, 엉엉, 번쩍
	처소나 시간을 가리키거나 앞 이야기에 나온 사실을 가리키는 부사	지시 부사	이리, 그리, 저리
	용언의 앞에 놓여 그 내용을 부정하는 부사	부정 부사	아니, 안, 못
문장 전체를 꾸미거나 이어주는 부사 (문장 부사)	화자의 태도를 나타내는 부사	양태 부사	과연, 결코, 모름지기
	앞의 체언이나 문장의 뜻을 뒤의 체언이나 문장에 이어 주면서 뒤의 말을 꾸며 주는 부사	접속 부사	그리고, 그래서, 하지만

* 부사가 꾸며 주는 말: 부사는 주로 용언(동사와 형용사)을 꾸며 주지만 다른 말을 꾸며 주기도 한다.

예	부사	꾸밈을 받는 말
아주 잘 먹는다.	아주	잘(부사)
	잘	먹는다(동사)
매우 맵다.	매우	맵다(형용사)
그리고 냉면을 먹었다.	그리고	냉면을 먹었다(문장 전체)
너무 헌 식당이다.	너무	헌(관형사)
바로 옆에서 먹었다.	바로	옆(명사)

03 수식언-기본 문제

01 다음은 수식언과 관련한 설명이다. 적절하지 <u>않은</u> 것은?

① 홀로 쓰일 수 있다.
② 쓰임에 따라 형태가 다양하게 변한다.
③ 부사는 주로 동사, 형용사를 꾸며 준다.
④ 관형사는 명사, 대명사, 수사를 꾸며 준다.
⑤ 문장에서 다른 단어를 꾸며 주는 기능을 한다.

02 다음 문장에서 수식언이 쓰이지 <u>않은</u> 것은?

① 아무 말이나 해 봐.
② 아주 좋아 죽는구나.
③ 잘못을 알았으면 됐어.
④ 뭐가 좋아 싱글벙글 웃고 있니?
⑤ 네 살 많은 형한테 그러면 되나.

03 다음 문장의 밑줄 친 두 단어의 공통점은?

보기
<u>모든</u> 학생이 <u>새</u> 교복을 입었다.

① 형태가 변한다.
② 용언을 꾸며 준다.
③ 홀로 쓰일 수 없다.
④ 뒤에 조사가 붙을 수 있다.
⑤ 문장의 의미를 분명하게 해 준다.

04 다음 문장에서 관형사를 찾아 쓰시오.

보기
여기는 옛 모습을 고스란히 간직하고 있다.

05 다음 문장에서 관형사와, 그 단어가 꾸며 주는 말을 잘못 표시한 것은?

① 두 번의 실수는 없다.
② 단둘이 외딴 곳으로 떠나고 싶다.
③ 다른 무엇도 너와 바꿀 수는 없다.
④ 헌 옷을 벗고 이제 새롭게 출발할 수 있다.
⑤ 어떤 일이 있어도 너를 떠나지 않을 것이다.

06 부사에 대한 설명으로 적절한 것은?

① 수식언에 속한다.
② 용언만 꾸며 준다.
③ 조사와 결합하지 않는다.
④ 형태가 다양하게 변한다.
⑤ 관형사의 꾸밈을 받는다.

07 다음 밑줄 친 단어가 부사가 <u>아닌</u> 것은?

① <u>설마</u> 제가 떨어지기야 하겠습니까?

② <u>그리</u> 게을러서는 과거에 급제할 수 없소이다.

③ 좋은 결과를 들고 <u>반드시</u> 금의환향하겠습니다.

④ 그러니 <u>이제부터는</u> 저를 믿고 지켜봐 주십시오.

⑤ 큰소리 <u>땅땅</u> 치지 말고 한 글자라도 더 읽으시오.

08 다음 문장에서 부사를 찾고, 그 부사가 꾸며 주는 말도 쓰시오.

보기
생각해 보니 오늘 하루는 참 힘든 날이었다.

09 다음 문장은 부사가 하나씩 있다. 이 가운데 조사가 붙을 수 있는 것은?

① 속이 좋지 않아 밥을 못 먹었다.

② 또한 화장실에도 여러 번 다녀왔다.

③ 탈이 났는지 배에서 꼬르륵 소리가 난다.

④ 결코 매운 음식을 먹지 않기로 다짐했다.

⑤ 수업이 끝난 뒤에 다행히 조금씩 나아졌다.

10 다음 문장에서 수식언을 <u>모두</u> 찾고 무슨 품사인지 쓰시오.

보기
온갖 핑계로 만날 놀지만 말고 제발 무언가를 해라.

04 관계언, 독립언-개념 정리

01 관계언(關관계하다係잇다言말씀)

- 문장에서 문법적 관계를 나타내거나 특별한 뜻을 더해 주는 단어이다.
- 조사(助돕다辭말씀)를 가리키는 말이며, 조사는 '토씨'라고도 부른다.
- 서술격 조사 '이다'를 제외하고는 형태가 변하지 않는다.
- 보통 체언에 붙어 쓰이지만 용언이나 부사, 조사에 붙기도 한다.
- 앞말이 자음으로 끝나느냐 모음으로 끝나느냐에 따라 형태가 달라지는 경우가 있다.

  예 이 / 가
  을 / 를
  은 / 는
  과 / 와

① 조사의 종류

개념	종류	예	
체언이나 체언 구실을 하는 말 뒤에 붙어 앞말이 다른 말에 대하여 갖는 일정한 자격을 나타내는 조사	격 조사	주격 조사	이 / 가, 께서
		보격 조사	이 / 가('되다, 아니다' 앞)
		목적격 조사	을 / 를 / ㄹ
		서술격 조사	이다
		관형격 조사	의
		부사격 조사	에, 에서, 에게, (으)로
		호격 조사	아/야
체언, 부사, 용언 등에 붙어서 특별한 의미를 더해 주는 조사	보조사	은 / 는 / ㄴ, 만, 뿐, 도, 부터, 까지, 조차, 마다, 마저, 밖에, (이)나, (이)라도	
둘 이상의 단어나 구 등을 같은 자격으로 이어주는 조사	접속 조사	과 / 와, 하고, (이)랑	

② **조사와 결합하는 말**: 조사는 주로 체언(명사와 대명사와 수사)에 붙어 쓰이지만 다른 품사에 붙기도 한다.

예	조사	결합한 말
짬뽕을 먹다.	을	짬뽕(명사)
그녀가 먹었다.	가	그녀(대명사)
만두 하나를 남겼다.	를	하나(수사)
먹다가도 생각난다.	도	먹다가(동사)
예쁘지는 않게 먹는다.	는	예쁘지(형용사)
제발 천천히만 먹어라.	만	천천히(부사)
여기까지이다.	까지 이다	여기(대명사) 까지(조사)

02 독립언(獨홀로 立서다 言말씀)

• 문장에서 다른 말들과 관련이 적고 독립적으로 쓰이는 단어로, 다른 말과 직접적인 관련이 없어 생략하여도 문장은 성립한다.
• 느낌이나 부름, 대답 등을 나타낸다.
• 감탄사(感느끼다 歎탄식하다 辭말씀)를 가리키는 말이며, 감탄사는 '느낌씨'라고도 부른다.
• 형태가 변하지 않는다.
• 조사와 결합하지 않는다.

① 감탄사의 종류

개념	예
놀람, 반가움 등의 느낌을 나타내는 감탄사	오, 어머, 어머나, 아이고, 아차, 쳇
부름을 나타내는 감탄사	어이, 얘, 여보세요
대답을 나타내는 감탄사	그래, 응, 네, 아니
입버릇을 나타내는 감탄사	음, 에헴

② 감탄사와 헷갈리는 경우

- 독립하여 쓰인 경우

고기, 듣기만 해도 즐겁다.	고기(명사)
하지만 먹을 수 없다.	하지만(접속 부사)

- 느낌을 나타낸 경우

엄마야, 다 먹은 줄 알았다.	엄마(명사)+야(호격 조사)
드디어 다 먹었구나.	먹다(동사)의 감탄 활용형

- 부름을 나타낸 경우

아들아, 그만 좀 먹어라.	아들(명사)+아(호격 조사)
아버지, 알겠어요.	아버지(명사)

⌒03 우리말의 품사 체계(9품사)

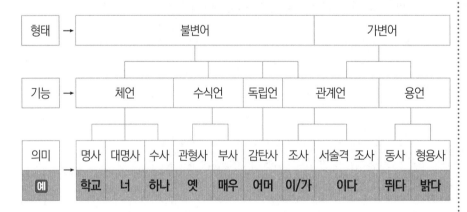

형태 →	불변어								가변어	
기능 →	체언			수식언		독립언	관계언		용언	
의미 →	명사	대명사	수사	관형사	부사	감탄사	조사	서술격 조사	동사	형용사
예	학교	너	하나	옛	매우	어머	이/가	이다	뛰다	밝다

04 관계언, 독립언-기본 문제

01 관계언에 대한 설명으로 적절하지 <u>않은</u> 것은?

① 자립성이 없지만 단어로 인정한다.

② 주로 명사, 대명사, 수사와 결합한다.

③ 서술격 조사를 제외하고는 형태가 변한다.

④ 홀로 쓰일 수 있는 말에 붙어 쉽게 분리된다.

⑤ 역할에 따라 격 조사, 보조사, 접속 조사로 나뉜다.

02 다음 두 문장의 의미가 달라지는 데 영향을 준 품사는?

보기
㉮ 친구가 그녀를 꼭 껴안았다.
㉯ 친구를 그녀가 꼭 껴안았다.

① 명사　　　　② 조사　　　　③ 부사　　　　④ 동사　　　　⑤ 대명사

03 다음 품사 가운데 조사와 결합하지 <u>않는</u> 것은?

① 명사　　　　② 수사　　　　③ 조사　　　　④ 대명사　　　　⑤ 관형사

04 다음 대화의 괄호 ㉠~㉢에는 서로 다른 조사가 들어간다. 자연스러운 대화가 되도록 알맞은 조사를 넣으시오.

보기
석진: 뭐 먹을래. 나(㉠) 자장면.
남준: 나는 짬뽕(㉡) 먹어야지.
윤기: 그럼, 나(㉢) 짬뽕.

05 다음 문장에서 조사를 찾아 쓰시오.

보기
진짜 공부만 하지 놀지 않는구나.

06 다음은 독립언과 관련한 설명이다. 적절하지 <u>않은</u> 것은?

① 감탄사가 여기에 속한다.

② 부름이나 대답을 나타낸다.

③ 문장에서 다른 말들과 관련이 적다.

④ 놀람이나 반가움 등의 느낌을 나타낸다.

⑤ 형태가 변하지 않으며 조사와는 결합할 수 있다.

07 다음 문장의 밑줄 친 단어에 대한 설명으로 적절하지 <u>않은</u> 것은?

보기
<u>우아</u>, 품사도 거의 끝나가는구나.

① 느낌을 나타내는 단어이다.

② 고유어로는 느낌씨라고도 부른다.

③ 기능상 독립언, 의미상 감탄사에 속한다.

④ 뺐을 때에 원래의 문장과 의미가 달라지지 않는다.

⑤ 다른 말과 직접적인 관련이 없어 생략해도 문장은 성립한다.

08 밑줄 친 감탄사에 대한 설명으로 적절하지 <u>않은</u> 것은?

① <u>흥</u>, 이번에도 1등을 놓치지 않겠다는 말이군. - 흥겹고 즐거운 마음을 나타냄

② <u>얘</u>, 그러니까 너도 열심히 준비하는 게 좋을 거야. - 어른이 아이를 부르거나 같은 또래끼리 서로 부르는 말

③ <u>아니</u>, 그럴 필요가 없을 것 같아. - 아랫사람이나 대등한 관계에 있는 사람에게 부정하여 대답할 때 쓰는 말

④ <u>어머나</u>, 지고는 못 사는 녀석이 무슨 일로 이렇게 여유를 부리는 걸까. - 예상하지 못한 일로 놀란 마음을 나타냄

⑤ <u>에헴</u>, 아직 모르고 있나 본데. 딱지치기의 생명은 어떻게 딱지를 만드느냐야. - 일부러 점잔을 빼며 여유로운 마음을 나타냄

09 다음 문장에서 감탄사가 쓰이지 <u>않은</u> 것은?

① 형, 정말 대단하구나!

② 야, 꼭 그런 것만은 아니야.

③ 쳇, 너무 잘난 체하는 것 아냐.

④ 글쎄, 그런 게 아니래도 자꾸 그러네.

⑤ 그래, 알았어. 그러니까 너무 화 내지 마.

10 다음 문장에서 관계언과 독립언을 <u>모두</u> 찾은 뒤에 그것이 무슨 품사인지 쓰시오.

보기
막내야, 이제 그만 자야지. 그리고 내일은 일요일이니까 푹 자고. 아차, 아빠 꿈꾸는 것 잊지 말고.

문장 **03**

01 문장

- **개념**: 생각이나 감정을 말과 글로 표현할 때 완결된 내용을 나타내는 최소 단위
- 실현 방법

누가/무엇이+어찌하다(동사)	예 비가 내린다.
누가/무엇이+어떠하다(형용사)	예 날씨가 덥다.
누가/무엇이+무엇이다.(체언+서술격조사)	예 이것이 사랑이다.

02 문장 성분

분류	개념	종류
주성분	문장의 골격을 이루는 필수 성분	주어, 서술어, 목적어, 보어
부속 성분	주성분을 꾸며 의미를 자세하게 해주는 문장 성분	관형어, 부사어
독립 성분	주성분이나 부속 성분과 직접적 관련이 없이 독립적으로 쓰는 성분	독립어

- **문장 성분**: 문장에서 일정한 문법적 기능을 하는 요소

03 주성분

① **주어**
- **개념**: 문장에서 동작이나 작용, 상태나 성질 등의 주체가 되는 문장 성분으로 '누가, 무엇이'에 해당하는 말이다.
- 실현 방법
  - 체언+주격조사('이', '가', '께서', '에서' 등)

    예 물이 얼었다. 비가 내렸다. 아버지께서 오셨다. 학교에서 성적표를 보냈다.
  - 체언+보조사

    예 너도 착하다. 시간은 흐른다.
  - 체언(주격 조사 생략)

    예 너 잠은 잤니?

② 서술어

- **개념**: 주어의 동작이나 작용, 상태 및 성질을 서술하는 문장 성분으로 '어찌하다, 어떠하다, 무엇이다'에 해당하는 말이다.

- 실현 방법
  - 동사
    > **예** 영수가 학교에 <u>간다.</u> (어찌하다)
  - 형용사
    > **예** 그 선수가 <u>멋지다.</u> (어떠하다)
  - 체언+서술격 조사('이다')
    > **예** 순희는 <u>학생이다.</u> (무엇이다)
  - 체언(서술격 조사 생략)
    > **예** 철수가 <u>합격!</u>

※ **[심화] 서술어의 자릿수**

한 자리 서술어	주어만 있어도 완전한 문장을 이룰 수 있는 서술어 **예** 눈이 내린다.
두 자리 서술어	주어 외에 또 하나의 문장 성분을 필수적으로 요구하는 서술어 　- 주어+목적어+서술어 　　**예** 철수가 포도를 먹는다. 　- 주어+보어+서술어 　　**예** 나는 의사가 되었다. 　- 주어+필수부사어+서술어 　　**예** 이것은 저것과 비슷하다.
세 자리 서술어	주어 외에 두 가지 문장 성분을 필수적으로 요구하는 서술어 **예** 그가 나에게 꽃을 주었다.

01 〈보기〉의 빈칸에 들어갈 적절한 문법 용어를 쓰시오.

보기
개념이나 감정을 말과 글로 표현할 때 완결된 내용을 나타내는 최소 단위를 문장이라고 하며 문장에서 일정한 문법적 기능을 하는 요소를 (　　　)이라고 한다.

02 문장 성분에 대한 〈보기〉의 설명을 참고하여 빈칸에 적절한 문법 용어를 쓰시오.

보기
문장의 골격을 이루는 필수 성분을 주성분이라고 하는데 주성분에는 (　　　) 등이 있다.

03 〈보기〉 문장의 문장 성분을 분석하여 순서대로 쓰시오.

보기
그의 말은 진실이 아니다.

04 다음 중 문장이 아닌 것은?

① 내가 좋아하는
② 전기자동차가 신기하다.
③ AI의 시대가 다가온다.
④ 무인 시스템이 자리를 잡았다.
⑤ 산업혁명이 18세기에 시작되었다.

05 〈보기〉의 ㉠~㉢에 해당하는 문장으로 적절하지 <u>않은</u> 것은?

보기
문장을 형성하는 방법에는 ㉠'**무엇이(누가) 무엇이다.**'와 ㉡'**무엇이(누가) 어떠하다.**', ㉢'**무엇이(누가) 어찌하다.**'의 세 종류가 있다.

① ㉠: 그녀는 시인이다.　　　　　② ㉡: 과일이 달다.

③ ㉡: 실력이 뛰어났다.　　　　　④ ㉢: 개가 짖었다.

⑤ ㉢: 눈빛이 맑았다.

06 〈보기〉와 같이 문장의 짜임을 ㉠~㉢의 세 종류로 나눌 때, 그 기준으로 가장 적절한 것은?

보기
㉠ 그녀가 멋지다. ㉡ 소녀가 웃었다. ㉢ 나는 중학생이다.

① 주어의 종류　　　　　　　　② 서술어의 종류

③ 부속 성분의 유무　　　　　　④ 독립 성분의 유무

⑤ 주어와 서술어의 개수

07 〈보기〉의 빈칸에 들어갈 말을 순서대로 바르게 나열한 것은?

보기
문장을 구성할 때 필요한 주성분에는 문장의 (　　　　)를 나타내는 주어와 주어의 성질, 상태, (　　　　)등을 풀이하는 서술어, (　　　　)의 동작 대상이 되는 목적어, 서술어 '되다/아니다'가 필요로 하는 성분인 보어 등이 있습니다.

① 주체, 개념, 주어　　　　　② 주체, 동작, 서술어

③ 주체, 개념, 서술어　　　　④ 대상, 동작, 보어

⑤ 대상, 개념, 서술어

08 다음 밑줄 친 부분의 예시로 적절하지 <u>않은</u> 것은?

보기
• <u>**무엇이(누가)**</u> 어떠하다.
• <u>**무엇이(누가)**</u> 어찌하다
• <u>**무엇이(누가)**</u> 무엇이다.

① <u>바람이</u> 세게 불었다　　　　② <u>하늘과</u> 바다는 다르다.

③ <u>철수는</u> 박사가 아니다　　　　④ 어제 <u>지수가</u> 자전거를 탔다.

⑤ <u>천장이</u> 높아서 손이 닿지 않는다.

09 다음 문장에서 주어와 서술어를 찾을 때 적절하지 <u>않은</u> 것은?

① 연필의 끝이 깨졌다.('끝이'–주어, '깨졌다'–서술어)

② 귀여운 인형을 잃어버렸다.('인형을'–주어, '잃어버렸다'–서술어)

③ 높이 나는 새가 멀리 본다.('주어'–새가, '본다'–서술어)

④ 나는 밀린 과제를 모두 끝냈다.('나는'–주어, '끝냈다'–서술어)

⑤ 그 평론가가 영화의 별점을 새로 매겼다.('평론가가'–주어, '매겼다'–서술어)

10 다음 중 주성분에 대한 설명으로 적절하지 <u>않은</u> 것은?

① 주성분은 문장의 뼈대가 되므로 생략할 수 없다.

② 문장 주체의 높낮이에 따라 격조사가 달라질 수 있다.

③ 문장의 뼈대를 이루는 필수적인 문장 성분의 종류는 네 개이다.

④ '체언+에서'의 경우 '체언'이 기관일 때에는 주어가 되기도 한다.

⑤ 주로 용언이 서술어가 되지만 '체언+조사'가 서술어가 되기도 한다.

02 주성분 2, 부속 성분, 독립 성분-개념 정리

01 주성분 2

① 목적어
- **개념**: 서술어가 나타내는 동작의 대상이 되는 문장 성분이며 '누구를, 무엇을'에 해당하는 말이다.
- 실현 방법
  - 체언+목적격 조사('을', '를')
    - 예 철수가 <u>영화를</u> 본다.
  - 체언+보조사
    - 예 철수는 <u>수학도</u> 좋아한다.
  - 체언+보조사+목적격 조사
    - 예 <u>너만을</u> 사랑해!
  - 체언(목적격 조사 생략)
    - 예 너 <u>배구</u> 좋아하지?

② 보어
- **개념**: 서술어 '되다, 아니다' 앞에서 주어와 서술어로 구성된 내용을 보충하는 문장 성분이며 '무엇이'에 해당하는 말이다.
- 실현 방법
  - 체언+보격 조사('이', '가')
    - 예 얼음이 <u>물이</u> 되었다.
  - 체언+보조사
    - 예 그녀가 <u>천사는</u> 아니다.

02 부속 성분

① 관형어
- **개념**: 체언을 꾸며 주는 문장 성분이며 '어떤, 무슨'에 해당하는 말이다.
- 실현 방법
  - 관형사
    - 예 그가 <u>새</u> 가방을 샀다.
  - 체언+관형격 조사('의')
    - 예 그는 <u>그곳의</u> 풍경을 좋아했다.
  - 체언(관형격 조사 생략)
    - 예 그는 <u>대학</u> 생활에 만족하고 있다.
  - 용언어간+관형사형 어미('-(으)ㄴ, -는, -던, -ㄹ' 등)
    - 예 <u>맛있는</u> 음식이 있다.

② **부사어**

- **개념**: 주로 용언을 꾸며 주는 문장 성분이며 다른 부사, 관형어, 문장 전체를 꾸미기도 한다. '어떻게, 언제, 어찌' 등에 해당하는 말이다.
- 실현방법
  - 부사
    - 예 장미가 <u>매우</u> 예쁘다.
  - 부사+보조사
    - 예 빙수를 <u>빨리도</u> 먹네.
  - 체언+부사격 조사('에', '에서', '에게' 등)
    - 예 <u>운동장에서</u> 그녀를 보았다.
  - 용언어간+부사형 어미('-이, -게, -(아)서, -도록' 등)
    - 예 경치가 <u>멋지게</u> 펼쳐졌다.

※ [심화] 필수적 부사어

> 부사어는 문장에서 반드시 필요한 성분은 아니지만 서술어에 따라 문장에서 필수적으로 요구되는 경우가 있는데 이때의 부사어를 필수적 부사어라고 한다.
> 예 아이가 <u>엄마와</u> 닮았다.

03 독립 성분

- **개념**: 부름, 감탄, 응답 등을 나타내는 문장 성분이다.
- 실현 방법
  - 감탄사
    - 예 <u>아이고</u>, 이게 얼마만이니?
  - 체언+호격조사('아/야', '이시여')
    - 예 <u>얘들아!</u> 열심히 공부하자.
  - 제시어
    - 예 <u>젊음!</u> 이것은 듣기만 하여도 가슴이 뛰는 말이다.
  - 대답하는 말
    - 예 <u>네</u>, 곧 하겠습니다.

02 주성분 2, 부속 성분, 독립 성분-개념 정리

01 〈보기〉의 빈칸에 들어갈 적절한 문법 용어를 쓰시오.

보기
문장 성분 중 주성분을 꾸며 의미를 자세하게 해 주는 문장 성분을 부속 성분이라고 하며 부속 성분에는 관형어, (　　　　) 등이 있다. 이때 관형어는 (　　　　)을/를 수식하는 기능을 하고 (　　　　)은/는 용언이나 관형어, 다른 (　　　　), 문장 등을 수식하거나 문장이나 단어를 이어주기도 한다.

02 〈보기〉의 빈칸에 들어갈 문장 성분의 종류를 쓰시오.

보기
문장 성분 중 주성분이나 부속 성분과 직접적 관련이 없는 성분을 독립 성분이라고 하는데 독립 성분에는 (　　　　　　)이/가 있다.

03 〈보기〉 문장의 문장 성분을 순서대로 쓰시오.

보기
청춘! 이 말을 떠올리며 얼굴에 웃음을 짓는다.

04 〈보기〉에서 목적어를 사용한 문장을 모두 고르면?

보기
㉠ 햇빛에 눈이 부시다.
㉡ 하늘은 사람을 돕는다.
㉢ 그 약이 우리를 살렸다.
㉣ 푸른 파도가 넘실거린다.

① ㉠, ㉡　　　　② ㉠, ㉢　　　　③ ㉠, ㉣　　　　④ ㉡, ㉢　　　　⑤ ㉢, ㉣

05 〈보기〉의 빈 칸에 들어갈 말을 순서대로 나열한 것은?

보기
'물이 ㉠얼음이 되었다'에서 '㉠얼음이'와 '냉동실에 ㉡얼음이 있다.'의 '㉡ 얼음이'는 문장 성분이 다르다. ㉠의 문장 성분은 (　　　　　　　　)이고, ㉡의 문장 성분은 (　　　　　　)인데 문장 성분의 차이가 생긴 이유는 (　　　　　　　　) 때문이다.

① 주어, 보어,　　문법적 기능
② 주어, 목적어,　문법적 기능
③ 보어, 주어,　　문장 형성 방법
④ 보어, 목적어,　문장 형성 방법
⑤ 보어, 주어,　　문법적 기능

06 다음 중 주성분에 대한 설명 중 적절하지 **않은** 것은?

① 사람이나 사물 모두 주어가 될 수 있다.
② 목적어가 항상 문장의 중간에 위치하는 것은 아니다.
③ 문장에서 보어를 필요로 하는 서술어는 정해져 있다.
④ 목적어는 '체언+보조사+목적격 조사' 형태로도 가능하다.
⑤ 주격 조사와 목적격 조사는 생략이 가능하지만 서술격 조사는 생략할 수 없다.

07 다음 문장 성분을 분석한 내용으로 적절하지 **않은** 것은?

운동장에서 ㉠독립어	나는 ㉡주어	푸른 ㉢관형어	하늘을 ㉣목적어	보았다. ㉤서술어

① ㉠　　　　② ㉡　　　　③ ㉢　　　　④ ㉣　　　　⑤ ㉤

08 주성분의 개수가 〈보기〉와 같은 것은?

보기
철수는 어제 숙제를 끝냈다.

① 노을이 예쁘게 보인다. ② 법원에서 소동이 일어났다.
③ 수박보다 포도가 더 맛있다. ④ 그녀는 뛰어난 인물이 아니다.
⑤ 시합에서 너의 능력이 필요하다.

09 다음 중 부속 성분이 없는 문장은?

① 우박이 우수수 떨어졌다. ② 나는 지금 밥을 먹고 있다.
③ 우리는 국어 문법을 배웠다. ④ 봄의 꽃은 가을보다 화려하다.
⑤ 나는 책상을 닦고 있었다.

10 문장 성분에 대한 설명으로 적절하지 않은 것은?

① '체언+조사'의 형태로 독립 성분을 만들 수 있다.
② 부속 성분인 부사어는 조사를 이용하여 만들 수 없다.
③ 활용하는 말에 어미를 붙여서 관형어로 사용할 수 있다.
④ 부속 성분은 문장의 필수 성분이 아니므로 생략이 가능하다.
⑤ 문장에서 '어떻게'나 '어찌' 등의 의미에 해당하는 것이 부사어이다.

03 문장의 짜임 1, 2-개념 정리

01 홑문장

주어와 서술어가 한 번만 나타나는 문장
　예 날씨가 맑다.

02 겹문장

주어와 서술어가 두 번 이상 나타나는 문장
- 안은문장: 다른 홑문장을 자신의 문장 성분으로 안고 있는 문장을 말한다.
　예 이것은 네가 준 선물이다.
- 이어진문장: 둘 이상의 홑문장이 대등하거나 종속적으로 이어지는 문장을 말한다.
　예 이것은 과일이고 저것은 과자이다. (대등하게 이어진 문장)
　　 비가 내려서 길이 미끄럽다. (종속적으로 이어진 문장)

03 이어진문장

① **대등하게 이어진문장**
- 앞 절과 뒤 절의 의미 관계가 대등하게 이어진 문장
- 두 문장이 대등적 연결어미(-고, -며, -든지, -지만 등)로 연결된다.
- 앞 절이 뒤 절과 '나열, 대조, 선택' 등의 의미 관계를 맺는다.

   예 겨울이 가고 봄이 온다.(나열)

   인생은 짧고 예술은 길다.(나열)

   철수는 학교에 왔지만 영희는 학교에 오지 않았다.(대조)

   수시를 선택하든지 정시를 선택하든지 결정을 해라.(선택)

② **종속적으로 이어진문장**
- 앞 절과 뒤 절의 의미가 종속적인 관계에 있는 문장
- 두 문장이 종속적 연결어미(-(아 / 어)서, -(으)면 등)로 연결된다.
- 앞 절이 뒤 절과 '원인, 조건, 의도, 배경, 양보' 등의 의미 관계를 맺는다.

   예 눈이 많이 내려 길이 미끄럽다.(원인)

   겨울이 오면 꽃이 진다.(조건)

※ **[심화] 대등하게 이어진문장과 종속적으로 이어진문장의 구별**

   앞뒤 문장의 순서를 바꾸어도 의미가 같으면 대등하게 이어진 문장, 의미가 달라지면 종속적으로 이어진 문장이다.

   예 봄이 가고 여름이 왔다. = 여름이 오고 봄이 갔다.(대등하게 이어진문장)

   비가 와서 땅이 젖었다. ≠ 땅이 젖어서 비가 왔다.(종속적으로 이어진문장)

03 문장의 짜임 1, 2-기본 문제

01 〈보기〉의 빈칸에 들어갈 적절한 문법 용어를 쓰시오.

보기
문장에서 주어와 서술어의 관계가 한 번만 나타나는 문장을 (　　　　)(이)라고 하고 두 번 이상 나타나는 문장을 겹문장이라고 한다.

02 〈보기〉의 빈칸에 들어갈 적절한 문법 용어를 쓰시오.

보기
'철수는 도서관에서 공부를 하고, 영희는 운동장에서 축구를 한다.'라는 문장에서 주어는 '철수는'과 '영희는'이고 서술어는 '하고'와 '한다'이다. 이렇게 주어와 서술어가 두 번 이상 나타나는 문장을 겹문장이라고 하는데 특히 앞 절과 뒤 절이 대등한 의미 관계를 이루고 있는 문장을 (　　　　)(이)라고 한다.

03 〈보기〉에서 설명하는 문장의 종류를 쓰시오.

보기
둘 이상의 문장이 이어져 있을 때 앞 절과 뒤 절이 '원인, 조건, 의도, 배경, 양보' 등의 의미 관계를 맺는 문장을 말한다.

04 〈보기〉의 표와 같이 문장을 ⓐ와 ⓑ의 두 개로 나누었을 때 그 기준으로 가장 적절한 것은?

보기	
ⓐ	ⓑ
• 가을 하늘은 푸르다. • 나는 영희에게 선물을 주었다.	• 인생은 길고 예술은 짧다. • 꽃이 지니 마음이 허전하다.

① 주성분의 개수　　　　　　　　② 부속성분의 개수
③ 필수적 부사어 유무　　　　　　④ 앞 절과 뒤 절의 의미 관계
⑤ '주어-서술어'가 나타난 횟수

05 다음 중 홑문장이 <u>아닌</u> 것은?

① 반짝반짝 별들이 빛난다.　　② 개구리는 파충류가 아니다.
③ 우리는 어제 여행을 끝냈다.　　④ 눈이 소복소복 내린다.
⑤ 명수는 성적이 좋은 학생이다.

06 다음 중 이어진문장에 해당하는 것은?

① 인생은 살기가 어렵다.　　② 나는 나에게 손을 내민다.
③ 창밖에 밤비가 속살거린다.　　④ 화자가 내적 갈등을 겪는다.
⑤ 등불을 밝혀 어둠을 내몬다.

07 다음 중 겹문장에 해당하지 <u>않는</u> 것은?

① 다수의 국민이 교육 정책에 찬성했다.
② 그가 대학에 합격했다는 소식을 들었다.
③ 나는 꿈을 꾸고 나의 꿈은 나를 키운다.
④ 비록 봄은 사라지지만 언젠가 돌아온다.
⑤ 집에 도착하니 동생이 기다리고 있었다.

08 다음 중 대등하게 이어진 문장에 해당하는 것은?

① 눈이 소리도 없이 내린다.
② 여기는 높지만 저기는 낮다.
③ 잇몸이 아파서 점심을 굶었다.
④ 늦잠을 자서 학교에 지각했다.
⑤ 버스가 밀리자 사람들이 힘들어했다.

09 〈보기〉의 ㉠~㉢의 문장 종류를 순서대로 나열한 것은?

보기
국어의 문장은 홑문장과 겹문장으로 나눌 수 있고 겹문장은 이어진문장과 안긴문장으로 나눈다. 또, 이어진문장은 앞 절과 뒤 절의 관계에 따라 대등하게 이어진 문장과 종속적으로 이어진 문장이 있다.   ㉠ 아침부터 비가 내렸다. ㉡ 하늘은 푸르고 강물은 흐른다. ㉢ 학교에 가려고 집에서 출발했다.

	㉠	㉡	㉢
①	홑문장	대등하게 이어진 문장	종속적으로 이어진 문장
②	홑문장	종속적으로 이어진 문장	안긴문장
③	홑문장	대등하게 이어진 문장	안긴문장
④	겹문장	대등하게 이어진 문장	종속적으로 이어진 문장
⑤	겹문장	종속적으로 이어진 문장	안긴문장

10 〈보기〉의 빈칸에 들어갈 내용으로 적절한 것은?

보기
문장을 쓸 때 주어와 서술어 관계가 한 번만 나오는 문장을 쓸 수도 있고, 다른 문장을 하나의 성분으로 안은문장이나 두 문장을 이은 문장으로 표현할 수도 있습니다. 이때, 주어와 서술어(   )

① 의 관계가 한 번만 나오는 문장은 겹문장이라고 합니다.

② 의 관계가 두 번 이상 나오는 문장을 홑문장이라고 합니다.

③ 로 이루어진 두 문장을 안긴문장-안은문장이라고 합니다.

④ 로 된 문장이 이어질 때에는 앞 절과 뒤 절이 특정한 의미 관계를 형성하게 됩니다.

⑤ 가 있는 문장이 다른 문장의 성분 역할을 할 때 그 문장을 이어진문장이라고 합니다.

04 문장의 짜임 3-개념 정리

01 안은문장

- 안은문장은 안긴문장을 포함하고 있다.
- 안긴문장은 다른 문장 속에서 하나의 문장 성분처럼 쓰이는 문장을 뜻한다.
- 안긴문장은 문장에서의 역할에 따라 명사절, 관형절, 부사절, 서술절, 인용절로 나눌 수 있다.

① 명사절
- 문장에서 주어, 목적어, 부사어 등 명사 역할을 하는 절
- 명사형 어미 '-(으)ㅁ, -기', 의존명사 '-것' 등을 붙여서 만든다.
  - 예 나는 중3이 끝났음을 기뻐했다

② 관형절
- 문장에서 관형어 역할을 하는 절
- 문장의 종결형에 '-(고하)는'을 붙이거나 관형사형 어미 '-(으)ㄴ, -는, -(으)ㄹ, -던'을 붙여서 만든다.
  - 예 나는 그녀가 왔다는 소식을 들었다.
  - 나는 그가 준 서류를 두고 왔다.

③ 부사절
- 문장에서 부사어 역할을 하는 절
- 부사형 어미 '-이, -게, -도록, -(아/어)서'를 붙여서 만든다.
  - 예 비가 소리도 없이 내린다.

④ 서술절
- 문장에서 서술어 역할을 하는 절
- 절 표지가 따로 없으므로 의미와 위치로 구별을 해야 한다.
  - 예 코끼리는 코가 길다.

⑤ **인용절**

　- 다른 사람의 말을 인용한 절

　- 조사 '고, 라고'를 붙여서 만든다.

　- 직접인용절: 인용할 문장에 '라고'를 붙인다.

　　예 스티브 잡스는 "끊임없이 배우고 갈망하세요."라고 말했다.

　- 간접인용절: 인용할 문장에 '고'를 붙인다.

　　예 우리는 인간이 위대하다고 믿는다.

04 문장의 짜임 3-기본 문제

01 문장에 대한 다음 설명에서 빈칸에 적절한 문법 용어를 쓰시오.

> 주어와 서술어의 관계가 두 번 이상 나타나는 문장을 겹문장이라고 하는데 겹문장은 (　　　　)과 (　　　　)으로 나눌 수 있다.

02 다음 문장을 홑문장과 겹문장으로 분석하고 겹문장이면 겹문장의 종류를 쓰시오.

> 어제 산 책을 너에게 빌려줄게.

03 다음 문장에서 안긴문장을 찾고, 안긴문장의 종류를 쓰시오.

> 한국인이 좋아하는 돼지고기는 삼겹살이다.

04 〈보기〉의 빈 칸에 들어갈 적절한 말을 순서대로 나열한 것은?

> **보기**
>
> 안은문장 중 명사절은 안긴문장의 서술어 어간에 (　　　　)이/가 붙어 전체 문장에서 명사 역할을 하고, 관형절은 안긴문장의 서술어 어간에 관형사형 어미 (　　　　) 등이 붙어 전체 문장에서 관형어 역할을 하는 것을 말한다. 또 서술절은 (　　　　) 역할을 하는 것을 말한다.

① -(으)ㅁ, -기 / -(으)ㄴ, -는, -(으)ㄹ, -던 / 서술어
② -(으)ㄴ, -는, -(으)ㄹ, -던 / -(으)ㅁ, -기 / 부사어
③ -(으)ㅁ, -기 / -이, -게, -도록, -(아/어)서 / 서술어
④ -(으)ㅁ, -기 / -이, -게, -도록, -(아/어)서 / 부사어
⑤ -이, -게, -도록, -(아/어)서 / -라고, -고 / 서술어

05 다음 문장을 분석한 내용으로 적절하지 <u>않은</u> 것은?

> 그녀는 시원하게 내리는 비를 좋아한다.

① '그녀는'은 문장 전체의 주어이다.

② '비를'은 문장 전체의 목적어이다.

③ '좋아한다'는 문장 전체의 서술어이다.

④ '시원하게'는 '내리는'을 꾸미는 부사어이다.

⑤ 주어와 서술어의 관계가 한번 나타나는 홑문장이다.

06 〈보기〉와 같이 문장의 짜임을 ㉠~㉢의 세 종류로 나눌 때, 그 기준으로 가장 적절한 것은?

보기
㉠ 영웅이는 재능이 뛰어나다.
㉡ 나는 그가 돌아온 사실을 몰랐다.
㉢ 철수는 형과 달리 운동을 좋아한다.

① 수식어의 종류

② 접속 조사의 종류

③ 앞 절과 뒤 절의 의미 관계

④ 주어와 서술어가 나타난 횟수

⑤ 문장에 포함된 절의 문장 성분

07 문장의 종류가 다른 하나는?

① 태극기가 바람에 펄럭였다.

② 아침 이슬을 머금은 풀잎은 아름답다.

③ 그가 고국에 돌아왔다는 소식을 들었다.

④ 그가 어제 저녁에 "불이야!"라고 외쳤다.

⑤ 내가 아는 그녀는 성격이 좋은 사람이다.

08 〈보기〉에서 밑줄 친 명사절의 문장 성분이 동일한 것끼리 묶은 것은?

보기
㉠ 순희는 **대학에 가기로** 결심했다.
㉡ 어른들도 **시험을 보기** 싫어한다.
㉢ 지금은 **친구랑 놀기에** 늦은 시간이다.
㉣ 학생들이 **방학이 시작되기를** 기다린다.

① ㉠ / ㉡, ㉢, ㉣   ② ㉠, ㉡ / ㉢, ㉣
③ ㉠, ㉡, ㉢ / ㉣   ④ ㉠, ㉢ / ㉡, ㉣
⑤ ㉠, ㉣ / ㉡, ㉢

09 〈보기〉는 문장의 짜임을 도식화한 것이다. ㉠에 들어갈 문장으로 적절한 것은?

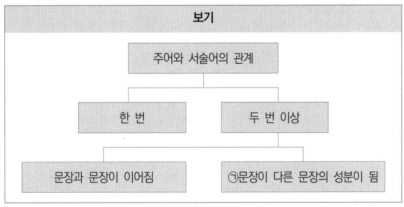

보기
주어와 서술어의 관계
한 번 / 두 번 이상
문장과 문장이 이어짐 / ㉠문장이 다른 문장의 성분이 됨

① 악어는 다리가 짧다.
② 물이 증발하면 수증기가 된다.
③ 시골의 새벽 풍경은 고즈넉하다.
④ 우리의 노력이 결과를 만들어낸다.
⑤ 1등이 아니라도 너는 우리의 영웅이다.

10 다음 문장 중 안은문장에 해당하지 <u>않는</u> 것은?

① 나는 택배가 도착하기를 기다렸다.

② 철수가 드디어 우주비행사가 되었다.

③ 동생이 소리도 없이 방으로 들어왔다.

④ 세상에는 1등이 아닌 사람이 더 많다.

⑤ 반장이 "국어 수업이 1교시야."라고 말했다.

어휘 및 담화 04

01 국어 어휘의 체계-개념 정리

- **어휘:** 어떤 일정한 범위 안에서 쓰이는 단어의 수효, 또는 단어의 전체를 뜻한다.
- **체계:** 일정한 원리에 따라서 낱낱의 부분이 짜임새 있게 조직되어 통일된 전체를 의미한다.
- 국어의 어휘는 그 기원(또는 말의 뿌리)에 따라 **고유어**, **한자어**, **외래어**로 나눌 수 있다.

01 고유어

① **개념:** 우리말에 본디부터 있던 말이나 그것에 기초하여 새로 만들어진 말이다.
　예 아버지, 어머니, 하늘, 땅, 비빔밥, 주룩주룩 등

② 특성
- 촉감, 맛, 모양, 소리 등을 생생하게 표현할 수 있는 어휘가 많다.
- 색채어(색깔을 표현하는 말)가 다양하게 발달되어 있다.
- 다른 외래어나 한자어로 바꾸어 쓰기 어려운 어휘들이 있다.
- 우리 민족이 지닌 고유의 정서와 문화가 담겨 있다.
- 농경 사회였기 때문에 농사와 관련된 말이 발달되어 있다.

우리말	벼	쌀	밥
영어	rice		

02 한자어

① **개념:** 한자에 기초하여 만들어진 말이다.
　예 계절, 자동차, 정서, 수리, 치료 등

② 특성
- 고유어에 비해 분화된 의미를 지니고 있다.
　예 고치다 ➜ 수리(修理), 수선(修繕), 치료(治療), 정정(訂正)
- 고유어를 보완하는 역할을 한다.
- 추상적인 개념이나 전문 분야의 개념을 나타내는 어휘가 많다.

03 외래어

① **개념:** 외국에서 들어와 우리말처럼 쓰이는 말이다.

　　예 원피스, 텔레비전, 디자이너, 버스, 피아노 등

② 특성
- 외국에서 들어온 사물을 나타내는 경우가 많다.
- 대체할 수 있는 고유어나 한자어가 별로 없다.
- 우리말 어휘를 풍부하게 해준다.
- 우리말처럼 쓰이지만 무분별하게 사용될 경우 우리말의 정체성을 위협할 수 있다.

01 국어 어휘의 체계-기본 문제

01 국어의 어휘는 〈보기〉와 같이 나누어진다. 나누는 기준으로 가장 적절한 것은?

보기
고유어, 한자어, 외래어

① 말의 뿌리　　　　　　　② 말의 의미
③ 말이 사용되는 지역　　　④ 말을 사용하는 사람
⑤ 말이 생성된 시기

02 '고유어'의 특성으로 적절하지 <u>않은</u> 것은?

① 감각적인 어휘가 발달되어 있다.

② 색채어가 다양하게 발달되어 있다.

③ 농사와 관련된 말이 발달되어 있다.

④ 우리 민족이 지닌 고유의 정서가 담겨 있다.

⑤ 추상적인 개념을 나타내는 어휘가 발달되어 있다.

03 〈보기〉의 어휘가 지닌 특징으로 가장 적절한 것은?

보기
동물, 농촌, 감상, 학교

① 우리말에 본디부터 있던 말이다.
② 한자에 기초하여 만들어진 말이다.
③ 다른 나라의 문화와 함께 들어온 말이다.
④ 우리말의 정체성을 위협할 수 있는 말이다.
⑤ 외국에서 들어와 우리말처럼 쓰이는 말이다.

04 〈보기〉의 어휘를 통해 알 수 있는 우리말의 특징으로 가장 적절한 것은?

보기
파랗다, 퍼렇다, 새파랗다, 시퍼렇다

① 뜻이 구체적인 경우가 많다.
② 따뜻하고 섬세한 느낌을 준다.
③ 색깔을 표현하는 말이 다양하다.
④ 우리말의 어휘를 풍부하게 해준다.
⑤ 전문 분야의 개념을 나타내는 어휘가 많다.

05 단어를 어휘의 체계에 따라 연결한 것 중 적절하지 <u>않은</u> 것은?

① 원피스-외래어　　② 아나운서-외래어　　③ 무지개-한자어
④ 색연필-한자어　　⑤ 반짝반짝-고유어

06 어휘의 체계에 따라 〈보기〉의 ㉠~㉤을 나눌 때, 이들이 속한 어종의 특성에 대해 설명한 내용으로 적절하지 <u>않은</u> 것은?

보기
㉠**꿈**에서 깼다. 푹 잔 거 같은데 어제 남산 둘레길을 걸은 탓인지 ㉡**종아리**가 땅긴다. 단풍나무가 터널을 이루고 있던 둘레길은 ㉢**자연**이 주는 아름다운 선물이라 생각하니 ㉣**경건**한 마음이 들기까지 했다. ㉤**아스팔트** 위에 떨어진 단풍잎도 늦가을의 운치를 한층 더해줬다.

① ㉠: 우리 민족의 정서나 감정을 잘 나타낸다.
② ㉡: 본래부터 있던 우리말을 바탕으로 만들어졌다.
③ ㉢: 외국에서 들어온 사물을 나타내는 경우가 많다.
④ ㉣: 분화된 뜻을 가지고 있어서 고유어를 보완하는 역할을 한다.
⑤ ㉤: 대체할 수 있는 고유어가 별로 없다.

07 〈보기〉의 밑줄 친 말을 한자어로 바꾸어 쓴 것 중 적절한 것은?

보기
• 언니의 옷을 ㉠<u>고쳐서</u> 입었다.
• 장마철이 오기전에 지붕을 ㉡<u>고쳐라</u>.
• 이 병원은 병을 잘 ㉢<u>고친다</u>고 소문이 났다.
• 지영이는 종료 5분 전에 답안을 ㉣<u>고쳤다</u>.
• 국회에서는 낡은 법을 ㉤<u>고치기</u>로 했다.

① ㉠: 수정하다
② ㉡: 치료하다
③ ㉢: 수리하다
④ ㉣: 수선하다
⑤ ㉤: 개정하다

08 〈보기〉의 밑줄 친 '느낌'을 유사한 의미의 한자어로 바꾸어 쓰려고 한다. 〈보기〉의 뜻풀이를 참고하여 빈칸에 알맞은 한자어를 쓰시오.

보기
• 나는 그 작품을 읽고 난 <u>느낌</u>을 선생님께 말씀 드렸다.
* (   ): 마음속에서 일어나는 느낌이나 생각

09 〈보기〉를 통해서 알 수 있는 한자어의 특성을 고유어와 비교하여 간단히 서술하시오.

보기
아래의 예문에서 고유어 '말'을 대신하여 사용되는 한자어는 다양하다. • **말**은 사람의 생각을 전달한다. (언어) • 곧 전쟁이 난다는 **말**이 온 마을에 퍼졌다. 　　　　　　　(소문) • 따뜻한 **말**이 오고 가는 사회를 만듭시다. 　　　(대화)

10 〈보기〉의 식단에 적힌 음식 이름을 어휘의 체계에 따라 고유어, 한자어, 외래어로 분류해 보세요.

보기
○월 ○○일 식단 오므라이스, 미역국, 잡채, 불고기 만두, 오렌지, 우유

고유어	
한자어	
외래어	

02 국어 어휘의 양상-개념 정리

■ **방언:** 어휘는 지역적 원인, 사회적 원인에 따라 다양한 모습으로 나타나는데, 이때 달라진 말을 방언이라고 한다.

01 지역 방언

① **개념:** 같은 언어라 하더라도 지역적으로 떨어져 오랜 시간 흐르면 단어의 형태가 달라지는 등 원래의 언어와는 다른 모습으로 변하게 된다. 이렇게 지역에 따라 달라진 말을 지역 방언이라고 한다.

② 지역 방언이 생긴 까닭
   - 산과 강 등 지리적 장애물이 존재하기 때문이다.
   - 교통과 통신 수단이 발달하지 않았기 때문이다.

③ 지역 방언 사용의 결과
   - 같은 지역 사람들끼리의 방언 사용은 친근감, 유대감을 느낄 수 있다.
   - 다른 지역 사람들과 지역 방언을 사용할 경우 내용이 정확하게 전달되지 않아 뜻을 이해하기 어렵고 이질감, 소외감을 느낄 수 있다.

④ 지역 방언의 가치
   - 우리말의 어휘를 풍부하게 해준다.
   - 해당 지역의 특유한 자연, 풍속 따위의 정취나 특색을 느낄 수 있다.
   - 우리 옛말의 자취가 남아 있어 국어 역사 연구에 도움이 된다.

02 사회 방언

① **개념:** 사회 집단, 세대, 성별, 직업 등에 따라 다르게 쓰이는 말을 뜻한다.

② 사회 방언에 영향을 미치는 요인
   - **세대:** 젊은 세대는 노인 세대와 달리 준말이나 게임 용어를 즐겨 사용한다.
   - **성별:** 여성은 남성에 비해 감정을 표현하는 어휘를 더 많이 사용하고 여성은 '해요체'를, 남성은 '하십시오체'를 상대적으로 더 사용한다.
   - **직업:** 전문 분야에 따라 주로 사용하는 전문어가 다르며, 직업에 따라 해당 직업에서만 사용하는 단어가 있다.

③ 사회 방언의 종류

- **전문어:** 학술이나 기타 전문 분야에서 특별한 뜻으로 쓰는 말로 뜻이 정밀하고 다의성이 적으며, 업무의 효율성을 높여준다. 대부분 대응하는 일반 어휘가 없으며, 일반인과 의사소통할 때 가능한 쉽게 풀이하여 사용해야 한다.

  예 법과 관련된 분야(심리, 변론), 방송과 관련된 분야(클로즈업, 숏)

- **은어:** 다른 사람들이 알아듣지 못하도록 특정 집단의 구성원끼리 사용하는 말로 비밀 유지 기능이 있으며, 외부에 알려지면 새로운 말로 변경되기도 한다.

  예 심마니들이 사용하는 말(무릅(밥), 도자(칼), 산개(호랑이), 데팽이(안개)), 청소년들이 주로 사용하는 말(안습(안타까움), 열공(공부에 열중함))

- **속어:** 통속적으로 쓰는 저속한 말로 친밀감을 주고자 사용하나 상대의 기분을 상하게 할 수도 있다.

03 의미 관계에 따른 어휘의 양상

① **유의 관계:** 의미가 서로 비슷한 관계를 뜻한다. 하나의 쌍을 이루고 있는 경우도 있지만, 세 개 이상의 단어가 무리를 이루기도 한다. 의미가 서로 비슷하지만 완전히 똑같지는 않다.

예 잡다-쥐다, 막다-방어하다

② **반의 관계:** 의미가 서로 반대되는 관계를 뜻한다. 오직 한 개의 의미 요소만 다르고 나머지 의미 요소들은 모두 같아야 한다. 하나의 단어에 여러 개의 단어가 대립하는 경우도 있다.

예 낮-밤, 덥다-춥다, 빠르다-느리다

③ **상하 관계:** 한쪽이 의미상 다른 쪽을 포함하는 관계를 뜻한다.

예 꽃-해바라기, 문학-소설

- **상의어:** 한쪽이 의미상 다른 쪽을 포함하는 단어이다.

  예 '꽃'은 '해바라기'의 상의어, '문학'은 '소설'의 상의어이다.

- **하의어:** 한쪽이 의미상 다른 쪽에 포함되는 단어이다.

  예 '해바라기'는 '꽃'의 하의어, '소설'은 '문학'의 하의어이다.

02 국어 어휘의 양상-기본 문제

01 '지역 방언'에 대한 설명으로 적절하지 <u>않은</u> 것은?

① 지역에 따라 다르게 표현한 말이다.

② 원래 언어와는 다른 모습으로 변한 말이다.

③ 특정 지역의 독특한 문화와 정서가 담긴 말이다.

④ 교통과 통신 수단이 급격히 발달하여 생긴 말이다.

⑤ 산과 강 등 지리적 장애물이 존재하여 생긴 말이다.

02 〈보기〉의 단어들에 대한 설명으로 적절하지 <u>않은</u> 것은?

보기
부치, 부초, 부추, 솔, 정구지, 졸, 세우리

① 모두 '부추'를 일컫는 말이다.

② 전문 분야에서 특별한 뜻으로 쓰는 말이다.

③ 교통과 통신의 발달로 그 차이가 줄고 있다.

④ 같은 지역 사람들끼리 사용하는 말에서는 친근감을 느낄 수 있다.

⑤ 지역 사이의 거리가 멀어 서로 간의 교류가 어려웠기 때문에 생긴 결과이다.

03 같은 지역 사람들끼리 '지역 방언'을 사용하는 이유로 가장 적절한 것은?

① 이질감을 해소하기 위해서

② 유대감을 느낄 수 있기 때문에

③ 다른 지역 사람들과의 의사소통을 위해서

④ 객관적인 사실을 잘 드러낼 수 있기 때문에

⑤ 같은 지역 사람들 간의 비밀을 유지하기 위해서

04 '사회 방언'에 영향을 미치는 요인으로 적절하지 <u>않은</u> 것은?

① 세대　　② 성별　　③ 지역　　④ 직업　　⑤ 사회 집단

05 〈보기〉의 말들을 사용하기에 적합한 상황이 <u>아닌</u> 것은?

보기
※ '나중에 또 오세요.'의 의미를 지닌 지역의 말들   • 야중에 또 와유.(충청도)   • 난중에 또 오이소.(경상도)   • 앵중에 또 오드래요.(강원도)

① 고향에서 그 지역의 상품을 홍보할 때

② 특정 지역을 배경으로 하여 영화를 촬영할 때

③ 오랜만에 고향 사람을 만나 얘기하다가 헤어질 때

④ 다른 지역 사람들에게 내용 전달을 정확하게 해야 할 때

⑤ 고향에 내려와 명절을 지내고 떠나는 형제들과 인사할 때

06 〈보기〉의 밑줄 친 말에 대한 설명으로 적절하지 <u>않은</u> 것은?

보기
(청과물 시장 상인들이 대화하는 상황) **손님:** 이 사과 한 상자당 **대**(이만 원)에 살 수 있을까요? **주인:** 아뇨. 이거 알이 굵어서 **삼패**(삼만 원)는 주셔야 해요.   • 대, 삼패: 청과물 시장 상인들이 숫자를 대신하여 쓰던 말. '대'는 '이(2)'를, '삼패'는 '삼(3)'을 뜻하는데, 상황에 따라 '이천 원', '삼천 원' 등 단위가 바뀌어 쓰이기도 함.

① 집단의 비밀을 유지하기 위해 사용한 말이다.

② 구성원들의 소속감을 강화하는 기능을 한다.

③ 다른 집단의 사람들에게 거리감을 줄 수도 있다.

④ 친밀감을 주고자 사용하나 상대의 기분을 상하게 할 수도 있다.

⑤ 다른 사람들이 알아듣지 못하도록 특정 집단의 구성원끼리 사용하는 말이다.

07 단어의 의미 관계가 〈보기〉와 유사한 것으로 적절한 것은?

보기
오르다-상승하다

① 낮-밤   ② 덥다-춥다
③ 식당-음식점   ④ 분식-떡라면
⑤ 민속놀이-윷놀이

08 〈보기〉의 특징을 갖고 있는 '사회 방언'은 무엇인지 쓰시오.

보기
• 비밀 유지의 기능이 있다. • 외부에 알려지면 다른 말로 변경되기도 한다. • 외부 사람들의 의사소통을 방해하고 오해를 불러일으킬 수 있다.

09 〈보기〉의 빈칸에 적절한 말을 쓰시오.

보기
• 말소리는 다르지만 (   )이/가 서로 비슷한 관계에 있는 단어들을 유의 어라고 한다.

10 〈보기〉에서 밑줄 친 '벗다'의 반의어로 빈칸에 들어갈 단어를 순서대로 쓰시오.

보기
• 옷을 벗다. ↔ 옷을 (　　ㄱ　　).
• 신발을 벗다. ↔ 신발을 (　　ㄴ　　). 　　　　　．
• 장갑을 벗다. ↔ 장갑을 (　　ㄷ　　).

03 담화의 개념과 특성-개념 정리

01 담화의 개념과 구성 요소

① **개념**: 말하는 이(글쓴이)와 듣는 이(읽은 이)를 포함하여 구체적인 맥락 속에서 이루어지는 발화(문장)나 발화(문장)의 연속체를 말한다.

② **구성 요소**: 말하는 이(글쓴이), 듣는 이(읽는 이), 전달하려는 내용, 맥락(상황 맥락, 사회·문화적 맥락)

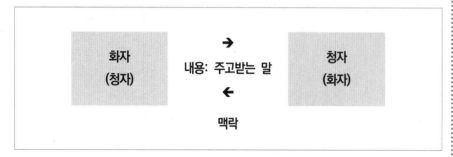

③ **특성**:
- 통일성과 응집성을 갖추어야 한다.
- 담화의 의미는 고정되어 있지 않으며, 담화가 이루어지는 맥락 속에서 결정된다. 따라서 담화를 해석할 때에는 맥락을 고려해야 한다.

02 담화의 구성 요건

① **통일성**: 발화(문장)들의 내용이 담화의 주제를 향해 밀접하게 연관되는 것을 말한다.

> **※ 통일성을 갖춘 글을 쓰는 방법**
> - 글의 모든 내용이 하나의 주제로 밀접하게 연관되어 있는지 고려해야 한다.
> - 각 문단의 내용이 글 전체의 주제와 밀접하게 연관되어 있는지 확인해야 한다.
> - 하나의 문단 안에서 각 문장이 중심 내용과 밀접한 내용인지 고려해야 한다.

② **응집성**: 담화를 구성하는 발화(문장)들이 형식적으로 긴밀하게 연결되는 것을 말한다.

> **※ 담화의 응집성을 높이는 방법**
> - 적절한 지시 표현을 사용해야 한다.
>   - 예 이, 그, 저, 이러하다, 그러하다 등
> - 적절한 접속 표현을 사용해야 한다.
>   - 예 그리고, 그러나, 그래서, 그런데 등

03 담화의 맥락

① **상황 맥락:** 담화의 해석에 영향을 미치는, 장면 자체와 관련된 맥락이다.

> 예 화자와 청자의 관계, 시간과 장소, 의도나 목적 등

② **사회 · 문화적 맥락:** 담화의 해석에 영향을 미치는, 사회 · 문화적 배경, 관습 등과 관련된 맥락이다.

> 예 역사적 · 사회적 배경, 공동체의 가치, 신념, 문화 등

※ 담화의 맥락을 고려한 해석과 의사소통

- 담화를 해석할 때에는 화자와 청자의 관계, 담화가 이루어지는 시간과 장소, 화자의 발화 의도나 목적을 고려해야 한다.
- 우리와 문화가 다른 사람과 의사소통할 때에는 상대방의 문화를 이해하려고 노력해야 하며, 상대방이 우리의 문화를 이해할 수 있게 도와야 한다.

---

03 담화의 개념과 특성-기본 문제

01 담화의 구성 요소로 적절하지 <u>않은</u> 것은?

① 말하는 이
② 듣는 이
③ 배경 지식
④ 전달하려는 내용
⑤ 담화가 이루어지는 맥락

02 다음 중, 원활한 의사소통을 위해 고려해야 할 사항으로 적절하지 <u>않은</u> 것은?

① 청자의 수준과 관심 등을 고려하여 말한다.
② 담화가 이루어지는 시간과 장소를 고려한다.
③ 다른 나라 문화를 우리의 문화와 비교하여 말한다.
④ 발화가 이루어지는 상황을 충분히 고려하여 말한다.
⑤ 발화의 의도나 목적이 분명하게 드러나도록 말한다.

03 〈보기〉의 대화에 대한 설명으로 적절하지 <u>않은</u> 것은?

보기
동생: 누나, 저 놀이 기구 무서울 것 같아. **누나**: 난 재미있을 것 같은데? **동생**: 재미있을 것 같긴 한데, 그래도 조금 무서워. **누나**: 나만 믿어.

① 동생과 누나가 한 말은 각각 발화에 해당한다.
② 동생과 누나가 나눈 대화 전체는 담화에 해당한다.
③ 누나와 동생은 화자가 되기도 하고 청자가 되기도 한다.
④ 놀이공원에서 누나와 동생이 놀이 기구를 타려고 하는 상황이 대화가 이루어지는 상황이다.
⑤ 총 5개의 발화로 이루어진 대화이다.

[4-5] 다음 글을 읽고 물음에 답하시오.

> **지수:** 공기가 상쾌합니다. 과일은 껍질째 먹으면 더 좋습니다. 따라서 일찍 자고 일찍 일어나야 합니다. 그런데 물을 많이 마시는 것은 좋습니다.
>
> **경호:** 충분한 수면은 건강에 도움을 줍니다. 적절한 수면 시간은 사람마다 다르지만 일반적으로 여섯 시간에서 여덟 시간 정도라고 합니다. 이보다 부족하면 피로가 쌓이고 집중력이 떨어질 수 있습니다.

04 '지수'와 '경호'의 말에 대한 설명으로 적절하지 <u>않은</u> 것은?

① 지수의 말은 발화마다 의미가 분명하지 않다.

② 지수의 각 발화의 내용은 서로 관련성이 없다.

③ 지수의 말은 경호의 말과 달리 무엇을 말하고자 하는지 알기 어렵다.

④ 경호의 말은 말하고자 하는 것이 무엇인지 파악하기가 쉽다.

⑤ 경호의 말은 각 발화들의 내용이 하나의 주제를 향해 밀접하게 연관되어 있다.

05 윗글에서 '경호'가 말하고자 하는 바를 하나의 완전한 문장으로 쓰시오.

06 〈보기〉는 담화와 관련한 설명이다. 빈칸에 적절한 말을 쓰시오.

보기
담화는 구성 요소에 따라 다양한 양상으로 나타난다. 그러므로 원활하게 의사소통하려면 말이나 글이 이루어지는 구체적인 (   )을/를 고려해야 한다.

[7-8] 다음 만화를 보고 물음에 답하시오.

07 (가)에서 "어떠세요?"의 의미로 적절한 것은?

① 오늘 기분이 좋으신가요?
② 머리 모양이 마음에 드세요?
③ 우리 미용실에 오늘 처음 오셨어요?
④ 앉아 있는 것이 불편하지 않으세요?
⑤ 전에도 우리 미용실에 오신 적이 있으시죠?

08 (가)와 (나)에서 "어떠세요?"의 의미가 다르게 해석되는 이유로 적절하지 <u>않은</u> 것은?

① 화자의 발화 의도가 다르기 때문이다.
② 화자와 청자의 관계가 다르기 때문이다.
③ 담화가 이루어지는 장소가 다르기 때문이다.
④ 담화가 이루어지는 시간이 다르기 때문이다.
⑤ 담화가 이루어지는 상황이 다르기 때문이다.

[9-10] 다음 대화를 읽고 물음에 답하시오.

> (거실에서 건조기로부터 방금 꺼낸 빨래를 한가득 쌓아놓고 개려고 하고 있는 엄마가 방에서 나온 딸에게 말하는 상황)
>
> **엄마:** 수진아, 잠깐만…….
>
> **수진:** 네?
>
> **엄마:** <u>너, 시간 있어?</u>

09 윗글에서 밑줄 친 말의 의미로 가장 적절한 것은?

① 지금 몇 시냐고 묻는 말이다.
② 함께 빨래를 개자고 부탁하는 말이다.
③ 왔다 갔다 하지 말고 공부하라는 의미이다.
④ 딸에게 시계를 가지고 있냐고 묻는 말이다.
⑤ 시간은 중요한 거니까 아껴 쓰라는 의미이다.

10 윗글에서 '수진'이가 엄마의 말에 담긴 의도를 제대로 파악한 후 그에 알맞은 대답을 했다고 가정할 때, 그 대답으로 적절한 것을 하나의 완전한 문장으로 간략히 서술하시오.

04 통일 시대의 국어-개념 정리

남한의 언어는 '한글 맞춤법(1988)'을 따르고 있고, 북한의 언어는 '조선말 규범집 (2010)'을 따르고 있다. 이 둘은 1933년 조선어 학회가 제정한 '한글 맞춤법 통일안 (1933)'을 뿌리로 하고 있지만 분단 이후 서로 교류 없이 각자 맞춤법을 수정해 왔기 때문에 남북 언어의 차이가 생기게 되었다.

01 남북한 언어의 차이

① 맞춤법의 차이

남한	북한
• 사이시옷을 사용한다. 예 나룻배 • 두음법칙*을 인정한다. 예 이용 • 의존 명사*를 띄어 쓴다. 예 할 것이다 • **남한**: 표준어-교양 있는 사람들이 두루 쓰는 현대 서울말	• 사이시옷을 쓰지 않는다. 예 나루배 • 두음법칙을 인정하지 않는다. 예 리용 • 의존 명사를 붙여 쓴다. 예 할것이다 • **북한**: 문화어(1966)-평양말

* **두음 법칙**: 일부 소리가 단어의 첫머리에 발음되는 것을 꺼려 나타나지 않거나 다른 소리로 발음되는 일을 뜻한다.
* **의존 명사**: 의미가 형식적이어서 다른 말 아래에 기대어 쓰이는 명사이다. '것', '바', '줄', '수' 등이 있다.

② 어휘의 차이 – 남한을 기준으로 볼 때, 남한과 다른 북한의 어휘
- 첫째, 북한의 방언을 문화어로 삼은 어휘로 남한에서 표준어로 인정하지 않거나 쓰지 않는 어휘가 문화어에 많이 포함되어 있다.
  예 게사니(거위), 가마치(누룽지), 망돌(맷돌) 등.
- 둘째, 북한에서 남한과 다른 뜻으로 쓰는 어휘로 이런 어휘들은 이념과 제도가 영향을 미쳐 의미가 달라진 경우가 많다.
  예 동무: 남한-늘 친하게 어울리는 사람, 북한-로동계급의 혁명위업을 이룩하기 위하여 혁명대오에서 함께 싸우는 사람을 친하게 이르는 말.
- 셋째, 북한에서 분단 이후에 새로 만들어 쓰고 있는 어휘로 이런 어휘에는 다듬은 말이나 새로 만든 말이 있다.
  예 한자어나 외래어를 순우리말로 다듬은 말: 소리판(←음반), 끌차(←견인차), 밥상칼 (←나이프), 손기척(←노크) 등 / 새로 만든 말: 로동영웅, 밥공장, 인민 배우 등

02 남북한 언어의 차이를 극복할 수 있는 방안

■ 남한의 국립국어원과 북한의 조선사회과학원 언어학 연구소 사이의 학술 교류, 남북 공동 〈겨레말큰사전〉 편찬 활동

① 두음 법칙, 사이시옷, 띄어쓰기 등 남북의 서로 다른 맞춤법을 통일한다.

② 형태와 의미에서 차이가 나는 어휘는 협의를 통해 통합한다.

③ 협의를 통해 맞춤법과 어휘가 정해지면 그 맞춤법을 따르고 그 어휘를 쓸 수 있게 해야 한다.

④ 남북한 학교에서 모두 교육하고 언론을 통해 널리 보급하는 등 적극적인 노력을 기울여야 한다.

⑤ 남북한 언어의 차이를 극복해야 하는 필요성을 인식하고 꾸준히 관심을 가져야 한다.

01 〈보기〉의 예문을 통해 드러난 남한과 북한의 맞춤법의 차이를 모두 제시하시오.

보기
• **남한:** 나룻배를 이용하여 강을 건널 것이다.
• **북한:** 나루배를 리용하여 강을 건널것이다.

02 남한과 북한의 언어가 차이 나는 이유에 대한 설명으로 적절하지 <u>않은</u> 것은?

① 가장 근본적인 이유는 남북 분단이다.

② 이념과 정치 체계가 다르기 때문이다.

③ 남한에 거주하는 탈북민의 증가 때문이다.

④ 철자법 개정 및 말 다듬기 사업의 결과 때문이다.

⑤ 남한은 표준어, 북한은 문화어로 언어 규범이 다르기 때문이다.

03 통일 시대의 국어를 대하는 우리의 바람직한 태도로 적절하지 <u>않은</u> 것은?

① 서로의 언어에 관심을 가지고 자주 교류해야 한다.

② 남한과 북한의 차이를 인정하고 받아들여야 한다.

③ 남한과 북한의 언어는 바탕이 같다는 인식을 가져야 한다.

④ 북한의 언어를 남한의 언어로 바꾸는 국가 차원의 정책을 펼쳐나가야 한다.

⑤ 남한과 북한의 언어 차이로 생길 수 있는 어려움을 극복하기 위해 노력해야 한다.

04 영민이와 하늘이의 대화가 원활하게 이루어지지 <u>않은</u> 이유로 가장 적절한 것은?

보기
북한에서 온 영민이와 남한 학생인 하늘이가 조별 모임에 참석하려고 약속 장소에서 만나 대화를 나눈다. **영민:** 해진이는 아직 안 왔어? **하늘:** 응, 바빠서 못 온대. **영민:** 바쁘다고? 해진이가 요즘 주머니 사정이 빠듯한가 보네. **하늘:** 응? 그게 아니라, 오늘 시간이 없어서 못 오는 거야.

① 영민이가 해진이의 사정을 모르기 때문이다.
② 영민이와 하늘이가 사용한 단어의 뜻이 다르기 때문이다.
③ 영민이가 하늘이의 말을 주의 깊게 듣지 않았기 때문이다.
④ 해진이가 못 오는 이유를 하늘이가 말하지 않았기 때문이다.
⑤ 약속 장소에 대한 영민이와 하늘이의 생각이 다르기 때문이다.

05 〈보기〉를 통해 알 수 있는 남북한 언어 차이와 관련된 음운 현상으로 가장 적절한 것은?

보기		
	남한	북한
여자(女子)	여자	녀자

① 비음화　　　　　② 유음화　　　　　③ 구개음화
④ 두음법칙　　　　⑤ 음절의 끝소리규칙

06 〈보기〉의 '김씨'가 겪었을 ㉠의 내용으로 추측하기 **어려운** 것은?

보기
평안북도 ○○에서 나고 자란 김○○ 씨가 한국에 도착한 지 3년, 남한의 땅과 지리는 그나마 익숙하지만 말과 글은 여전히 낯설기만 하다. 그는 ㉠'실생활에서 서로 다른 단어의 뜻과 문화 차이로 당황했던 적이 손에 꼽을 수 없을 정도로 많다.'고 털어놓았다.

① 남한과 북한에서 사용하는 자음과 모음의 체계가 달라 혼란스러웠던 일

② 룸메이트', '치킨' 등 북한에서는 사용하지 않는 외래어가 많아 소통이 불편했던 일

③ 북한에서는 좋은 의미로 사용했던 단어가 남한에서는 그렇지 않아서 사이가 멀어질 뻔 했던 일

④ 북한에서는 '아가씨'의 호칭이나 남한에서는 '아저씨'를 뜻하는 '아재'라는 말을 여성에게 사용했다가 낭패를 본 일

⑤ 오랜 세월 이어져 온 서로 다른 사회체제와 생활 방식 때문에 낯선 말로 느껴졌던 남한 말을 접하고 당황해했던 일

07 〈보기〉의 ㉠~㉢ 중, 적절한 진술에 해당하는 것은?

보기
㉠ 남북의 언어에는 모두 외래어가 많다.
㉡ 남북은 언어의 이질화가 심각하므로 서로 통합하는 것이 불가능하다.
㉢ 남한은 주로 완곡하고 우회적인 표현을, 북한은 직접적인 표현을 선호한다.

① ㉠   ② ㉡   ③ ㉢   ④ ㉠, ㉢   ⑤ ㉡, ㉢

08 〈보기〉는 음식에 해당하는 남한과 북한의 단어이다. 이에 대한 설명으로 적절하지 않은 것은?

보기		
남한	북한	
채소	남새	㉠
볶음밥	기름밥	㉡
라면	꼬부랑국수	㉢
빙수	단얼음	㉣
도넛	가락지빵	㉤

① ㉠과 ㉣을 통해서 볼 때, 남한은 한자어를, 북한은 순우리말을 사용하고 있다.

② ㉡과 ㉣은 단어의 형성으로 볼 때 남한과 북한의 언어가 모두 합성어에 해당한다.

③ ㉢과 ㉣로 볼 때, 북한의 음식 이름에는 남한과 달리 음식의 생김새나 맛이 반영되어 있다.

④ ㉢과 ㉤으로 볼 때, 남한은 북한과 달리 외래어를 사용하고 있다.

⑤ ㉠~㉤으로 볼 때, 북한은 남한에 없는 말을 사용하고 있다.

09 〈보기〉의 문장을 통해 남과 북의 언어 규범에 맞는 말을 각각 고르고 차이가 나는 이유를 간략히 서술하시오.

보기
• 스치는 바람에 (**나뭇잎/나무잎**)이 살랑거린다.

10 〈보기〉의 남한말과 북한말의 차이점을 간략히 서술하시오.

보기	
남한	북한
달걀: 닭이 낳은 알	닭알: 닭이 낳은 알

국어의 규범과 역사 05

01 한글의 창제 원리 1-개념 정리

1. 한글 창제 배경 및 목적

01 창제 배경

- 한글 창제 이전에는 한문으로 문자 생활을 하거나, 한자를 빌려 우리말을 표기했다.
- 문장 구조나 말소리가 달랐으므로 차자(借字) 표기 방식은 한계가 있었다. 또한 양반이나 일부 중인(中人) 계층을 제외하고 생업에 종사하는 일반 백성들은 글자 수가 많은 한자를 배우고 익혀 일상적으로 활용하기 어려웠다.
- 문자 생활을 통해 백성들이 좀 더 지혜롭고 풍요로운 삶을 누리기를 바랐던 세종은 신하들의 반대를 무릅쓰고 훈민정음을 친히 창제하여 반포했다.

02 창제 정신

우리나라의 말이 중국과 달라 한자와 서로 통하지 않으니	………①
이런 까닭으로 어리석은 백성이 말하고자 하는 바가 있어도, 마침내 제 뜻을 실어 펴지 못하는 사람이 많다. 내 이를 가엾게 여겨 새로 스물여덟 글자를 만드니,	………②
사람들로 하여금 쉽게 익혀 매일 쓰는 데 편하게 하고자 할 따름이다.	………③
- 『훈민정음』 어제서문(御製序文: 세종이 직접 쓴 머리말)	

① **자주 정신**: 우리말을 표기하기 위한 고유 문자의 필요성을 바탕으로 만들었다.
② **애민 정신**: 문자 생활을 하지 못했던 백성들을 위하는 마음으로 만들었다.
③ **실용 정신**: 누구나 쉽게 배워서 활용할 수 있도록 효율적이고 편리한 문자를 만들었다.

03 훈민정음(訓民正音)의 의미

- '백성을 가르치는 바른 소리'라는 의미로, 1443년에 세종이 창제하고 1446년에 반포된 문자의 이름이다.
- 국보 70호 및 유네스코 세계기록유산으로 등재되어 있는 책(해례본)의 이름이기도 하다. 이 책을 통해 문자를 만든 목적, 제자 원리, 운용 방법 등을 자세하게 알 수 있다.

2. 한글의 제자 원리

01 초성과 종성에 쓰이는 자음 17자를 만든 과학적 원리

① **상형(象形)**: 해당 소리가 날 때 발음 기관의 움직임이나 모양을 본떠 기본자를 만들었다.

② **가획(加劃)**: 기본자에 소리의 세기에 따라 획을 더하여 만들었다.

소리	본뜬 모양	기본자[5]		가획자[9]		이체자[3]
어금닛소리	혀뿌리가 목구멍을 막는 모양	ㄱ		ㅋ		ㆁ
혓소리	혀가 윗잇몸에 붙는 모양	ㄴ	▶	ㄷ	ㅌ	ㄹ
입술소리	입의 모양	ㅁ		ㅂ	ㅍ	
잇소리	이의 모양	ㅅ		ㅈ	ㅊ	ㅿ
목구멍소리	목구멍의 모양	ㅇ		ㆆ	ㅎ	

■ **이체자(異體字)**: 모양을 달리하여 새롭게 만든 글자이다. 'ㆁ(옛이응)'은 'ㅇ'과 모양이 비슷하여 목구멍소리로 혼동할 수 있으나, 어금닛소리인 점에 유의한다.

■ 17자 중 'ㆁ(옛이응), ㆆ(여린히읗), ㅿ(반시옷)'은 현대에는 사라진 글자이다.

01 한글 창제 이전 조상들의 언어생활에 대한 설명으로 적절한 것은?

① 누구나 한자를 읽고 쓸 수 있었다.

② 한자를 빌려 우리말을 표기하였다.

③ 양반들은 한자 사용에 대한 불만이 있었다.

④ 한문을 주로 써서 우리말은 점차 쇠퇴하였다.

⑤ 편리한 생활을 위해 중국어를 배우는 사람이 많았다.

02 〈보기〉의 ㉠에 드러난 한글 창제의 정신으로 적절한 것은?

보기
우리나라의 말이 중국과 달라 한자와 서로 통하지 않는다. 이런 까닭으로 **㉠어리석은 백성이 말하고자 하는 바가 있어도, 마침내 제 뜻을 실어 펴지 못하는 사람이 많다. 내 이를 가엾게 여겨** 새로 스물여덟 글자를 만드니, 사람들로 하여금 쉽게 익혀 매일 쓰는 데 편하게 하고자 할 따름이다.

① 자주 정신   ② 준법 정신   ③ 애민 정신

④ 창조 정신   ⑤ 실용 정신

03 문자 '훈민정음'에 대한 설명으로 적절하지 <u>않은</u> 것은?

① 창제된 시기와 반포된 시기가 다르다.

② 과학성과 우수성을 인정 받는 문자이다.

③ 다른 문자들의 장점을 합쳐서 만들었다.

④ '백성을 가르치는 바른 소리'라는 의미이다.

⑤ 창제 당시의 글자들 중 일부는 현재 쓰이지 않는다.

04 〈보기〉의 빈칸에 공통으로 들어갈 말을 2글자로 쓰시오.

보기
훈민정음의 자음 기본자 5개는 발음 기관의 움직임이나 위치를 (　　　)하여 만들었고, 모음 기본자 3개는 만물을 구성하고 있는 요소를 (　　　)하여 만들었다.

05 자음 기본자와 각 글자를 만들 때 본뜬 모양이 적절하게 연결된 것은?

글자	본뜬 모양
① ㄱ	혀뿌리가 목구멍을 막는 모양
② ㄴ	혀가 아랫니에 붙는 모양
③ ㅁ	이의 네모난 모양
④ ㅅ	혀의 뾰족한 모양
⑤ ㅇ	입의 둥근 모양

06 글자의 모양을 고려할 때, 발음되는 위치가 같은 자음끼리 짝지어진 것은?

① ㄱ, ㄴ　　　　　　② ㄱ, ㄷ　　　　　　③ ㄷ, ㅂ
④ ㅇ, ㅅ　　　　　　⑤ ㅈ, ㅊ

07 〈보기〉의 밑줄 친 글자들을 만든 원리가 무엇인지, '소리'와 '획'이라는 말을 포함하여 1문장으로 쓰시오.

보기
ㅁ → <u>ㅂ</u> → <u>ㅍ</u>

08 다음 중 제자 원리가 나머지와 <u>다른</u> 하나는?

① ㅋ   ② ㄹ   ③ ㅍ   ④ ㅈ   ⑤ ㄷ

09 다음 중 가획자로만 묶인 것은?

① ㄷ, ㄹ, ㅈ, ㅊ
② ㄹ, ㅂ, ㅊ, ㅌ
③ ㄹ, ㅅ, ㅈ, ㅍ
④ ㅁ, ㅍ, ㅊ, ㅌ
⑤ ㅂ, ㅍ, ㆆ, ㅎ

10 〈보기〉의 글자들이 지닌 공통점을 1문장으로 쓰시오.

보기
ㆆ, ㅿ, ㆁ

2. 한글의 제자 원리

02 중성에 쓰이는 모음 11자를 만든 철학적 원리

① **상형:** 만물의 근원이 되는 '천지인삼재(天地人三才)'의 모양을 본떠 기본자를 만들었다.

② **합성:** 기본자끼리 결합하여 초출자(初出字)와 재출자(再出字)를 만들었다.

본뜬 모양	기본자[3]	초출자[4]	재출자[4]
하늘(天)의 둥근 모양	· (아래 아)	· + ㅡ = ㅗ	ㅗ + · = ㅛ
땅(地)의 평평한 모양	ㅡ	· + ㅣ = ㅓ	ㅓ + · = ㅕ
		ㅡ + · = ㅜ	ㅜ + · = ㅠ
사람(人)이 서 있는 모양	ㅣ	ㅣ + · = ㅏ	ㅏ + · = ㅑ

- 11자 중 '·(아래 아)'는 현대에는 사라진 글자이나, 제주어의 모음 표기에만 쓰인다.

〈심화〉 훈민정음 28자 외에 다른 글자들을 만들어 사용한 방법
① **병서:** 자음 글자 2개 이상을 가로로 나란히 쓰기 (**예** ㄲ, ㄸ, ㅆ, ㅉ, ㅅ, ㅽ, ㅆ 등)
② **연서:** 자음 글자 2개를 세로로 이어서 쓰기 (**예** ㅁ, ㅂ, ㅍ, ㅹ)
③ **합용:** 모음 글자들을 합쳐서 쓰기 (**예** ㅢ, ㅐ, ㅔ, ㅚ, ㅟ, ㅙ, ㅞ 등)

3. 한글의 우수성과 가치

01 새롭고 독창적인 문자

- 다른 글자를 모방하지 않고 우리말의 고유한 체계를 고려하여 일정한 원리를 바탕으로 만들었다.

02 효율적이고 편리한 문자

- **적은 수의 글자로 수많은 소리를 표현**할 수 있는 표음 문자(말소리를 글자로 나타낸 문자)이다. 표의 문자(뜻을 글자로 나타낸 문자)인 한자는 5만 개 이상이며, 같은 표음 문자인 영어 로마자는 대문자와 소문자를 포함하여 52개이고 일본어의 히라가나와 가타가나를 합치면 96개나 되지만 한글 자모는 24개만으로 충분하다.
- **하나의 문자에 하나의 소리가 대응**하기 때문에 배우기 쉽다. 예를 들어 영어 로마자의 'A'는 발음 환경에 따라 [아, 에이, 어] 등으로 다양하게 소리 나는 반면, 한글의 'ㅏ'는 [아]로만 발음된다.

03 과학적이고 체계적인 문자

- 자음 글자는 음성학적 특성을 반영하여 만들었으며, **소리와 글자 모양의 연관성**이 있다. 예를 들어 한글은 'ㄱ-ㅋ, ㄴ-ㄷ-ㅌ'처럼 비슷한 소리를 내는 글자는 비슷한 모양을 지니고 있으나, 로마자의 경우 'g-k, n-d-t'처럼 소리와 글자 모양 사이의 유사성이 없다.

04 정보화시대에 적합한 문자

- 자음과 모음을 나열하여 풀어쓰지 않고 **음절 단위로 모아쓰기**를 한다. 실제 발음과 표기의 단위가 동일하기 때문에 읽기 쉽고, 의미를 빠르게 파악할 수 있으며 음성 인식에도 유리하다.
- 키보드 자판에서 자음은 왼쪽, 모음은 오른쪽에 배치되어 있어 양손을 사용하여 **정보를 신속하게 입력**할 수 있다. 중국어나 일본어의 경우 한자나 가나 자판을 모두 만들 수 없기에, 발음을 로마자로 입력한 뒤에 한자를 선택하여 변환하는 과정을 거치므로 상대적으로 시간이 오래 걸리고 번거롭다.

02 한글의 창제 원리 2-기본 문제

01 모음의 제자 원리에 대한 설명으로 적절한 것은?

① 기본자는 발음 기관을 상형하여 만들었다.

② 처음 나온 글자인 초출자는 'ㆍ, ㅡ, ㅣ'이다.

③ 'ㅑ, ㅕ'는 훈민정음 28자에 포함되지 않는다.

④ 재출자는 소리의 세기에 따라 초출자에 획을 더하여 만들었다.

⑤ '하늘, 땅, 사람'의 모양을 본뜬 글자들을 결합하여 모음을 만들었다.

02 모음의 제자 원리와 관련된 〈보기〉의 빈칸 ㉠~㉢에 들어갈 말을 각각 2단어 이상으로 쓰시오.

보기			
기본자	ㆍ	ㅡ	ㅣ
본뜬 모양	㉠	㉡	㉢

㉠ :

㉡ :

㉢ :

03 〈보기〉의 글자들을 만든 원리에 대한 설명으로 적절한 것은?

보기
ㅏ, ㅓ, ㅗ, ㅜ

① 가획의 원리로 만들었다.

② 모음 기본자끼리 합성하여 만들었다.

③ 기본자에 획을 두 번 이상 더하여 만들었다.

④ 글자를 발음할 때의 입 모양을 본떠 만들었다.

⑤ 만물을 이루는 3요소인 '천지인'을 상형하여 만들었다.

04 다음 중 재출자가 <u>아닌</u> 것은?

① ㅑ   ② ㅕ   ③ ㅛ   ④ ㅠ   ⑤ ㅘ

05 〈보기〉는 훈민정음 28자 외 다른 글자들을 만들어 사용한 방법이다. 각 방법의 예시로 적절한 것은?

(가) 병서: 자음자 2개 이상을 가로로 나란히 쓰기
(나) 연서: 자음자 2개를 세로로 이어서 쓰기
(다) 합용: 모음자들을 합쳐서 쓰기

	(가)	(나)	(다)
①	ㄲ	묭	ㅢ
②	묭	ㅉ	ㅐ
③	ㅅㅈ	ㅸ	ㅛ
④	ㅃㄷ	픙	ㅓ
⑤	ㅸ	ㅵㅅ	ㅚ

06 〈보기〉의 빈칸에 들어갈 말을 각각 2글자로 쓰시오.

보기
한글 자모는 뜻을 구별하는 가장 작은 소리의 단위인 _____ ㉠ _____ 단위로 만들어졌지만, 표기할 때에는 실제 발음과 같은 _____ ㉡ _____ 단위로 쓴다.

㉠ :

㉡ :

07 〈보기〉와 관련된 한글의 특성으로 가장 적절한 것은?

보기
한글의 'ㅏ'는 항상 [아]로 발음하지만, 영어의 로마자 'A/a'는 단어에 따라서 [아](park), [에이](table), [애](apple) 등 다양하게 발음한다.

① 하나의 글자가 하나의 소릿값을 가진다.
② 글자 모양이 비슷하면 발음도 비슷하다.
③ 배워야 할 글자의 수가 로마자보다 많다.
④ 쓰는 방향이 달라져도 읽기에 불편함이 없다.
⑤ 적은 수의 글자로 많은 소리를 표현할 수 있다.

08 한글을 모아쓰는 이유로 적절한 것은?

① 되도록 띄어쓰기를 하지 않기 위해서
② 자음과 모음의 경계를 구별하기 위해서
③ 말의 의미를 더욱 빠르게 파악하기 위해서
④ 컴퓨터 자판을 보다 정확히 입력하기 위해서
⑤ 표기할 수 있는 소리의 한계를 없애기 위해서

09 〈보기〉는 널리 쓰이는 키보드 자판 배열이다. (가)와 (나)에 대한 설명으로 적절한 것은?

① (가)는 영어의 로마자 순서대로 배치되어 있다.
② (나)에서 자음 기본자와 가획자는 짝지어 배치되어 있다.
③ (가)와 (나) 모두 표현하고자 하는 의미를 기준으로 자판이 구성되어 있다.
④ (가)는 (나)와 달리 양손을 번갈아 쓸 수 있기 때문에 입력 속도가 더 빠르다.
⑤ (나)는 (가)와 달리 자음은 왼손으로, 모음은 오른손으로 입력할 수 있게 배치되어 있다.

10 〈보기〉는 일본어의 문자 히라가나가 만들어진 과정을 나타낸 것이다. 이를 참고할
때 가나와 대조되는 한글의 특징을 1문장으로 쓰시오.

보기
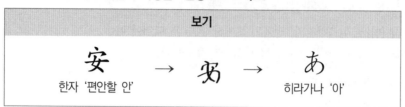

03 올바른 발음과 표기 1-개념 정리

1. 올바른 발음

01 표준 발음법의 개념과 기본 원리

- 원활한 의사소통을 위해 필요한 표준어는 '교양 있는 사람들이 두루 쓰는 현대 서울말'로 정함을 원칙으로 한다.
- 표준어를 어떻게 발음하는지에 대한 규정인 '표준 발음법'은 실제 발음 및 국어의 전통성과 합리성을 고려하여 정함을 원칙으로 한다.

02 받침의 발음

① 표기된 모든 받침이 그대로 발음되는 것이 아니라, 받침소리로는 'ㄱ, ㄴ, ㄷ, ㄹ, ㅁ, ㅂ, ㅇ'의 7개 자음만 발음된다.

② 받침 'ㄲ, ㅋ', 'ㅅ, ㅆ, ㅈ, ㅊ, ㅌ', 'ㅍ'은 어말 또는 자음 앞에서 각각 대표음 [ㄱ, ㄷ, ㅂ]으로 바뀌어 발음된다.

받침의 표기	대표음	예
ㄱ, ㄲ, ㅋ	[ㄱ]	박[박], 밖[박], 부엌[부억]
ㄴ	[ㄴ]	안[안], 눈[눈], 온기[온기]
ㄷ, ㅌ, ㅅ, ㅆ, ㅈ, ㅊ, ㅎ	[ㄷ]	곧[곧], 겉[걷], 낫[낟], 났다[낟따], 낮[낟], 꽃[꼳], 히읗[히읃]
ㄹ	[ㄹ]	물[물], 하늘[하늘]
ㅁ	[ㅁ]	감[감], 몸[몸]
ㅂ, ㅍ	[ㅂ]	입[입], 잎[입]
ㅇ	[ㅇ]	강[강], 상장[상장]

③ 홑받침이나 쌍받침이 모음으로 시작하는 형식적인 의미를 지닌 말(조사, 어미 등)과 결합되는 경우에는, 제 음가(원래 자음의 소릿값)대로 뒤 음절 첫소리로 옮겨 발음되는데 이것을 '연음'이라고 한다.

    예 옷을[오슬], 밖에[바께], 부엌은[부어큰], 잎이[이피]

④ 받침 뒤에 모음 'ㅏ, ㅓ, ㅗ, ㅜ, ㅟ'로 시작하는 실질적 의미를 지닌 말이 연결되는 경우에는, 대표음으로 바꾸어서 뒤 음절 첫소리로 옮겨 발음한다.

    예 겉옷[거돋], 꽃 위[꼬뒤], 부엌 안[부어간]

⌐03 겹받침의 발음

① 어말 또는 자음 앞에서 겹받침의 앞 자음 또는 뒤 자음 중 하나만 발음된다. 모음으로 시작되는 형식적 의미를 지닌 말(조사, 어미 등) 앞에서는 뒤 자음이 연음되므로 겹받침이 모두 발음된다.

앞 자음만 발음		뒤 자음만 발음		겹받침 둘 다 발음
ㄳ [ㄱ]	넋[넉]	ㄺ [ㄱ]	닭[닥] 맑다[막따]	넋이[넉씨], 앉아라[안자라] 넓으니[널브니], 핥아[할타], 값이[갑씨], 흙을[흘글], 삶은[살믄], 읊어서[을퍼서]
ㄵ [ㄴ]	앉다[안따]			
ㄼ [ㄹ]	넓다[널따]	ㄻ [ㅁ]	삶[삼]	
ㄽ [ㄹ]	외곬[외골]			
ㄾ [ㄹ]	핥다[할따]	ㄿ [ㅂ]	읊다[읍따]	
ㅄ [ㅂ]	값[갑]			

② 예외적인 경우

- 용언 어간의 겹받침 'ㄺ'은 'ㄱ' 앞에서 [ㄹ]로 발음한다.

  예 읽고[일꼬], 맑거나[말꺼나]

- 동사 '밟다'는 자음 앞에서 항상 [밥]으로만 발음한다.

  예 밟다[밥따], 밟고[밥꼬], 밟지[밥찌]

- '넓적하다[넙쩌카다], 넓죽하다[넙쭈카다], 넓둥글다[넙뚱글다]' 등의 '넓-'은 [넙]으로 발음한다.

04 이중모음의 발음

① 단모음과 달리, 이중모음을 발음할 때에는 혀의 위치나 입 모양이 변하게 된다.

단모음	ㅏ, ㅐ, ㅓ, ㅔ, ㅗ, ㅚ, ㅜ, ㅟ, ㅡ, ㅣ
이중모음	ㅑ, ㅒ, ㅕ, ㅖ, ㅘ, ㅙ, ㅛ, ㅝ, ㅞ, ㅠ, ㅢ

- 실제 발음을 고려하여 단모음 'ㅚ, ㅟ'는 이중모음으로도 발음할 수 있다.
  - 예 회[회/훼]

② 이중모음이 표기대로 발음되지 않는 경우

- 용언의 활용형 '져, 쪄, 쳐'는 [저, 쩌, 처]로 발음한다.
  - 예 가져[가저], 쪄[쩌], 다쳐[다처]
- '예, 례' 외의의 'ㅖ'는 [ㅔ]로도 발음한다.
  - 예 시계[시계/시게], 혜택[혜택/헤택]

③ 이중모음 'ㅢ'의 다양한 발음

- 자음을 첫소리로 갖고 있는 음절의 'ㅢ'는 [ㅣ]로만 발음한다.
  - 예 무늬[무니], 띄어쓰기[띠어쓰기], 희망[히망]
- 단어의 첫음절 외 '의'는 [이]로, 조사 '의'는 [에]로 발음함도 허용한다.
  - 예 주의[주의/주이], 협의[혀븨/혀비], 우리의[우리의/우리에], 강의의[강의의/강이의/강의에/강이에]

03 올바른 발음과 표기 1-기본 문제

01 표준어와 표준 발음법에 대한 설명으로 적절하지 <u>않은</u> 것은?

① 원활하고 정확한 의사소통을 위한 것이다.
② 표준 발음법은 표준어 규정에 포함되어 있다.
③ 표준어는 교양 있는 사람들이 두루 쓰는 현대 서울말이다.
④ 표준 발음법을 지키지 않으면 의사소통에 혼란이 생길 수 있다.
⑤ 표준 발음법에서는 실제 발음보다 국어의 전통성과 합리성이 중요하다.

02 받침의 발음에 대한 설명으로 적절하지 <u>않은</u> 것은?

① 음절의 끝소리로 발음되는 자음은 7개이다.
② 받침 'ㅋ, ㄲ'은 어말에서 [ㄱ]으로 발음된다.
③ 받침 'ㅈ, ㅊ'은 어말에서 대표음 [ㅈ]으로 바뀌어 발음된다.
④ 겹받침은 어말 또는 자음 앞에서 두 자음 중 하나만 발음된다.
⑤ 겹받침 'ㄳ, ㄵ'은 어말 또는 자음 앞에서 각각 앞 자음인 'ㄱ, ㄴ'으로 발음된다.

03 국어의 받침에서 소리 나지 <u>않는</u> 자음은?

① ㄱ   ② ㄴ   ③ ㅁ   ④ ㅅ   ⑤ ㅇ

04 다음 중 받침을 올바르게 발음한 것은?

① 빛이[비시]   ② 꽃을[꼬슬]   ③ 낮에[나제]
④ 부엌의[부어긔]   ⑤ 가마솥을[가마소츨]

05 〈보기〉를 참고할 때, '겉옷'을 바르게 발음하는 단계별 과정 ㉠, ㉡에 들어갈 말을 쓰시오.

보기
표준 발음법 제15항
받침 뒤에 모음 'ㅏ, ㅓ, ㅗ, ㅜ, ㅟ' 들로 시작되는 실질 형태소가 연결되는 경우에는, ㉠**대표음으로 바꾸어서** ㉡**뒤 음절 첫소리로 옮겨** 발음한다. 겉옷 → [㉠] → [㉡]

㉠ :

㉡ :

[6-7] 다음 글을 읽고 물음에 답하시오.

표준 발음법 제14항
겹받침이 모음으로 시작된 조사나 어미, 접미사와 결합되는 경우에는, 뒤엣것만을 뒤 음절 첫소리로 옮겨 발음한다. (이 경우, 'ㅅ'은 된소리로 발음함.)

06 윗글에 따라 겹받침을 올바르게 발음하지 <u>못한</u> 것은?

① 넋이[넉씨]   ② 닭을[다글]   ③ 젊어[절머]
④ 앉아[안자]   ⑤ 없어[업써]

07 윗글을 참고하여 〈보기〉의 질문에 대한 답을 4글자로 쓰시오.

보기
학생: '여덟이다'의 표준 발음은 무엇인가요?

[8~9] 다음 글을 읽고 물음에 답하시오.

> (가) **표준 발음법 제10항**
>
> 겹받침 'ㄳ', 'ㄵ', 'ㄼ, ㄽ, ㄾ', 'ㅄ'은 어말 또는 자음 앞에서 각각 [ㄱ, ㄴ, ㄹ, ㅂ]으로 발음한다. 다만, '밟-'은 자음 앞에서 [밥]으로 발음한다.
>
> (나) **표준 발음법 제11항**
>
> 겹받침 'ㄺ, ㄻ, ㄿ'은 어말 또는 자음 앞에서 각각 [ㄱ, ㅁ, ㅂ]으로 발음한다. 다만, 용언의 어간 말음 'ㄺ'은 'ㄱ' 앞에서 [ㄹ]로 발음한다.

08 (가)를 참고할 때, 밑줄 친 겹받침의 끝소리 발음이 나머지와 <u>다른</u> 하나는?

① <u>끓</u>다　　　② <u>넓</u>다　　　③ <u>밟</u>다　　　④ <u>앓</u>다　　　⑤ <u>핥</u>다

09 (나)를 고려하여 〈보기〉에서 겹받침 'ㄺ'을 올바르게 발음한 것끼리 묶은 것은?

보기
ㄱ. 맑다[막따]　　　ㄴ. 맑고[말꼬]　　　ㄷ. 맑던[말떤]
ㄹ. 맑거나[막꺼나]　　　ㅁ. 맑든지[말뜬지]

① ㄱ, ㄴ　　　② ㄱ, ㄷ　　　③ ㄱ, ㄹ　　　④ ㄴ, ㄷ　　　⑤ ㄷ, ㄹ

10 〈보기〉 중 표준 발음이 <u>아닌</u> 부분을 2군데 찾아 바르게 고치시오.

보기
㉠밭 아래[바타래] 부분을 ㉡낫으로[나스로] 아무리 ㉢찍어도[찌거도] ㉣흙에서[흐게서] ㉤값어치[가버치]가 있을 만한 것은 나오지 않았다.

기호	바르게 고친 발음

04 올바른 발음과 표기 2-개념 정리

2. 올바른 표기

01 한글 맞춤법의 개념과 기본 원리

① 표준어의 말소리를 문자로 적을 때의 표기 원칙을 '한글 맞춤법'이라고 한다.

② 표음 문자인 한글의 특성을 고려하여 **소리대로** 적되, 의미를 한눈에 파악하기 쉽도록 단어의 원래 형태를 밝혀 **어법에 맞게** 적는 것을 원칙으로 한다.
- 만약 '읽다, 읽고, 읽는'을 '익따, 일꼬, 잉는'처럼 발음 그대로 표기한다면 형태가 제각각이므로 의미를 파악하는 데 오랜 시간이 소요되고, 비슷하거나 같은 발음을 지닌 다른 말 (예 익다[익따])과 혼동될 수 있다. 따라서 어간 '읽-'과 어미의 형태를 밝혀서 어법에 맞게 적는 것이다.
- 말의 어원 또는 본래 의미와 멀어진 경우 굳이 형태를 밝혀 적을 필요가 없으므로 소리 나는 대로 적는다. (예 목거리, 노름, 쓰러지다, 사라지다 등)

③ 문장의 각 단어는 띄어 씀을 원칙으로 한다. 띄어쓰기의 핵심 목적은 글을 읽는 사람이 뜻을 정확하고 빠르게 파악하도록 하는 것이다.
- 단어 가운데 조사는 독립성이 없으므로 다른 단어와 달리 앞말에 붙여 쓴다.
  예 꽃을, 꽃마저, 꽃에서부터, 꽃이다, 꽃이야말로 등
- 의존 명사, 단위를 나타내는 명사는 반드시 꾸며주는 말이 있어야 쓸 수 있는 말이지만 단어로 인정되는 명사이므로 띄어 쓴다.
  예 아는 것이 힘이다, 먹을 수 있다, 옷 한 벌 등

02 발음이 같거나 비슷해서 틀리기 쉬운 말의 예

곰곰이/곰곰히*	굳이/구지*/궂이*	금세/금새*	-(으)ㄹ게/-(으)ㄹ께*
드러나다/들어나다*	며칠/몇일*	무난하다/문안하다*	봬요/뵈요*
설거지/설겆이*	어떡해/어떻해*	어이없다/어의없다*	희한하다/희안하다*

올바르지 않은 표현(비표준어)은 '*'로 표시함.

03 발음이 같거나 비슷한데 의미가 다르므로 구별하여 써야 하는 말의 예

그러므로/그럼으로	낫다/낳다	노름/놀음	되-/돼
-던(지)/-든(지)	로서/로써	맞히다/맞추다	반드시/반듯이
부치다/붙이다	안/않-	왠지/웬	이따가/있다가

[1-2] 다음 글을 읽고 물음에 답하시오.

> **표준 발음법 제5항**
>
> 'ㅑ ㅒ ㅕ ㅖ ㅘ ㅙ ㅛ ㅝ ㅞ ㅠ ㅢ'는 이중 모음으로 발음한다.
>
> 다만 1. 용언의 활용형에 나타나는 '져, 쪄, 쳐'는 [저, 쩌, 처]로 발음한다.
>
> 다만 2. '예, 례' 이외의 'ㅖ'는 [ㅔ]로도 발음한다.
>
> 다만 3. 자음을 첫소리로 가지고 있는 음절의 'ㅢ'는 [ㅣ]로 발음한다.
>
> 다만 4. 단어의 첫음절 이외의 '의'는 [ㅣ]로, 조사 '의'는 [ㅔ]로 발음함도 허용한다.

01 밑줄 친 부분의 표준 발음이 2가지로 인정되는 경우가 <u>아닌</u> 것은?

① 시<u>계</u> ② <u>의</u>지 ③ <u>혜</u>택
④ 주<u>의</u> ⑤ 나<u>의</u> 집

02 밑줄 친 부분의 올바른 발음으로 적절하지 <u>않은</u> 것은?

① <u>예의</u>를 지키자. → [예의]
② <u>무늬</u>가 참 예쁘다. → [무늬]
③ <u>협의</u>가 끝나지 않는다. → [혀븨]
④ 너, <u>띄어쓰기</u> 잘 해? → [띠어쓰기]
⑤ 그게 <u>우리의</u> 한계였다. → [우리에]

03 〈보기〉를 참고하여 '참외'의 표준 발음이 무엇인지 쓰시오. (총 2가지)

> | 보기 |
> | --- |
> | **표준 발음법 1항 해설**

　복수 표준 발음을 널리 허용하는 것도 실제 발음을 고려한 결과이다. 'ㅚ, ㅟ'를 단모음과 이중 모음 모두로 발음할 수 있도록 한 것이나 이중 모음 'ㅢ'의 여러 발음을 허용한 것 등 현행 표준 발음법에는 둘 이상의 발음을 표준으로 규정한 경우가 적지 않다. |

04 〈보기〉의 밑줄 친 부분에 유의하여, 한글 맞춤법의 원리에 대해 설명한 것으로 적절하지 <u>않은</u> 것은?

보기
• 동생이 책을 또박또박 ㉠<u>읽습니다</u>. • 산꼭대기에서는 밥이 금방 ㉡<u>익습니다</u>.

① ㉠은 어법에 맞게 형태를 밝혀 적은 것이다.
② ㉠의 표준 발음으로 [일씀니다]는 인정되지 않는다.
③ ㉠과 ㉡의 표기를 보면 의미를 쉽게 구별할 수 있다.
④ ㉡의 표준 발음은 [익씀니다]이다.
⑤ ㉡은 ㉠과 달리 표음 문자인 한글의 특성을 살려 소리대로 적은 것이다.

05 〈보기〉를 참고할 때, 띄어쓰기가 바르게 된 문장은?

보기
한글 맞춤법 2항 　문장의 각 단어는 띄어 씀을 원칙으로 한다. 단, 조사는 독립성이 없으므로 다른 단어와 달리 앞말에 붙여 쓴다.

① 도시락은 각자 준비할것.
② 시간이없어서 체육복을 못갈아입었다.
③ 그 정도의 거리는 충분히 갈 수 있다.
④ 밥이 없으면 남은라면 이라도 주세요.
⑤ 그곳의 경치는 말도못하게 아름 다웠다.

06 밑줄 친 부분의 맞춤법이 올바른 문장은?

① 그는 <u>곰곰히</u> 생각에 잠겼다.

② 약을 먹은 효과는 <u>금새</u> 나타났다.

③ 나는 <u>설거지</u>를 끝내고 손을 닦았다.

④ 네가 <u>굳이</u> 따라가겠다면 저쪽으로 가렴.

⑤ 오늘은 늦었으니 나중에 다시 <u>연락할께.</u>

07 〈보기〉를 참고할 때, 밑줄 친 부분의 맞춤법이 적절하지 <u>않은</u> 것은?

한글 맞춤법 35항 붙임 2
어간 모음 'ㅚ' 뒤에 '-어'가 결합하여 'ㅙ'로 줄어드는 경우, 'ㅙ'로 적는다.

① 어느덧 가을이 <u>됐다.</u>

② 그럼 내일 서점 앞에서 <u>뵈요.</u>

③ 오랜만에 선생님을 <u>봬서</u> 기뻤다.

④ 할아버지처럼 훌륭한 어른이 <u>돼라.</u>

⑤ 너도 결혼할 나이가 <u>된</u> 것 같구나.

08 〈보기〉의 사전 풀이를 참고할 때, 주어진 문장의 문맥을 고려하여 빈칸에 들어갈 알맞은 말을 쓰시오.

보기
• 반드시: 틀림없이 꼭.
• 반듯이: 모습이나 생김새가 비뚤어지거나 기울지 않아 반반하고 훤히.

1) 어머니는 천장을 향해 (   ) 몸을 누이고 있었다.

2) 이 약은 (   ) 식후에 복용해야 효과를 볼 수 있다.

09 밑줄 친 부분의 맞춤법을 바르게 고친 것으로 적절하지 <u>않은</u> 것은?

① <u>웬지</u> 불길한 예감이 들었다. → 왠지

② 나는 겨울보다 여름이 <u>낳다</u>. → 났다

③ 감기가 얼른 <u>낳으시면</u> 좋겠어요. → 나으시면

④ 이제 곧 봄인데, <u>왠</u> 눈이 이렇게 내리니? → 웬

⑤ 오자마자 가라고 하니 <u>어의없는</u> 일이다. → 어이없는

10 〈보기1〉을 참고할 때, 〈보기2〉에서 맞춤법이 잘못된 문장을 1개 찾아 무엇인지 밝히고 그 이유를 1문장으로 쓰시오.

보기1
• 로서: 지위나 신분, 자격을 나타내는 조사.
• 로써: 어떤 물건의 재료나 원료, 어떤 일의 수단이나 도구를 나타내는 조사.

보기2
㉠ 말로써 천 냥 빚을 갚는다고 한다.
㉡ 그것은 학생으로서 할 일이 아니다.
㉢ 우리는 대화로써 갈등을 풀 수 있을까?
㉣ 언니는 아버지의 딸로써 부족함이 없다고 생각했다.
㉤ 이 건물은 대표적인 바로크 건축물로서 아름다운 정원이 유명하다.

1) 잘못된 문장:

2) 이유:

MEMO

MEMO

"패턴을 알면 답이 보인다."

패턴국어
중학문법
기본편

류대곤 | 이승환 | 김은정 | 황혜림 | 이지윤

- 연습 문제+모의고사 -

알앤비
RINBI

목차

음운 **01**

01 언어의 본질

01

〈보기〉의 (가), (나)와 관련된 언어의 본질을 알맞게 짝 지은 것은?

보기
(가) 영어는 중국어와 단어를 배열하는 순서가 비슷해서 영어를 쓰는 사람들이 중국어를 배우기는 비교적 쉽다. 그러나 우리말은 영어, 중국어와 단어를 배열하는 순서가 다르기 때문에, 그 언어들을 배우는 데 상대적으로 시간이 오래 걸린다. **(나)** 시인이나 작사가들은 이미 배운 말을 바탕으로 아름다운 시나 가사를 만들기도 하고, 때로는 새로운 단어를 만들어 정서를 표현함으로써 사람들에게 감동을 주기도 한다.

	(가)	(나)
①	규칙성	역사성
②	사회성	창조성
③	사회성	역사성
④	규칙성	창조성
⑤	창조성	사회성

02

〈보기〉가 설명하는 언어의 본질과 유사한 사례에 해당하는 것은?

보기
원래 '세수'는 한자 그대로 '손을 씻다'라는 뜻이었다. 여기에서 의미가 확장되어 지금은 손을 포함하여 얼굴을 씻는 것을 전부 세수라고 한다.

① '딸바보', '피켓팅' 등은 필요에 의해 만들어진 새로운 단어이다.

② '이슬비'나 '비가 내린다'는 자연스럽지만 '비이슬'이나 '가비 다내린'은 어색하다.

③ 다른 사람들이 '밥'이라고 부르는 것을 나 혼자 '망'이라고 부른다면 의사소통이 어려워질 것이다.

④ 한국어로는 '나무[나무]'라고 일컫는 대상을 영어로는 'tree[트리]', 중국어로는 '木[뫀]'라고 한다.

⑤ 사람들은 숫자를 셀 때 열의 열 배는 '온', '온'의 열 배를 '즈믄'이라고 불렀지만, 한자어가 보편화되자 '온'과 '즈믄'은 각각 '백'과 '천'으로 대체되었다.

03

〈보기〉와 가장 관계 깊은 언어의 특성은?

보기	
O	X
흰할미꽃	꽃흰할미
나무가 울창하다.	가나무 하다울창
나무가 높이 자랐다.	자랐다 높이 나무.

① 언어의 자의성　　② 언어의 창조성

③ 언어의 역사성　　④ 언어의 규칙성

⑤ 언어의 사회성

[04-06] 다음을 읽고 물음에 답하시오.

(가) 언어는 문자 또는 음성 기호를 통해서 그 의미를 드러내는데, 같은 의미를 나타내더라도 그 기호는 다를 수 있다. '사람이나 동물의 목 위의 부분'이라는 의미를 전달하기 위해 한국어에서는 '머리'라는 문자나 음성을 사용하지만, 영어에서는 'head'라는 문자나 [헤드]라는 음성을 사용한다. 이렇듯 언어는 (㉠   ).

(나) 누군가 식당에 가서 '불고기'를 주문할 거면서 '물고기 주세요'라고 한다면 어떻게 될까? 주위 사람들은 그 말을 이해할 수 없고, 그를 이상한 사람으로 여길 것이다. 이처럼 사람들이 표현하고자 하는 대상과 그 표현을 한번 약속하면, 그것을 지켜야 의사소통이 가능한 것을 언어의 (㉡   )이라고 한다.

(다) 한국어로 의사소통을 하는 사람들은 '어머니는 무섭게 혼내셨다'라는 문장이 바르다고 생각하고, '어머니는 무서운 혼내셨다'라는 문장은 이상하다고 여긴다. 이는 한국에서는 서술어를 꾸미기 위해 '무섭다'라는 말을 쓸 때에는 '무섭게'라는 형태로 바꾸어야 하기 때문이다. 이처럼 언어는 (㉢   )을 띠고 있다.

(라) 언어는 사회적 약속이기에 쉽게 바꿀 수는 없지만 시간이 흐름에 따라 새로 생겨나기도 하고, 널리 쓰이다가 사라지기도 하는데 이를 언어의 역사성이라고 한다. '즈믄[千], 온[百]'이라는 말은 예전에는 쓰였으나 지금은 잘 쓰이지 않고, '좋다'라는 말은 예전에 '깨끗하다'라는 의미로 사용되었으나 지금은 '즐겨 하고 싶어 하다'라는 의미로 바뀌어 쓰이고 있다. 그리고 '무선이어폰', 'SNS' 등과 같이 새로운 말이 등장하여 널리 쓰이고 있는 것도 그 예이다.

(마) 인간은 자신이 알고 있는 음운이나 어휘를 가지고 새로운 단어와 문장을 만들어 사용할 수 있는데, 이것을 언어의 창조성이라고 한다. 이는 인간의 언어만이 갖는 고유한 특성으로, 본능이

나 단순한 모방에 의해서 의사를 전달하는 동물의 언어에서는 찾아볼 수 없다.

04

㉠에 들어갈 표현으로 알맞은 것은?

① 일정한 규칙을 따라야 한다.
② 기호로 의미를 표현해야 한다.
③ 사람들이 약속한 기호를 사용해야 한다.
④ 같은 의미 표현에 다른 기호가 쓰일 수 있다.
⑤ 의미와 필연적인 관계가 있는 기호를 사용해야 한다.

05

㉡과 ㉢에 들어갈 표현으로 알맞은 것은?

	㉡	㉢
①	규칙성	사회성
②	사회성	규칙성
③	자의성	역사성
④	사회성	역사성
⑤	자의성	규칙성

06

〈보기〉와 관련 있는 언어의 본질이 나타난 것은?

> **보기**
>
> 몸이 너무 좋지 않아서 학교에 가지 못할 것 같을 때 '오늘은 결석각이다'라고 말한다면 본래 '한 점에서 나간 두 직선의 벌어진 정도'를 나타내는 명사 '각'을 접미사로 인식하고 상황에 따라 새롭게 사용한 것이다. 마찬가지로 '꿀'은 원래 명사지만 편안하다는 의미의 접두사로 변하여 '꿀알바'처럼 신조어를 형성하는 데 사용된다.

① (가)　　② (나)　　③ (다)
④ (라)　　⑤ (마)

07

〈보기〉와 관련된 문단을 찾아 쓰고, 이와 관련된 언어의 본질에 대하여 윗글을 참고하여 서술하시오.

> **보기**
>
> '어리다'라는 말은 예전에 '어리석다'라는 의미로 사용되었으나 지금은 "나이가 어리다."라는 의미로 바뀌어 쓰이고 있다.

08

〈보기1〉에서 공통적으로 설명하고 있는 언어의 특성을 〈보기2〉의 단어들 가운데 필요한 것들을 골라 활용하여 한 문장으로 쓰시오.

> **보기1**
>
> **(가)** 기존에 있던 형태소를 이용하여 '누리집, 역대급' 등의 새로운 단어를 만들 수 있다.
>
> **(나)** 'ㄱ, ㅏ, ㅁ'의 음운만을 가지고 '가, 감, 각, 막, 맘' 등의 음절을 만들 수 있다.
>
> **(다)** 한정된 어휘 자원과 문법 구조를 이용하여 '어젯밤 꿈에 세종대왕님이 대통령으로 당선되었다.'와 같이 이전에는 없던 새로운 문장을 만들 수 있다.

> **보기2**
>
> 표현, 시간의 흐름, 형식(음성), 의미, 변화, 필연적, 우연적, 기존 언어, 한정된, 조합, 새로운, 만들다(창조), 약속

[09-10] 다음 글을 읽고 물음에 답하시오.

사피어-워프 가설은 모국어의 사용 습관에 따라 사고의 틀이 정해진다는 이론이다. 이에 따르면 ㉠ **언어는 그 언어를 쓰는 사람들의 사고방식에 영향을 미친다.** 가령, 극지방에 사는 사람들에게는 눈에 관한 낱말이 많다. 영어로는 한 단어인 '눈(snow)'을 극지방어는 '땅 위의 눈(aput)', '내리는 눈(quana)', '바람에 날리는 눈(piqsirpoq)', '바람에 날려 쌓이는 눈(quiumqsuq)'으로 표현한다.

그렇다면 언어와 사고, 언어와 문화의 관계는 어떠한가? 언어와 정신 활동이 상호 의존성을 갖는다고 말할 수 있을 것이다. 언어의 습득 과정은 사회화 문화화 과정 그 자체라 고도 볼 수 있다. 때로는 언어 자체가 문화 항목의 이름인 경우도 있다. 예를 들어 미국 어린이들은 '핼러윈'같은 단어를 알겠지만, 우리 어린이들은 '설날' 같은 단어를 알게 될 것이다.

언어는 문화의 일부이다. 언어 안에는 그 언어를 사용하는 이들의 문화가 반영되어 있다. 바로 이런 이유로 말미암아 언어가 수행하는 기능 가운데 그 사회의 문화를 보전하고 전수하는 기능도 들어가 있는 것이다.

09

⊙을 뒷받침할 수 있는 사례를 〈보기〉에서 있는 대로 골라 묶은 것은?

보기
ㄱ. '애완견'을 '반려견'으로 바꾸어 부르게 하니, 강아지를 장난감으로 여기기보다 가족으로 생각하는 사람들이 더욱 많아졌다. ㄴ. '정상인'이라는 말 대신 '비장애인'으로 바꿔 부르니, 그동안 '장애인'이 '비정상인'인 것처럼 생각해온 것을 반성하는 사람들이 생겼다. ㄷ. 흰색과 주황색이 섞인 색을 '살색'이라고 불렀는데 이것이 인종에 대한 차별적 인식을 확대할 수 있다는 이유로 '살구색'으로 바꾸었다.

① ㄱ   ② ㄴ   ③ ㄱ, ㄴ
④ ㄴ, ㄷ   ⑤ ㄱ, ㄴ, ㄷ

10

윗글을 바탕으로 〈보기〉의 질문에 대한 답을 50자 내외로 서술하시오.

보기
일본은 조선을 통치하면서 조선어 말살 정책을 펼쳤다. 조선어 교육을 폐지하였고, 한글로 발간되는 신문이나 잡지를 모두 폐간시키는 등 언어를 통제한 것이다. 또한 조선식 이름을 일본식으로 바꾸라는 창씨개명까지도 강요하였다. 이렇듯 일제가 조선어 말살 정책을 펼친 이유는 무엇일까?

02 음운의 개념

01

다음 중 음운의 개수가 <u>다른</u> 단어는?

① 이름   ② 사람   ③ 뚜껑
④ 서점   ⑤ 구름

02

〈보기〉의 문장에 사용된 음운에 대한 설명으로 <u>틀린</u> 것은?

보기
아버지가 눈을 헤치고 따오신 그 붉은 산수유 열매   - 김종길, 「성탄제」

① '아버지'에 쓰인 음운은 5개이다.
① '따오신'을 '까오신'으로 바꾸면 뜻도 변한다.
② 긴소리로 발음해야 하는 모음을 가진 단어가 있다.
③ '붉은'에 사용된 자음은 총 4개이다.
④ '열매'는 모두 안울림소리로만 이루어져 있다.

03

다음 중 소리의 길이에 따라 단어의 뜻이 달라지는 단어가 함께 쓰인 문장이 <u>아닌</u> 것은?

① <u>간</u>이 세면 <u>간(肝)</u>에 부담이 돼요.
② <u>말</u>소리 때문에 <u>참말</u>로 못 들었어요.
③ <u>밤</u>중 횡단보도 앞, <u>밤</u>을 굽는 냄새가 났다.
④ 그 집 문의 <u>발[簾]</u>은 <u>발</u>끝에 닿을 만큼 길었다.
⑤ 우리 <u>부자(父子)</u>는 마음도 <u>부자(富者)</u>입니다.

04

음운에 관한 설명으로 적절한 것은?

① '말'과 '발'은 모음의 차이로 뜻이 달라진다.
② '각(angle)'과 '곡(song)'은 자음의 차이로 뜻이 달라진다.
③ 한 번에 발음할 수 있는 소리의 단위를 의미한다.
④ 소리의 길이는 경계가 분명하지 않기 때문에 음운으로 볼 수 없다.
⑤ '아버지가∨방에'와 '아버지∨가방에'는 끊어 읽기에 따라 뜻이 달라진 예이다.

05

〈보기〉에서 태어나서 지금까지 영어를 사용하던 '에밀리'가 한국어만 사용해오던 '혜리'의 말을 잘 받아들이지 못하는 이유로 적절한 것은?

보기
에밀리 : 지금 '피'가 내려. 어떡하지? 혜 리 : '피'가 내린다고? 아, '비'가 내린다는 거지? 에밀리 : 응, '삐'가 내리는데 우산이 없어서 걱정이야. 혜 리 : 내가 빌려줄게 걱정 마. 한국어로 하늘에서 떨어지는 물방울은 '비'라고 불러. 에밀리 : (나도 똑같이 말했는데 왜 계속 똑같은 단어를 알려주는 거지?)

② 혜리가 '비'를 정확하게 발음하지 않았기 때문이다.
① 에밀리가 '비'를 한국어로 무엇이라 부르는지 잘 모르기 때문이다.
② 에밀리가 국어의 자음을 소리의 세기에 따라 구분하지 못하기 때문이다.
③ 에밀리가 예사소리, 된소리, 거센소리에 따라 단어의 의미를 구별하고 있기 때문이다.
④ 혜리에게는 예사소리, 된소리, 거센소리가 변이음이기 때문에 에밀리에게 차이를 설명하기 어렵기 때문이다.

06

〈보기〉의 빈칸에 들어갈 예로 적절하지 않은 것은?

보기
'손'이라는 단어의 'ㅅ', 'ㅗ', 'ㄴ' 가운데 하나의 소리를 바꾸면 '논', '산', '솥'이라는 다른 뜻의 단어가 된다. 또한 '손[손]', '손[손:]'과 같이 소리의 길이에 따라서도 단어의 뜻이 달라진다. 이와 같이 소리의 길이에 따라 뜻이 구별되는 단어로는 (　　) 이 / 가 있다.

① 밤　　　　　② 말　　　　　③ 굽다
④ 다리　　　　⑤ 성인

07

변이음에 대한 설명으로 적절하지 않은 것은?
① '독도'에 사용된 'ㄷ'은 서로 변이음이다.
② '달'과 '라면'에 사용된 'ㄹ'은 서로 변이음이다.
③ 소리는 서로 다르지만 한 언어를 사용하는 사람들에게 의미의 차이를 내지는 못한다.
④ 한 음운에 속하는 소리로 음운마다 개수에는 차이가 있을 수 있다.
⑤ 한 자음이 초성에 쓰일 때와 받침에 쓰일 때, 서로 다른 변이음으로 실현될 수 있다.

08

〈보기〉에서 알 수 있는 모음과 자음의 특징을 〈조건〉에 맞게 쓰시오.

보기
(가) 모음: 'ㅏ, ㅑ, ㅓ, ㅕ'는 한 숨에 모두 이어서 발음할 수 있다. (나) 자음: 'ㄱ, ㄴ, ㄷ, ㄹ'은 ㄱ부터 한 개도 발음할 수 없다.

조건
• 발음할 때 발음 기관의 방해 여부를 중심으로 비교할 것 • '모음은 발음할 때 ~ 은 / 는 소리라서 한숨에 모두 이어 발음할 수 있고, 자음은 발음할 때 ~은 / 는 소리여서 혼자서는 한 개도 발음할 수 없다.'의 형식의 한 문장으로 쓸 것

09

〈보기〉의 사례를 통해 알 수 있는 국어의 음운적 특징을 적으시오.

보기
• 'fire'를 '파이어'로 적는 것이 외래어 표기법에 맞지만, '화이어'라고 적는 사람도 많다. • 외래어 표기법에서는 영어의 [b]도 'ㅂ'으로 표기하고, [v]도 'ㅂ'으로 표기하도록 하고 있다. • 부드럽게 넘어간다고 할 때 영어 'smooth [smuːð]'라는 단어를 쓰는데 우리말로 '스무스' 또는 '스무쓰'라고 적는다.

참고
• 'f'와 'v'는 이와 입술이 만나는 '마찰음'이다. • 'th[θ]'는 이와 이 사이에 혀가 지나가는 '마찰음'이다.

10

〈보기〉의 빈칸에 들어갈 내용을 서술하시오.

보기
[의문]   한국 사람들은 초성의 'ㄹ'과 종성의 'ㄹ'을 각각 다르게 발음하면서도 두 소리의 차이를 구별하지 못한다. 그 이유는 무엇일까?
[탐구 자료]   '라면[ramen]'의 'ㄹ'[r], '탈[tall]'의 'ㄹ'[l]
[탐구 결과]   _____.

03 자음의 체계

01

다음 표의 ㉠~㉤에 들어갈 자음으로 적절하지 <u>않은</u> 것은?

조음 위치 / 조음 방법	입술 소리	잇몸 소리	센 입천장 소리	여린 입천장 소리	목청 소리
파열음	㉠				
파찰음				㉡	
마찰음					㉢
콧소리			㉣		
흐름소리		㉤			

① ㉠: ㅂ, ㅃ, ㅍ ② ㉡: 없음 ③ ㉢: ㅎ

④ ㉣: ㄴ ⑤ ㉤: ㄹ

02

〈보기〉에 제시된 자음의 공통점으로 알맞은 것은?

보기
ㄴ, ㄹ, ㅁ, ㅇ

① 소리가 나는 위치가 같은 자음이다.

② 목청이 떨어 울리면서 나는 소리이다.

③ 단어의 첫소리에서 발음이 나는 소리이다.

④ 소리의 세기에 따라 느낌이 달라지는 소리이다.

⑤ 발음할 때 발음 기관의 방해를 받지 않는 소리이다.

03

〈보기〉의 설명에 모두 해당하는 자음이 쓰인 단어로 알맞은 것은?

* 센입천장에서 나는 소리
* 발음할 때 입안이나 코안이 울리지 않는 소리
* 발음 기관의 근육을 긴장시키거나 목소리가 나오는 통로를 좁혀서 내는 소리

① 학교 ② 쪼르르 ③ 오뎅

④ 풀 ⑤ 까마귀

04

자음을 〈보기〉와 같이 나눈 기준으로 적절한 것은?

보기
ㅁ, ㅃ - ㄴ, ㅅ - ㅎ

① 혀의 높이에 따라

② 소리의 세기에 따라

③ 소리 나는 위치에 따라

④ 목청의 울림 여부에 따라

⑤ 혀의 최고점의 위치에 따라

05

〈보기〉를 참고할 때, ㉠~㉤ 위치에서 장애가 일어나는 자음을 포함한 단어가 <u>아닌</u> 것은?

조음 위치 조음 방법	입술 소리	잇몸 소리	센 입천장 소리	여린 입천장 소리	목청 소리
파열음		㉠			
파찰음			㉡		
마찰음					㉢
콧소리				㉣	
흐름소리		㉤			

① ㉠: 다리　　② ㉡: 초콜릿　　③ ㉢: 호미

④ ㉣: 강바람　　⑤ ㉤: 붕어

06

〈보기〉를 통해 알 수 있는 '자음'에 대한 정보로 적절한 것은?

	조음위치 조음방법		입술	윗잇 몸	센 입천 장	여린 입천 장	목청
안울림소리	파열음	예사 소리	ㅂ ㅃ ㅍ	ㄷ ㄸ ㅌ		ㄱ ㄲ ㅋ	
		된소리					
		거센 소리					
	파찰음	예사 소리			ㅈ ㅉ ㅊ		
		된소리					
		거센 소리					
	마찰음	예사 소리		ㅅ ㅆ			ㅎ
		된소리					
울림소리	비음		ㅁ	ㄴ		ㅇ	
	유음			ㄹ			

① 마찰음에는 된소리가 없다.

② 우리말 자음에는 파찰음이 가장 많다.

③ 센입천장에서는 거센소리가 발음되지 않는다.

④ 파열음과 파찰음은 조음위치가 겹치지 않는다.

⑤ 파열음과 마찰음은 조음위치가 겹치지 않는다.

07

〈보기〉는 자음의 조음 위치를 나타낸 것이다. 다음 중 ㉠~㉤에 해당하는 조음위치로만 이루어진 단어가 **아닌** 것은?

조음 방법	조음 위치	㉠ 입술 소리	㉡ 잇몸 소리	㉢ 센입천장 소리	㉣ 여린입천장 소리	㉤ 목청 소리

① ㉠ + ㉡: 나비

② ㉠ + ㉡ + ㉣: 코뿔소

③ ㉡ + ㉢: 사자

④ ㉠ + ㉡: 벌레

⑤ ㉡ + ㉤: 호랑이

09

〈보기〉의 단어를 활용하여 자음을 분류하여 설명하시오.

보기
조음 방법, 조음 위치

조건
'조음 방법'과 '조음 위치'는 각각 5개로 설명하고 각각 한 문장씩 총 2문장으로 작성한다.

08

〈보기〉의 자료를 바탕으로 ㉠~㉤의 자음이 소리 나는 위치의 명칭을 쓰시오.

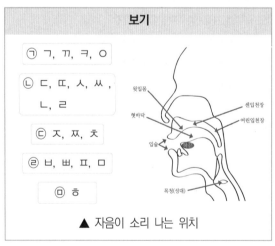

보기

㉠ ㄱ, ㄲ, ㅋ, ㅇ

㉡ ㄷ, ㄸ, ㅅ, ㅆ, ㄴ, ㄹ

㉢ ㅈ, ㅉ, ㅊ

㉣ ㅂ, ㅃ, ㅍ, ㅁ

㉤ ㅎ

윗잇몸
센입천장
혓바닥
여린입천장
입술
목청(성대)

▲ 자음이 소리 나는 위치

10

〈보기〉의 ㉠~㉤ 중 성격이 **다른** 자음을 하나 고르고, 그 이유를 적으시오.

보기
㉠ 목청소리　　㉡ 센입천장소리　　㉢ 파열음 ㉣ 거센소리　　㉤ 유음

04 모음의 체계

01

〈보기〉의 ㉠에 들어갈 말로 적절한 것은?

보기
혜 리 : 네, 제 이름은 혜리입니다.
판매원 : 아 '혜'가 ㅏ, ㅣ세요, ㅕ, ㅣ 세요?
혜 리 : 그런 질문 많이 들어요. 저는 ㅕ, ㅣ 쓰는 혜리예요.
판매원 : 네, 저도 고객님들 정보 입력할 때마다 이렇게밖에 확인을 못 하고 있어요. 혹시 다른 방법이 있을까요?
혜 리 : 사실 '혜'를 발음할 때 (㉠   ) 그런데 사람들이 본인 이름을 말할 때 제대로 구별해서 발음하지는 않는 듯해요.

① '해'보다 입을 더 크게 벌려야 해요.
② '해'와 달리 입술을 편평하게 해야 해요.
③ '해'보다 혀의 높이를 더 높게 해야 해요.
④ '해'와 달리 혀의 최고점을 앞에 놓아야 해요.
⑤ '해'와 달리 입술이나 혀를 움직이지 말아야 해요.

02

다음의 표를 참고할 때, 단모음에 대한 설명으로 적절하지 <u>않은</u> 것은?

혀의 위치 입술 모양 혀의 높이	전설 모음		후설 모음	
	평순 모음	원순 모음	평순 모음	원순 모음
고모음	ㅣ	ㅟ	ㅡ	ㅜ
중모음	ㅔ	ㅚ	ㅓ	ㅗ
저모음	ㅐ		ㅏ	

① 'ㅟ'에 비해 'ㅜ'를 발음할 때 혀의 위치가 뒤쪽이다.
② 'ㅓ'보다는 'ㅏ'를 발음할 때 입이 더 크게 벌어진다.
③ 'ㅟ'를 발음할 때와 'ㅗ'를 발음할 때의 입술 모양은 같다.
④ 'ㅣ'와 'ㅚ'는 혀의 위치나 높이는 같지만, 입술 모양이 다르다.
⑤ 'ㅜ'와 'ㅗ'는 발음할 때 도중에 혀의 위치나 입술의 모양이 변하지 않는다.

03

다음 시의 밑줄 친 글자에 쓰인 모음 중 고모음에 해당하는 것을 모두 고르면?

보기
㉠<u>흔</u>들리㉡<u>지</u> 않㉢<u>고</u> 피는 꽃이 어디 있으랴
이 ㉣<u>세</u>상 그 어떤 ㉤<u>아</u>름다운 꽃들도
다 흔들리면서 피었나니
흔들리면서 ㉥<u>줄</u>기를 곧게 세웠나니
흔들리지 않고 가는 사랑이 어디 있으랴
- 도종환, '흔들리며 피는 꽃'

① ㄱ, ㄹ   ② ㄱ, ㄷ   ③ ㄴ, ㄷ
④ ㄱ, ㄴ, ㅂ   ⑤ ㄴ, ㄹ, ㅁ

04

㉠의 이유를 〈보기〉와 같이 정리했을 때, 〈보기〉의 빈칸에 들어갈 말로 알맞은 것은?

같은 한국어 화자 가운데에도 ㉠'<u>ㅓ'와 'ㅡ'를 구별하지 못하는 사람들이 많다.</u> 예를 들어 '(물건을) 꺼낸다'는 말을 '끄낸다'고 발음하는 것이다. 이들이 그런 환경에서 성장했기 때문에 두 모음을 구별해서 듣거나 발음하지 못하는 것이며, 이미 익숙해진 모음 체계 또한 고치기란 쉽지 않다.

보기
'ㅓ'와 'ㅡ'는 국어의 모음 체계상에서 다른 조건은 같고 _____만 다르다.

① 혀의 모양   ② 입술의 모양
③ 혀의 높낮이   ④ 입술의 위치
⑤ 혀의 앞뒤 위치

05

각 단어의 '모음' 발음법을 설명한 내용으로 적절하지 않은 것은?

① '귀'는 '괴'를 발음할 때보다 혀를 위로 높여야 한다.
② '벌'은 '레'를 발음할 때보다 혀를 아래로 낮추어야 한다.
③ '뭉'은 '크'를 발음할 때보다 입술을 동그랗게 해야 한다.
④ '피'는 '쉬'를 발음할 때보다 입술을 편평하게 해야 한다.
⑤ '호'는 '외'를 발음할 때보다 혀의 최고점의 위치를 뒤쪽으로 당겨야 한다.

06

〈보기〉에 있는 모음으로 만든 단어로 적절한 것은?

보기
첫 번째 음절의 초성은 중간에 입술 모양이나 혀의 위치가 바뀌지 않는 모음과 결합한다. 두 번째 음절의 초성은 입술을 동그랗게 발음하는 모음과 결합한다.

① 의문　　② 머리　　③ 완성
④ 원리　　⑤ 질소

07

〈보기〉에서 설명하는 모음을 포함한 단어인 것은?

보기
발음하는 도중에 입술 모양이나 혀의 위치가 달라지는 모음

① 아들　　② 장모　　③ 할머니
④ 형님　　⑤ 동서

08

〈보기〉의 (가)와 (나)를 발음할 때의 차이점을 〈조건〉에 맞게 서술하시오.

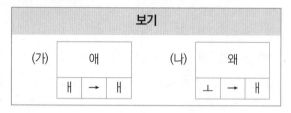

조건
• '(가)는 ~모음이어서 발음할 때 ~(하)지만, (나)는 ~모음이어서 ~(한)다.'의 형식으로 쓸 것
• 발음할 때 입의 모양이나 혀의 움직임 여부를 중심으로 비교할 것

09

다음 단어들 가운데 발음할 때 혀의 높이가 다른 하나를 고르고, 그 이유를 다른 단어들과 비교하여 쓰시오.

게, 뇌, 범, 손, 창

10

〈보기1〉을 참고하여 〈보기2〉의 단어들의 발음을 적으시오.(단, 표준발음으로 인정되는 발음을 모두 적으시오.)

보기1
이중 모음은 본래의 소리대로 발음해야 하나 경우에 따라 다르게 발음할 수도 있다. 'ㅈ, ㅉ, ㅊ' 뒤의 'ㅕ'는 'ㅓ'와 구별되지 않으므로 '져, 쪄, 쳐'는 [저, 쩌, 처]로 발음한다. 또한 '예, 례' 이외의 'ㅖ'는 혜택[혜:택/헤:택]'처럼 [ㅔ]로도 발음할 수 있다.

보기2
㉠ 어쩌다가 **다쳐서** 왔니?
㉡ 엄마, 어디 **계세요**?

01

〈보기〉의 ㄱ~ㅁ을 통해 알 수 있는 언어의 특성으로 적절하지 <u>않은</u> 것은?

보기
ㄱ. 현재 표준어에서 '고구마'라고 하는 식물을 제주도에서는 '감저', 전라도에서는 '감자'라고 한다.
ㄴ. 중세 국어에서는 '얼굴'은 몸 전체를 의미하였는데 지금은 목 윗부분만을 일컫는다.
ㄷ. '나는 내일 학교에 갔었다'라는 말은 일반적으로 단어를 배열하는 방식에 어긋난다.
ㄹ. 우리말의 자음은 조음 위치와 조음 방법에 따라 분류할 수 있다.
ㅁ. 여러 가지 붉은 색깔 가운데 하나를 정하여 '빨강색', '분홍색' 등으로 끊어서 말한다.

① ㄱ: 언어에서 음성과 의미의 관계는 필연적이다.

② ㄴ: 언어는 시간의 흐름에 따라 변화한다.

③ ㄷ: 언어는 규칙에 맞게 구성되어야 온전히 쓰일 수 있다.

④ ㄹ: 언어에는 일정한 체계가 존재한다.

⑤ ㅁ: 언어는 연속적인 사물이나 개념을 분절적으로 표현한다.

[02-03] 다음 글을 읽고 물음에 답하시오.

영어의 '라이스(rice)'는 '모', '벼', '쌀', '밥'을 세심하게 구분하지 않은 단어이다. 낟알 중에 실한 놈을 잘 말려 겨울을 난 후 싹을 틔워 못자리에 붓는다. 적당한 길이만큼 자라면 '모'를 찔어 모내기한다. 애벌, 두벌, 세 벌의 김을 매며 잘 키우면 그것이 '벼'다. 알곡이 누렇게 익고 이삭이 고개를 숙일 때쯤 베어 낟알을 떨어내면 그것도 벼다. 방앗간에서 왕겨(겉껍질)를 벗겨 내면 현미가 되고, 다시 몇 차례 등겨(속껍질)를 벗겨 내면 백미가 되는데 이것을 '쌀'이라 부른다. 쌀을 안쳐 불을 떼다가 뜸을 들이면 비로소 '밥'이 된다. 이처럼 우리말에서는 모, 벼, 쌀, 밥 등으로 나뉘어 있는데 영어에서는 그저 라이스일 뿐이다. 삼시 세끼 밥을 먹지 않는 사람들이 사용하는 영어를 탓할 것이 아니라 밥에 대한 우리의 애착을 다시 볼 일이다.

'요리를 하다'와 마찬가지로 '밥을 하다'라는 말을 쓰기도 하지만 ㉠밥에는 '짓다'가 제격이다. 음식은 그저 '만들다'라는 동사를 쓰고 영어에서도 '밥을 짓다'는 'make rice' 또는 'cook rice'라고 하면 된다. 그러나 우리나라 사람들은 밥은 '만들다'를 쓰지 못하고 '짓다'를 쓴다. '짓다'는 집, 옷, 짝, 농사, 매듭, 이름 등을 목적어로 삼아 '만들다'보다 훨씬 더 중요한 대상에 한정하여 쓴다. 밥도 '짓다'를 쓰니, 밥이 우리의 삶에서 얼마나 중요한지 가늠할 수 있다. '뜸'은 밥을 지을 때만 활용하게 되는 독특한 조리법인데, 그 뜸이 일상에서 '뜸을 들이다'라는 말로 쓰이고 있으니 이 역시 밥의 중요성을 일깨워 준다.

02

윗글에 반영된 '언어에 대한 생각'으로 가장 적절한 것은?

① 시대 변화에 따라 함께 변화한다.

② 인간의 사고를 반영하여 의사소통의 매개체가 된다.

③ 문화와 관련을 맺고 있으며 단어가 분화하는 양상을 보인다.

④ 다른 문화와의 연계를 통해 새로운 문화를 만드는 모습을 보여준다.

⑤ 서로 다른 것으로부터 공통점을 추출하는 추상화 과정을 통해 만들어진다.

03

㉠의 이유를 추론한 것으로 가장 적절한 것은?

① 우리나라는 밥을 기반으로 하는 식문화가 있기 때문이다.

② 영어권 문화 사람들은 밥을 짓지 않기 때문에 해당 언어가 필요하지 않기 때문이다.

③ 우리말 '밥'은 '집, 옷, 매듭'에 비해 중요하게 생각하는 대상이 아니기 때문이다.

④ 우리나라 사람들은 영어권 문화 사람들과 달리 언어 공동체를 형성하고 있기 때문이다.

⑤ 우리나라에서 밥을 짓는 방식이 영어권 문화 사람들의 밥 짓는 방식보다 훨씬 복잡하기 때문이다.

04

〈보기〉의 음운 카드를 활용하여 학습한 내용으로 적절하지 <u>않은</u> 것은?

보기
• 음운 : 말의 뜻을 구별해주는 소리의 가장 작은 단위

ㄲ	ㅁ	ㅓ	ㅜ

① 'ㄲ'ㅓ', 'ㅁ'을 차례로 사용하면 '껌'이라는 단어를 만들 수 있군.

② '껌'의 가운뎃소리인 'ㅓ' 대신 'ㅜ'를 사용하면 새로운 단어가 되는군.

③ '껌 / 꿈 / 꺼'처럼 음운의 결합에 따라 의미가 다른 여러 단어를 만들 수 있군.

④ '껌 : 꿈'처럼 가운뎃소리는 첫소리의 오른쪽에 쓰기도 하고 아래 쓰기도 하는군.

⑤ '꿈'은 되지만 '뭒'은 안 되는 것으로 보아, 첫소리보다 끝소리에 쓸 수 있는 음운이 더 많군.

05

〈보기〉의 ㉠~㉤에 해당하는 예로 적절하지 <u>않은</u> 것은?

보기

학생 : 음운의 특징에 대해 발표해보겠습니다.

㉠ 음운은 뜻을 구별해주는 소리의 최소 단위이다.

㉡ 각 언어의 음운 체계는 서로 다를 수 있다.

㉢ 한 언어에서도 음운 체계가 시간의 흐름에 따라 변할 수 있다.

㉣ 음운에는 비분절적인 요소도 포함된다.

㉤ 음성은 구체적인 소리지만 음운은 추상적인 소리이다.

① ㉠: '곰'과 '김'은 'ㅗ'와 'ㅣ'에 의해 그 뜻이 구별되기 때문에 'ㅗ'와 'ㅣ'는 모두 음운이다.

② ㉡: 한국어에서는 영어 mom의 초성과 종성 [m]을 같은 음운으로 인식한다.

③ ㉢: 'ㅔ'는 중세국어에서는 'ㅓ'와 'ㅣ'를 연달아 발음하는 이중모음이었지만 현대국어에서는 단모음이다.

④ ㉣: '성인'은 첫음절 모음의 소리의 길고 짧음에 따라 뜻이 구별된다.

⑤ ㉤: '소리'라고 내가 발음할 때나 친구가 발음할 때 음성은 다르지만 음운은 같다.

[06-08] 다음 글을 읽고 물음에 답하시오.

음운의 체계를 어떻게 나누는 것이 좋을까? '오', '고', '옥'을 발음해 보면 모두 'ㅗ'가 포함되어 있음을 알 수 있다. 그런데 '오'에 비해 '고'에는 'ㅗ' 앞에 'ㄱ' 소리가 있고, '옥'에는 'ㅗ' 뒤에 'ㄱ' 소리가 있다. 이어서 '고', '노', '도'를 발음해 보면 'ㅗ' 앞에 'ㄱ', 'ㄴ', 'ㄷ'이 각각 쓰여 발음이 달라지는 것을 알 수 있고, '옥', '온', '올'을 발음해 보면 'ㅏ' 뒤에 각각 'ㄱ', 'ㄴ', 'ㄹ'이 쓰여 발음이 달라지는 것을 알 수 있다. 앞의 예에 모두 포함된 'ㅗ'와 같은 소리를 모음이라고 하고, 모음의 앞뒤에 놓이는 'ㄱ', 'ㄴ', 'ㄷ', 'ㄹ'과 같은 소리를 자음이라고 한다.

자음은 발음 기관의 어디에서인가 소리가 막히거나 마찰을 일으켜 만들어지는 소리이다. 그래서 자음은 홀로 소리가 나지 못하고 반드시 모음의 앞이나 뒤에 놓여야 한다. 이와 달리 모음은 발음될 때 소리가 막히거나 마찰을 일으키지 않기 때문에 홀로 소리가 날 수 있는데 '아', '어', '오'등이 그 예이다. '가', '나', '다'는 모음의 앞에 자음이 놓인 경우이고, '악', '안', '알'은 모음의 뒤에 자음이 놓인 경우이다. 물론 '간', '널', '동'처럼 모음의 앞뒤에 자음이 놓일 수도 있다. 이렇게 만들어진 소리의 최소 단위를 '음절'이라고 한다.

국어의 모음 중에는 발음하는 동안에 혀의 위치나 입술의 모양이 변하는 것들도 있다. 'ㅏ'를 발음할 때는 혀의 위치나 입술 모양의 변화가 없는데, 'ㅕ'나 'ㅘ', 그리고 'ㅢ'를 발음해 보면 혀의 위치나 입술의 모양이 변함을 알 수 있다. 이처럼 ㉠<u>**발음할 때 혀의 위치나 입술의 모양이 변하는 모음**</u>을 이중 모음이라고 한다.

06

윗글의 내용과 일치하지 <u>않는</u> 것은?

① 음운에는 자음과 모음이 있다.

② 자음만으로는 음절을 만들 수 없다.

③ 자음은 모음의 앞과 뒤 모두에 놓일 수 있다.

④ 말소리를 낼 때는 반드시 한 개 이상의 모음이 있어야 한다.

⑤ 모음 중에는 발음 기관에서 마찰을 통해 소리가 나는 것도 있다.

07

다음 중, 음운의 개수가 가장 <u>많은</u> 것은?

① 분필   ② 고무나무   ③ 왕밤빵

④ 스마트폰   ⑤ 인터넷

08

다음 중, ㉠에 해당하는 모음만으로 묶인 것은?

① ㅟ, ㅢ, ㅛ, ㅖ   ② ㅚ, ㅠ, ㅞ, ㅒ

③ ㅑ, ㅕ, ㅛ, ㅗ   ④ ㅏ, ㅙ, ㅡ, ㅟ

⑤ ㅘ, ㅢ, ㅞ, ㅒ

09

다음 제시된 조건을 모두 충족하는 단어로 적절한 것은?

	조건	예	아니요
자음	센입천장소리가 포함되어 있습니까?	V	
	거센소리가 포함되어 있습니까?		V
모음	평순 모음이 포함되어 있습니까?	V	
	전설 모음이 포함되어 있습니까?	V	
	중모음이 포함되어 있습니까?		V

① 장   ② 노   ③ 개   ④ 째   ⑤ 최

10

〈보기〉에 대한 이해로 적절하지 <u>않은</u> 것은?

보기

국어의 단모음은 혀의 전후 위치, 높낮이, 입술 모양에 따라 분류할 수 있고, 이에 따라 분류하면 다음과 같다.

혀의 위치 입술 모양 혀의 높이	전설 모음		후설 모음	
	평순 모음	원순 모음	평순 모음	원순 모음
고모음	ㅣ	ㅟ	ㅡ	ㅜ
중모음	ㅔ	ㅚ	ㅓ	ㅗ
저모음	ㅐ		ㅏ	

① 'ㅣ'에서 'ㅟ'로 발음을 바꾸려면 입술 모양을 동그랗게 하면 되겠군.

② 'ㅟ'에서 'ㅚ'로 발음을 바꾸려면 혀를 아래로 내리고 입 모양을 편평하게 해야겠군.

③ 'ㅔ'에서 'ㅏ'로 발음을 바꾸려면 혀의 최고점을 뒤와 아래로 동시에 바꾸어야겠군.

④ 'ㅏ'에서 'ㅔ'로 발음을 바꾸려면 혀의 최고점을 앞과 위로 동시에 바꾸어야겠군.

⑤ 'ㅐ'에서 'ㅗ'로 발음을 바꾸려면 입술 모양을 동그랗게 하고, 혀의 최고점을 뒤와 위로 동시에 바꾸어야겠군.

11

국어의 자음과 모음에 대한 설명으로 적절하지 <u>않은</u> 것은?

① 원순모음이면서 동시에 저모음인 모음은 1개이다.

② 'ㅔ'와 'ㅐ'는 첫소리가 같고 끝소리는 다른 모음이다.

③ 마찰음에는 거센소리가 없다.

④ 'ㅌ'과 'ㅅ'은 소리가 나는 위치가 동일하다.

⑤ 'ㄹ'은 조음 방법이 같은 자음은 국어에 없다.

12

〈보기〉의 조건을 모두 충족하는 단어로 적절한 것은?

보기
• 전설 모음과 후설 모음이 모두 포함되어 있다.
• 평순 모음과 원순 모음이 모두 포함되어 있다.
• 고모음과 저모음이 포함되어 있다.

① 수락   ② 금정   ③ 마니   ④ 속리   ⑤ 설악

13

국어의 단모음 체계를 고려하여 〈보기〉의 ㉠에 대해 탐구한 결과로 적절한 것은?

보기
' ㅏ'를 'ㅐ', 'ㅗ'를 'ㅚ'로 발음하는 등과 같은 단어들은 원칙적으로 표준발음으로 인정하지 않지만, ㉠<u>다음 단어들은 그런 형태를 표준어로 삼는다.</u>

표준어	비표준어
풋내기, 서울내기	풋나기, 서울나기
냄비	남비
내동댕이 치다.	내동당이 치다.

① 고모음이 표준어로 인정받고 있다.

② 전설모음이 표준어로 인정받고 있다.

③ 원순모음이 표준어로 인정받고 있다.

④ 이중모음이 표준어로 인정받고 있다.

⑤ 자음에 따라 모음을 선택하여 표준어로 인정하고 있다.

14

〈보기〉에서 (가)에 들어갈 예로 적절하지 <u>않은</u> 것은?

보기
말의 뜻을 구별해주는 소리의 가장 작은 단위를 '음운'이라고 합니다. 우리가 잘 알고 있는 단어인 '묘기'와 '모기'는 음운 하나의 차이로 인해 뜻이 변별되는 경우죠. 한편 표기는 같지만 소리가 달라서 뜻이 변별되는 경우가 있으니 주의해야 합니다. 예를 들어 '편안한 잠자리'와 '날아다니는 잠자리'에서 '잠자리'는 표기는 같지만 발음이 다릅니다. 이 경우에 'ㅈ'과 'ㅉ'의 차이가 단어의 뜻의 차이를 가져오죠. 각 단어의 뜻을 변별해주는 음운의 예를 들어 볼까요? 　　　　　　　　　　　　　　　　　(가)

① '캄캄한 굴속도 길이라고 생각하고 한 걸음씩'에서 '굴'과 '길'의 뜻을 변별해주는 음운은 'ㅜ'와 'ㅣ'입니다.

② '동학농민군은 창을 들고 싸웠지만, 일본군의 총을 이길 수 없었다.'에서 '창'과 '총'의 뜻을 변별해주는 음운은 'ㅏ'와 'ㅗ'입니다.

③ '나는 나무 앞에서 아무나 쳐다보고 있었다.'에서 '나무'와 '아무'의 뜻을 변별해주는 음운은 'ㄴ'과 'ㅇ'입니다.

④ '그는 오랜만에 고가의 고기를 사왔다'에서 '고가'와 '고기'의 뜻을 변별해주는 음운은 'ㅏ'와 'ㅣ'입니다.

⑤ '그 연예인은 기꺼이 고가[고까]의 옷을 기부했다.'에서 '고가'와 '요새는 고가[고가]도로를 없애는 추세이다'에서 두 '고가'의 뜻을 변별해주는 음운은 'ㄱ'과 'ㄲ'입니다.

15

㉠~㉤에 들어갈 내용으로 적절한 것은?

다음에 제시된 자음들의 공통점을 적어보자.
(　㉠　) : ㅁ, ㄴ, ㄹ 　　(　㉡　) : ㅃ, ㄲ, ㅆ 　　(　㉢　) : ㅅ, ㅆ, ㅎ 　　(　㉣　) : ㅋ, ㄲ, ㅇ 　　(　㉤　) : ㅂ, ㄷ, ㅅ

① ㉠ : 공기가 코로 흘러가며 나는 소리

② ㉡ : 동일한 조음 위치에서 나는 소리

③ ㉢ : 공기가 막혔다 터진 후 마찰을 일으키며 나는 소리

④ ㉣ : 센입천장에서 나는 소리

⑤ ㉤ : 숨을 거세게 내지 않고 목을 긴장시키지 않는 소리

16

다음 중 음운의 개수가 가장 <u>적은</u> 것은?

① 하양　　　② 노랑　　　③ 검정

④ 파랑　　　⑤ 빨강

17

다음 표의 ㉠~㉤에 해당하는 자음이 들어간 단어로 적절하지 <u>않은</u> 것은?

조음 방법 ＼ 조음 위치	입술 소리	잇몸 소리	센 입천장 소리	여린 입천장 소리	목청 소리
파열음		㉠			
파찰음			㉡		
마찰음		㉢			
콧소리	㉣				
흐름소리		㉤			

① ㉠: 도토리   ② ㉡: 주춤   ③ ㉢: 살랑살랑
④ ㉣: 마늘   ⑤ ㉤: 양념

18

〈보기〉의 내용에서 알 수 있는 언어의 특징에 대하여 쓰시오.

보기
묵은해를 보내고 새해를 맞이하기 위해 대통령 내외와 각계 대표들이 12월 31일 밤 12시를 기준으로 서울 종로구에 있는 보신각종을 33번 친다. 그런데 사실 12월 31일과 1월 1일 사이의 시간의 흐름에 어떤 분명한 경계가 있는 것은 아니다.

19

다음 단어들이 최소 대립쌍을 이루는지 확인하고 의미를 구별해주는 음운이 무엇인지 찾으시오.

보기
㉠ 춤 : 침
㉡ 전화 : 헌화
㉢ 밤:(nut) : 밤(night)

조건
• '㉠에서 알 수 있는 음운은 ~이고, ㉡에서 알 수 있는 음운은 ~이며, ㉢에서 알 수 있는 음운은 ~이다.'의 형식으로 적을 것

20

〈보기1〉을 바탕으로 할 때 〈보기2〉의 ㉠~㉢에 들어갈 말을 쓰시오.

보기1
자음은 발음할 때 폐에서부터 입이나 코 밖으로 공기가 나올 때까지 조음기관의 방해를 받으며 혼자 발음할 수 없다. 그러나 단모음은 폐에서부터 입 밖으로 공기가 나갈 때까지 거의 방해를 받지 않으며, 혼자 발음할 수 있다.

보기2
반모음은 발음할 때 공기의 흐름이 방해를 거의 받지 않는다는 점에서 (㉠)과 비슷하고, 혼자 발음할 수 없다는 점에서는 (㉡)과 비슷하다. 그래서 반모음은 (㉢) 성격을 가졌다고, 이름도 그런 이유로 붙여졌다.

품사 02

01

다음 문장의 밑줄 친 부분에 쓰인 단어의 개수가 <u>잘못된</u> 것은?

<u>점심</u>	<u>시간에</u>	<u>풋고추를</u>	<u>열심히</u>	<u>먹었다.</u>
1	2	3	1	1
①	②	③	④	⑤

02

다음 문장에 쓰인 단어 가운데 홀로 쓰일 수 없는 단어를 고르시오.

나는 국어가 정말 좋다.

03

단어의 분류와 관련한 설명 가운데 적절하지 <u>않은</u> 것은?

① 단어는 형태가 변하느냐에 따라 둘로 나눌 수 있다.
② 단어는 형태, 기능, 의미 등의 다양한 기준으로 나눌 수 있다.
③ 일정한 기준에 따라 나누어 놓은 단어의 갈래를 품사라고 한다.
④ 문장에서 단어는 다양한 기능을 하는데, 그것을 기준으로 세 가지로 나뉜다.
⑤ 국어의 품사에는 명사, 대명사, 수사, 동사, 형용사, 관형사, 부사, 조사, 감탄사의 아홉 가지가 있다.

04

다음 문장에 쓰인 단어들을 아래와 같이 둘로 나눈 기준은?

지우개가 예뻐서 잠깐 빌렸다.

⇒ 지우개 / 가 / 잠깐, 예뻐서 / 빌렸다

① 홀로 쓰일 수 있느냐 없느냐
② 뜻을 가지느냐 가지지 않느냐
③ 형태가 변하느냐 변하지 않느냐
④ 다른 단어와 결합을 하느냐 마느냐
⑤ 문장에서 얼마나 중요한 역할을 하느냐

05

다음 문장에 쓰인 단어 가운데 꾸며 주는 기능을 하는 것으로 묶인 것은?

와, 이 문제를 보니 머리가 너무 아파 쓰러지겠다.

① 를, 가   ② 이, 너무
③ 문제, 머리   ④ 보니, 아파
⑤ 와, 쓰러지겠다

06

다음 문장에 쓰인 단어의 의미 가운데 그 설명이 적절하지 <u>않은</u> 것은?

예, 하나는 제가 깼지만 나머지는 친구가 했어요.

① '예'는 대답을 의미하지.
② '하나'는 사람이나 사물의 수량을 나타내.
③ '제'는 나 자신을 대신하는 단어이군.
④ '깼지만'은 상태나 성질을 나타내고 있어.
⑤ '친구'는 사람이나 사물의 이름을 나타내는 말이야.

07

다음 문장의 밑줄 친 단어들의 공통점으로 적절하지 <u>않은</u> 것은?

> <u>너희</u> <u>셋</u>이 <u>우정</u>을 겨뤄 봐라.

① 체언이라고 묶어서 부른다.
② 뒤에 조사가 붙을 수 있다.
③ 문장에서 쓰일 때에 형태가 변하지 않는다.
④ 주로 주어나 목적어 등이 되는 자리에 온다.
⑤ 문장에서 사람이나 사물 등의 이름을 나타낸다.

08

다음 대화의 괄호 ㉠, ㉡에 들어갈 알맞은 말을 쓰시오.

대화
예림 : 대곤아, '우리'는 품사가 뭐야?
대곤 : 대명사. 자신과 듣는 이를 포함한 여러 사람을 가리키는 1인칭 대명사이지.
윤희 : 아니야, 대명사가 아닐 수도 있어.
대곤 : 그게 무슨 말이야?
윤희 : '우리'는 '짐승을 가두어 기르는 곳'이라는 뜻도 있잖아.
대곤 : 그러네. 그때에는 대명사가 아니라 (㉠)네.
예림 : 아, 그렇구나. 이제 품사를 분석할 때에는 (㉡)

09

다음 문장의 밑줄 친 단어들에 대한 설명으로 적절하지 <u>않은</u> 것은?

> 오늘 **여기**에서 **나**는 **너희**에게
> <u>그</u>가 말한 **이것**의 비밀을 이야기하겠다.

① 여기: 말하는 이에게 먼 곳을 가리키는 지시 대명사
② 나: 자기 자신을 가리키는 1인칭 대명사
③ 너희: 다른 사람을 가리키는 2인칭 복수 대명사
④ 그: 말하는 이와 듣는 이가 아닌 사람을 가리키는 3인칭 대명사
⑤ 이것: 사물을 가리키는 지시 대명사

10

다음 문장의 밑줄 친 두 단어를 품사의 측면으로 접근했을 때의 공통점과 차이점을 설명하시오.

> 연애를 할 때에는 <u>첫째</u>, <u>둘</u>의 가치관을 따져야 한다.

02 용언

01

다음 문장의 밑줄 친 단어들을 묶어서 무엇이라고 하는지 쓰시오.

> 뽀로로는 <u>노래했다</u>, <u>노는</u> 게 제일 <u>좋다고</u>.

02

다음 가운데에서 용언의 특징으로 알맞은 것은?

① 형태가 변하지 않는다.
② 다른 말에 붙어 쓰인다.
③ 다른 단어를 꾸며 주는 역할을 주로 한다.
④ 문장에서 주로 주체의 동작이나 상태를 설명한다.
⑤ 문장에서 다른 말들에 얽매이지 않고 독립적으로 쓰인다.

03

다음 밑줄 친 단어가 용언이 <u>아닌</u> 것은?

① 이 게임 좀 <u>그렇지</u>?
② 나오는 게 <u>웃음</u>이다.
③ 수준이 너무 <u>높은데</u>.
④ 조금만 더 <u>기다려라</u>.
⑤ 어디든지 <u>숨고</u> 싶다.

04

다음 문장의 괄호 ㉠~㉢에 들어갈 적절한 활용형을 바르게 연결한 것은?

- 여기는 그녀가 작년까지 (㉠) 곳이다.
- 이것은 그녀가 (㉡) 얻은 것이다.
- 그녀는 내년에는 열심히 (㉢) 것이다.

	㉠	㉡	㉢
①	노는	놀며	놀
②	먹은	먹자	먹을
③	쉬던	쉬어서	쉴
④	두드릴	두드려	두드린
⑤	공부했던	공부하고	공부했을

05

다음 문장의 밑줄 친 단어와 같은 품사를 가지고 있지 <u>않은</u> 것은?

> 지난달에 배웠던 건데 새까맣게 <u>잊었다</u>.

① 마음껏 울어라.
② 네가 이럴 줄이야.
③ 교과서를 가지고 와.
④ 자, 모두들 친구를 돕자.
⑤ 습관처럼 머리를 긁는군.

06

다음 문장의 밑줄 친 단어가 형용사인 것은?

<u>고쳐서</u>	<u>쓰면</u>	<u>되는데</u>	<u>바꾸다니</u>	<u>안타깝네</u>.
①	②	③	④	⑤

07

다음 문장 가운데 자연스러운 표현은?

① 아, 몸이 너무 가벼워라.
② 급식이 점점 맛있고 있다.
③ 우리 모두 다 같이 슬프자.
④ 비가 와서 운동장이 미끄러우려 한다.
⑤ 규칙적인 생활 덕에 몸이 점점 둥근다.

08

다음 밑줄 친 단어 가운데 품사가 다른 하나는?

① 체육 선생님은 그림을 잘 <u>그리신다</u>.
② 미술 선생님을 <u>좋아하는</u> 아이들이 별로 없다.
③ 나는 병원에서 보건 선생님을 우연히 <u>만났다</u>.
④ 우리 학교에서 음악 선생님을 <u>모르면</u> 간첩이다.
⑤ 우리 회장 머리는 담임 선생님 머리보다 훨씬 <u>크다</u>.

09

다음 문장에서 용언을 모두 찾아 품사가 무엇인지 차례대로 쓰시오.

예뻐서 바로 샀는데 신으니까 좀 작다.

10

다음 글의 밑줄 친 ㉠~㉢ 가운데 잘못된 표현이 2개 있다. 찾고 무엇이 잘못된 것인지 그 까닭도 쓰시오.

오늘은 교생 선생님과 헤어지는 날이다. 첫날의 그 모습이 떠오른다.

'우아 ㉠**아름다워라**!'

하마터면 밖으로 튀어나올 뻔했다. 교생 선생님은 정말 ㉡**예쁘셨다**. 교생 선생님께 잘 보이려고 날마다 거울 앞에서 '㉢**멋있어져라**'를 주문처럼 외며 머리를, 얼굴을, 교복을 만지곤 했다. 이제 좀 친해지나 싶었는데 아쉽고 또 슬프다.

"아프지 말고 우리 모두 ㉣**행복하자**!"

교생 선생님은 이 말을 남기고 떠나셨다.

'예, 선생님. 감사합니다. 선생님도 항상 ㉤**건강하세요**. 그리고 사랑합니다.'

03 수식언

01

다음 문장의 밑줄 친 ㉠, ㉡에 대한 설명으로 적절하지 않은 것은?

> ㉠첫 만남에 가슴이 ㉡콩닥콩닥 뛴다.

① ㉠과 ㉡은 품사가 다르다.
② ㉠과 ㉡이 없어도 문장은 성립한다.
③ ㉠과 ㉡은 꾸며 주는 품사가 다르다.
④ ㉠은 형태가 바뀌는데 ㉡은 바뀌지 않는다.
⑤ ㉠과 ㉡ 모두 문장의 내용을 구체적으로 해 준다.

02

다음 문장의 밑줄 친 ㉠, ㉡에 대한 설명으로 적절한 것은?

> ㉠이 셋은 ㉡이 학교의 자랑이다.

① ㉠과 ㉡은 대명사이다.
② ㉠은 관형사이고, ㉡은 부사이다.
③ ㉠은 수사를, ㉡은 명사를 꾸며 준다.
④ ㉠과 ㉡은 꾸며 주는 말이지만 의미는 다르다.
⑤ ㉠에는 조사가 붙을 수 없지만 ㉡에는 붙을 수 있다.

03

다음 문장의 밑줄 친 두 단어의 품사가 무엇인지 차례대로 쓰시오.

> 그 일이 있은 뒤에 학생들은 그를 멀리했다.

04

다음 밑줄 친 단어 가운데 품사가 다른 하나는?

① 새로운 학생이 와서 교실이 활기차다.
② 오늘은 다섯 명이나 학교에 늦게 왔다.
③ 어느 누구도 발표를 하겠다고 손을 들지 않았다.
④ 저 둘은 우리 반에서 사이가 안 좋기로 소문이 나 있다.
⑤ 우리 담임 선생님은 학교 들어와 맨 처음 만난 남자 선생님이다.

05

다음 밑줄 친 단어가 꾸며 주는 말을 바르게 표시한 것은?

① 기출 문제를 안 풀었으면 후회할 뻔했다.
② 아직 시작은 안 했지만 시험 범위는 매우 잘 알고 있다.
③ 과연 이번에도 모든 교과에서 백 점을 받을 수 있을까?
④ 최선을 다해 꼼꼼하게 공부했다. 하지만 안타깝게 한 문제를 틀렸다.
⑤ 복도가 와글와글 시끄럽더니 어느샌가 문제지를 든 아이들로 꽉 차 있다.

06

다음 밑줄 친 단어 가운데 품사가 다른 하나는?

① 오늘 점심 식단은 무척 신선하다.
② 급식에 김치는 꼭 빠지지 않는다.
③ 많이 먹어서인지 배가 살살 아프다.
④ 이런 메뉴 조합은 태어나서 처음이다.
⑤ 오므라이스 위의 케첩이 방긋 웃고 있다.

07

다음 문장에서 아래 설명에 해당하는 품사가 쓰인 것은?

- 형태가 변하지 않는다.
- 다른 말을 꾸며 준다.
- 뒤에 조사가 붙을 수 있다.

① 각자 쉬는 시간을 즐겁게 보낸다.
② 우리 줄 모두가 엎드려 자고 있다.
③ 수업 시간처럼 열심히 책을 읽고 있다.
④ 무슨 영상인지 휴대전화에 코를 박고 있다.
⑤ 끝 종이 울려 퍼지면 바람같이 운동장으로 달려 나간다.

08

다음 문장에 쓰인 부사를 찾고 이 문장에서 발견할 수 있는 공통적인 특징을 쓰시오.

잘은 모르겠지만 빨리도 풀지만 정확도도 높다.

09

다음 문장의 밑줄 친 ㉠~㉣의 품사를 바르게 연결한 것은?

㉠먼저 ㉡여러 부모가 맏이보다는 ㉢둘째 아이를 ㉣더 귀여워한다는 사실을 알아야 한다.

	㉠	㉡	㉢	㉣
①	수사	관형사	수사	부사
②	부사	관형사	관형사	부사
③	부사	부사	수사	관형사
④	관형사	부사	관형사	부사
⑤	관형사	수사	명사	부사

10

다음 문장의 밑줄 친 두 단어는 품사가 다르다. 그런데 기능의 측면에서 공통점도 가지고 있다. 기능의 측면에서 두 품사의 공통점과 차이점을 각각 쓰시오.

그녀를 만나자 **옛** 기억이 <u>문득</u> 떠오른다.

04 관계언, 독립언

01

다음 문장의 밑줄 친 단어들에 대한 설명으로 적절한 것은?

> 나는 화장실에서 똥과 오줌을 싸고 나왔다.

① 형태가 변한다.
② 보통 용언 뒤에 붙어 쓰인다.
③ 문장에서 특별한 역할을 하지 않는다.
④ 일정한 뜻을 지니고 홀로 쓰일 수 있다.
⑤ 주로 문법적인 관계를 나타내는 기능을 한다.

02

다음 문장의 밑줄 친 단어 가운데 조사가 아닌 것은?

선생님께서 나의 사진 아래에 작은 스티커를 붙이셨다.
　　① 　　② 　　　③ ④ 　　　⑤

03

다음 밑줄 친 조사의 역할로 적절한 것은?

① 오늘 국어 수업이 없다. -관형격 조사
② 국어 교과서를 깜박 잊고 안 가져왔다. -접속 조사
③ 한문을 열심히 공부하면 국어에 도움이 된다. -부사격 조사
④ 국어와 영어 시험을 함께 보는 것은 아닌 것 같다. -목적격 조사
⑤ 국어 교과의 학습 목표는 이해와 표현 능력을 키우는 것이다. -주격 조사

04

다음 밑줄 친 조사가 가지고 있는 뜻으로 적절하지 않은 것은?

① 밥밖에 모르는구나. - 선택
② 빵을 먹고 밥도 먹었다. - 첨가
③ 밥부터 먹으면 안 될까? - 시작
④ 친구는 밥만 먹을 뿐 아무 말이 없다. - 한정
⑤ 공부가 아무리 중요해도 밥은 먹어야지. - 강조

05

다음 문장에서 조사를 모두 찾아 쓰시오.

> 여기까지는 잘도 왔군.
> 하지만 앞으로는 죽음뿐이다.

06

다음 대화의 괄호 ㉠~㉢에 들어갈 알맞은 말을 쓰시오.

대화
은정: 조사도 형태가 변하는데. 같은 기능인데 '을, 를, ㄹ'처럼 다양하게 쓰이잖아.
혜림: 그것은 형태가 변하는 게 아니라 앞말에 따라 다른 형태가 오는 거야. '등을'에서는 '등' 다음에 '을'이 오지만 '배' 다음에는 '배를' 또는 '밸'처럼 '를'이나 'ㄹ'이 오잖아. 앞말의 받침이 있고 없고에 따라 다를 뿐이야.
은정: 아하, 그렇구나. 그럼 (㉠)도 그런 예가 되겠군.
지윤: 맞아. 그런데 진짜 형태가 변하는 조사가 하나 있어. 기본형이 '(㉡)'인 서술격 조사야. 이 녀석은 '이고, 이면, 이라서, 이네, 이군' 등으로 (㉢)처럼 문장에서 쓰일 때에 형태가 다양하게 변하는 활용을 해.
은정: 조사 가운데 예외라고 할 수 있구나. 잘못 알기는 했지만 처음에 형태가 변하는 조사가 있다는 것은 틀린 게 아니네.

07

다음 문장의 밑줄 친 단어의 기능상 갈래와 의미상 갈래를 쓰시오.

> **야호**, 드디어 9품사가 머릿속에 확실하게 정리되었어.

08

다음 밑줄 친 단어 가운데 품사가 다른 하나는?

① <u>아니요</u>, 사회가 제일 재미없습니다.

② <u>오</u>, 역시 인간은 역사를 알아야 해.

③ <u>맙소사</u>, 영어는 해도 해도 끝이 없네.

④ <u>여보세요</u>, 일본어보다는 중국어가 좋거든요.

⑤ <u>왜냐하면</u> 살아가는 데 기본을 가르치는 교과가 도덕이기 때문이야.

09

다음 문장 가운데 감탄사가 쓰인 것은?

① 진성아, 공부 좀 해라.

② 엄마야, 공부하는데 놀랐잖아.

③ 선생님, 공부가 너무 힘들어요.

④ 아이고, 이게 얼마만에 하는 공부냐.

⑤ 공부를 왜 해야 하는지 드디어 깨달았구나.

10

다음에서 조사와 감탄사가 모두 쓰인 문장은?

① 누나, 시험 잘 봤지?

② 앗, 아깝게 하나 틀렸네.

③ 응, 문제가 너무 어려웠어.

④ 지수야, 우리 같이 열심히 공부하자.

⑤ 그리고 시험이 끝나면 실컷 놀아야지.

05 모의고사

01

다음은 단어와 품사에 대한 설명이다. 적절하지 <u>않은</u> 것은?

① 단어는 분리하여 자립적으로 쓸 수 있는 말이다.

② 단어의 사용 빈도와 시기에 따라 나눈 것이 품사이다.

③ 일정한 기준에 따라 나누어 놓은 단어의 갈래를 품사라고 한다.

④ 국어의 품사에는 명사, 대명사, 수사, 동사, 형용사, 관형사, 부사, 조사, 감탄사의 아홉 가지가 있다.

⑤ 조사는 홀로 쓰일 수 없지만 홀로 쓰일 수 있는 말에 붙어 쉽게 분리될 수 있으므로 단어로 인정한다.

02

다음 문장에 쓰인 단어와 관련한 설명으로 적절한 것은?

> 그는 기분 좋은 말을 자주 한다.

① 모두 9개의 단어가 쓰였어.

② 독립언만 빼고 모두 있는걸.

③ 관형사도 있고 부사도 있네.

④ 용언 가운데 한 품사만 보여.

⑤ 체언에는 모두 조사가 붙어 있군.

03

다음 문장의 밑줄 친 단어 가운데 체언이 <u>아닌</u> 것은?

<u>그녀</u>가 <u>문제</u> <u>하나</u>를 해결한 <u>지</u>도 <u>두</u> 시간이 지났다.
　①　　②　③　　　　④　⑤

04

다음 문장의 밑줄 친 단어들에 대한 설명으로 적절한 것은?

> 너에게 줄 **수** 있는 **것**은 고양이 한 **마리** **뿐**이다.

① 다른 말에 기대어 쓰이는 명사이다.

② 문장에서 쓰일 때에 형태가 변한다.

③ 사물이나 장소 등의 이름을 대신하는 대명사이다.

④ 홀로 쓰일 수 없고 다른 말에 붙어 사용되는 조사이다.

⑤ 다른 말의 도움을 받지 않고 홀로 쓰일 수 있는 명사이다.

05

다음에 설명하는 품사에 해당하는 단어를 2개 가지고 있는 것은?

> 문장에서 주로 주체가 되는 역할을 하는 단어로, 사람이나 사물 등의 이름을 대신한다.

① 이 사람이 사는 집이 바로 저기야.

② 그녀에게 그 사실을 말할 수밖에 없네.

③ 너는 방학이 언제부터인지 알고 있었지?

④ 이것이 많이 나는 곳이 한두 군데가 아냐.

⑤ 아빠가 농장에서 까불다가 우리에 갇혔어.

06

다음 문장에서 밑줄 친 두 단어의 품사가 <u>다른</u> 것은?

① <u>하나</u>를 듣고 <u>열</u>을 안다.

② <u>한</u> 가랑이에 <u>두</u> 다리 넣는다.

③ <u>세</u> 살 적 버릇이 <u>여든</u>까지 간다.

④ <u>둘</u>이 먹다 <u>하나</u> 죽어도 모르겠다.

⑤ <u>열</u> 길 물속은 알아도 <u>한</u> 길 사람의 속은 모른다.

07

다음 괄호에 들어갈 단어들의 특성에 대한 설명으로 적절한 것은?

> ㉮ 방학 동안에 읽고 싶은 책을 다 (   ).
>
> ㉯ 실제 만난 그 연예인의 모습은 정말 (   ).

① 관형사의 꾸밈을 받는다.

② 쓰임에 따라 형태가 변한다.

③ 명사, 대명사, 수사를 가리킨다.

④ 대체로 조사와 자유롭게 결합한다.

⑤ 문법적인 관계를 나타내거나 특별한 뜻을 더해 준다.

08

다음 문장의 괄호에 활용형으로 들어갈 수 <u>없는</u> 단어는?

> ㉮ 우리 모두 목표를 향해 함께 (   ).
>
> ㉯ 이렇게 열심히 (   ) 있는 사람은 처음이다.

① 살다   ② 달리다

③ 오르다   ④ 예쁘다

⑤ 집중하다

09

다음 문장에서 밑줄 친 두 단어의 품사가 같은 것은?

① 생긴 것은 <u>저렇지만</u> <u>건강하게</u> 살고 있다.

② <u>젊어서</u> 한 고생은 <u>늙으면</u> 다 보상을 받는다.

③ 시간이 흐르면 <u>서툴렀던</u> 과거를 <u>잊는</u> 법이다.

④ <u>행복하게</u> 살고 싶으면 서로 후회 없이 <u>사랑하라</u>.

⑤ 아이를 <u>낳는</u> 것보다 단둘이 사는 게 <u>낫다고</u> 생각하는 사람이 많다.

10

다음 문장에서 수식언과 그 수식언이 꾸며 주는 말을 잘<u>못</u> 표시한 것은?

① <u>저</u> 가게에서 파는 빵은 맛이 없다.

② 라면 <u>많이</u> 먹어도 질리지 않는다.

③ 문화상품권을 받고 <u>웬</u> 떡이냐며 즐거워했다.

④ 집에 남아 있는 밥을 친구와 <u>깨끗하게</u> 비웠다.

⑤ 초등학교 때 <u>쓸쓸히</u> 햄버거를 먹던 기억이 난다.

11

다음 문장에서 아래 설명에 해당하는 품사가 쓰인 것은?

> • 형태가 변하지 않는다.
>
> • 다른 말을 꾸며 준다.
>
> • 뒤에 조사가 붙을 수 없다.

① 후보들이 무슨 소리를 하는지 모르겠다.

② 부회장의 말을 듣고 아이들은 입을 다물었다.

③ 결국 그는 회장이 되었고 참았던 눈물을 흘렸다.

④ 꿈이 대통령인 친구는 아쉽게도 회장 선거에서 떨어졌다.

⑤ 선거에서 끝까지 아름다운 경쟁을 펼친 후보들이 자랑스럽다.

12

다음 문장에 쓰인 모든 부사를 찾아 바르게 표시한 것은?

① 지금 <u>매우</u> <u>강한</u> 비가 전국에 내리고 있습니다.

② 어제는 눈이 <u>펑펑</u> 내리며 바람도 함께 <u>세차게</u> 불었습니다.

③ 파란 하늘과 황금 들판이 <u>아주</u> 잘 어울리는 수확의 계절입니다.

④ 날이 풀리자 <u>자연스럽게</u> 나들이하는 사람들이 <u>많이</u> 늘었습니다.

⑤ <u>그리고</u> 내일은 소나기를 대비해 우산 하나씩 꼭 준비해 주세요.

13

다음 밑줄 친 말의 품사가 <u>다른</u> 하나는?

① 이제 너<u>와</u> 같이 안 잘 거야.

② 여기<u>에서는</u> 잠을 자면 안 돼.

③ 이 녀석<u>아</u>, 그만 자고 일어나.

④ 놀지<u>만</u> 말고 잠도 충분히 자렴.

⑤ 다른 사람이 있어<u>도</u> 잘 자는 편이지.

14

다음 글에서 괄호 ㉠~㉣에 들어갈 조사를 차례대로 바르게 나열한 것은?

> 나는 국어(㉠) 잘한다. 그런데 친구는 국어(㉡) 아니라 모든 교과를 잘한다. 심지어 얼굴(㉢) 잘생겼다. 친구(㉣) 볼 때마다 샘도 나고 부럽기도 하다.

① 만 - 뿐 - 도 - 를

② 는 - 가 - 이 - 도

③ 조차 - 만 - 은 - 가

④ 를 - 도 - 마저 - 만

⑤ 도 - 밖에 - 조차 - 와

15

다음 문장에서 아래에 해당하는 품사를 가지고 있지 <u>않은</u> 것은?

> 문장에서 다른 말들과 관련이 적고 독립적으로 쓰이는 단어로, 느낌이나 부름, 대답 등을 나타낸다.

① 저런, 어쩌다가 그랬어.

② 아하, 이런 방법이 있었구나.

③ 네, 별일 아니니 걱정 마십시오.

④ 자, 시간이 없으니까 서두르자고.

⑤ 엉엉, 어디선가 슬피 우는 소리가 계속 들려.

16

다음은 우리말의 품사 체계를 그림으로 나타낸 것이다. 빈칸 ㉠~㉤에 들어갈 말에 해당하는 단어로 <u>잘못</u> 연결된 것은?

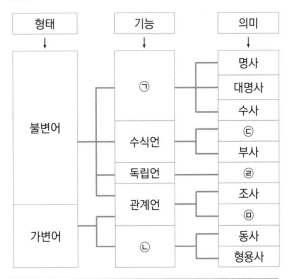

> 앗, 이것은 분명한 나의 실수이다.

① ㉠-실수

② ㉡-분명한

③ ㉢-이것

④ ㉣-앗

⑤ ㉤-이다

17

다음 문장에 쓰인 단어의 품사를 바르게 말한 것은?

> 합격, 그 하나만을 보고 달려왔다.

① 합격: 감탄사

② 그: 대명사

③ 하나만: 수사

④ 보고: 동사

⑤ 달려왔다: 형용사

18

다음 밑줄 친 단어의 품사를 순서대로 바르게 분석한 것은?

① <u>저</u>, 죄송한데 <u>저</u>에게 한 번만 더 발표할 기회를 주시겠습니까? -관형사/대명사

② 지금은 공부<u>보다</u>는 <u>보다</u> 멀리 바라보는 눈을 가지는 게 중요하다. -조사/동사

③ 조용하던 교실이 "밖에 비<u>와</u> 눈이 함께 <u>와</u>."라는 소리에 술렁거렸다. -조사/형용사

④ 급식실로 <u>같이</u> 가던 친구가 음식 냄새를 맡더니 표범<u>같이</u> 달려갔다. -형용사/부사

⑤ 운동장에서 옆집 <u>아이</u>가 "<u>아이</u>, 너무 지겨워."라며 가지고 놀던 장난감을 집어 던졌다. -명사/감탄사

19

다음은 사전에서 '이'라는 단어를 찾은 내용이다. ㉮~㉱에 해당하는 예를 바르게 제시하지 <u>않은</u> 것은?

> 이⁴
>
> 의존 명사
>
> 1. '사람'의 뜻을 나타내는 말. [㉮]
>
>
> 이⁵
>
> 대명사
>
> 1. 말하는 이에게 가까이 있거나 말하는 이가 생각하고 있는 대상을 가리키는 지시 대명사. [㉯]
>
> (…)
>
> 관형사
>
> 1. 말하는 이에게 가까이 있거나 말하는 이가 생각하고 있는 대상을 가리킬 때 쓰는 말. [㉰]
>
>
> 이⁷ 二/貳
>
> 관형사
>
> 1. 그 수량이 둘임을 나타내는 말. [㉱]
>
>
> 이²⁵
>
> 조사
>
> 1. 어떤 상태를 보이는 대상이나 일정한 상태나 상황을 겪는 경험주 또는 일정한 동작의 주체임을 나타내는 격 조사. 문법적으로는 앞말이 서술어와 호응하는 주어임을 나다. [㉲]

① ㉮: 시에서 말하는 <u>이</u>를 화자라고 부른다.

② ㉯: <u>이</u>는 역사가 현재와 과거의 대화라는 것을 보여 주는 증거이다.

③ ㉰: <u>이</u> 문제는 to 부정사가 어떤 역할을 하는지 알아보는 것이다.

④ ㉱: <u>이</u>의 육 제곱은 육십사이다.

⑤ ㉲: 태양계에는 수성, 금성, 지구, 화성, 목성, 토성, 천왕해왕성의 여덟 개 행성<u>이</u> 있다.

20

다음 문장에 쓰인 단어에 대한 설명으로 적절하지 <u>않은</u> 것은?

> 와, 드디어 품사를 확실하게 끝내서
> 온갖 걱정이 사라지는 것 같다.

① 9품사 가운데 대명사와 수사만 빠졌네.

② 다른 말을 꾸며 주는 수식언이 3개 있지.

③ 기능상으로 분류한 다섯 가지의 단어가 다 있군.

④ 움직임을 나타내는 단어와 상태나 성질을 나타내는 단어가 2개씩 있어.

⑤ 명사 가운데에서 홀로 쓰일 수 있는 명사와 다른 말에 기대어 쓰이는 명사가 모두 보여.

문장 **03**

01 문장 성분의 개념과 주성분 1

01

다음 밑줄 친 부분 중 문장에서 하는 역할이 <u>다른</u> 하나는?

① <u>눈이</u> 내렸다.
② <u>바다는</u> 왜 푸른색일까?
③ <u>친구가</u> 내 이름을 불렀다.
④ <u>일이</u> 많아서 잠을 못 잤다.
⑤ <u>하늘이시여</u>, 왜 이런 시련을 내리십니까!

02

〈보기〉의 ㉠의 예시로 가장 적절한 것은?

보기
문장에서 서술어가 반드시 필요로 하는 문장 성분의 개수를 '서술어의 자릿수'라고 한다. 한 자리 서술어는 주어가 필요하고, 두 자리 서술어는 주어 이외에 목적어나 보어, 부사어 중 하나가 반드시 필요한 서술어이다. 마지막으로 ㉠세 자리 서술어는 문장 성분 세 개가 반드시 있어야 하는 서술어이다.

① 좋은 말이 세상을 <u>바꾼다</u>.
② 그 아이가 반장이 <u>되었다</u>.
③ 하늘에 별이 무수히 <u>많다</u>.
④ 하얀 강아지가 신나게 <u>달렸다</u>.
⑤ 선생님께서 너에게 책을 <u>주셨다</u>.

03

〈보기〉 ㉠~㉤의 주어를 분석한 내용으로 적절하지 <u>않은</u> 것은?

보기
㉠ 쏜살같이 시간은 흐른다.
㉡ 물이 얼어서 얼음이 되었다.
㉢ 너 어제 저녁에 잠은 잤니?
㉣ 할아버지께서 편지를 보내셨다.
㉤ 영수는 밥을 싫어하고 빵을 좋아한다.

① ㉠: '체언+보조사'도 주어가 된다.
② ㉡: '물이'와 '얼음이'는 둘 다 주어이다.
③ ㉢: 주격 조사는 생략이 가능하다.
④ ㉣: 높임의 대상이 주어일 때 '체언+께서'의 형식으로 표현한다.
⑤ ㉤: 두 개의 문장이 이어질 때 동일한 주어는 생략이 가능하다.

04

다음 ㉠~㉤의 주성분을 분석한 내용으로 적절한 것은?

㉠ 형기는 키가 크다.
㉡ 민수가 노래를 부른다.
㉢ 그녀는 학생이 아니다.
㉣ 어느덧 한 학기가 끝났다.
㉤ 시험이 시작되었다고 한다.

① ㉠에서 문장 전체의 주어는 '키가'이다.
② ㉡에서 주성분은 '민수가'와 '부른다'이다.
③ ㉢에서 주성분의 개수는 2개이다.
④ ㉣에서 주성분의 개수는 2개이다.
⑤ ㉤에서 주어는 '시작되었다고'이다.

05

밑줄 친 부분이 주성분이 <u>아닌</u> 것은?

① 기린은 키가 <u>크다</u>.
② <u>사과보다</u> 배가 맛있다.
③ <u>오토바이가</u> 빠르게 지나갔다.
④ 나는 아직 <u>성인이</u> 아니다.
⑤ <u>너를</u> 생각하면 마음이 아프다.

06

⊙~②에 대한 문장 성분 분석이 적절한 것을 고르면?

⊙	그녀는	엄마와	비슷하다.
	주어	보어	서술어
ⓒ	아이들이	시를	배웠다.
	주어	목적어	서술어
ⓒ	기상청이	일기예보를	하였다.
	주어	목적어	서술어
②	장점과	단점은	통한다.
	주어	목적어	서술어

① ⊙, ⓒ   ② ⊙, ⓒ   ③ ⊙, ②
④ ⓒ, ⓒ   ⑤ ⓒ, ②

07

다음 중 주성분만으로 이루어진 문장으로 적절한 것은?

① 겨울에는 해가 짧다.
② 국회에서 법안을 처리했다.
③ 나는 어제 학교에 지각했다.
④ 이번 시험엔 영희가 1등이다.
⑤ 수지는 가방을 집에 두고 왔다.

08

〈보기〉의 빈 칸에 적절한 말을 쓰시오.

보기
문장의 뼈대가 되는 주성분 중 서술어는 '어찌하다', '어떠하다', '무엇이다'의 형태로 실현됩니다. 예를 들어, '토끼가 들판에서 풀을 뜯는다.'라는 문장에서 주성분 중 주어와 서술어를 찾으면 (,   )인데, 이때 서술어는 (   )의 형태로 실현되었다고 분석할 수 있습니다.

09

다음 문장에서 주성분을 모두 찾고 각 주성분의 문법적 기능을 서술하시오.

보기
• 주인공의 역할이 돋보였다.

주성분	
문법적 기능	

10

다음 문장의 문장 성분을 분석한 뒤 몇 자리 서술어인지 쓰시오.

보기
• 나는 어제의 나에게 인사를 건넸다.

문장 성분 분석	
서술어의 자릿수	( ) 서술어

02 주성분 2, 부속성분, 독립성분

01

〈보기〉의 밑줄 친 사례로 적절한 것은?

> **보기**
>
> 문장 성분에는 문장을 형성하는 데 필요한 주성분과 주성분을 꾸며주는 **부속 성분**, 문장 내에서 다른 성분과 직접적 관계를 맺지 않는 독립 성분이 있다.

① 차례로 줄을 서세요.
② 그는 커서 <u>의사가</u> 되었다.
③ 얘들아, 하늘을 한번 봐봐.
④ 시간이 흐르자 <u>모두가</u> 잊혀졌다.
⑤ <u>학교에서</u> 성적표를 집으로 보냈다.

02

다음 ㉠~㉢에서 밑줄 친 부분의 문장 성분을 바르게 나열한 것은?

> ㉠ 나는 **동물을** 사랑한다.
> ㉡ **와**, 하늘이 정말 맑구나.
> ㉢ 아이들이 **복도에서** 떠든다.

① 주어, 목적어, 보어
② 보어, 목적어, 부사어
③ 목적어, 보어, 독립어
④ 목적어, 부사어, 독립어
⑤ 목적어, 독립어, 부사어

03

다음 문장 성분을 분석한 내용으로 적절하지 <u>않은</u> 것은?

①	<u>나는</u>	<u>선물을</u>	<u>받았다.</u>
	주어	목적어	서술어
②	<u>이것은</u>	<u>평가가</u>	<u>아니다.</u>
	주어	보어	서술어
③	<u>경찰이</u>	<u>수사를</u>	<u>시작했다.</u>
	주어	목적어	서술어
④	<u>학교에서</u>	<u>통신문을</u>	<u>보냈다.</u>
	주어	목적어	서술어
⑤	<u>고양이에게</u>	<u>밥을</u>	<u>먹였다.</u>
	주어	목적어	서술어

04

다음 문장 성분을 분석한 내용으로 적절한 것은?

> 영수야, 네가 좋은 직장에 취직했구나!

	주성분	부속성분	독립성분
①	네가	좋은, 취직했구나	영수야
②	영수야, 네가	직장에, 취직했구나	좋은
③	네가, 취직했구나	좋은	직장에, 영수야
④	네가, 취직했구나	좋은, 직장에	영수야
⑤	영수야, 네가, 취직했구나	직장에	좋은

05

문장 성분을 분석한 내용이 적절하지 않은 것은?

①	토끼는 귀가 귀엽다
	⇒ '귀가'는 보어이다.
②	너를 닮은 사람을 좋아한다.
	⇒ '사람을'이 목적어이다.
③	나는 밥을 그는 빵을 먹었다.
	⇒ '먹었고(서술어)'가 생략되었다.
④	학교에서 5층의 미술실이 제일 덥다.
	⇒ '학교에서'와 '제일'이 부사어이다.
⑤	너를 만난 어제가 제일 행복한 날이다.
	⇒ '어제가'가 문장 전체의 주어이다.

0₆

〈보기〉의 ㉠의 예시로 적절하지 않은 것은?

보기
부사어는 부속성분이지만 부사어 중에는 서술어가 반드시 필요로 하는 것들이 있다. 이런 부사어를 ㉠'**필수적 부사어**'라고 한다.

① 나는 <u>엄마와</u> 닮았다.
② 얼음은 <u>물과</u> 다르다.
③ 그녀는 성실을 <u>신조로</u> 삼았다.
④ 순희가 <u>할머니께</u> 인사를 드렸다.
⑤ 아이들이 <u>운동장에서</u> 농구를 한다.

07

다음 중 문장 성분의 배열이 <u>다른</u> 하나는?

① 나는 아빠와 놀았다.
② 그들은 우리와 다르다.
③ 그는 이곳에서 떠났다.
④ 그녀는 천재가 아니다.
⑤ 사람들이 남쪽으로 도망갔다.

08

밑줄 친 부분의 문장 성분을 분석하고 문법적 기능을 서술하시오.

• 오늘의 매출이 <u>10만 원이</u> 안 된다.	
문장 성분	
문법적 기능	

09

〈보기〉의 빈칸에 들어갈 관형어를 찾고, 각각의 실현 방법을 서술하시오.

보기
관형어는 문장을 이루는 데 반드시 필요한 성분은 아니다. 그러나 주성분을 꾸며주는 관형어가 있으면 문장의 내용이 풍부해진다. 관형어를 실현하는 방법은 여러 가지가 있다. • 올해의 첫 수확이 시작되었다. • 넓은 들판이 벼의 물결로 출렁인다. 에서 관형어는 (   ) 인데 이들의 실현 방법은 다음과 같다.

관형어	
실현 방법	

10

〈보기1〉 ㉠~㉢의 밑줄 친 어휘의 문법적 기능이 다르다고 할 때 〈보기2〉를 참고하여 각각의 문장 성분과 그 기능을 서술하시오.

보기1
설마 ㉠**시험이** 어려울까? ㉡**시험** 정보를 들었다. ㉢**글쎄**, 내 생각은 조금 다른데.

보기2
문장 성분에는 문장에서 필수적 역할을 하는 주성분과 주성분을 꾸며주는 부속 성분, 문장 내에서 다른 성분과 직접적 관계를 맺지 않는 독립 성분이 있다.

	문장 성분	문법적 기능
㉠		
㉡		
㉢		

03 문장의 짜임 1, 2

01

〈보기〉와 문장의 짜임이 동일한 것은?

보기
기운이 좀 나면 공부를 해보자.

① 순희는 주먹을 내고 철수는 가위를 냈다.
② 새해가 되면 세계 여행을 갈 수 있을까요?
③ 여름에는 과일이 좋고 겨울에는 찐빵이 좋다.
④ 어제는 기분이 좋았지만, 오늘은 기분이 별로다.
⑤ 사람은 옛사람이 좋고 물건은 새 물건이 좋다.

02

다음 문장 중에서 종류가 다른 하나는?

① 밖은 덥지만 안은 시원하다.
② 날씨가 더워서 휴가를 갔다.
③ 토끼는 춤추고 여우는 노래한다.
④ 영화가 끝나자 사람들이 일어났다.
⑤ 나는 정류장에서 영희를 기다렸다.

03

다음 중 이어진문장이 아닌 것은?

㉠ 낮이 점점 길어지고 있다. ㉡ 내가 운동하면 너도 할래? ㉢ 내가 공부를 하는데 벨이 울렸다. ㉣ 날씨가 추워지니 건강을 조심하자. ㉤ 아무리 힘들어도 할 일을 해야 한다.

① ㉠   ② ㉡   ③ ㉢
④ ㉣   ⑤ ㉤

04

〈보기〉의 문장을 ㉠과 ㉡으로 나눌 때 적절한 것은?

보기
문장에서 주어와 서술어의 관계를 분석하면 ㉠주어와 서술어를 한 번만 사용한 경우도 있고 ㉡두 번 이상 사용한 경우도 있다.
ⓐ 꽃잎이 바람에 흩날린다. ⓑ 아침을 못 먹고 학교에 갔다. ⓒ 날씨가 선선해서 기분이 좋다. ⓓ 우리는 운동장에서 체육대회를 하였다.

	㉠	㉡
①	ⓐ	ⓑ, ⓒ, ⓓ
②	ⓐ, ⓑ	ⓒ, ⓓ
③	ⓐ, ⓒ	ⓑ, ⓓ
④	ⓐ, ⓓ	ⓑ, ⓒ
⑤	ⓓ	ⓐ, ⓑ, ⓒ

05

〈보기〉의 조건을 모두 만족하는 문장으로 적절한 것은?

보기
• 서술어가 두 개 이상 사용된 문장 • 주어와 서술어로 이루어진 절의 앞 절과 뒤 절의 순서를 바꾸어도 의미 변화가 없는 문장

① 까마귀 날자 배 떨어진다.
② 사람은 둘이고 빵은 하나다.
③ 신제품을 보려고 매장에 갔다.
④ 우리 집은 학교에서 매우 가깝다.
⑤ 철수는 친구를 만나러 시내에 갔다.

06

〈보기〉의 조건을 모두 만족하는 문장으로 적절한 것은?

보기
• 둘 이상의 홑문장을 이용하여 겹문장을 만들 것 • 앞의 문장이 뒤의 문장의 조건이 되도록 만들 것

① 우리는 숙제를 하려고 도서관에 갔다.
② 수지는 간식을 먹어서 저녁을 굶었다.
③ 동생은 형과 달리 성적이 매우 뛰어나다.
④ 내일 비가 온다면 제주도 여행은 취소된다.
⑤ 할머니께서 한 손으로 장바구니를 들고 계신다.

07

〈보기〉의 문장을 분석한 내용으로 적절하지 <u>않은</u> 것은?

보기
문장과 문장이 이어질 때에는 이어지는 방법이 어떠한가에 따라 대등하게 이어진 문장과 종속적으로 이어진 문장으로 나뉜다. 대등하게 이어진 문장은 앞 절이 뒤 절에 대해 나열, 대조 등의 의미를 지니며, 종속적으로 이어진 문장은 앞 절이 뒤 절에 대해 원인, 조건, 의도, 양보 등의 의미를 지닌다. ㉠ 아무리 비가 와도 우리는 출발한다. ㉡ 형도 서울로 떠났고 누나도 떠났다. ㉢ 네가 오지 않으면 모임이 재미가 없다. ㉣ 나는 책을 빌리려고 아침 일찍 도서관에 갔다. ㉤ 숙제를 다 하지 못해서 오늘 벌청소를 했다.

① ㉠ : 대조의 관계로 대등하게 이어진 문장
② ㉡ : 나열의 관계로 대등하게 이어진 문장
③ ㉢ : 조건의 관계로 종속적으로 이어진 문장
④ ㉣ : 의도의 관계로 종속적으로 이어진 문장
⑤ ㉤ : 원인의 관계로 종속적으로 이어진 문장

08

〈보기〉의 빈 칸에 들어갈 적절한 내용을 서술하시오.

보기
학생1 : 한 문장 안에서 주어와 서술어의 관계가 두 번 이상 나타나는 문장을 겹문장이라고 할 때 '나는 차가운 음료를 좋아한다.'라는 문장은 '나는'과 '좋아한다'가 주어와 서술어로 한 번만 나타나는 것 같은데 왜 겹문장이라고 할까? **학생2** : 그건 문장 성분인 절이 있어서 그래. '나는 차가운 음료를 좋아한다'에서는 (   )라는 문장이 하나의 문장 성분으로 (   )절이 되고, 이때 (   ) 라는 말이 안긴문장과 안은문장에서 중복이 되어서 생략되었어.

09

다음 두 개의 홑문장을 하나의 이어진문장으로 만들고 앞 절과 뒤 절의 의미 관계를 서술하시오.

• 햇빛을 받다. • 바닷물이 반짝반짝 빛난다.

홑문장⇒ 겹문장

앞 절과 뒤 절의 의미 관계

10

〈보기〉를 참고하여 다음 문장의 앞 절과 뒤 절의 의미 관계를 분석한 뒤 세 문장에서 의미의 차이를 드러내는 요소를 서술하시오.

보기
앞의 절과 뒤의 절이 이어질 때 대등하게 이어지기도 하고 종속적으로 이어지기도 한다. 종속적으로 이어지는 경우 앞의 절과 뒤의 절은 '조건, 의도, 양보, 원인' 등 다양한 의미 관계를 형성한다.
㉠ 시험은 어렵고 힘들다. ㉡ 시험이 어려워서 대비가 힘들다. ㉢ 시험이 어렵더라도 대비를 해야 한다.

문장	앞 절과 뒤 절의 의미 관계
㉠	
㉡	
㉢	

⇓

의미 차이를 드러내는 요소

01

안은문장에 대한 설명으로 적절하지 <u>않은</u> 것은?

① 안은문장은 주어와 서술어가 두 번 이상 나타난다.

② 인용절은 조사와 문장 부호에 따라 두 종류로 나뉜다.

③ 부사절은 안긴문장의 서술어가 부사어로 파생되어 안긴 절이다.

④ 관형절은 서술어가 체언을 수식하도록 변형되어 안긴 절이다.

⑤ 문장 안에 다른 문장이 성분으로 들어갈 때 중복되는 단어를 쓴다.

02

〈보기〉의 ㉠~㉢에 해당하는 문장으로 적절한 것은?

보기
㉠ 민수는 팔을 움직였다.
㉡ 나는 그가 진정한 승자임을 깨달았다.
㉢ 우리는 선생님의 도움 없이 과제를 해결했다.

① 홑문장, 명사절을 안은 문장, 관형절을 안은 문장

② 홑문장, 관형절을 안은 문장, 명사절을 안은 문장

③ 홑문장, 명사절을 안은 문장, 부사절을 안은 문장

④ 이어진문장, 명사절을 안은 문장, 부사절을 안은 문장

⑤ 이어진문장, 관형절을 안은 문장, 관형절을 안은 문장

03

〈보기〉의 ㉠~㉢에 대한 설명으로 적절한 것은?

보기
㉠ 헌법에는 함축적인 문장 표현이 많다.
㉡ 학생들은 밤이 새도록 공부를 하였다.
㉢ 친구가 탐구 과제를 함께 하자고 했다.

① ㉠은 ㉡과 달리 이어진문장이다.

② ㉠에는 ㉡과 달리 서술절이 안겨 있다.

③ ㉡에는 ㉢과 달리 명사절이 안겨 있다.

④ ㉢에는 ㉡과 달리 인용절이 안겨 있다.

⑤ ㉡과 ㉢에는 각각 관형절이 안겨 있다.

04

다음 문장에 대한 설명으로 적절하지 <u>않은</u> 것은?

① 언니는 키가 크고 나는 키가 작다.
   ⇒ 이어진문장과 안긴문장이 모두 존재한다.

② 우리 아버지가 군대에서 승진을 하셨다.
   ⇒ 주어와 서술어가 한 번 나타나는 홑문장이다.

③ 건강한 식습관을 형성하기가 쉽지 않다.
   ⇒ 관형절과 명사절이 모두 존재하며 안긴문장의 주어가 생략되어 있다.

④ 그는 민영이가 유기견을 입양했다고 말했다.
   ⇒ 안긴문장의 표지가 없는 인용절이 있다.

⑤ 나는 매일 저녁마다 땀이 나도록 운동을 했다.
   ⇒ 두 개의 부사어와 한 개의 부사절이 연속해서 서술되어 있다.

05

〈보기〉에 대한 설명 중 적절하지 <u>않은</u> 것은?

보기
오늘은 바다에 가기에 매우 좋은 날씨이다.

① 관형어를 수식하는 부사어가 있다.

② 안긴 문장에 주어가 생략되어 있다.

③ 두 개의 안긴 문장이 포함되어 있다.

④ 문장이 결합하면서 중복된 성분이 생략되어 있다.

⑤ 서술어의 활용형에 '-기'가 붙어 부사절 기능을 하고 있다.

06

〈보기〉 ㉠~㉤의 예시로 적절하지 <u>않은</u> 것은?

보기
다른 문장을 절의 형식으로 안고 있는 문장을 '안은문장'이라고 하며, 이 때 다른 문장 속에 절의 형식으로 안겨 있는 문장을 '안긴문장'이라고 한다. 안은문장의 종류에는 안긴문장이 문장 속에서 어떤 역할을 하느냐에 따라 ㉠**명사절을 안은 문장**, ㉡**관형절을 안은 문장**, ㉢**부사절을 안은 문장**, ㉣**서술절을 안은 문장**, ㉤**인용절을 안은 문장**이 있다.

① ㉠: 마음이 따뜻한 사람이 좋다.

② ㉡: 대학에 합격하는 사람이 부럽다.

③ ㉢: 얼음이 머리가 시리도록 차가웠다.

④ ㉣: 올해의 협상은 분위기가 좋았다.

⑤ ㉤: 그는 치료제를 반드시 개발하겠다고 했다.

07

㉠~㉣의 문장 성분과 문장 구조에 대한 설명으로 적절하지 <u>않은</u> 것은?

보기
㉠ 그가 산 보석은 가격이 매우 비쌌다.
㉡ 내가 어제 치렀던 시험은 정말 어려웠다.
㉢ 그녀는 추운 겨울이 지나가기를 기다렸다.
㉣ 배가 고팠던 동생은 엄마가 모르게 간식을 먹었다.

① ㉠과 ㉣에는 두 개의 안긴문장이 있다.

② ㉠과 ㉡은 목적어가 생략된 안긴문장이 있다.

③ ㉢, ㉣은 주어가 생략된 안긴문장이 있다.

④ ㉡, ㉢에는 체언을 수식하는 안긴문장이 있다.

⑤ ㉠은 명사절 속에 부사절이 있고 ㉢은 명사절 속에 관형절이 있다.

08

〈보기〉의 겹문장을 두 개의 홑문장으로 분석하시오.

보기
그녀는 진심으로 그 사람이 행복하기를 기원했다.

09

〈보기〉의 문장 중 직접 인용문은 간접 인용문으로, 간접 인용문은 직접 인용문으로 바꾸시오.

보기
• 그는 결과에 이의가 있다고 말했다.
• 영희는 "제가 청소를 하겠습니다."라고 말했다.

10

〈보기〉의 세 문장을 〈조건1〉과 〈조건2〉에 맞게 각각 하나의 문장으로 만드시오.

보기
• 그 영화는 만들었다.
• 관객이 긴장하다.
• 손에 땀이 나다.

조건1
• 부사절을 반드시 포함할 것
• 부사절이 이어진문장이 되게 할 것

조건2
• 부사절을 반드시 포함할 것
• 부사절 안에 부사절이 하나 더 포함되게 할 것

조건1	
조건2	

05 모의고사

01

밑줄 친 말의 문장 성분을 분석한 내용이 적절하지 <u>않은</u> 것은?

① 봄방학은 <u>정말</u> 짧다.(부사어)

② <u>아!</u> 드디어 시험이 끝났다.(독립어)

③ <u>우와</u>, 우리나라가 금메달이다!(독립어)

④ 천재는 <u>노력으로</u> 만들어진다.(부사어)

⑤ 지금까지 <u>온갖</u> 고생을 다했다.(부사어)

02

다음 중 문장 성분의 배열이 <u>다른</u> 하나는?

① 그는 이곳에서 떠났다.

② 심부름을 거의 끝냈다.

③ 잎사귀가 바람에 진다.

④ 하늘이 무섭게 흐려진다.

⑤ 자동차가 빠르게 달려간다.

03

〈보기〉에서 선생님의 질문에 대한 답으로 적절한 것은?

보기
선생님: 지금까지 부사어를 탐구해 보았습니다. 탐구 내용을 바탕으로 〈보기1〉의 문장을 〈보기2〉와 같이 분류를 하였다면 그 기준이 뭘까요?

보기1
가. 나는 삼촌과 닮지 않았다. 나. 철수는 정말로 멋지게 자랐다. 다. 영수는 피자를 정말 좋아한다. 라. 영희는 부모님께 선물을 드렸다.

보기2	
A	B
삼촌과, 부모님께	정말로, 멋지게, 정말

① 부사어의 실현 방법의 차이에 따른 분류

② 문장 전체를 꾸미는지 부분을 꾸미는지에 따른 분류

③ 서술어가 필수적으로 요구하는 부사어인지에 따른 분류

④ 문장에서 다른 성분과 자리를 바꿀 수 있느냐에 따른 분류

⑤ 조사나 어미의 결합없이 부사가 부사어로 실현되었느냐에 따른 분류

04

〈보기〉를 바탕으로 문장 성분을 탐구할 때 ㄱ~ㄹ 중 ⓐ, ⓑ와 동일한 방식으로 실현된 것은?

> **보기**
>
> 부속 성분 중 체언을 꾸며 주는 것을 관형어라고 하는데 관형어는 다음과 같은 방법으로 실현된다.
>
> ㄱ 관형사: **새** 옷이 좋다.
>
> ㄴ 체언: **우리** 학교가 최고다.
>
> ㄷ 체언+ 조사: **그의** 그림이 인정을 받았다.
>
> ㄹ 용언의 어간+ 관형사형 어미: **구르는** 돌은 이끼가 끼지 않는다.
>
> > • 한국의 ⓐ**문학** 작품들은 정과 한의 정서를 담고 있다.
> > • 문학 작품의 해학성은 ⓑ**고된** 삶을 극복하는 원동력이 된다.

① ㄱ, ㄴ   ② ㄱ, ㄷ   ③ ㄴ, ㄷ

④ ㄴ, ㄹ   ⑤ ㄷ, ㄹ

05

〈보기〉를 참고하여 ㄱ~ㅁ을 분석할 때 적절한 것은?

> **보기**
>
> 문장 성분에는 문장을 형성하는 데 필요한 주성분으로 주어, 목적어, 보어, 서술어가 있고, 주성분을 꾸며주는 부속 성분으로 관형어와 부사어가 있다. 문장 내에서 다른 성분과 직접적 관계를 맺지 않는 독립 성분에는 독립어가 있다.
>
> > ㄱ 삼촌은 그를 양자로 삼았다.
> > ㄴ 인공위성이 궤도에서 이탈하였다.
> > ㄷ 어머나, 비가 오는데 우산이 없네.
> > ㄹ 나는 어제 할머니의 선물을 준비했다.
> > ㅁ 틀림없이 이번 시험에서 내가 일등이다.

① ㄱ의 주성분 개수는 4개이다.

② ㄴ에는 주성분, 부속 성분, 독립성분이 모두 있다.

③ ㄷ의 독립 성분 개수가 ㄱ~ㅁ 중에서 가장 적다.

④ ㄹ에는 종류가 다른 부속 성분이 있다.

⑤ ㅁ의 부속 성분 개수가 ㄱ~ㅁ 중에서 가장 적다.

06

다음 중 부속 성분이 <u>없는</u> 문장은?

① 그녀는 머리가 하얗다.

② 복숭아가 정말로 맛있다.

③ 오늘 할 일을 전부 끝냈다.

④ 국어 문법은 진짜 쉽지 않다.

⑤ 용감한 기사가 사위가 되었다.

07

〈보기〉의 밑줄 친 ㉠의 사례에 해당하는 것은?

> **보기**
>
> 동일한 단어일지라도 문장 안에서 어떠한 조사가 붙어서 사용되는지에 따라 ㉠**문장 성분이 달라지는 경우**가 있다. 예를 들어, '**학교에서** 성적표를 보냈다.'의 '학교에서'는 주어가 되지만, '아이들이 **학교에서** 뛰논다.'의 '학교에서'는 부사어가 된다.

① 영수가 숙제를 끝냈다.
　영수마저 숙제를 끝냈다.
② 우리는 시험을 싫어한다.
　우리가 시험을 싫어한다.
③ 나는 엄마를 많이 닮았다.
　나는 엄마와 많이 닮았다.
④ 여름에 사람들이 바다에 간다.
　여름에 사람들이 바다로 간다.
⑤ 정부가 감염병 대비책을 마련했다.
　정부에서 감염병 대비책을 마련했다.

08

〈보기〉의 ㉠의 예시로 가장 적절한 것은?

> **보기**
>
> 관형어나 부사어처럼 주성분을 수식하는 것을 부속 성분이라고 하는데 이들은 문장의 뼈대가 되는 주성분과 달리 생략이 가능하다. 하지만 부사어 중에는 서술어가 반드시 필요로 하는 것들이 있다. 이런 부사어를 ㉠**'필수적 부사어'**라고 한다.

① 내 꿈은 의사가 되는 것이다.
② 아름다운 이름은 길이 남는다.
③ 그는 낯선 사람도 친구로 여겼다.
④ 어제 도서관에서 선생님을 만났다.
⑤ 학교에서 집으로 가는 길은 즐겁다.

09

문장 성분을 분석한 내용이 적절하지 <u>않은</u> 것은?

① 풍선이 멀리 날아가고 있다.
　⇒ '멀리'는 부사로 실현된 부사어이다.
② 바람처럼 빠르게 너에게 달려갈게.
　⇒ '내가'라는 주어가 생략된 문장이다.
③ 여러분, 수업을 시작할까요?
　⇒ '여러분'은 동작의 주체가 되는 주어이다.
④ 중3의 시간은 천천히 흘러갔다.
　⇒ '중3의'와 '천천히'는 모두 부속성분이다.
⑤ 영수가 우리의 회장이다.
　⇒ '회장이다'는 '무엇이다'로 실현된 서술어이다.

10

〈보기〉의 ㉠~㈆에 대한 설명으로 적절하지 <u>않은</u> 것은?

> **보기**
>
> • ㉠**올해의** ㉡**첫** 수확이 시작되었다.
> • 컵의 물이 ㉢**모두** 쏟아지자 친구들이 ㉣**깜짝** 놀랐다.
> • 그녀가 문을 ㉤**세게** 닫고 가버리자 우리는 아무 말도 하지 못한 ㉥**채로** ㈆**그** 자리를 떠나지 못했다.

① ㉠과, ㉡은 모두 다른 말을 꾸미는 문법적 기능을 한다.
② ㉢과 ㉣은 모두 부사가 부사어로 쓰인 경우이다.
③ ㉢과 ㉤은 생략해도 문장의 의미 전달에는 문제가 없다.
④ ㉥은 부사에 한 개의 보조사가 결합하여 부사어로 쓰인 경우이다.
⑤ ㈆은 ㉡과 같은 방식으로 실현된 부속성분이다.

11

⊙~② 중 동일한 문장 종류끼리 묶은 것은?

보기
⊙ 겨울에도 온실에 꽃이 활짝 피었다.
ⓛ 부엌에서 아버지께서 요리를 하신다.
© 사람은 서울로 가고 말은 제주로 간다.
② 땀이 비 오듯 쏟아지고 머리마저 아프다.

① ⊙ / ⓛ, ©, ②   ② ⊙, ⓛ / ©, ②

③ ⊙, ⓛ, © / ②   ④ ⊙, © / ⓛ, ②

⑤ ⊙, ② / ⓛ, ©

12

〈보기〉의 ⊙~⑩에 대한 설명으로 적절한 것은?

보기
⊙ 내 동생은 조심성이 없다.
ⓛ 영희는 심성이 정말 곱구나.
© 영어 원서를 읽기는 정말 힘들어.
② 민수가 빵을 좋아한다는 사실을 오늘 알았어.
⑩ 건강이 좋아진 철수는 공부를 열심히 했다.

① ⊙과 ⓛ에서는 동일한 안긴문장이 사용되었다.

② ⓛ과 ©은 동일한 형태의 어미를 사용하여 안긴문장을 만들었다.

③ ⓛ과 ②에서는 관형절이 문장의 주어를 수식하고 있다.

④ ©과 ⑩에서는 '주어+서술어' 형식이 문장 전체의 주어이다.

⑤ ②과 ⑩에서는 '주어+서술어' 구성이 전체 문장의 목적어이다.

13

〈보기〉를 바탕으로 탐구한 내용으로 적절하지 <u>않은</u> 것은?

보기
겹문장에는 둘 이상의 문장이 대등하거나 종속적으로 ⊙**이어진문장**이 있다.
◇ **대등하게 이어진 문장** (명희는 사과를 좋아한다. 명희는 배를 싫어한다.) ㄱ. 명희는 사과를 좋아하지만, 배는 싫어한다. ㄴ. 명희는 배를 싫어하지만, 사과는 좋아한다. ㄷ. *배는 명희는 사과는 좋아하지만, 싫어한다.
◇ **종속적으로 이어진 문장** (산이 높다. 길이 험하다.) ㄹ. 산이 높아서 길이 험하다. ㅁ. 길이 험해서 산이 높다. ㅂ. 길이 산이 높아서 험하다. <div align="right">*는 비문법적인 문장임을 뜻함.</div>

① ⊙에서 중복된 성분은 생략이 가능하다.

② ⊙의 앞 절과 뒤 절이 이어지면 특정한 의미 관계를 형성한다.

③ ⊙은 앞 절과 뒤 절의 순서를 바꾸어도 동일한 의미를 나타낼 수 있다.

④ ⊙에서 앞 절과 뒤 절의 주어는 같은 경우도 있고, 다른 경우도 있다.

⑤ ⊙의 앞 절과 뒤 절이 대등하게 이어지면 앞 절이 뒤 절의 안으로 들어갈 수 없다.

14

⊙~②의 문장 성분과 문장 구조에 대한 설명으로 적절한 것은?

보기
⊙ 가을은 책을 읽기에 좋은 계절이다.
ⓒ 그가 이번 사건의 범인임이 밝혀졌다.
ⓒ 나는 부모님이 시키신 일을 모두 끝냈다.
② 순희는 대학에 빨리 합격하기를 기대하고 있다.

① ⊙과 ⓒ의 안긴문장에는 관형어를 수식하는 관형어가 있다.

② ⓒ과 ⓒ은 동일한 어미를 사용하여 안긴문장을 만들었다.

③ ⓒ과 ②의 안긴문장에는 생략된 문장 성분이 있다.

④ ⓒ과 ②의 안긴문장 안에는 서술어를 수식하는 부사어가 있다.

⑤ ⊙과 ②에 포함된 안긴문장은 종류가 동일하다.

15

〈보기〉의 ⊙에 해당하는 예로 적절한 것은?

보기
'주어+서술어'의 구성이 다른 문장의 관형어로 쓰이면 관형절이라고 한다. 관형절이 만들어질 때 다른 문장에서 중복되는 말이 있을 때 '주어+서술어' 구성인 문장의 성분이 생략된다. 이때 생략된 성분은 원래 문장에서 주어, 목적어, 부사어로 쓰인다.
예를 들어, '빵을 좋아하던 순희가 이제는 빵을 먹지 않는다.'에서 관형절은 '빵을 좋아하던'인데 이것은 원래 '순희가 빵을 좋아하다.'이다. 관형절이 되면서 ⊙**원래 문장의 주어**였던 '순희가'를 생략하였다.

① 그 사람이 만든 요리는 맛이 있다.

② 영희가 다녔던 학교는 서울에 있다.

③ 그가 했던 말이 기억에 오래 남았다

④ 이 옷을 만든 천은 친구가 보내주었다.

⑤ 대회에서 우승한 순희는 눈물을 흘렸다.

16

〈보기〉를 참고할 때 문장 표현이 적절하지 <u>않은</u> 것은?

보기
-라고[01]
(받침 없는 말 뒤에 붙어) 앞말이 직접 인용되는 말임을 나타내는 격조사. 원래 말해진 그대로 인용됨을 나타낸다.
예 주인이 "많이 드세요."라고 권한다.
-다고[04]
(형용사 어간 또는 어미 '-으시-', '-었-', '-겠-' 뒤에 붙어) 간접 인용절에 쓰여, 어미 '-다'에 인용을 나타내는 격 조사 '고'가 결합한 말.
예 동생이 자기도 같이 가겠다고 말한다.

① 반장이 회의를 시작하겠다고 말했다.

② 그녀는 내가 직접 하겠다고 말했다.

③ 언니는 자기가 심부름을 하겠다고 말했다.

④ 졸업생들이 "나는 이제 이곳을 떠난다."라고 말했다.

⑤ 아버지께서 "나에게도 젊은 시절이 있었다."라고 말씀하셨다.

17

〈보기〉의 설명과 관련이 <u>없는</u> 것은?

보기
앞의 절과 뒤의 절의 의미가 독립적이지 못하고 종속적인 문장을 종속적으로 이어진 문장이라고 한다.
• 비가 와서 땅이 젖었다.(원인)
• 날씨가 추워도 학교에 오너라.(양보)
• 자연이 파괴되면 인간도 파괴된다.(조건)

① 숙제를 하느라 밥을 굶었다.

② 내 곳간이 차야 인심이 난다.

③ 개똥밭에 굴러도 이승이 낫다.

④ 마감 시간이 다 되어서 문을 닫는다.

⑤ 낮말은 새가 듣고 밤말은 쥐가 듣는다.

18

〈보기〉는 문장의 종류에 대한 자료이다. ㉠에 들어갈 내용으로 적절하지 <u>않은</u> 것은?

보기
[문장의 종류] • **홑문장:** 주어와 서술어가 한 번만 나타나는 문장 　　예 바다가 파랗다. • **겹문장:**　주어와 서술어가 두 번 이상 나타나는 문장 　**이어진문장:** 둘 이상의 홑문장이 대등하거나 종속적으로 이어지는 문장 　　　예 겨울이 오면 날씨가 춥다.(종속적으로 이어진 문장) 　**안은문장:** 하나의 문장이 다른 문장의 문장 성분으로 쓰일 때 안긴문장으로 명사절, 관형절, 부사절, 서술절, 인용절이 있음 　　　예 (　　　　㉠　　　　)

① 사람이 제일 중요한 시대가 온다.
② 가을 하늘에 별들이 가득 있습니다.
③ 예쁜 사람보다는 좋은 사람이 되어라.
④ 그가 미술에 소질이 있음이 증명되었다.
⑤ 우리 집 마당에 기척도 없이 꽃이 피었다.

19

〈보기〉를 분석한 내용을 적절한 것은?

보기
㉠ 물이 얼음이 되었다. ㉡ 우리는 누구의 도움도 없이 이 일을 끝냈다.

① ㉠와 ㉡는 모두 홑문장이다.
② ㉠는 홑문장이고, ㉡는 명사절을 안은 문장이다.
③ ㉠는 서술절을 안은 문장이고, ㉡는 명사절을 안은 문장이다.
④ ㉠의 '되었다'와 ㉡의 '끝냈다'는 모두 두 자리 서술어이다.
⑤ ㉠에는 주어가 두 개 들어 있지만, ㉡에는 주어가 한 개 들어 있다.

20

〈보기〉의 ㉠과 안긴문장의 종류가 동일한 사례로 적절한 것은?

보기
• 철수는 ㉠**땀이 나도록** 운동장을 뛰어다녔다. 　이 문장은 '철수가 운동장을 뛰어다녔다'와 '땀이 나다'가 결합하여 하나의 문장이 된 것인데, 이때 '땀이 나다'는 '어떻게'의 의미를 더해 주면서 전체 문장의 서술어인 '뛰어다녔다'를 수식하는 역할을 한다.

① 이 일을 <u>끝내기가</u> 쉽지 않다.
② 나는 <u>그가 도착하기</u>를 기다렸다.
③ 그는 <u>아무도 모르게</u> 기부를 하였다.
④ 그는 한번도 <u>약속을 어긴</u> 적이 없다.
⑤ 영희는 <u>최선을 다하겠다고</u> 다짐했다.

어휘 및 담화 04

01 국어 어휘의 체계

01

〈보기〉는 국어사전의 일부이다. 국어사전을 통해 찾은 어휘의 체계에 대한 설명으로 적절하지 <u>않은</u> 것은?

보기
돌-멩이 「명사」 돌덩이보다 작은 돌. 늑괴석. ◂ 어린아이가 **돌멩이**에 걸려 넘어졌다. ◂ 봉숭아꽃을 **돌멩이**로 곱게 빻아 손톱에 물들였다. **양말(洋襪)** 「명사」 맨발에 신도록 실이나 섬유로 짠 것. ◂ **양말** 세 켤레. / ◂ **양말** 한 짝. **버스(bus)** 「명사」 많은 사람이 함께 타는 대형 자동차. ◂ 정원을 초과한 **버스**. / ◂ **버스**를 갈아타다.

① '돌멩이'는 우리말에 원래부터 있던 말로 고유어에 해당한다.

② '양말'은 한자를 바탕으로 만들어진 말로 한자어에 해당한다.

③ '버스'는 외국에서 들어온 말이지만 우리말처럼 사용하는 말로 외래어에 해당한다.

④ '양말'은 우리 민족의 정서와 감정을 드러내는 말에 해당한다.

⑤ '버스'는 순수한 우리말로 바꾸기가 어렵다.

02

〈보기〉의 설명에 해당하는 단어로 적절하지 <u>않은</u> 것은?

보기
우리말에 본디부터 있던 말이나 그것에 기초하여 새로 만들어진 말

① 둔치   ② 쉼터   ③ 구피(동물)

④ 강아지   ⑤ 민들레(식물)

03

〈보기〉의 사물들은 어떤 학생의 책상 위에 있는 것들이다. 이것을 어휘의 체계에 따라 분류할 때 적절한 것은?

보기
연필, 샤프, 지우개, 노트, 부채, 가위, 컴퓨터 * 부채: 손으로 흔들어 바람을 일으키는 물건. * 가위: 옷감, 종이, 머리털 따위를 자르는 기구.

	고유어	한자어	외래어
①	연필, 가위	부채	샤프, 컴퓨터
②	지우개, 가위	연필	노트, 컴퓨터
③	지우개, 부채	연필, 가위	샤프, 노트
④	연필, 가위	지우개, 부채	샤프, 컴퓨터
⑤	연필, 지우개	부채, 가위	샤프, 노트

04

〈보기〉는 동물이 뛰는 모습을 표현하는 고유어들이다. 이를 통해 알 수 있는 고유어의 특성으로 가장 적절한 것은?

보기
깡충깡충, 껑충껑충, 겅중겅중
팔짝팔짝, 펄쩍펄쩍, 폴짝

① 전문 분야를 표현하는 말들이 많다.

② 외국의 문화와 함께 들어온 말이다.

③ 상황을 생동감 있게 나타내는 어휘가 많다.

④ 한자어에 비해 좀 더 분화된 의미를 지닌다.

⑤ 원래는 한자어였으나 우리말로 순화된 것들이 많다.

05

〈보기〉를 통해 알 수 있는 우리말의 특징으로 적절하지 않은 것은?

보기			
우리말	벼	쌀	밥
영어	rice	rice	rice

① 우리 민족이 지닌 고유의 정서와 문화가 담겨 있다.

② 영어와 달리 추상적 개념을 나타내는 표현들이 많다.

③ 농경 사회였기 때문에 농사와 관련된 말들이 발달하였다.

④ 오랜 기간 우리 민족의 삶과 밀접한 관련을 맺으면서 발달해 왔다.

⑤ 우리 민족은 '쌀'이 주식이기 때문에 그와 관련된 말도 발달하였다.

[6-7] 다음 글을 읽고 물음에 답하시오.

얼마 전 ㉠**텔레비전** ㉡**프로그램**에서 위니 할로 (Winnie Harlow)라는 여성을 보았다. 위니는 4살 때부터 피부의 한 부분에 멜라닌 색소가 없어져 흰색 반점이 생기는 병인 백반증을 앓았다. 주위 사람들의 시선에 주눅이 들고 상처받을 수 있는 상황이었음에도 위니는 이 병을 ⓐ**약점**이라고 생각하지 않고 자신의 피부를 당당하게 드러내었다고 한다. 현재 그녀는 많은 ㉢**디자이너**의 관심을 받는 세계적인 ㉣**패션모델**로 활약하고 있다. 자신을 사랑해야 기회가 온다며 ⓑ**미소**를 짓던 위니 할로의 모습을 ㉤**패션쇼**에서 자주 보고 싶다.

06

㉠~㉤에 대한 설명으로 적절한 것을 〈보기〉에서 있는 대로 고른 것은?

보기
㉮ 고유어로 바꾸기가 어렵다.
㉯ 외국에서 들어온 말로 우리말처럼 사용된다.
㉰ 고유어보다 분화된 뜻을 지니고 있어 고유어를 보완하는 역할을 한다.

① ㉯   ② ㉮, ㉯   ③ ㉮, ㉰

④ ㉯, ㉰   ⑤ ㉮, ㉯, ㉰

07

ⓐ, ⓑ와 같은 어휘의 특성에 대한 설명으로 가장 적절한 것은?

① ⓐ는 다른 나라의 문화와 접촉에서 생겨난 말이다.

② ⓑ는 본래부터 우리말에 있던 말이다.

③ ⓐ는 ⓑ와 달리 우리 민족의 정서를 잘 드러내는 말이다.

④ ⓐ와 달리 ⓑ와 같은 어휘들에는 감각적인 표현이 많다.

⑤ ⓐ와 ⓑ는 모두 한자를 바탕으로 만들어진 말이다.

08

〈보기〉는 국어 사전의 일부이다. 이에 대한 설명으로 가장 적절한 것은?

보기
방학(放學) 「명사」 일정 기간 동안 수업을 쉬는 일. 또는 그 기간. ◂ 즐거운 **방학** / ◂ **방학**에 들어가다.

① 표제어 옆에 원어 정보가 없으므로 고유어이다.

② 발음에 관한 정보가 없는 것으로 보아 한자어가 아니다.

③ 표제어 옆 괄호에 한자가 표기되어 있으므로 한자어이다.

④ 표제어 옆에 품사가 무엇인지 표기되어 있으므로 고유어이다.

⑤ 표제어 옆 괄호에 한자가 표기되어 있지만 우리말로 굳어진 단어이므로 고유어이다.

09

다음 대화를 보고, 한자어와 외래어를 고유어로 다듬어 보려고 한다. 빈칸에 적절한 말을 쓰시오.

손님: 옷을 ㉠**구매하려고** 하는데요, 이 옷 입어 볼 수 있을까요? 95호 부탁드립니다. **판매원**: 네, ㉡**사이즈** 맞으세요?

㉠ : **구매하려고**　→ (　　　　　　　　　　)

㉡ : **사이즈**　→ (　　　　　　　　　　)

10

〈보기〉의 사물들을 어휘의 체계에 따라 분류했을 때 어디에 속하는지 쓰고, 그 특성을 한 가지만 쓰시오.

보기		

스케이트보드	헬리콥터	바이올린

어휘의 체계에 따른 분류	
특성	

02 국어 어휘의 양상

01

〈보기〉와 같이 지역 방언으로 현수막을 만들었을 때의 효과로 가장 적절한 것은?

① 친근한 느낌을 줄 수 있다.
② 공식적인 상황에 더 적합하다.
③ 의미를 명확하게 전달할 수 있다.
④ 다른 지역 사람들도 공감할 수 있다.
⑤ 어느 누구나 내용을 쉽게 알 수 있다.

02

〈보기〉에서 (가)와 (나)의 밑줄 친 말에 대한 설명으로 적절하지 <u>않은</u> 것은?

보기

(가) 이제 심리를 종결하겠습니다. 변호인, 최후 변론해 주세요.

(나) 카메라 감독님, 클로즈업 준비 해주세요. 숏 들어갑니다.

- 심리 : 재판의 기초가 되는 사실 관계 및 법률관계를 명확히 하기 위하여 법원이 증거나 방법 따위를 심사하는 행위.
- 변론 : 소송 당사자나 변호인이 법정에서 주장하거나 진술함. 또는 그런 주장이나 진술.
- 클로즈업 : 영화나 텔레비전에서, 등장하는 배경이나 인물의 일부를 화면에 크게 나타내는 일.
- 숏 : 영화 따위의 촬영을 시작하는 일.

① 업무의 효율성을 높여 준다.
② 뜻이 정밀하고 다의성이 적다.
③ 대부분 대응하는 일반 어휘가 없다.
④ 외부에 알려지면 새로운 말로 변경된다.
⑤ 전문 분야에서 특별한 뜻으로 쓰이는 말이다.

03

〈보기〉에 제시된 의미 관계로 짝지어진 것은?

보기
의미가 서로 반대되는 관계로 오직 한 개의 의미 요소만 다르고 나머지 의미 요소들은 모두 같아야 한다.

① 가끔-이따금   ② 막다-방어하다
③ 꽃-해바라기   ④ 문학-수필
⑤ 오르다-내리다

04

〈보기〉의 ㉠과 ㉡에 들어갈 알맞은 단어를 문장의 흐름에 맞게 순서대로 쓰시오.

보기
반의 관계에 있는 단어 중, 아래의 예처럼 하나의 단어에 여러 개의 단어가 대립하는 경우도 있다.

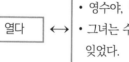
- 영수야, 방문을 (㉠) 다녀라.
- 그녀는 수도꼭지를 (㉡) 것을 깜빡 잊었다.

05

〈보기〉 단어들의 의미 관계에 대한 설명으로 적절하지 <u>않은</u> 것은?

보기
복식, 옷, 아래옷, 치마

① '복식'은 '옷'의 상의어이다.
② '아래옷'은 '옷'의 하의어이다.
③ '아래옷'은 '치마'의 상의어이다.
④ '복식'의 하의어는 여러 개가 있다.
⑤ '옷'과 '치마'는 오직 한 개의 의미 요소만 대립하는 관계이다.

06

〈보기〉의 (가)와 달리 (나)에서 지역 방언을 사용한 까닭을 간략히 서술하시오.

보기
(가) 방송 중 대화
진행자 : 오늘은 향토 음식 전문가 ○○○ 선생님을 모셨습니다. 안녕하세요?
전문가 : 안녕하세요? ○○○입니다. 첫방송이라서 무척 긴장됩니다.
(나) 방송 후 대화
전문가 : 너무 떨어 가꼬 폐만 끼친 거 아인가 모르겠네에.
진행자 : 어데에. 억수로 잘했심더. 같은 고향 분이 잘해 주시니, 제가 다 뿌듯하네에.

[7-10] 다음 글을 읽고 물음에 답하시오.

(가) (혜빈이와 오랜만에 만나 대화하는 상황)

혜빈 : 어머나, 이게 얼마 만이니?

수연 : 언니, 정말 오랜만이에요. 일 년 만인가……, 그렇죠?

종신 : 누나, 오랜만입니다. 일 년 만이네요.

(나) (엄마와 딸이 거실에서 대화하는 상황)

엄마 : 혜진아, 책상 위에 있는 문화 상품권은 뭐니?

딸 : 그거요? 오늘 학교에서 상으로 받은 ㉠<u>문상</u>이에요.

엄마 : 문상? 문상이 뭐야?

(다) (병실에서 이루어지는 대화 상황)

의사 : ㉡<u>오퍼러빌리티</u>(operability) 있어요.

환자 : 네?

간호사 : 수술 가능성이 있다고 하시네요.

07

(가)~(다)에 사용된 어휘의 특성으로 적절하지 <u>않은</u> 것은?

① 사회 집단의 특성을 반영하고 있다.

② 사회적 요인에 따라 다른 말이 사용되고 있다.

③ 다른 집단의 사람들에게 거리감을 줄 수도 있다.

④ 대부분 비공식적인 상황에서 사용되는 말들이다.

⑤ 상대방과의 의사소통에 문제가 발생할 수도 있다.

08

(가)에서 인물들이 사용하는 어휘의 차이를 만든 요인으로 가장 적절한 것은?

① 계층   ② 성별   ③ 집단

④ 세대   ⑤ 직업

09

(나)에 대한 설명으로 적절하지 <u>않은</u> 것은?

① 청소년들은 기성 세대와 달리 줄임말을 사용한다.

② 세대 간의 어휘의 차이를 이해하려는 노력이 필요하다.

③ 기성 세대와 청소년 세대 사이에 갈등을 유발할 수 있다.

④ 기성 세대는 청소년 세대와의 의사소통에 장애가 생길 수 있다.

⑤ 상대방이 이해할 수 있도록 전문 용어에 대한 해석을 덧붙여야 한다.

10

㉠과 ㉡에 대한 설명으로 가장 적절한 것은?

① ㉠은 '엄마'의 이해를 돕기 위해 사용한 말이다.

② ㉡은 의료진 사이에 이루어지는 전문 용어이다.

③ ㉠과 달리 ㉡은 상대방이 이해하기 쉬운 말이다.

④ ㉠은 ㉡과 달리 어느 대화에서나 사용하기 부적절한 말이다.

⑤ ㉠과 ㉡은 모두 표준어로 바꾸어 사용해야 한다.

03 담화의 개념과 특성

01

〈보기〉의 ㉠과 ㉡에 들어갈 단어를 순서대로 묶어놓은 것은?

> **보기**
>
> 화자와 청자가 주고받는 (㉠   )의 연속체를
> (㉡   )(이)라고 한다. (㉡   )의 특성을
> 이해하면 실제 언어생활에서 자신의 생각이나 느낌을
> 적절하게 표현할 수 있다.

① ㉠-문장, ㉡-발화   ② ㉠-발화, ㉡-담화
③ ㉠-담화, ㉡-문장   ④ ㉠-담화, ㉡-발화
⑤ ㉠-발화, ㉡-문장

[2-3] 다음 만화를 보고 물음에 답하시오.

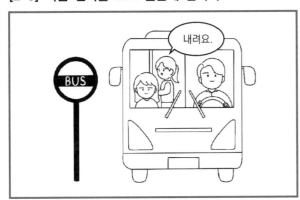

02

학생들이 수업 시간에 위 만화에서 "내려요."의 의미를 발표
하는 시간을 가졌다. 발표 내용으로 적절하지 <u>않은</u> 것은?

① 마음에 드는 사람에게 같이 내리자는 뜻으로 쓰인 것 같아
요.
② 버스의 다음 정차역이 어디인지를 우회적으로 묻는 뜻으로
쓰인 것 같아요.
③ 버스에서 내릴 때 근처에 있는 사람들에게, 내려야 하니까
비켜달라는 뜻으로 쓰인 것 같아요.
④ 버스에서 아직 내리지 못했는데 문이 닫혔을 때 기사님께 문
을 열어달라는 뜻으로 쓰인 것 같아요.
⑤ 버스에서 미처 내리지 못한 승객을 대신하여 기사님께 문을
열어 달라는 뜻으로 쓰인 것 같아요.

03

위 만화에서 "내려요."의 의미가 다양하게 해석되는 이유는
무엇이 다르기 때문인지 그 근거로 적절하지 <u>않은</u> 것은?

① 화자의 발화 의도
② 청자가 처한 상황
③ 청자가 사는 지역
④ 담화가 이루어지는 시간
⑤ 담화가 이루어지는 장소

[4-5] 다음 담화를 보고 물음에 답하시오.

> (토요일 오후 전시회장에서, 전시회에 참가한 예진이
> 는 자신이 미처 초대하지 못한 해담이가 찾아온 것을 보
> 고 놀라서, 해담이에게 어떻게 알고 왔냐고 물어보는 상
> 황)
>
> **예진:** ㉠어떻게 왔어?
>
> **해담:** 진호가 알려 줬어.

04

위 담화에 대한 설명으로 적절하지 <u>않은</u> 것은?

① 말하는 이는 예진이다.
② 듣는 이는 해담이다.
③ 담화가 이루어지는 시간은 토요일 오후이다.
④ 담화가 이루어지는 공간은 전시회장이다.
⑤ 담화에 참여하는 사람은 모두 3명이다.

05

위 담화에서 ㉠의 의미로 가장 적절한 것은?

① 왜 이렇게 늦게 왔어?
② 어떤 용건으로 왔어?
③ 어떻게 알고 왔어?
④ 무엇을 타고 왔어?
⑤ 누구와 함께 왔어?

06

〈보기〉의 문구가 사용될 수 있는 공간과 그 의미로 적절하지 않은 것은?

보기

① 도서관-책을 찢지 마세요.
② 급식실-새치기를 하지 마세요.
③ 시험장-부정행위를 하지 마세요.
④ 마을 공원-좌측통행을 하지 마세요.
⑤ 화장실-화장실을 깨끗하게 사용해주세요.

[7-8] 다음 만화를 보고 물음에 답하시오.

07

(가)와 (나)에 대한 설명으로 적절하지 않은 것은?
① (가)와 (나)의 담화가 이루어지는 시간은 다르다.
② (가)와 (나)의 담화가 이루어지는 공간은 동일하다.
③ (가)와 (나)의 화자는 청자의 행동에 대해 못마땅해 하고 있다.
④ (가)와 (나)의 청자는 화자가 생각하고 있는 시간을 넘어서고 있다.
⑤ (가)와 (나)의 화자가 행하는 발화의 목적과 의도는 모두 동일하다.

08

(나)의 담화에서 청자가 화자의 발화 의도를 정확하게 이해한 후 화자의 의도대로 행한다고 할 때, 청자가 화자에게 할 수 있는 말을 하나의 완전한 문장으로 쓰시오.

[9-10] 다음 글을 읽고 물음에 답하시오.

> (어느 외국인이 쓴 일기)
> 20○○년 ○○월 ○○일
> ### 한국말은 너무 어려워
> 다연이와 설렁탕을 먹으러 갔는데, 다연이가 식당에서 일하는 아주머니에게 "이모, 여기 설렁탕 두 그릇 주세요."라고 했다. 그런데 우리 옆자리 손님도 "이모, 저희는 된장찌개요."라고 하는 것이 아닌가? 나는 깜짝 놀라 다연이에게 "모두 친척이야?"라고 물었다. 다연이는 웃으며 아니라고 말했다. ㉠한국 사람들은 왜 아무에게나 '이모'라고 부르는 걸까? 나는 잘 모르겠다. 한국말은 참 어렵다.

09

㉠의 이유에 대해 간략히 서술하시오.

10

윗글에 사용된 발화와 관련하여 설명한 내용으로 적절하지 않은 것은?
① 외국인은 우리의 말 문화를 이해하지 못하고 있다.
② 외국인이 이해하지 못하는 우리 문화는 친절하게 설명해 주어야 한다.
③ 다연이는 외국인이 이해하기 어려운 관습적인 언어 표현을 사용하고 있다.
④ 외국인과 대화할 때에는 우리의 문화가 담긴 관용적 표현을 사용하도록 노력해야 한다.
⑤ 외국인과의 대화에서는 구체적이고 직접적인 표현을 사용해야 의사소통에 도움이 된다.

04 통일 시대의 국어

01

남북한의 언어의 이질성을 극복하기 위한 방안으로 적절하지 않은 것은?

① 서로의 언어 차이를 인정하고 관심을 가지는 자세가 필요하다.

② 남북이 서로 대화하고 소통하려는 열린 마음을 갖는 것이 필요하다.

③ 남북의 사전에서 공통으로 사용하고 있는 어휘를 정리하는 것이 필요하다.

④ 남북한이 공동으로 사용할 수 있는 사전을 국가 차원에서 만들도록 해야 한다.

⑤ 남한의 표준어에 없는 북한의 문화어는 제외하여 남북이 의사소통을 원활하게 할 수 있도록 한다.

02

〈보기〉의 남북 언어를 접한 학생의 반응으로 적절하지 않은 것은?

보기		
남한	북한	
음반	소리판	㉠
견인차	끌차	㉡
나이프	밥상칼	㉢
노크	손기척	㉣
	인민 배우	㉤

① ㉠과 ㉡을 보니 북한은 한자어를 순우리말로 다듬어서 사용하고 있군.

② ㉢과 ㉣를 보니 북한은 외래어를 순우리말로 다듬어서 사용하고 있군.

③ ㉠~㉣에 해당하는 북한의 단어는 단어의 형성으로 볼 때, 모두 같은 종류에 해당하는군.

④ ㉤은 ㉠~㉣과 달리 남한에는 없는, 북한에서 새로 만들어 사용하고 있는 단어이겠군.

⑤ ㉠~㉤으로 볼 때, 북한에서 사용하는 말들은 대부분 이념과 사회 체제의 영향을 받은 것이군.

[3-5] 다음 표를 보고 물음에 답하시오.

(가)	한글 맞춤법의 자음 순서 ㄱㄲㄴㄷㄸㄹㅁㅂㅃㅅㅆㅇㅈㅉㅊㅋㅌㅍㅎ
(나)	문화어 규정의 자음 순서 ㄱㄴㄷㄹㅁㅂㅅㅈㅊㅋㅌㅍㅎㄲㄸㅃㅆㅉㅇ
(다)	남북 공동 국어사전의 자음 순서 ㄱㄴㄷㄹㅁㅂㅅㅇㅈㅊㅋㅌㅍㅎㄲㄸㅃㅆㅉ

03

위 표에 대한 설명으로 적절한 것은?

① (가)의 배열순서는 훈민정음의 자음 순서인 아설순치후 배열 순서를 따르고 있다.

② (나)의 자음 순서는 (가)와 달리 기본 자음 뒤에 모든 복합 자음이 위치한다.

③ (다)에서 복합 자음은 각각의 기본 자음 다음에 위치한다.

④ (가)~(다)의 자음 순서에서 첫 자음은 모두 같지만, 마지막 자음은 모두 다르다.

⑤ (다)는 (가), (나)와 달리 기본 자음 14개, 복합 자음 5개로 이루어져 있다.

04

〈보기〉의 단어들을 (가)에 따라 배열한다고 할 때, 가장 뒤에 위치하는 것은?

보기
㉠ 까닥 ㉡ 여름 ㉢ 한글 ㉣ 거울 ㉤ 짱구

① ㉠   ② ㉡   ③ ㉢

④ ㉣   ⑤ ㉤

05

〈보기〉의 단어를 (나)에 따라 배열했을 때, (가)에 따라 배열할 때와 순서가 달라지는 것을 모두 쓰시오.

보기
㉠ 창 ㉡ 영화 ㉢ 궁 ㉣ 뽕 ㉤ 징

06

윗글에 대한 설명으로 적절한 것을 〈보기〉에서 있는 대로 고른 것은?

보기
㉠ 북한에서 '동무'는 이념과 제도가 영향을 미쳐 의미가 달라진 단어이다.
㉡ 북한의 사전에는 남한의 사전에 나오는 '동무'의 뜻이 등재되어 있지 않다.
㉢ 남한과 달리 북한에서는 '세포'도 '동무'와 마찬가지로 부정적 의미로 사용되고 있다.
㉣ 남과 북에서 '동무'는 형태는 동일하지만 의미는 다르게 사용되고 있다.

① ㉠, ㉣   ② ㉡, ㉢   ③ ㉠, ㉡, ㉢
④ ㉠, ㉡, ㉣   ⑤ ㉡, ㉢, ㉣

[6-7] 다음 글을 읽고 물음에 답하시오.

> 아래 뜻풀이를 함께 볼까요?
>
> 남한 - 동무: 늘 친하게 어울리는 사람.
> 북한 - 동무: 로동계급의 혁명위업을 이룩하기 위하여 혁명대오에서 함께 싸우는 사람을 친하게 이르는 말.
>
> 어때요? '동무'의 뜻풀이가 사뭇 다르지요? 이런 어휘들은 이념과 제도가 영향을 미쳐 의미가 달라진 경우가 많아요. 북한 사전에도 동무에는 '늘 친하게 어울려 노는 사람.'이라는 뜻풀이가 있지만, 가장 흔하게 쓰이는 의미를 비교하면 남한과는 전혀 달라요.
> 예를 더 들어 볼게요. '세포'의 경우, 남한에서는 생물학 용어로 쓰는데 북한에서는 어떤 집단에서 바탕을 이루는 단위가 되는 조직을 뜻해요.

07

윗글에서 북한 사전에 나오는 '동무'의 뜻풀이 중, 맞춤법이 남한과 다른 말을 찾아 쓰고, 왜 다른지 그 이유를 간략히 서술하시오.

남한과 다른 말	
이유	

08

〈보기〉는 북한의 사전에 등재된 단어로 그 뜻을 적은 것이다. 이에 대한 설명으로 적절한 것은?

보기
망돌: 곡식을 가는 데 쓰는 기구. 둥글넓적한 돌 두 짝을 포개고 윗돌 아가리에 갈 곡식을 넣으면서 손잡이를 주로 반시계 방향으로 돌려서 간다. **밥공장(밥工場)**: 밥을 비롯한 여러 가지 주식물을 공업적인 방법으로 만들어서 근로자들에게 공급하는 공장.

① '망돌'은 북한 정치 체계의 영향으로 새롭게 형성된 말이다.
② '망돌'은 형태는 다르지만 같은 의미의 단어가 남한에도 존재한다.
③ '밥공장'은 형태는 다르지만 같은 의미의 단어가 남한에도 존재한다.
④ '망돌'과 '밥공장'은 모두 남한의 방언으로 북한에서는 문화어에 해당한다.
⑤ '밥공장'은 '망돌'과 달리 외국에서 들어온 말을 순화하여 다듬은 말에 해당한다.

09

〈보기〉의 빈칸에 들어갈 말을 쓰시오.

보기
남한의 언어는 '한글 맞춤법(1988)'을 따르고 있고, 북한의 언어는 '조선말 규범집(2010)'을 따르고 있다. 이 둘은 1933년 조선어 학회가 제정한 '(   )'을 뿌리로 하고 있지만 분단 이후 서로 교류 없이 각자 맞춤법을 수정해 왔기 때문에 남북 언어의 차이가 생기게 되었다.

10

다음은 남한말에 해당하는 북한말을 순서대로 짝지어 놓은 것이다. 북한말이 순우리말이 아닌 것은?

① 냉수목욕-찬물미역
② 돌풍-갑작바람
③ 산책로-거님길
④ 뮤지컬-가무이야기
⑤ 수력-물힘

01

〈보기〉의 단어들에 대한 설명으로 적절하지 <u>않은</u> 것은?

보기
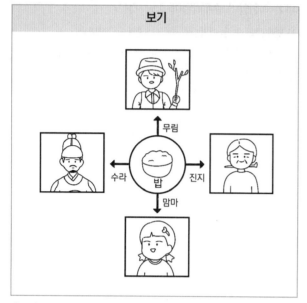

① '밥'은 상황에 따라 다양한 언어로 표현된다.

② '수라'와 '진지'는 상대방을 높일 때 사용한다.

③ '무림'은 특정 집단의 사람들끼리 사용하는 말이다.

④ '맘마'는 '밥'의 의미를 모르는 미성숙한 어린아이들이 사용하는 말이다.

⑤ '진지'가 사용된 예문으로 '아버님, 진지 드세요.'를 들 수 있다.

02

〈보기〉를 통해 알 수 있는 고유어의 특성으로 적절한 것은?

보기
달다, 달콤하다, 달큼하다, 다디달다 달착지근하다, 달짝지근하다 ＊ 다디달다: 매우 달다.

① 한자어를 보완하는 역할을 한다.

② 맛을 생생하게 나타내는 어휘가 많다.

③ 대상을 높이는 어휘들이 다양하게 나타난다.

④ 당대의 시대 상황을 드러내는 어휘들이 많다.

⑤ 전문적인 분야의 개념을 표현하는 어휘가 많다.

03

〈보기〉의 (가)와 (나)에 대한 설명으로 적절하지 <u>않은</u> 것은?

보기
(가) 지우개, 이모, 작가, 공책, 고모, 교사, 요리사, 숙부, 의사 **(나)** ㉠ 학용품을 나타내는 말 　　㉡ 가족 관계를 나타내는 말 　　㉢ 직업을 나타내는 말

① (나)는 (가)의 단어들을 일정한 범위 안에 들어갈 수 있는 단어들로 구분해 놓은 것이다.

② (가)의 단어들을 ㉠,㉡,㉢에 따라 구분했을 때 구분된 각각의 단어들 개수는 모두 동일하다.

③ '학용품'은 '공책'의 상의어에 해당하고, '요리사'는 '직업'의 하의어에 해당한다.

④ ㉡에 해당하는 말로 '할아버지'를 추가할 수 있다.

⑤ ㉢에 해당하는 말로 '건축가'를 추가할 수 있다.

04

〈보기〉의 ㉠~㉢과 동일한 범주에 속하는 말들의 특징으로 적절하지 <u>않은</u> 것은?

보기
㉠ 무지개, 꽃샘, 마음 ㉡ 학교, 책상, 친구 ㉢ 버스, 햄버거, 피아노

① ㉠은 본래부터 있던 우리말로 우리 민족의 정서가 잘 드러난다.

② ㉡은 한자를 바탕으로 만들어진 말로 우리 스스로 만들어낸 말도 있다.

③ ㉢은 외국과의 문화적 교류 과정에서 들어온 말이 많다.

④ ㉡은 ㉢과 달리 지나치게 사용할 경우 자국어의 정체성을 위협받을 수 있다.

⑤ ㉢은 대신할 수 있는 고유어나 한자어가 없기 때문에 고유어나 한자어로 바꾸기가 어렵다.

05

〈보기〉의 식단에서 한자에 기초하여 만들어진 말에 해당하는 것은?

보기
○월 ○○일 식단
흰쌀밥, 깍두기, 계란탕, 샐러드, 낙지볶음

① 흰쌀밥   ② 깍두기   ③ 계란탕

④ 샐러드   ⑤ 낙지볶음

06

〈보기〉의 밑줄친 단어에 대한 설명으로 적절한 것은?

보기
강마에 : **싱커페이션**도 최대한 잘 지켜 주셔야 하고, 특히 4분의 4박자이지만 **알라브레베**의 느낌으로 연주해야 더 확실한 **레가토**를 느낄 수 있습니다. 그리고 악보에 나와 있는 **세뇨**, 확실히 지켜 주시고요. - '베토벤 바이러스' 중에서
* 싱커페이션: 한 마디 안에서 센박과 여린박의 규칙성이 뒤바뀌는 현상.
* 알라브레베: 2분의2 박자를 이르는 말.
* 레가토: 악보에서, 둘 이상의 음을 이어서 부드럽게 연주하라는 말.
* 세뇨: 서양 음악의 악보에 쓰는 기호의 하나. 반복표로서 사용하며, 보통 '𝄋'로 표시한다.

① 일반적으로 뜻이 정밀하고 다의성이 많다.

② 외부에 알려지면 새로운 말로 바뀌기도 한다.

③ 친근감을 주고자 사용하나, 자주 사용하면 상대방에게 불쾌감을 줄 수 있다.

④ 다른 사람들이 알아듣지 못하도록 특정 집단의 구성원끼리 사용하는 말이다.

⑤ 업무에 효율성을 높여 주지만, 일반인에게 사용할 경우 의사소통의 어려움이 생길 수 있다.

07

〈보기〉의 밑줄 친 단어들을 고유어로 다듬는 활동을 하였다. 다듬은 것이 적절하지 **않은** 것은?

보기
• 상품을 **구매하다**.
• 봉급을 **수령하다**.
• 남녀를 **별도로** 갈라 앉히다.
• 그 제품은 **품절된** 지 오래입니다.
• 이사하는 데에 **소요되는** 비용이 얼마입니까?

① 구매하다 → 사다

② 수령하다 → 받다

③ 별도로 → 따로

④ 품절된 → 나온

⑤ 소요되는 → 드는

[8-10] 다음 글을 읽고 물음에 답하시오.

(가)

지우 : 오늘 지희 생파(생일 파티) 갈 거지? 넌 생선(생일 선물) 뭐 샀어?

철우 : 난 문상(문화 상품권) 샀어.

지우 : 아휴, 답답해! 이 고구마! 어제 지희가 문상은 싫다고 그렇게 눈치를 줬는데……

* 고구마 : 융통성이 없어 답답하게 구는 사람을 비유하여 이르는 말.

(나)

노인1 : 오래간만입니다. 그간 평안하셨는지요?

노인2 : 네, 염려 덕분에 잘 지내고 있습니다.

노인1 : 이번에 영애가 혼인을 한다지요? 축하드립니다.

노인2 : 감사합니다.

08

(가)와 (나)의 대화에서 인물들이 사용하는 어휘에 차이가 생기는 요인으로 가장 적절한 것은?

① 세대 ② 성별 ③ 직업
④ 지역 ⑤ 계급

09

(가)와 (나)에 대한 설명으로 적절하지 않은 것은?

① (가)의 인물들은 줄임말과 유행어를 많이 사용하고 있다.
② (나)의 인물들은 한자어를 많이 사용하고 있다.
③ (가)와 (나)의 인물들이 서로 대화를 할 경우 의사소통에 장애가 생길 수 있다.
④ (가)의 인물들이 (나)의 인물들과 대화할 때에는 이해할 수 있는 말을 사용해 의사소통을 해야 한다.
⑤ (나)의 인물들은 (가)의 인물들에게 어휘 사용에 개선을 요구하여 갈등을 최소화해야 한다.

10

(가)와 (나)의 인물들에 대한 설명으로 가장 적절한 것은?

① 지우는 철우가 지희의 생일 파티에 가기를 꺼리는 것에 못마땅해하고 있다.
② 철우는 지희에게 생일 선물로 문화 상품권을 준다고 사전에 귀띔을 했다.
③ 지우는 철우에게 지난 일을 상기시키며 융통성이 없음을 탓하고 있다.
④ 노인1과 노인2는 매일 만나는 사이로 서로의 안부를 묻고 있다.
⑤ 노인1은 노인2의 아들이 결혼하는 것에 대해 축하의 인사를 건네고 있다.

11

〈보기〉의 대화에 대한 설명으로 적절하지 않은 것은?

보기
늦은 밤, 지영이는 친구 희수의 집에 들렀다. **희수 엄마** : 지영아, 안녕. 무슨 일이니? **지영** : 희수에게 전해 줄 물건이 있어서 왔어요.

① 담화의 구성 요소가 모두 갖추어져 있다.
② '늦은 밤'과 '희수의 집'은 각각 시간과 장소를 나타내는 상황 맥락이다.
③ 화자는 희수 엄마이고, 청자는 지영이다.
④ 희수 엄마는 지영이에게 집에 온 이유를 묻고 있다.
⑤ 희수 엄마의 물음과 그에 대한 지영이의 답은 각각 담화에 해당한다.

[12-13] 다음 글을 읽고 물음에 답하시오.

(가)

효린 : 머리 예쁘게 잘랐네. 나도 이제 머리하고 올게.

(효린이가 머리를 하고 온 후)

효린 : 내 머리 어때?

윤호 : ㉠괜찮아.

(나)

윤호 : 와, 허겁지겁 먹었더니 벌써 배부르다.

효린 : 나도 맛있어서 금방 다 먹었어.

윤호 : 그래? 부족하면 더 먹을래?

효린 : ㉡괜찮아.

12

위 담화에서 ㉠과 ㉡에 대한 설명으로 가장 적절한 것은?

① ㉠은 '머리 안 어울려.'라는 의미를 담고 있다.

② ㉠은 상대방의 제안을 거절하는 의미를 담고 있다.

③ ㉡은 '더 먹고 싶어.'라는 의미를 담고 있다.

④ ㉡은 상대방을 위로해주려는 의미를 담고 있다.

⑤ ㉠과 ㉡은 상황에 따라 다르게 해석되고 있다.

13

㉠과 가장 비슷한 의미로 해석되는 상황은?

① 나에게 사과를 한 친구에게 '괜찮아.'라고 할 때

② 음식점에서 후식을 권해서 '괜찮습니다.'라고 할 때

③ 선생님께 허락을 구할 때 선생님이 '괜찮아.'라고 할 때

④ 중간고사를 앞두고 걱정하고 있는 친구에게 '괜찮아.'라고 할 때

⑤ 친구가 자신의 발표가 어땠는지 물어서 '괜찮았어.'라고 답할 때

14

〈보기〉의 상황을 보고, 빈칸에 들어갈 지후의 대답으로 가장 적절한 것은?

보기
(지후의 집에 외국에서 온 파블로가 놀러왔다.)
지후 엄마: 반가워, 파블로.
지후 아빠: 차린 건 없지만 많이 먹으렴.
(식사를 한 후)
파블로: 지후야, 음식이 엄청 많은데 왜 차린 게 없다고 말씀하신 거야?
지후: _____

① 부모님 세대는 그렇게 말씀하시는 편이야.

② 평소보다도 음식을 적게 차리셨기 때문이야.

③ 부모님은 음식이 많은 것을 좋아하시기 때문이야.

④ 우리나라는 겸손하게 말하는 문화가 있기 때문이야.

⑤ 우리나라는 솔직하게 말하는 문화가 있기 때문이야.

15

다음 글을 읽고 학생들이 나눈 대화로 적절하지 <u>않은</u> 것은?

> **보기**
>
> 남아프리카 공화국의 흑인과 백인 대부분은 아파르트헤이트에 미래가 없다는 것을 잘 알고 있습니다. 평화와 안전을 위해, 우리는 결단력 있게 집단행동을 하여 인종 차별 체제를 끝내야 합니다. 자유를 얻기 위해 우리가 저항하고 행동할 때 민주주의는 우리의 눈앞에 다가올 것입니다.
>
> 자유를 위한 우리의 행진은 돌이킬 수 없습니다. 우리는 두려움이 우리의 길을 막도록 내버려 두어서는 안 됩니다. 통합되고 민주적이며 인종 차별이 없는 남아프리카 공화국에서 이루어지는, 모든 유권자가 참여하는 보통 선거만이 평화와 인종 화합을 이룰 수 있는 유일한 길입니다. ― 베로니크 타조, 『넬슨 만델라』

① 지민: 아파르트헤이트가 무엇을 말하는지 몰라서 넬슨 만델라의 연설문을 이해하지 못하겠어.

② 우주: 나도. 그리고 보통 선거가 남아프리카 공화국에 가져다주는 의미가 무엇일지 궁금해.

③ 서현: 인종 차별과 관련된 것 같은데, 남아프리카 공화국의 역사를 찾아봐야겠어.

④ 나진: 당시 역사를 조사하고 읽으니 넬슨 만델라가 어떤 마음으로 연설을 했을지 이해가 돼.

⑤ 승아: 그렇구나. 앞으로 이런 글을 읽을 때는 그 나라 역사와 같은 상황 맥락을 고려해야겠다.

[16-17] 다음 글을 읽고 물음에 답하시오.

> ㉠<u>지난주에 있었던 일입니다.</u> ㉡<u>저녁을 먹고 학원에 갔습니다.</u> 학원이 10층에 있어서 승강기를 탔는데, 아저씨 한 분이 같이 탔습니다. 승강기가 움직이자마자 그 아저씨가 방귀를 '뽕!' 뀌었습니다. ㉢<u>깜짝 놀라면서도 한편으로 우습기도 했습니다.</u> 깜짝 놀라면서도 한편으로 우습기도 한 것은 아저씨도 마찬가지인 듯했습니다. 서로 어색한 웃음을 짓다가 아저씨가 미안하다고 말했고 저는 괜찮다고 말했습니다. 아저씨는 6층에서 내렸습니다. ㉣<u>6층에는 제가 자주 가는 치과가 있습니다.</u> 저는 곧 황당한 일을 겪을 것이라고 예상하지 못했습니다. ㉤<u>그저 재미있는 일을 겪었다고 생각하면서 속으로 웃고만 있었습니다.</u>

16

㉠~㉤ 중. 통일성에 어긋나는 문장으로 적절한 것은?

① ㉠   ② ㉡   ③ ㉢   ④ ㉣   ⑤ ㉤

17

윗글의 주제가 잘 전달되도록 고치려고 할 때, 적절하지 <u>않은</u> 것은?

① 글의 모든 내용이 주제와 관련되는지 살핀다.

② 글에 문법적으로 어긋난 표현이 없는지 살핀다.

③ 앞의 내용과 반복되는 부분은 '그것은'으로 고친다.

④ 내용을 강조하기 위해 같은 문장을 반복해서 쓴다.

⑤ 내용이 자연스럽게 이어지도록 네 번째 문장 앞에 '그런데'를 넣는다.

[18-19] 다음 글을 읽고 물음에 답하시오.

(가) 남북의 생활 용어

남한의 말	북한의 말
노크	손기척/노크
화장실	위생실
냉장고	랭동기
거짓말	거짓말/꽝포
가르치다	배워주다
빼기	덜기
교집합	사귐

(나) ㉠형태나 발음이 같은 단어라도 의미가 다른 사례가 존재한다. 예를 들면, '수갑', '-질'이라는 단어의 의미는 남한과 북한이 다르다. 남한에서는 '수갑'이 '죄인의 손에 끼우는 고리'를 뜻하지만 북한에서는 '손에 끼는 장갑'을 의미한다. 남한에서는 '-질'이 '직업이나 직책에 비하하는 뜻을 더하는 접미사'를 뜻하지만 북한에서는 비하하는 뜻이 없는 긍정적인 의미로 사용된다.

18

윗글을 읽고 이해한 내용으로 적절하지 않은 것은?

① '노크'와 '거짓말'을 보니 남북의 생활 용어 표기가 같은 것이 존재하는군.
② '랭동기'를 보니 북한은 남한과 달리 두음법칙이 적용되지 않는군.
③ '덜기'와 '사귐'은 학문 용어에서도 남북이 차이가 있음을 나타내는군.
④ '가르치다'와 '배워주다'는 형태와 의미에서 모두 차이를 보이고 있군.
⑤ 북한에서 '선생질'은 직업으로서의 의미만 있을 뿐 비하하는 뜻은 없겠군.

19

〈보기〉는 북한 이탈 청소년이 겪은 어려움을 드러낸 말이다. ㉠에 해당하는 단어로 적절한 것은?

보기

동무들과 신나게 **축구** 시합했어. / **연락**하라 고함치며 **신호** 보냈어. / 나한테 **공**을 왜 안 주는 건데 / 연락이 아니라 패스, 패스, 패스!

① 동무　　　② 축구　　　③ 연락
④ 신호　　　⑤ 공

20

〈보기〉의 신문기사를 읽은 학생들의 반응으로 적절하지 않은 것은?

보기

"쳐 넣어.", "받아 쳐."……

남북한 탁구 선수들은 지금 '언어 통일 중'

받아치기, 쳐넣기, 판때기.

순우리말로 쓰인 이 용어들은 북한 탁구에서 쓰는 말이다. 주로 영어 단어를 사용하는 남한에서는 이 용어들을 리시브, 서브, 라켓이라고 부른다. (중략) 탁구 대회에서 함께 호흡을 맞출 남북 선수들은 이질적인 언어를 통일하는 부분부터 익숙해지려고 하고 있다.

① 북한의 탁구 용어는 순우리말로 되어 있군.
② 북한은 외래어를 순화하여 사용하고 있는 점이 눈에 띄는군.
③ 남한의 탁구 용어는 외국에서 들어와 우리말처럼 쓰이고 있군.
④ 선수들이 호흡을 맞추기 위해 언어 차이를 극복해가고 있는 것은 인상적이군.
⑤ 남한의 외래어를 모두 북한처럼 순우리말로 고쳐야 언어의 이질성을 극복할 수 있겠군.

국어의 규범과 역사 05

01 한글의 창제 원리 1

01
한글에 대한 설명으로 적절하지 <u>않은</u> 것은?
① 1443년에 세종이 만들었다.
② 한 글자에 하나의 소리가 대응된다.
③ 각 글자 모양과 말의 뜻 사이의 관련성이 있다.
④ 창제 당시의 자음 글자는 17개, 모음 글자는 11개이다.
⑤ 적은 수의 글자로 많은 소리를 표현할 수 있는 표음 문자이다.

02
〈보기〉의 ㉠~㉢에서 알 수 있는 훈민정음의 창제 정신이 무엇인지 각 4글자 이상으로 쓰시오.

보기
㉠우리나라의 말이 중국과 달라 한자와 서로 통하지 않는다. ㉡이런 까닭으로 어리석은 백성이 말하고자 하는 바가 있어도, 마침내 제 뜻을 실어 펴지 못하는 사람이 많다. 내 이를 가엾게 여겨 새로 스물여덟 글자를 만드니, ㉢사람들로 하여금 쉽게 익혀 매일 쓰는 데 편하게 하고자 할 따름이다.

㉠:

㉡:

㉢:

03
발음 기관의 모양을 본떠 만든 글자로만 묶인 것은?
① ㄱ, ㄴ, ㄷ, ㄹ, ㅁ
② ㄱ, ㄴ, ㄷ, ㅁ, ㅇ
③ ㄱ, ㄴ, ㅁ, ㅅ, ㅇ
④ ㄴ, ㄷ, ㄹ, ㅁ, ㅂ
⑤ ㄴ, ㄹ, ㅁ, ㅅ, ㅇ

04
훈민정음의 자음 글자에 대한 설명으로 적절하지 <u>않은</u> 것은?
① 기본자는 상형의 원리에 따라 만들어졌다.
② 기본자에 획을 더하면 소리가 점점 거세진다.
③ 가획자는 기본자나 이체자보다 그 수가 많다.
④ 자음 글자 2개를 세로로 이어 써서 소리를 표현할 수도 있었다.
⑤ 이체자의 모양이 다른 이유는 이체자가 발음되는 위치가 다르기 때문이다.

05
〈보기〉에 해당하는 자음 글자를 모두 포함하고 있는 말로 적절한 것은?

보기
• 이의 모양을 본떠 만든 자음 기본자
• 혀가 윗잇몸에 붙었다 떨어지면서 발음되고, 모양을 달리하여 새롭게 만든 이체자

① 하늘　　　② 이슬　　　③ 노을
④ 달빛　　　⑤ 바람

06

자음 글자 중 제자 원리가 같은 것끼리 짝지어진 것은?

① ㄱ, ㄴ   ② ㄷ, ㄹ   ③ ㄹ, ㅁ

④ ㅂ, ㅅ   ⑤ ㅇ, ㅊ

07

자음 기본자에 획을 2번 더하여 만든 글자에 해당하는 것은?

① ㄹ   ② ㅂ   ③ ㅊ   ④ ㅿ   ⑤ ㅋ

08

〈보기〉의 ㉠~㉢에서 의미와 어감의 차이를 고려하여, 자음의 제자 원리를 바탕으로 ㉢의 빈칸에 들어갈 말을 3글자로 쓰시오.

보기
㉠ 덜거덕 : 크고 단단한 물건이 서로 부딪치는 소리.
㉡ 덜커덕, 털거덕 : 크고 단단한 물건이 서로 거세게 부딪치는 소리
㉢ (   ) : 크고 단단한 물건이 서로 아주 거세게 부딪치는 소리

09

〈보기〉의 글자들을 만든 방식으로 적절한 것은?

보기
ㄲ, ㄸ, ㅆ, ㅉ

① 자음 기본자에 획을 더하여 만들었다.

② 자음 기본자 2개를 병서하여 만들었다.

③ 발음할 때의 혀 모양을 본떠 만들었다.

④ 같은 자음 글자 2개를 연서하여 만들었다.

⑤ 같은 글자 2개를 가로로 나란히 써서 만들었다.

10

〈보기〉를 참고하여, 옛이응 글자가 사라진 현대 국어에서 자음 글자 'ㅇ'의 역할 2가지가 무엇인지 쓰시오.

보기
'ㆁ(옛이응)'은 받침 'ㅇ'의 소리를 나타내는 글자였으며, 어금닛소리에 해당한다. 비슷한 모양을 지닌 기본자 'ㅇ'은 목구멍의 모양을 본떠 만들었으나 실제로는 발음되는 소리가 없다. 'ㅇ'은 '아'처럼 음절이 모음으로 시작하는 경우 초성의 빈 공간을 채우기 위한 글자로 쓰였다.

02 한글의 창제 원리 2

01
〈보기〉의 글자들을 만든 원리로 적절한 것은?

보기
·, ㅡ, ㅣ

① 가획   ② 병서   ③ 상형
④ 연서   ⑤ 합용

02
〈보기〉의 빈칸 ㉠~㉣에 들어갈 글자를 바르게 나열한 것은?

'ㅠ'는 모음 기본자 (㉠)와 (㉡)를 결합하여 만든 (㉢)에 (㉣)를 한 번 더 더하여 만들었다.

	㉠	㉡	㉢	㉣
①	·	ㅣ	ㅓ	·
②	·	ㅡ	ㅗ	ㅣ
③	ㅣ	·	ㅏ	ㅣ
④	ㅡ	ㅣ	ㅜ	·
⑤	ㅡ	·	ㅜ	·

03
〈보기〉 중 모음 글자를 만든 방법을 바르게 설명한 것끼리 묶은 것은?

보기
ㄱ. 'ㅏ'는 'ㅣ'에 획을 1개 더하여 만듦.
ㄴ. 'ㅗ'는 'ㅡ'의 위쪽에 '·'를 합하여 만듦.
ㄷ. 'ㅓ'는 'ㅣ'의 안쪽에 '·'을 합하여 만듦.
ㄹ. 'ㅜ'는 '·'에 획을 2개 더하여 만듦.

① ㄱ, ㄴ   ② ㄱ, ㄷ   ③ ㄱ, ㄹ
④ ㄴ, ㄷ   ⑤ ㄴ, ㄹ

04
〈보기〉에서 설명하고 있는 모음 글자가 무엇인지 쓰시오.

보기
• 『훈민정음』에는 '혀가 움츠러들어 소리가 깊다'고 설명되어 있으나 정확한 발음은 알 수 없다.
• 글자의 둥근 모양은 하늘을 본뜬 것이다.
• 일부 제주어 모음 표기를 제외하고, 현대에는 사용되지 않는다.

05
제시된 자모 글자가 만들어진 방법을 적절하게 설명한 것은?

① ㅢ: 모음 기본자끼리 '합용'한 것이다.
② ㅚ: 모음 기본자 3개를 '합성'한 것이다.
③ ㄸ: 같은 자음 글자를 '연서'한 것이다.
④ ㅹ: '연서'된 글자를 다시 '병서'한 것이다.
⑤ ㆄ: 각각의 자음 글자를 2번 '연서'한 것이다.

06

〈보기〉와 관련 있는 한글의 특성으로 가장 적절한 것은?

보기
똑똑한 자는 반나절이면 깨우칠 수 있고 우둔한 자라도 열흘이면 배울 수 있다. 　　　　　　　— 『훈민정음』 정인지 서문 중 원문 출처: 국립한글박물관, 쉽게 읽는 훈민정음, p.104

① 음절 단위로 모아쓰기를 한다.
② 누구든 배우기 쉬운 문자이다.
③ 복잡한 제자 원리가 밝혀져 있다.
④ 독창적인 글자 모양을 지니고 있다.
⑤ 자주 쓰는 한자를 모방하여 만들어졌다.

07

〈보기〉를 참고할 때, 로마자에 비해 한글이 과학적이고 체계적인 문자인 이유를 1문장으로 쓰시오.

보기	
한글	**로마자**
ㄴ-ㄷ-ㅌ	n-d-t
ㅅ-ㅈ-ㅊ	s-j-ch
ㅁ-ㅂ-ㅍ	m-b-p

08

〈보기〉는 로마자와 한글을 입력하는 휴대전화 자판 구성이다. (가), (나)에 대한 설명으로 적절하지 않은 것은?

① (가)는 한 자판에 3개 이상의 글자가 배치되어 있어 복잡하다.
② (나)에는 (가)와 달리 체계적인 제자 원리가 반영되어 있다.
③ (나)는 적은 수의 자판을 조합하여 많은 수의 글자를 쓸 수 있다.
④ 자판에 빈 공간이 있는 것으로 보아 (나)에 비해 (가)의 구성이 비효율적이다.
⑤ 원하는 말을 입력하기 위해서 특정 자판을 반복적으로 누르는 횟수는 (가)보다 (나)가 많다.

09

〈보기〉의 표기 방식 ㉠, ㉡에 대한 설명으로 적절하지 않은 것은?

보기
㉠ 동해물과 백두산이 ㉡ ㄷㅗㅇㅎㅐㅁㅜㄹㄱㅘㅂㅐㄱㄷㅜㅅㅏㄴㅇㅣ

① ㉠은 음절 단위로 모아쓴 것이다.
② ㉠은 훈민정음 창제 당시부터 쓰였다.
③ ㉡은 낱글자 단위로 풀어쓴 것이다.
④ ㉡이 ㉠보다 의미를 파악하기 쉽다.
⑤ ㉡은 ㉠과 달리 보편적으로 쓰이지 않았다.

10

〈보기〉와 비교할 때, 한글을 키보드로 입력하는 방법의
장점을 1문장으로 쓰시오.

보기
중국어의 한자를 키보드로 입력하려면, 성조와 함께 로마자로 발음을 입력한 후 원하는 한자를 찾아 변환해야 한다. 예 Wǒ ài nǐ → 我爱你

03 올바른 발음과 표기 1

01

〈보기〉의 대화를 참고할 때, 평소 언어생활에서 올바른 발음에 유의해야 하는 이유를 1문장으로 쓰시오.

보기
A: 어머, 여기 [비시] 너무 많지 않니?
B: 여기에 빗이 어디 있어?
A: 창문에 커튼이 없어서 눈부시잖아.
B: 아, [비치] 많이 들어온다고? 정말 그러네.

02

〈보기〉에서 표기와 발음이 같은 단어의 개수는?

보기
강, 달, 문, 밖, 낫, 낯, 솥, 집

① 1개   ② 2개   ③ 3개   ④ 4개   ⑤ 5개

03

〈보기〉에 제시된 단어들의 발음을 통해 알 수 있는 것은?

보기
• 속[속], 속을[소글], 속살[속쌀]
• 눈[눈], 눈을[누늘], 눈과[눈꽈]
• 꽃[꼳], 꽃이[꼬치], 꽃과[꼳꽈]
• 숲[숩], 숲에[수페], 숲속[숩쏙]

① 우리말의 자음은 받침에서 항상 표기와 발음이 일치한다.
② 받침의 발음은 뒤에 오는 말이 무엇이냐에 따라 달라진다.
③ 받침 뒤에 자음으로 시작하는 말이 이어지면 반드시 된소리가 난다.
④ 받침 뒤에 형식적 의미를 지닌 말이 이어지면 받침이 제 음가대로 발음된다.
⑤ 받침 뒤에 모음으로 시작하는 형식적 의미를 지닌 말이 이어지면 받침이 생략된다.

04

〈보기〉의 빈칸 ㉠~㉢에 들어갈 말을 쓰시오.

보기
표준 발음법 제15항
받침 뒤에 모음 'ㅏ, ㅓ, ㅗ, ㅜ, ㅟ' 들로 시작되는 (㉠)가 연결되는 경우에는, 대표음으로 바꾸어서 뒤 음절 첫소리로 옮겨 발음한다.
예 헛웃음[㉡], 낱알[㉢]

㉠:

㉡:

㉢:

05

밑줄 친 부분을 올바르게 발음하지 <u>못한</u> 것은?

① 이 선 <u>밖으로</u> 나가시오. → [바끄로]

② 나는 <u>무릎을</u> 붙이고 앉았다. → [무르블]

③ 찌개가 맛없어서 남기고 말았다. → [마덥써서]

④ '<u>웃옷</u>'이라는 표현은 틀린 말이다. → [우도시라는]

⑤ 그때 선생님의 말씀을 듣고 힘이 <u>났다</u>. → [낟따]

06

어말에서 겹받침의 발음이 올바르지 <u>않은</u> 것은?

① 넋[넉]   ② 흙[흑]   ③ 삶[삼]

④ 싼값[싼갑]   ⑤ 외곬[외굇]

07

겹받침 'ㄼ'을 <u>잘못</u> 발음한 것은?

① 넓다 [널따]   ② 넓고 [널꼬]

③ 넓적하다 [널쩍하다]   ④ 넓죽하다 [넙쭈카다]

⑤ 넓둥글다 [넙뚱글다]

08

어간 '읽-'의 발음이 나머지와 <u>다른</u> 하나는?

① 읽은   ② 읽기   ③ 읽겠군

④ 읽도록   ⑤ 읽어서

09

〈보기〉를 통해 알 수 있는 홑받침과 겹받침이 발음되는 공통적 원리를 1문장으로 쓰시오.

보기
• 묻어[무더], 밥에[바베], 앞을[아플]
• 앉아[안자], 젊어[절머], 핥아[할타]

10

〈보기〉의 ㉠~㉤을 올바르게 발음한 것은?

보기
그는 ㉠**넋 없이** 시간 가는 줄도 모르고 ㉡**닭 앞을** 서성였다. 그러다 발견한 소중한 달걀 ㉢**여덟 알을** 품에 넣을 수 있었다. 그는 어찌나 기쁜지 노래를 ㉣**읊고** 춤을 출 지경이었다. 그의 노력은 과연 ㉤**값 어치**가 있었다.

① ㉠: [너겁씨]   ② ㉡: [달가플]

③ ㉢: [여덜바를]   ④ ㉣: [을꼬]

⑤ ㉤: [갑써치]

04 올바른 발음과 표기 2

01

밑줄 친 음절의 모음을 반드시 이중모음으로 발음해야 하는 것은?

① 녹<u>져</u>   ② 받<u>쳐</u>   ③ 벙<u>쩌</u>

④ 세<u>계</u>   ⑤ 경<u>례</u>

02

밑줄 친 글자의 'ㅢ'가 [ㅣ]로만 발음되는 것은?

① <u>유의</u>   ② <u>의</u>리   ③ 호<u>의</u>

④ <u>희</u>미하다   ⑤ 나<u>의</u> 마음

03

〈보기〉의 밑줄 친 부분을 발음할 때, 표준 발음으로 인정되는 경우를 모두 쓰시오. (총 4가지)

보기
<u>강의의</u> 목표

04

밑줄 친 부분의 맞춤법이 올바른 문장은?

① 이 일은 <u>며칠</u>이나 걸리겠니?

② 오늘도 늦게까지 안 오면 <u>어떻해</u>.

③ 목표 달성이 <u>문안할</u> 것으로 전망된다.

④ 그는 <u>화투 놀음</u>으로 전 재산을 날렸다.

⑤ 살다 보면 별 <u>희안한</u> 일이 다 생기지요.

05

〈보기〉의 질문에 대한 답변을 '의미'라는 단어를 포함하여 1문장으로 쓰시오.

보기
학생 : '꽃, 꽃이, 꽃에, 꽃나무, 꽃다발'을 소리 나는 대로 '꼳, 꼬치, 꼬체, 꼰나무, 꼳따발'로 적지 않는 이유가 궁금해요.

06

〈보기〉의 빈칸에 들어갈 올바른 표기를 적절하게 나열한 것은?

보기
• (㉠) 따지려고 드는 것 같지는 않았다.
• 확인하는 즉시 우편으로 (㉡) 드릴게요.
• 썰물 때는 드넓은 갯벌이 (㉢).

	㉠	㉡	㉢
①	구지	부쳐	들어났다
②	구지	부쳐	드러났다
③	굳이	부쳐	드러났다
④	굳이	붙여	드러났다
⑤	굳이	붙여	들어났다

07

〈보기〉는 발음이 비슷하여 표기가 헷갈리는 단어들의 뜻 풀이이다. 관련된 예문의 맞춤법이 올바른 것은?

보기
• 마치다 : 일이나 과정, 절차 따위가 끝나다. • 맞추다 : 서로 떨어져 있는 부분을 제자리에 맞게 대어 붙이다. • 맞히다 : 침, 주사 따위로 치료를 받게 하다. 물체를 쏘거나 던져서 어떤 물체에 닿게 하다. 문제에 대한 답을 틀리지 않게 하다.

① 분해했던 부품들을 다시 마쳤다.
② 소년은 과녁에 정확히 화살을 맞췄다.
③ 꼬마들에게는 주사를 맞추기가 쉽지 않다.
④ 열 문제 중에 겨우 세 개만 맞혀서 아쉬웠다.
⑤ 그는 고향에 돌아가 남은 생을 맞히려고 했다.

08

〈보기〉의 ㉠, ㉡를 참고할 때 밑줄 친 부분의 맞춤법이 올바른 문장은?

보기
㉠ 어간 '되-'에 '-어'로 시작하는 어미가 결합한 경우 '돼'로 줄여 쓸 수 있다. ㉡ '안'은 부사 '아니'의 준말이고, '않-'은 어근 '아니하-'의 준말이다.

① ㉠: 나는 요리사가 돼고 싶어.
② ㉠: 내가 바라던 대로 되서 좋아.
③ ㉡: 다시는 그 사람을 않 만나겠다.
④ ㉡: 형은 바닥에 앉아서 꼼짝 안 했다.
⑤ ㉠, ㉡: 고민 때문에 공부가 잘 안 됐다.

09

〈보기〉를 참고할 때, 밑줄 친 부분의 맞춤법이 적절한 것은?

보기
한글 맞춤법 56항 해설 1. '-더-'와 '-던'은 과거에 경험하여 알게 된 사실을 현재로 옮겨 그대로 전달할 때 쓰인다. 이때의 '-더-'와 '-던'을 '-드-, -든'으로 잘못 쓰지 않도록 주의한다. 2. 선택(물건·일의 내용을 가리지 아니함)의 의미를 지닌 '-든지', '-든'을 과거 경험과 관계된 '-던지', '-던'과 혼동하지 않도록 주의한다.

① 지난겨울은 몹시 춥드라.
② 그림을 잘 그렸던데 여기에 걸자.
③ 싫던 좋던 이 길로 가는 수밖에 없다.
④ 이제 사과를 먹던지 감을 먹던지 하렴.
⑤ 꽃다발이 얼마나 곱든지 눈물이 다 났다.

10

〈보기1〉의 빈칸에 들어갈 올바른 표기가 무엇인지 〈보기2〉를 참고하여 쓰시오.

보기1
10분만 여기에 (   ) 출발할게.

보기2
• 이따가 [부사] 조금 지난 뒤에. • 있다 [동사] 어느 곳에서 떠나거나 벗어나지 아니하고 머물다. • -다가 [어미] 어떤 동작이나 상태가 끝나고 다른 동작이나 상태로 옮겨지는 뜻을 나타냄.

01

〈보기〉는 한글 창제 이전 조상들의 문자 생활에 대해 학생이 필기한 내용의 일부이다. 이와 관련된 설명으로 적절하지 <u>않은</u> 것은?

보기						
내용	선	화	공	주	님	은
표기	善	化	公	主	㉠主	㉡隱
	착할	꽃	제후	임금	임금	숨길
	선	화	공	주	주	은

① 우리말로 표현하려고 한 내용은 '선화공주님은'이라는 말이다.
② 우리말을 표기할 수단이 없었기 때문에 한자를 빌려서 써야만 했다.
③ 한자의 뜻이나 소리만을 빌려서 우리말을 적는 것을 '차자 표기'라고 한다.
④ ㉠은 뜻에 해당하는 말을 소리로 읽어서 '主'로 '님'을 나타내려 한 것이다.
⑤ ㉡은 '숨기다'라는 뜻을 강조하기 위해 '隱'의 소리를 빌려서 표현한 것이다.

02

〈보기〉에 제시된 글자들의 공통점으로 적절한 것은?

ㄱ, ㄴ, ㅁ, ㅅ, ㅇ, ·, ㅡ, ㅣ

① 단독으로 발음할 수 없는 글자이다.
② 가획하여 다양한 글자를 만들 수 있다.
③ 발음할 때 혀의 위치가 변하는 글자이다.
④ 다른 글자와 합쳐서 재출자가 될 수 있다.
⑤ 대상의 모양을 본뜨는 상형의 원리로 만들었다.

03

훈민정음의 자모 글자에 대한 설명으로 적절한 것은?
① 'ㅕ'는 기본자끼리 1번 더한 초출자이다.
② 기본자 'ㅈ'에 'ㅡ'를 더하면 'ㅊ'이 된다.
③ 기본자 'ㅁ'의 가획자로는 'ㅂ, ㅍ'이 있다.
④ 모음의 기본자는 'ㅏ, ㅓ, ㅗ, ㅜ, ㅡ, ㅣ'이다.
⑤ 재출자는 소리의 세기에 따라 초출자에 획을 결합하여 만들었다.

04

〈보기〉 중 '훈민정음'에 대한 설명으로 적절한 것끼리 묶인 것은?

보기
㉠ 문자의 이름이면서 문자 해설서인 책의 제목이기도 하다.
㉡ 세종이 창제한 자모 글자 중 현재 쓰이지 않는 것은 3개이다.
㉢ 자음 글자는 기본자 5개, 가획자 9개, 이체자 3개로 총 17개이다.
㉣ 기본자를 제외한 모음 글자는 연서나 병서를 통해 다양하게 조합할 수 있다.

① ㉠, ㉡ 　　② ㉠, ㉢ 　　③ ㉡, ㉢
④ ㉡, ㉣ 　　⑤ ㉢, ㉣

05

〈보기〉에서 음절을 이루고 있는 각 자모 글자들의 제자 원리를 바르게 설명한 것의 개수는?

보기		
강	ㄱ	잇천장의 각진 모양을 본뜸.
	ㅏ	ㅣ의 바깥쪽에 ·를 합쳐 만듦.
	ㅇ	모양을 달리하여 새롭게 만듦.
문	ㅁ	입의 네모난 모양을 본뜸.
	ㅜ	ㅡ의 아래쪽에 ㅣ를 합쳐 만듦.
	ㄴ	혀가 윗잇몸에 붙는 모양을 본뜸.

① 2개　　② 3개　　③ 4개　　④ 5개　　⑤ 6개

06

〈보기〉의 ㈀~㈂에 해당하는 모음으로 이루어진 단어끼리 나열된 것은?

보기
창제 당시 훈민정음의 모음 글자는 총 11개로, 기본자 3개를 결합하여 ㈀**초출자** 4개와 ㈁**재출자** 4 개를 만들었다. 그 외 다양한 소리를 표현하기 위해서 모음 글자들을 합하여 만든 ㈂**합용자**를 활용하기도 하였다.

	㈀	㈁	㈂
①	국어	고기	생활
②	글자	역사	창제
③	상어	원리	기관
④	도구	여유	예의
⑤	사과	연구	학교

07

〈보기〉에서 설명하는 자모 글자로 이루어진 음절을 순서 대로 조합한 것은?

보기	
초성	입술소리 중 소리의 세기가 가장 거센 글자.
중성	사람을 본뜬 글자의 바깥쪽에 하늘을 본뜬 글자를 합성한 글자.
종성	혓소리 중에서 획을 2번 더한 글자.

초성	입의 모양을 본뜬 후, 획을 1번 더한 글자를 2번 병서한 글자.
중성	사람을 본뜬 글자의 바깥쪽에 하늘을 본뜬 글자를 합성한 글자.
종성	어금닛소리 중에서 모양을 달리하여 새롭게 만든 글자.

① 깡통　　　② 팥빵　　　③ 왕벌
④ 팔딱　　　⑤ 참말

08

〈보기〉는 한글을 입력하는 2가지 방식의 휴대전화 자판이다. (가)와 (나)에 대한 설명으로 적절하지 <u>않은</u> 것은?

보기						
(가)	1	ㄱ	2	ㄴ	3	ㅐ
	4	ㄹ	5	ㅁ	6	ㅗㅜ
	7	ㅅ	8	ㅇ	9	ㅣ
	*	획 추가	0	ㅡ	#	쌍자음
(나)	1	ㅣ	2	·	3	ㅡ
	4	ㄱㅋ	5	ㄴㄹ	6	ㄷㅌ
	7	ㅂㅍ	8	ㅅㅎ	9	ㅈㅊ
	*	.,?!	0	ㅇㅁ	#	ㄴ

① (가)에서 자음은 기본자와 이체자 'ㄹ'을 바탕으로 한다.

② (가)의 '획 추가'는 획을 더해 다른 글자를 만드는 원리를 적용한 것이다.

③ '탈'을 쓰기 위해 눌러야 하는 자판의 수는 (가)가 (나)보다 많다.

④ (나)로 'ㅜ'를 적기 위해서는 3번 다음 2번을 눌러 'ㅡ'에 '·'를 합성해야 한다.

⑤ (나)는 기본자 'ㅣ, 아래 아, ㅡ'를 바탕으로 나머지 모음을 만들어 내는 원리를 적용한 것이다.

09

〈보기〉의 질문에 대한 답으로 가장 적절한 것은?

보기
학생 : 수많은 정보를 입력·인식·저장·활용해야 하는 정보화시대에 한글이 다른 문자들보다 더욱 편리하고 효율적이라고 여겨지는 이유는 무엇인가요?

① 고유 문자를 만들겠다는 자주 정신이 반영되어 있기 때문이다.

② 과학적·철학적 원리를 바탕으로 만들어진 최초의 문자이기 때문이다.

③ 음절 단위 모아쓰기를 통해 문자 입력과 의미 파악에 유리하기 때문이다.

④ 소리와 글자 모양 사이의 연관성이 있어 음성 인식에 유리하기 때문이다.

⑤ 발음을 입력한 뒤 해당하는 글자를 선택하는 과정을 거치므로 정확성이 높기 때문이다.

10

〈보기〉를 통해 알 수 있는 훈민정음의 우수성과 의의로 적절하지 않은 것은?

보기
28자로 전환이 무궁하며 간단하지만 요긴하고 정밀하지만 소통이 쉽다. 그러므로 똑똑한 자는 반나절이면 깨우칠 수 있고 우둔한 자라도 열흘이면 배울 수 있다. 이 글자로써 한자로 쓰인 책을 풀이하면 그 뜻을 파악할 수 있다. 이 글자로 송사*를 살피면 그 복잡한 사정을 알 수 있다. (…중략…) 비록 바람 소리, 학 울음소리, 닭 우는 소리, 개 짖는 소리라 하더라도 모두 적을 수 있다. — 『훈민정음』 정인지 서문 원문 출처: 국립한글박물관, 쉽게 읽는 훈민정음, pp.104~105

* 송사(訟事): 백성끼리 분쟁이 있을 때, 관부에 호소하여 판결을 구하던 일.

① 글자를 만든 원리가 체계적이어서 누구든 배우기 쉽다.

② 적은 수의 글자를 조합하여 수많은 소리를 나타낼 수 있다.

③ 백성들이 글자를 몰라 송사 등에서 억울한 일을 당하는 경우가 줄어들게 되었다.

④ 한자를 배울 수 없었던 백성들도 훈민정음을 통해 문자 생활을 할 수 있게 되었다.

⑤ 하나의 문자가 의미에 따라 여러 소리로 다양하게 발음되어 효율적으로 활용할 수 있다.

11

〈보기1〉을 통해 알 수 있는 받침의 표준 발음에 대한 설명으로 적절한 것을 〈보기2〉에서 <u>있는 대로</u> 고른 것은?

보기
• 닭다[닥따], 키읔[키윽], 키읔과[키윽꽈] • 옷[옫], 웃다[욷따], 있다[읻따] • 젖[젇], 빚다[빋따] • 꽃[꼳], 쫓다[쫃따] • 솥[솓], 뱉다[밷따] • 앞[압], 덮다[덥따]

보기
ㄱ. 받침 'ㄲ, ㅋ'은 어말에서 대표음 [ㄱ]으로 바꾸어 발음한다. ㄴ. 받침 'ㅅ, ㅆ, ㅈ, ㅊ, ㅌ'은 자음 앞에서 대표음 [ㄷ]으로 바꾸어 발음한다. ㄷ. 받침 'ㅍ'은 어말에서 대표음 [ㅂ]으로 바뀌나, 자음 앞에서는 그렇지 않다. ㄹ. 받침 [ㄱ, ㄷ, ㅂ] 뒤에 연결되는 첫소리 'ㄱ, ㄷ'은 된소리로 발음한다.

① ㄱ, ㄴ   ② ㄱ, ㄴ, ㄷ   ③ ㄱ, ㄴ, ㄹ
④ ㄱ, ㄷ, ㄹ   ⑤ ㄱ, ㄴ, ㄷ, ㄹ

12

〈보기〉를 참고할 때, 밑줄 친 겹받침의 발음이 <u>잘못된</u> 것은?

보기
표준 발음법 제10항 겹받침 'ㄳ', 'ㄵ', 'ㄼ, ㄽ, ㄾ', 'ㅄ'은 어말 또는 자음 앞에서 각각 [ㄱ, ㄴ, ㄹ, ㅂ]으로 발음한다. **표준 발음법 제11항** 겹받침 'ㄺ, ㄻ, ㄿ'은 어말 또는 자음 앞에서 각각 [ㄱ, ㅁ, ㅂ]으로 발음한다. 다만, 용언의 어간 말음 'ㄺ'은 'ㄱ' 앞에서 [ㄹ]로 발음한다.

① 집 쪽으로 발걸음을 <u>옮겨</u>[옴겨] 갔다.
② 물감을 <u>묽게</u>[묵께] 타서 색이 연하게 보였다.
③ 개가 빈 그릇을 <u>핥다가</u>[할따가] 나를 보았다.
④ 지금까지의 결과로 봐서는 전망이 <u>밝다</u>[박따].
⑤ 그는 다가와 <u>읊조리듯</u>[읍쪼리듣] 조용히 말했다.

13

〈보기〉는 겹받침의 표준 발음에 대한 수업 장면이다. 빈칸에 들어갈 내용으로 적절한 것은?

보기
학생: 선생님, 겹받침 'ㄼ'의 발음은 왜 이렇게 일관성이 없나요? 단어에 상관없이 'ㄹ'과 'ㅂ' 중 하나로만 발음하도록 정해 두면 간단하지 않을까요? **교사:** 좋은 질문이에요. 그것은 표준 발음법에서 _____이 기본 원칙이기 때문이에요. 사람들이 '밟다'와 '넓다'를 다르게 발음하니까 그에 따라 표준 발음을 정하는 것이지요.

① 표준어의 실제 발음을 고려하는 것
② 되도록 다양한 발음을 권장하는 것
③ 국어의 전통성보다 합리성을 강조하는 것
④ 자모 글자의 원래 소릿값대로 발음하는 것
⑤ 현실에서 나타나는 모든 발음을 인정하는 것

14

〈보기〉를 참고할 때, 밑줄 친 단어를 표기와 동일하게 발음해야 하는 것은?

보기
표준 발음법 제5항 'ㅑ, ㅒ, ㅕ, ㅖ, ㅘ, ㅙ, ㅛ, ㅝ, ㅞ, ㅠ, ㅢ'는 이중 모음으로 발음한다. 다만 2. '예, 례' 이외의 'ㅖ'는 [ㅔ]로도 발음한다.

① 지금까지 이런 <u>사례</u>는 없었다.
② 그 일은 <u>계획</u>에 그치고 말았다.
③ <u>폐품</u>을 모아서 재활용하는 편이 좋다.
④ 문화재에는 조상들의 <u>지혜</u>가 담겨 있다.
⑤ 문에 달린 자동 <u>개폐</u> 장치가 고장 났다.

15

〈보기〉의 문장을 띄어쓰기 단위로 끊어 읽는다고 할 때, 표준 발음으로 적절한 것은?

보기
생닭을 부엌에 가져다 두었으니 삶아 먹어라.

① [생다글 부어게 가저다 두어쓰니 살마 머거라]
② [생다글 부어케 가져다 두어쓰니 살마 먹어라]
③ [생달글 부어게 가져다 두어쓰니 살마 먹어라]
④ [생달글 부어케 가져다 두어쓰니 살마 머거라]
⑤ [생달글 부어케 가져다 두어쓰니 살마 머거라]

16

〈보기〉를 통해 알 수 있는 '의'의 표준 발음에 대한 설명으로 적절하지 <u>않은</u> 것은?

보기
• 의사[의사] • 늴리리[닐리리], 하늬바람[하니바람] • 주의[주의/주이] • 너의[너의/너에] 손

① 단어의 첫음절에서는 [의]로만 발음한다.
② 조사 '의'는 [의] 또는 [에]로 발음할 수 있다.
③ 단어의 첫음절 이외의 경우 [에]로만 발음한다.
④ 음절의 첫소리에 자음이 있는 경우 [ㅣ]로만 발음한다.
⑤ 단어의 첫음절이 아니면서, 음절의 첫소리에 자음이 있는 경우 [ㅢ] 또는 [ㅣ]로 발음한다.

17

〈보기〉를 통해 알 수 있는 한글 맞춤법의 원리로 적절한 것은?

보기
• 구름[구름], 나무[나무], 하늘[하늘] • 꽃이[꼬치], 꽃나무[꼰나무], 꽃과[꼳꽈]

① 발음과 표기가 일치하도록 적는다.
② 고유어와 한자어를 구분하여 적는다.
③ 하나의 말은 되도록 다양한 표기로 적는다.
④ 한 단어가 지닌 다양한 뜻을 고려하여 적는다.
⑤ 소리대로 적되 의미 파악을 위해 어법에 맞게 적는다.

18

〈보기〉의 한글 맞춤법 조항을 고려할 때, 밑줄 친 부분의 띄어쓰기가 <u>잘못된</u> 것은?

보기
제41항 및 해설 　조사는 그 앞말에 붙여 쓴다. 자립성이 없어 다른 말(주로 체언)에 의존해서만 나타나기 때문이며, 조사가 둘 이상 연속되거나 어미 뒤에 붙을 때에도 그 앞말에 붙여 쓴다. **제42항 및 해설** 　의존 명사는 띄어 쓴다. 그 앞에 반드시 꾸며주는 말(관형어)이 있어야 쓸 수 있는 의존적인 말이지만, 자립 명사와 같은 명사 기능을 하므로 단어로 취급된다.

① 나도 <u>당신만큼은</u> 할 수 있다.
② 이제 믿을 것은 오직 <u>실력뿐이다</u>.
③ 모두들 구경만 <u>할 뿐</u> 말리지 않았다.
④ 걷기대회의 시작은 <u>여기서부터 입니다</u>.
⑤ 방 안은 숨소리가 <u>들릴 만큼</u> 조용했다.

19

〈보기〉의 어문 규정 조항과 관련된 예시에 대한 설명으로 적절한 것은?

보기
(가) 표준 발음법 제15항 받침 뒤에 모음 'ㅏ, ㅓ, ㅗ, ㅜ, ㅟ' 들로 시작되는 실질 형태소가 연결되는 경우에는, 대표음으로 바꾸어서 뒤 음절 첫소리로 옮겨 발음한다. **(나) 한글 맞춤법 제27항** 둘 이상의 단어가 어울려서 이루어진 말은 각각 그 원형을 밝히어 적는다. 〈붙임 2〉 어원이 분명하지 아니한 것은 원형을 밝히어 적지 아니한다.

① (가): '팥알'은 [팟알]로 발음해야 한다.
② (가): '옻오르다'는 [온오르다]로 발음해야 한다.
③ (나): '겉늙다'는 어원이 분명한 '겉'과 '늙다'로 이루어진 말이므로 원형을 밝혀 적어야 한다.
④ (나): '오라비'는 '아비'라는 어원에서 온 말이므로 원형을 밝혀 '올아비'라고 고쳐야 한다.
⑤ (가), (나): '며칠'은 [며딜]로 발음되지 않지만 '몇'과 '일'의 어원이 분명하므로 '몇일'로 고쳐야 한다.

20

〈보기〉의 예문을 통해 탐구한 내용으로 적절하지 <u>않은</u> 것은?

보기

• 그는 열심히 일함으로(써) 보람을 느낀다.
  그는 열심히 일한다. 그럼으로(써) 삶의 보람을 느낀다.
• 그는 부지런하므로 잘산다.
  그는 부지런하다. 그러므로 잘산다.
• 비가 오므로 외출하지 않았다. (O)
  비가 오므로써 외출하지 않았다. (X)

① '그럼으로써, -ㅁ으로써'의 '써'는 생략될 수 있다.
② '그럼으로(써)'는 '그렇게 하는 것으로(써)'의 의미를 지닌다.
③ '그러므로'는 뒤 내용이 앞 내용의 이유나 근거가 됨을 나타내는 말이다.
④ '써'가 결합할 수 있는지의 여부에 따라 '-므로'와 '-ㅁ으로'를 구분할 수 있다.
⑤ '-므로'는 '그러므로'와 유사한 의미를 지니며 두 문장을 연결해 주는 역할을 한다.

MEMO

MEMO

상상력이 중요한 4차 혁명시대, 한자 는 상상력의 보고

설중환 교수와 함께 배우는

한자성어 1 , 한자성어 2

이 책은 일상 생활에서 자주 쓰이는 한자성어를 중심으로

약 300개의 한자를 배우고,

그것과 관계되는 다른 단어를 함께 익혀

대략 1,000여 자의 한자를 익힐 수 있도록 구성하였다.

더불어 삶의 지혜를 얻을 수 있도록

한자성어의 유래와 도움말을 덧붙였다.

한자를 배우면 어떤 점이 좋을까?

첫째 어휘력이 풍부해진다. 옛날 한자교육을 받은 한자

세대는 3만 정도의 단어를 알았다고 하면, 지금 한글

세대는 7,000 정도의 단어 정도만 알고 있다.

어휘력이 풍부해야 상상력이 풍부해진다.

한자를 배우면 어휘력이 풍부해진다.

둘째 우리 전통 문화를 이해하고 계승해야 한다.

1980년대 이전의 서적들은 한자를 읽을 수 없어

소중한 정보들이 빛을 발하지 못하고 있다.

이런 점에서 뜻 있는 사람들은

무엇보다 먼저 한자를 공부한다.

알앤비
RNBI

"패턴을 알면 답이 보인다."

패턴국어
중학문법
기본편 개정판

류대곤 | 이승환 | 김은정 | 황혜림 | 이지윤

- 정답 및 해설 -

알앤비
RNB

기본 문제 01

제1강 음운

01 ①

정답 해설 | 윗글의 (가)에서 사람들은 정보와 감정을 주고받고자 할 때, 즉 의사소통을 할 때 언어를 이용하였는데 먼저 사용한 것은 소리, 그다음에 사용한 것은 문자라고 하였다.

오답 체크 |

② 가리키는 내용이 같다고 해서 형식이 동일할 필요는 없다. (나)에서 그 뜻을 지시하는 형식은 소통만 잘 될 수 있다면 어떤 것으로 정하든 괜찮다고 하였으므로 내용과 형식이 일치해야한다는 설명은 틀리다.

③ (다)에서 같은 언어를 사용하는 사람들끼리는 내용과 형식의 관계에 대해 약속을 해야 의사소통이 가능하다고 하였다. 따라서 만들자마자 바로 언어를 대화에 쓸 수 없다.

④ (라)에서 새로운 사물이나 개념이 나타나면, 그에 맞는 단어를 만들거나, 기존의 단어를 조합하여 새로운 말을 만들 수 있다고 하였다.

⑤ (라)에서는 새로운 말을 만들거나 기존의 표현을 쓰는 것이 모두 가능하다고 하였고, (마)에서는 효과적인 의사소통을 위해 있던 것이 사라진다고도 하였다.

02 ①

정답 해설 | (나)에는 언어의 내용과 형식은 얼마든지 달라질 수 있으며, 그 관계가 우연적이라고 설명하고 있다. 이는 언어의 '자의성'에 대한 설명이다.

오답 체크 |

② '언어의 사회성'은 (다)와 관련된 내용이다.

③ '언어의 규칙성'은 모든 언어에는 일정한 규칙 즉 문법이 있어 이를 따라야 한다는 말이다.

④ '언어의 창조성'은 (라)와 관련된 내용이다. 인간은 개수가 정해져있는 음운이나 단어를 가지고 무한한 문장을 만들어 사용할 수 있고, 처음 듣는 문장을 이해할 수 있다는 것이다.

⑤ '언어의 역사성'은 (마)와 관련된 내용이다.

03 ①

정답 해설 | (다)는 '언어의 사회성'과 관련된 내용이다. 다른 사람들이 '학교'라고 부르기로 약속한 장소를 나만 '편의점'이라고 따로 부르면 의사소통에 참여할 수 없다는 것은 사회성과 관련된 예이다.

오답 체크 |

② 언어의 '규칙성'과 관련된 예시이다. 우리말 문법에서 명사 뒤에 부사가 오거나(비이슬), 조사 뒤에 명사(가비), 어미 뒤에 어간(다온)이 오는 경우는 없기에, 새로운 문장을 만들 때에도 이렇게 만들지 않는다.

③ 언어의 '자의성'과 관련된 내용이다. 책을 얹어두는 상이라는 의미를 한국어와 영어에서 서로 다른 형식으로 표현하는 것이다.

④ 언어의 '창조성'과 관련된 내용이다. 이미 있는 단어인 '과즙', '상(얼굴)', '주식', '어린이'와 같은 말을 사람들의 생각에 맞춰 새롭게 만든 말이다.

⑤ 언어의 '역사성'과 관련된 내용이다. '다리'의 뜻이 예전보다 현대에 확장된 경우를 보여준다.

04 ④

정답 해설 | 〈보기〉는 새로운 과일을 나타내기 위한 적절한 단어(형식)를 만드는 것과 관련된 내용이다. 따라서 언어의 창조성을 서술한 (라)가 〈보기〉의 특성과 알맞다.

오답 체크 |

① (가)는 언어가 의사소통의 중요한 매개체라는 내용이다.

② (나)는 언어의 자의성을 다루고 있다.

③ (다)는 언어의 사회성을 다루고 있다.

⑤ (마)는 언어의 역사성을 다루고 있다.

05 ④

정답 해설 | '바다'를 일컫는 말이 나라마다 다르다는 것은 같은 내용을 다루더라도 언어의 형식은 저마다 다를 수 있다는 것이다. 따라서 이는 언어의 역사성에 대해 설명하는 (마)와 어울리지 않는다.

① 이전에 쓰이던 말이 쓰이지 않고 기존의 다른 말로 대체되었으므로 (마)와 관련된다.

② 이전에는 쓰이던 말이 쓰이지 않는 것은 (마)와 관련된다.

③ 이전에 쓰이던 말이 지금과 다른 것은 (마)와 관련된다.

⑤ 이전에 쓰이던 말이 지금 바뀐 것은 (마)와 관련된다.

06 ④

정답 해설 | 고양이 울음소리는 '음향'인데 그것을 사람이 표현할 때에는 정해진 것이 없기 때문에 나라마다 다르게 표현된다는 것이다. 이는 언어의 내용과 형식에 필연적인 관계가 없다는 '언어의 자의성'과 관련된 내용이다.

오답 체크 |

① 언어의 역사성은 시간이 흐르면 단어의 소리와 의미가 변하거나, 문법 요소에 변화가 생긴다는 것이다.

② 언어의 분절성은 언어가 연속적인 세상을 끊어서 나누어 표현한다는 것이다.

③ 언어의 추상성은 언어가 실제 사물에서 공통 개념만 뽑아내는 과정을 거쳐 만들어진다는 것이다.

⑤ 언어의 보편성은 모든 사람들에게는 태어나자마자 언어를 습득하는 기본 틀이 갖춰져 있다는 것이다.

07 ②

정답 해설 | 언어의 분절성은 두 가지 의미가 있다. 언어가 연속적인 세상을 끊어서 나누어 표현하는 것 외에 언어의 단위가 나뉘어 있는 것도 분절성에 속한다.

오답 체크 |

① 사회성은 언어의 형식과 내용의 관계가 처음엔 자의적으로 정해지더라도 사람들끼리 약속하면 이를 지켜야 한다는 것이다. 그런데 선택지의 내용은 언어의 '자의성'과 관련된 것이다.

③ 자의성은 언어의 형식과 내용은 우연적인 관계로 이루어져 있다는 것이다. '놈'처럼 언어의 의미가 시대에 따라 변하는 것은 언어의 '역사성'과 관련된 것이다.

④ 언어의 창조성은 접해보지도 않은 내용과 형식의 문장과 단어를 만들 수 있다는 것이다. 명사와 조사가 순서대로 결합해야 한다는 것은 국어의 문법이다. 이를 지키는 것은 언어의 '규칙성'에 해당한다.

⑤ 언어의 추상성은 구체적인 대상에서 공통성을 추출하

여 하나의 언어로 표현하는 것을 말한다. 아이들에게 사람들이 약속한 언어를 가르쳐서 의사소통에 도움을 주는 것은 언어의 '사회성'에 해당하는 이야기이다.

08 언어의 사회성을 무시하였기 때문에 사회 구성원 사이에 의사소통에 실패하였다.

정답 해설 | 다음 글의 사례는 한 남자가 언어의 사회성을 무시하고 본인 마음대로 언어의 형식과 내용을 연결지었다가 다른 사람들과 소통할 수 없게 된 것을 보여주고 있다. 따라서 '언어의 사회성'이라는 핵심어와 함께 의사소통이 불가능하다(사람들끼리 말이 통하지 않는다, 다른 사람들과 소통할 수 없다)는 내용을 서술하면 된다.

09 언어의 의미와 기호 사이에는 필연적인 관련이 없다.

정답 해설 | 같은 대상을 가리키는 언어(표기, 소리)가 나라마다 다르다는 것을 보여주고 있다. 이는 언어의 의미와 기호 사이에는 필연적인 관련이 없다는 언어의 '자의성'을 보여준다.

10 언어에는 지역에 따른 사회적 특성이 반영된다.

정답 해설 | 〈보기〉의 사례는 표준어 '고구마'가 지역에 따라 다른 형태로 사용되고 있음을 나타내고 있다. 이는 언어에는 지역에 따른 사회적 특성이 반영된다는 것을 보여준다.

01	①	02	②	03	④	04	②
05	④	06	④	07	④		
08	해설 참조			09	해설 참조		
10	해설 참조						

01 ①

정답 해설 | 쌍비읍 'ㅃ'은 하나의 음운이기 때문에 'ㅂ' 2개로 분석하면 안 된다. 그러므로 '빵'은 ㅃ, ㅏ, ㅇ, 3개의 음운으로 이루어져있다.

오답 체크 |

② '풀이'에서 두 번째 음절 '이'의 초성 'ㅇ'은 형식적으로 쓴 것이다. 따라서 소리가 나는 대로 적으면 '푸리'가 되므로 음운 역시 'ㅍ, ㅜ, ㄹ, ㅣ'로 나누어 써야 한다.

③ '온기'의 첫 번째 음절 '온'의 초성 'ㅇ'은 형식적인 글자이다. 따라서 소리가 나는 모음 'ㅗ'를 시작으로 나머지 자음과 모음을 적으면 된다.

④ '파랑'에서 받침 'ㅇ'은 '파라'와 비교해보면 실제 값이 있는 소리이다. 따라서 'ㅍ, ㅏ, ㄹ, ㅏ, ㅇ'으로 분석해야 한다.

⑤ '바늘'의 모든 글자는 소리가 나는 음운이므로 모두 적으면 된다.

02 ②

정답 해설 | 'ㅂ, ㅣ, ㅊ, ㅡ, ㄹ, ㅗ, ㅂ, ㅏ, ㄴ, ㅉ, ㅏ, ㄱ, ㅁ, ㅜ, ㄹ, ㄷ, ㅡ, ㄹ, ㅣ, ㅁ, ㅕ' 총 21개가 사용되었다. 초성 ㅇ은 소리가 없기 때문에 '으'와 '이'에 사용된 음운은 'ㅡ, ㅣ' 2개뿐이다. 또한 'ㅉ'은 하나의 자음이다.

03 ④

정답 해설 | 'ㄹ'은 공기가 발음기관에서 가장 약한 방해를 받고 나오는 자음이다. 따라서 방해를 받지 않는 말에 속하지 않는다.

오답 체크 |

① 'ㅣ'는 평순 전설 고모음이다.

② 'ㅟ'는 원순 전설 고모음이다.

③ 'ㅔ'는 평순 전설 중모음이다.

⑤ 'ㅡ'는 평순 후설 고모음이다.

04 ②

정답 해설 | (ㄱ)에서는 초성, 중성, 종성에 쓰인 자음과 모음 때문에, (ㄴ)에서는 소리의 길이 때문에 단어의 뜻이 바뀌는 것을 볼 수 있다. 따라서 (ㄱ)과 (ㄴ)에서 끌어낼 수 있는 음운의 특성은 말의 뜻을 변별해준다는 것이다.

오답 체크 |

① 이는 (ㄱ)만의 성질이라 'ㄴ'을 포함한 설명이 아니다.

③ (ㄱ)에서 볼 수 있듯 음운은 소리의 처음과 중간, 끝으로 자리를 바꾸어 가며 바꿀 수 있다.

④ (ㄱ)에서는 음운이 처음, 가운데, 끝 모든 곳에 나타난다는 생각이 들지만, (ㄴ)에서는 오직 가운뎃소리인 중성에만 소리의 길이가 적용된다는 것을 알 수 있다.

⑤ (ㄱ)과 (ㄴ) 모두 감정의 차이와는 관련이 없다.

05 ④

정답 해설 | 음운의 정의를 명확히 알면 풀 수 있다. 음운이란 '단어의 뜻(의미)을 구별해주는 가장 작은 소리의 단위'를 말한다.

오답 체크 |

①, ②, ⑤에 있는 '모양'이나 '흐름'은 음운과 관련이 없다.

06 ④

정답 해설 | 같은 음운이더라도 낼 때마다 다른 음성(소리)이 될 수 있다. 첫 문단에서 친구1과 친구2가 같은 말을 했더라도 듣는 사람은 둘의 음성을 구분할 수 있는데, 이는 사람마다 음성이 전부 다르기 때문이다.

오답 체크 |

① 세 번째 문단에서 '음운'은 '의미의 차이를 낸다'는 말을 찾아볼 수 있다.

② 첫 번째 문단에서 알 수 있듯 음성은 구체적이고 물리적이며 감각(청각)을 통해 경험할 수 있다.

③ 세 번째 문단에 있는 '변이음'도 음성의 한 부분인데, 모든 변이음이 음운으로 분류되는 것이 아님을 알 수 있다.

⑤ 두 번째 문단의 끝부분에서 음운은 '추상적이고 관념적인 소리'라고 언급하였다. 따라서 구체적으로 확인할 수 없다.

07 ④

정답 해설 | '봄'과 '껌'은 'ㅂ'과 'ㄲ' 말고도 'ㅗ'와 'ㅓ'의 차이도 있다. 따라서 'ㅂ'과 'ㄲ'만으로 두 단어의 뜻이 달라졌다고 보기는 어렵다.

오답 체크 |

① 첫 문단에서 사람의 발음기관을 통해 나오는 말소리를 '음성'이라고 하였다. 따라서 개가 짖는 소리는 '음향'이지 '음성'이 아니다.

② 둘째 문단에서 친구 1, 2가 내는 음성이 똑같이 '급식 먹으러 가자'라는 음운으로 인식되는 것에서, 음성이 달라도 음운은 같을 수 있음을 알 수 있다.

③ 셋째 문단에 [f], [v]를 통해 영어에는 있지만 우리말에는 없는 음운을 알 수 있다.

⑤ 셋째 문단 마지막 부분을 보면, 오랜 시간 영어를 배우면 음운을 구분하여 사용할 수 있다고 하였으므로 맞는 내용이다.

08 '꿈, 숨, 춤'은 초성에 있는 'ㄲ, ㅅ, ㅊ'으로 인해 의미의 차이가 생긴다. 따라서 음운이란 뜻을 변별해주는 가장 작은 소리의 단위이다.

09 ㉠은 'ㄴ'과 'ㅁ', ㉡은 'ㅓ'와 'ㅏ', ㉢은 모음을 짧게 발음하거나 길게 발음할 때 단어의 뜻이 달라진다. 따라서 ㉠~㉢을 통해 알 수 있는 '음운'의 종류는 자음, 모음, 소리의 길이다.

10 두 단어는 서로 최소대립쌍이 아니다. 왜냐하면 최소대립쌍은 다른 음운은 다 같고 한 가지만 달라야 하는데, 두 단어는 ㅏ와 ㅣ, ㅡ와 ㅜ 이렇게 2개가 다르기 때문이다.

자음 체계-기본 문제   본문 24~27쪽

01	④	02	③	03	②	04	②
05	④	06	③	07	④		
08	해설 참조			09	해설 참조		
10	해설 참조						

01 ④

정답 해설 | 'ㅇ'은 여린입천장에 혀의 뒷부분이 닿았다 떨어지면서 나는 소리이다. 이를 확인하려면 받침의 'ㅇ'을 발음해보아야 하므로 '강낭콩' 같은 단어로 조음위치를 느껴본다.

오답 체크 |

① 'ㅎ'은 목청에서 나는 소리이다.

② 'ㄷ'은 잇몸에 혀끝이 닿았다 떨어지면서 나는 소리이다.

③ 'ㅂ'은 두 입술이 붙었다가 떨어지면서 나는 소리이다.

⑤ 'ㄱ'은 'ㅇ'과 마찬가지로 여린입천장에 혀의 뒷부분이 닿았다 떨어지면서 나는 소리이다.

02 ③

정답 해설 | 공기가 코로 들어가는 자음은 '비음'이고, 공기가 양옆으로 흘러가면서 나는 소리는 '유음'이다. 따라서 ㉠에 들어갈 수 있는 자음에는 'ㅁ, ㄴ, ㅇ'이 있고, ㉡에는 'ㄹ'만 들어갈 수 있다.

오답 체크 |

① ㅁ은 비음이 맞지만, ㅂ은 파열음이다.

② ㅎ은 파열음이고, ㄹ은 유음이 맞다.

④ ㅈ은 파찰음이고 ㄴ은 비음이다.

⑤ ㅇ과 ㅁ은 모두 비음이다.

03 ②

정답 해설 | ㉢에서 말하는 거센소리에 해당하는 자음은 국어에 'ㅍ, ㅌ, ㅊ, ㅋ,' 4개가 있다.

오답 체크 |

① ㅈ은 예사소리(평음)이다.

③ ㅇ은 울림소리(비음)이다.

④ ㄹ은 울림소리(유음)이다.

⑤ ㄲ은 된소리(경음)이다.

04 ②

정답 해설 | 국어의 자음은 소리의 세기에 따라 예사소리-된소리-거센소리로 나눌 수 있다. 이때 된소리는 예사소리에 해당하는 자음 글자를 연달아 적고, 거센소리는 예사소리에 해당하는 자음 글자에 한 획을 더 그어서 적는다.

오답 체크 |

① '혀의 높이'와 관련된 것은 단모음이다.

③ '소리가 나는 위치'에 따라 분류하면 가장 바깥에서 나는 ㅂ부터 ㄷ, ㄱ, ㅎ이 차례로 있어야 한다.

④ '목청의 울림 여부'에 따라서는 울림소리(유성음)와 안울림소리(무성음)로 나뉘는데 국어 자음에서 울림소리는 ㅁ, ㄴ, ㄹ, ㅇ 4개뿐이다.

⑤ '혀의 최고점 위치'와 관련된 것은 단모음이다.

05 ④

정답 해설 | 'ㄱ'은 여린입천장에서 나는 파열음으로 예사소리(평음)이다.

오답 체크 |

① 'ㅍ'은 입술에서 나는 파열음으로 거센소리(격음)이다.

② 'ㅉ'은 센입천장에서 나는 파찰음으로 된소리(경음)이다.

③ 'ㄴ'은 잇몸에서 나는 울림소리이다.

⑤ 'ㅌ'은 잇몸에서 나는 파열음으로 거센소리(격음)이다.

06 ③

정답 해설 | 'ㅈ'은 센입천장소리이고, 'ㄱ'은 여린입천장소리이다.

오답 체크 |

① 'ㅂ'과 'ㅁ'은 입술소리이다.

② 'ㄴ'과 'ㅅ'은 잇몸소리이다.

④ 'ㅂ'과 'ㅁ'은 입술소리이다.

⑤ 'ㄷ'과 'ㅅ'은 잇몸소리이다.

07 ④

정답 해설 | 〈보기〉에서 설명하는 자음은 '울림소리(공명음)'이다. 국어의 울림소리는 ㅁ, ㄴ, ㄹ, ㅇ이 있다. 따라서 문제에서 요구하는 '울림소리인 자음'은 '사자'에 없다. 단, '사자'의 모음 'ㅏ'는 전부 울림소리이다.

오답 체크 |

① '돌고래'의 'ㄹ'은 울림소리이다.

② '나라'의 'ㄴ'과 'ㄹ'은 울림소리이다.

③ '마음'의 'ㅁ'은 울림소리이다. 이때 초성 'ㅇ'이 음가가 없기 때문에 울림소리로 분류되지 않음에 주의해야 한다.

⑤ '얼룩말'의 'ㄹ, ㅁ'이 울림소리이다.

08 소리 나는 위치가 점점 입의 바깥쪽으로 나온다.

09 '냉장고'에 쓰인 자음은 'ㄴ, ㅈ, ㅇ, ㄱ'이다. 'ㄴ'은 잇몸에서 나는 소리이며, 'ㅈ'은 센입천장에서 나는 소리이고, 'ㄱ'은 여린입천장에서 나는 소리이다.

10 '부리'의 첫 소리 'ㅂ'은 'ㄷ', 'ㄱ'이랑 발음하는 방법은 같지만, 발음하는 위치가 '입술'이야. 그래서 발음할 때 반드시 입술이 붙었다 떨어져야 해.

정답 해설 | 'ㄷ', 'ㄱ'은 모두 파열음으로 소리를 내는 방식은 모두 같다. 그러나 '부리'를 발음하기 위해서는 입술 두 개가 붙었다가 떨어져야 함을 설명한다. 'ㄷ', 'ㄱ'의 조음 방법을 설명할 때에는 파열음이나 소리를 내는 방식이 같다는 설명이 있으면 모두 옳다. 또한 입술이 붙었다가 떨어진다는 표현이 아니더라도 입술에서 나는 소리라는 표현이 있으면 맞게 한다.

01	③	02	①	03	⑤	04	②
05	④	06	③	07	②		
08	해설 참조	09	해설 참조				
10	해설 참조						

01 ③

오답 체크 |

① 'ㅐ'는 평순모음, 전설모음, 저모음이다.

② 'ㅚ'는 원순모음, 전설모음, 중모음이다.

④ 'ㅣ'는 평순모음, 전설모음, 고모음이다.

⑤ 'ㅡ'는 평순모음, 후설모음, 고모음이다.

02 ①

정답 해설 | '고민'의 'ㅗ, ㅣ'는 모두 단모음이다.

오답 체크 |

② '계란'의 'ㅖ'는 이중모음이다.

③ '모과차'의 'ㅘ'는 이중모음이다.

④ '푸념'의 'ㅕ'는 이중모음이다.

⑤ '원리'의 'ㅝ'는 이중모음이다.

03 ⑤

정답 해설 | 〈보기〉에서 설명하고 있는 모음은 전설모음, 평순모음, 고모음이다. 여기에 해당하는 모음은 'ㅣ'뿐이다.

오답 체크 |

① 'ㅐ'는 혀의 최고점이 앞에 있고 입술이 평평한 건 맞지만 혀의 위치가 가장 낮다.

② 'ㅓ'는 입술은 평평하지만 혀의 최고점이 뒤에 있고 혀의 위치는 중간이다.

③ 'ㅟ'는 혀의 최고점이 앞에 있고 혀의 위치도 높지만, 입술 모양이 둥글다.

④ 'ㅡ'는 혀의 최고점이 뒤에 있고, 혀의 위치는 높으며 입술은 평평하다.

04 ②

정답 해설 | '고기'에 쓰인 모음에는 원순모음인 'ㅗ'와 평순모음인 'ㅣ'가 있다.

오답 체크 |

① '거미'에 쓰인 'ㅓ, ㅣ'는 모두 평순모음이다.

③ '보물'에 쓰인 'ㅗ, ㅜ'는 모두 원순모음이다.

④ '외국'에 쓰인 'ㅚ, ㅜ'는 모두 원순모음이다.

⑤ '괴로움'에 쓰인 'ㅚ, ㅗ, ㅜ'는 모두 원순모음이다.

05 ④

정답 해설 | 'ㅘ'는 이중모음으로, 논란이 있는 'ㅢ'를 제외하고는 이중모음은 반모음이 앞에 오고 단모음이 뒤에 온다. 따라서 반모음 'ㅗ[w]' 뒤에서 단모음 'ㅏ'가 결합했다고 보아야 한다.

오답 체크 |

① 'ㅕ'는 이중모음이므로 발음할 때 입모양이 변한다.

② 'ㅔ'는 단모음이므로 발음할 때 입모양이 변하지 않는다.

③ 'ㅖ'는 천천히 발음해보면 '반모음 ㅣ' 뒤에 단모음 'ㅔ'가 결합한 것을 금세 알 수 있다.

⑤ 모든 반모음은 혼자서 음절을 이룰 수 없기 때문에(발음할 수 없기 때문에) 단모음과 결합하여 쓰인다.

06 ③

정답 해설 | 단모음을 〈보기〉와 같이 나눈 것은 혀의 최고점 위치가 앞인지 뒤인지에 따라 '전설모음'과 '후설모음'을 분류한 것이다.

오답 체크 |

① 높낮이에 따라 분류하면 고모음, 중모음, 저모음으로 나누어야 한다.

② 입술모양에 따라 나누면 평순모음과 원순모음으로 나누어야 한다.

④ 입술의 움직임 여부에 따라 나누면 단모음과 이중모음으로 나누어야 한다.

⑤ 소리의 세기와 느낌에 따라 나누는 것은 모음이 아니라 자음이다.

07 ②

정답 해설 | 단모음 'ㅟ'와 'ㅚ'를 발음하는 방법에 대한 이야기이다. 단모음 'ㅟ'와 'ㅚ'를 표에서 보면 'ㅜ, ㅗ'와 입술모양, 혀의 높낮이는 같지만 전설모음인지 후설모음인지의 차이만 있다. 따라서 혀의 위치를 앞으로 당겨 발음해야 한다.

오답 체크 |
① 숨의 양과 관련된 것은 '자음'이다.
③ 혀의 높이는 같으므로 옮기면 안 된다.
④ 입모양의 변화가 없는 건 맞지만, 가만히 있으면 'ㅜ, ㅗ'를 'ㅟ, ㅚ'로 발음할 수 없다.
⑤ 혀를 입천장에 붙이는 것은 '자음' 가운데 센입천장소리와 관련된다.

08 ㉠은 [웨개]이고 ㉡은 '없다'이다.
정답 해설 | 표준발음법 제4항 [붙임] 해설에 따르면 'ㅟ'를 이중모음으로 발음할 경우 반모음 'ㅜ[w]'와 단모음 'ㅣ'를 연속하여 발음하는데, 이와 관련된 다른 이중모음은 국어에 없다.

09 전부 발음할 때 혀가 뒤에 위치하는 '후설모음'이다.
정답 해설 | 이 모음들은 전부 발음할 때 혀가 뒤에 위치하는 '후설모음'이다.

10 단어를 발음하는 동안 혀의 최고점이 뒤에서 앞으로 바뀐다.
정답 해설 | 단어를 발음하는 동안 혀의 최고점이 뒤에서 앞으로 바뀐다. / 단어를 발음하는 동안 모음이 후설모음에서 전설모음으로 바뀐다. / 후설모음을 먼저 발음하고 나중에 전설모음을 발음하는 단어들이다.

제2강 품사

품사의 개념과 체언-기본 문제				본문 38~40쪽
01 ⑤	02 해설 참조			
03 해설 참조		04 ①, ②, ③		
05 ④	06 기능	07 ⑤		08 ②
09 ①	10 ③			

01 ⑤
정답 해설 | 단어는 분리하여 자립적으로 쓸 수 있는 말이나 이에 준하는 말(예 나 / 새 / 신발 / 하나 / 샀다 / 와 / 기분 / 아주 / 좋다)이나 그 말의 뒤에 붙어서 문법적 기능을 나타내는 말(예 는 / 를 / 이)을 가리킨다.
오답 체크 |
① 형태소
② 음운
③ 문장
④ 언어

02 수학 / 과 / 과학 / 은 / 매우 / 어렵다
정답 해설 | 단어는 홀로 쓰일 수 있는 가장 작은 말의 단위이다. 문장의 기본 단위로 '낱말'이라고도 한다.

03 ㉠: 기준, ㉡: 단어
정답 해설 | 품사는 단어의 갈래이다. 분류하려면 기준이 필요하다.

04 ①, ②, ③
정답 해설 | 품사의 분류 기준은 형태, 기능, 의미이다. 형태가 변하느냐, 문장에서 어떤 기능을 하느냐, 어떤 의미적 특성이 있느냐에 따라 단어를 나눌 수 있다.

05 ④
정답 해설 | 단어 가운데에는 형태가 변하는 것도 있고 그렇지 않은 것도 있다.
오답 체크 |
①, ②, ③, ⑤ '아침 / 에 / 일찍 / 학교 / 로'는 형태가 변하지 않지만 '일어나 / 달렸다'는 형태가 변한다.

06 기능

정답 해설 | 단어는 문장에서 어떤 기능을 하느냐에 따라 체언, 용언, 수식언, 관계언, 독립언의 다섯 가지로 나눌 수 있다.

07 ⑤

정답 해설 | 체언은 문장에서 주로 주체가 되는 역할을 하는 단어로, 주어나 목적어 등이 되는 자리에 쓰인다. 명사, 대명사, 수사가 있다. ⑤는 용언을 가리킨다.

08 ②

정답 해설 | '새'는 뒤에 오는 명사 '급훈'을 꾸며 주는 관형사이다. 나머지는 사람이나 사물 등의 이름을 나타내는 명사이다.

09 ①

정답 해설 | 대명사는 사람이나 사물 등의 이름을 대신하여 나타내는 단어이다. '나'는 사람의 이름을 대신하여 가리키는 1인칭 대명사이다.

오답 체크 |

②, ③, ④, ⑤ '대신, 사람, 곳'은 모두 명사이고, '그'는 '곳'을 꾸며 주는 관형사이다.

10 ③

정답 해설 | 수사는 사람이나 사물 등의 수량이나 순서를 나타내는 단어이다. 체언에 속하며 뒤에 조사가 붙을 수 있다. '첫째'는 '순서가 가장 먼저인 차례'를 가리키는 서수사이다.

오답 체크 |

① '최고로'는 명사 '최고'에 조사 '로'가 붙은 것이다.

② '가장'은 '먼저'를, '먼저'는 '온다'(동사)를 꾸며 주는 부사이다.

④ '세다'는 '사물의 수효를 헤아리거나 꼽다'라는 뜻의 동사이다.

⑤ '수없이'는 '많다'(형용사)를 꾸며 주는 부사이다.

용언-기본 문제   본문 43~45쪽

01	해설 참조	02	②	03	④
04	해설 참조	05	①	06	①
07	⑤	08	⑤	09	해설 참조
10	③				

01 먹는데, 작다

정답 해설 | '먹는데'의 기본형은 '먹다'이고 '작다'의 기본형은 '작다'이다. 두 단어는 쓰임에 따라 다양한 형태로 변한다.

02 ②

정답 해설 | 동사와 형용사는 문장에서 주로 주어를 서술하는 역할을 한다. 문장에서 쓰일 때에 그 쓰임에 맞게 다양한 형태로 변하는 게 가장 큰 특징인데, 이를 활용이라고 한다. 활용을 하는 품사라 용언이라고 하는데, 동사와 형용사가 이에 속한다. 동사와 형용사를 꾸며 주는 품사는 관형사가 아니라 부사이다.

03 ④

정답 해설 | 용언에는 동사와 형용사가 있다. ④에는 동사와 형용사가 없고 서술어의 역할을 '도서관(명사) + 이다(서술격 조사)'가 하고 있다.

오답 체크 |

① '넘기는'과 '들린다'라는 동사가 있다.

② '맑다'라는 형용사가 있다.

③ '조용하다'라는 형용사가 있다.

⑤ '썼다'라는 동사가 있다.

04 '떠들었더니'의 기본형 '떠들다', '아프군'의 기본형 '아프다'

정답 해설 | '떠들었더니'는 동사이고 '아프군'은 형용사이다. 용언은 형태가 변하는데 이를 활용이라고 한다. 활용하는 단어에서 기본이 되는 형태를 '기본형'이라고 하고, 활용할 때에 변하지 않는 부분인 어간에 어미 '-다'를 붙인다. 그리고 이 기본형으로 사전에서 단어를 찾을 수 있다.

05 ①

정답 해설 | 용언은 쓰임에 따라 형태가 변하는데 이를 활

용이라고 한다. 이때 변하지 않는 부분을 '어간(語幹)'이라고 하고 변하는 부분을 '어미(語尾)'라고 한다.

오답 체크 |
② 자다가 〉 자(다) + 다가
③ 흘렸다 〉 흘리(다) + 었다
④ 많아서 〉 많(다) + 아서
⑤ 창피했다 〉 창피하(다) + 았다

06 ①
정답 해설 | '앉은'은 기본형이 '앉다'인 동사이다.
오답 체크 |
②, ⑤ '워낙'은 '재미있어'를 꾸며 주고, '날마다'는 '즐겁다'를 꾸며 주는 부사이다.
③, ④ '재미있어'와 '즐겁다'는 형용사이다.

07 ⑤
정답 해설 | 형용사는 동사와 함께 주로 주어를 서술하는 역할을 한다. ⑤와 같은 기능을 하는 것은 관형사이다.

08 ⑤
정답 해설 | 형용사는 상태나 성질을 나타내는 단어이기 때문에 동사에 비해 활용에 제약이 있다. 명령형, 청유형, 진행형, 현재형으로는 쓰일 수 없다. 또한 목적을 나타내는 '-(으)러'나 의도를 나타내는 '-(으)려'와도 결합할 수 없다. 명령형과 형태가 같은 감탄형 '-아라/-어라'와는 결합할 수 있다.

09 ㉠: 형용사, ㉡: 동사, ㉢: 형용사 ㉣: 동사
정답 해설 | '깨끗한'의 기본형은 '깨끗하다', '하니까'의 기본형은 '하다', '편안하고'의 기본형은 '편안하다', '온다'의 기본형은 '오다'이다.

10 ③
정답 해설 | '잡은'은 '잡다'가 기본형이며 사람이나 사물 등의 움직임을 나타내는 동사이다.
오답 체크 |
① '시작하다'는 동사
② '하얗다'는 형용사
④ '어수선하다'는 형용사
⑤ '맞다'는 동사

수식언-기본 문제 본문 48~51쪽

01	②	02	③	03	⑤	04	옛
05	④	06	①	07	④		
08	해설 참조			09	⑤		
10	해설 참조						

01 ②
정답 해설 | 수식언은 그 이름에서도 알 수 있듯이 수식, 곧 꾸며 주는 기능을 한다. 관형사와 부사가 여기에 속하는데, 관형사는 체언을, 부사는 주로 용언을 꾸며 준다. 홀로 쓰일 수 있으며 형태는 변하지 않는다.

02 ③
정답 해설 | 수식언은 다른 말을 꾸며 주는 단어이다.
오답 체크 |
① '아무'는 '말'(명사)을 꾸며 준다.
② '아주'는 '좋아'(형용사)를 꾸며 준다.
④ '싱글벙글'은 '웃고'(동사)를 꾸며 준다.
⑤ '네'는 '살'(명사)을 꾸며 준다.

03 ⑤
정답 해설 | '모든'은 '학생'을, '새'는 '교복'을 꾸며 주고 있는데, '학생'과 '교복'은 모두 명사이다. 이처럼 명사를 비롯하여 대명사나 수사를 꾸며 주는 '모든'과 '새'와 같은 단어를 관형사라고 한다. 관형사는 형태가 변하지 않으며 조사와 결합하지 않는다. 또한 관형사처럼 꾸며 주는 단어가 있을 때에 문장의 의미가 더 분명해진다.

04 옛
정답 해설 | '옛'은 '모습'(명사)을 꾸며 준다. '여기'는 장소를 가리키는 지시 대명사이고, '고스란히'는 '간직하고'(동사)를 꾸며 주는 부사이다.

05 ④
정답 해설 | 관형사는 체언, 곧 명사, 대명사, 수사를 꾸며 준다. ④의 '이제'는 '바로 이때에'라는 뜻으로, '출발할'(동사)을 꾸며 주는 부사이다. ④에서는 '헌'이 '옷'(명사)을 꾸며 주는 관형사이다.

오답 체크 |

① '두'는 '번'(의존 명사)을 꾸며 주는 관형사이다.

② '외딴'은 '곳'(명사)을 꾸며 주는 관형사이다.

③ '다른'은 '무엇'(대명사)을 꾸며 주는 관형사이다.

⑤ '어떤'은 '일'(명사)을 꾸며 주는 관형사이다.

06 ①

정답 해설 | 부사는 주로 용언 앞에 놓여서 용언을 꾸며 주는 수식언이다. 경우에 따라서는 명사, 관형사, 부사와 문장 전체를 꾸며 주기도 한다. 형태는 변하지 않으며 관형사와 달리 조사가 붙어 쓰이기도 한다.

07 ④

정답 해설 | '이제부터는'은 '이제'(명사)에 조사 '부터'와 '는'이 붙은 것이다. ④에서는 '그러니'가 뒤에 오는 문장 전체를 꾸며 주는 부사이다.

오답 체크 |

① '설마'는 뒤에 오는 문장 전체를 꾸며 주는 부사이다.

② '그리'는 '게을러서는'(형용사)을 꾸며 주는 부사이다.

③ '반드시'는 '금의환향하겠습니다'(동사)를 꾸며 주는 부사이다.

⑤ '땅땅'은 '치지'(동사)를 꾸며 주는 부사이다.

08 '참'이 '힘든'을 꾸며 준다.

정답 해설 | '참'은 '사실이나 이치에 조금도 어긋남이 없이 과연'이라는 뜻으로, '힘든'(형용사)을 꾸며 주는 부사이다.

09 ⑤

정답 해설 | '못'은 '먹었다'(동사)를, '또한'은 뒤에 오는 문장 전체를, '꼬르륵'은 '난다'(동사)를, '결코'는 뒤에 오는 문장 전체를 꾸며 주는 부사이다. 나머지는 조사가 붙을 수 없지만 '다행히'는 '도'라는 조사가 붙어 쓰일 수 있다.

10 온갖: 관형사, 만날: 부사, 제발: 부사

정답 해설 | 수식언은 다른 말을 꾸며 주는 단어로, 체언을 꾸며 주는 관형사와 주로 용언을 꾸며 주는 부사가 있다. '온갖'은 '핑계'(명사)를 꾸며 주는 관형사이고, '만날'은 '놀지만'(동사)을, '제발'은 뒤에 오는 문장을 꾸며 주는 부사이다.

관계언과 독립언-기본 문제 본문 55~57쪽

01	③	02	②	03	⑤
04	해설 참조		05	만	06	⑤
07	④	08	①	09	①
10	해설 참조				

01 ③

정답 해설 | 조사는 대체로 형태가 변하지 않는데, 서술격 조사 '이다'만 예외적으로 형태가 변한다.

오답 체크 | ①, ⑤ 단어는 홀로 쓰일 수 있는 가장 작은 말의 단위인데, 예외적으로 자립성은 없지만 분리성이 강한 조사도 단어로 인정한다.

02 ②

정답 해설 | 두 문장은 서술어 '껴안았다'의 주체가 다르다. ㉮의 주어는 '친구'이고, ㉯는 '그녀'이다. 조사 '가'는 주격 조사로, 조사 '를'은 목적격 조사로 쓰이고 있다.

03 ⑤

정답 해설 | 조사는 관형사나 감탄사와는 결합하지 않는다.

오답 체크 | ①, ②, ④ 조사는 주로 체언(명사 / 대명사 / 수사) 뒤에 붙는다.

③ 조사는 가끔씩 용언(동사 / 형용사)이나 부사, 그리고 조사 뒤에 붙기도 한다.

04 ㉠: 는, ㉡: 을, ㉢: 도

정답 해설 | 조사는 일정한 문법적 자격을 나타내는 격 조사, 특별한 의미를 더해 주는 보조사, 같은 자격으로 이어 주는 접속 조사 등이 있다. '는'(어떤 대상이 화제임을 나타냄)과 '도'(어떤 것이 포함되고 그 위에 더함의 뜻을 나타냄)는 보조사이고 '을'은 목적격 조사이다. 대화의 흐름에 맞는 성격의 조사를 넣는다.

05 만

정답 해설 | '공부'(명사)에 붙은 '만'은 다른 것으로부터 제한하여 어느 것을 한정함을 나타내는 보조사이다.

06 ⑤

정답 해설 | 독립언은 그 이름에서도 알 수 있듯이 문장에서 다른 말들에 얽매이지 않고 독립적으로 쓰이는 단어이다. 독립언에는 감탄사만 있는데, 감탄사는 형태가 변하지 않고 조사와 결합하지 않는다.

07 ④

정답 해설 | '우아'는 뜻밖에 기쁜 일이 생겼을 때 내는 소리로, 줄여서 '와'라고 한다. 독립언이며 감탄사이다. 감탄사를 생략해도 문장은 성립하지만 그 의미는 달라진다. 의미를 가지고 있기 때문에 단어인 것이다.

08 ①

정답 해설 | 감탄사는 느낌이나 부름, 대답 등을 나타내는 단어이다. '흥'은 비웃거나 아니꼬울 때 내는 감탄사이다.

09 ①

정답 해설 | '형'은 부름의 상황이지만 품사는 명사이다.
오답 체크 |
② '야'는 같은 또래끼리 서로 부르는 감탄사이다.
③ '쳇'은 못마땅하거나 아니꼽거나 화가 날 때 내는 감탄사이다.
④ '글쎄'는 자신의 뜻을 다시 강조하거나 고집할 때 쓰는 감탄사이다.
⑤ '그래'는 긍정하는 뜻으로 대답할 때 쓰는 감탄사이다.

10 야, 은, 이니까: 조사 / 아차: 감탄사

정답 해설 | 관계언은 조사이고 독립언은 감탄사이다. '막내야'는 '막내'(명사)에 조사가 붙은 것으로 감탄사가 아니다. '내일'(명사)에 조사 '은'이, '일요일'(명사)에 조사 '이니까'(기본형 '이다')가 붙었다. '아차'는 '무엇이 잘못된 것을 갑자기 깨달았을 때 하는 말'로 느낌을 나타내는 감탄사이다. '그리고'는 뒤에 오는 문장 전체를 꾸며 주는 접속 부사이다.

제3강 문장

문장성분, 주성분 1-기본 문제 　　본문 62~64쪽

01 문장성분		**02** 해설 참조	
03 해설 참조		**04** ①	**05** ⑤
06 ②	**07** ②	**08** ②	**09** ②
10 ①			

01 문장성분

정답 해설 | 문장성분은 문장 안에서 문장을 구성하면서 일정한 문법적 역할을 하는 각 부분을 말하는 것으로 주성분, 부속성분, 독립성분 등의 종류가 있다.

02 주어, 서술어, 목적어, 보어

정답 해설 | 주성분에는 문장의 주체가 되는 주어와 주어의 행위, 상태, 동작 등을 설명하는 역할을 하는 서술어, 서술어의 동작이나 행동의 대상이 되는 목적어, 서술어 '되다, 아니다'가 필요로 하는 성분인 '보어' 등이 있다.

03 관형어, 주어, 보어, 서술어

정답 해설 | '그의'는 '체언 + 관형격 조사'로 된 관형어로 주어인 '말을'을 수식하는 역할을 한다. '말을'은 문장 전체의 주어이며, 서술어 '아니다'가 필요로 하는 성분인 '진실이'는 보어이다.

04 ①

정답 해설 | ① 생각이나 감정을 완결된 내용으로 표현하는 최소단위가 문장인데 '내가 좋아하는'은 완결된 내용이 아니므로 문장이라 할 수 없다.
오답 체크 |
② 주어(전기자동차가)와 서술어(신기하다)로 이루어진 완결된 문장이다.
③ 주어(시대가)와 서술어(다가온다)로 이루어진 완결된 문장이다.
④ 주어(시스템이)와 서술어(잡았다)로 이루어진 완결된 문장이다.
⑤ 주어(산업혁명이)와 서술어(시작되었다)로 이루어진 완결된 문장이다.

05 ⑤

정답 해설 | '눈빛이(무엇이)+맑았다(어떠하다)'이므로 '무엇이 어찌하다'에 해당하지 않는다.

오답 체크 |

① '그녀는(누가) + 시인이다(무엇이다)'로 구성되어 있다.

② '과일이(무엇이) + 달다(어떠하다)'로 구성되어 있다.

③ '실력이(무엇이) + 뛰어나다(어떠하다)'로 구성되어 있다.

④ '개가(무엇이) + 짖었다(어찌하다)'로 구성되어 있다.

06 ②

정답 해설 | '그녀가(누가)가 멋지다(어떠하다)'이고 '소녀가(누가) + 웃었다(어찌하다)'이며, '나는(누가) + 중학생이다(무엇이다)'이므로 ㉠~㉢을 나눈 기준은 서술어의 종류라고 할 수 있다.

오답 체크 |

① ㉠~㉢의 주어는 모두 체언이다.

③ ㉠~㉢에는 부속 성분이 없다.

④ ㉠~㉢에는 독립 성분이 없다.

⑤ ㉠~㉢은 각각 주어 1개와 서술어 1개로 이루어진 홑문장이다.

07 ②

정답 해설 | 주성분에는 주어, 서술어, 목적어, 보어 등이 있는데 이 중에서 주어는 문장의 주체가 되는 성분이고 서술어는 주어의 성질, 상태, 동작 등을 풀이하는 기능을 한다. 목적어는 서술어의 동작 대상이 되는 것이고, 보어는 '되다, 아니다' 서술어가 필요로 하는 성분이다.

08 ②

정답 해설 | '무엇이'나 '누가'는 문장의 짜임에서 주어 역할에 해당한다. '하늘과'는 비교 대상이 되는 부사어에 해당하며 이 때 '과'는 부사격 조사이다. '바다는'은 주어이고 이때 '는'은 보조사에 해당한다.

오답 체크 |

① '바람이(주어) + 세게(부사어) + 불었다(서술어)'로 이루어져 있다.

③ '철수는(주어) + 박사가(보어) + 아니다(서술어)'로 이루어져 있다.

④ '어제(부사어) + 지수가(주어) + 자전거를(목적어) +

탔다(서술어)'이다.

⑤ '천장이(주어) + 높아서(서술어) + 손이(주어) + 닿지 않는다.(서술어)'이다.

09 ②

정답 해설 | '귀여운(관형어) + 인형을(목적어)+잃어버렸다(서술어)'로 이루어져 있으며 주어가 생략된 문장이다.

오답 체크 |

① 나무의(관형어) + 색깔이(주어) + 진하다(서술어)

③ 높이(부사어) + 나는(관형어) + 새가(주어) + 멀리(부사어) + 본다(서술어)

④ 나는(주어) + 밀린(관형어) + 과제를(목적어) + 모두(부사어) + 끝냈다(서술어)

⑤ 그(관형어) + 평론가가(주어) + 영화의(관형어) + 별점을(목적어) + 새로(부사어) + 매겼다(서술어)

10 ①

정답 해설 | 문장의 뼈대가 되는 주성분도 생략이 가능하다. 예를 들어 '(우리가) 이 일은 해야 해.'라는 문장에서 주어인 '우리가'가 생략되어도 문장이 성립한다.

오답 체크 |

② 주격 조사 중 '께서'는 높임 대상에 사용하므로 주체의 높낮이에 따라 격조사가 달라질 수 있다는 적절한 진술이다.

③ 문장의 뼈대가 되는 주성분에는 주어, 서술어, 목적어, 보어의 4종류가 있다.

④ '학교에서 성적표를 보냈다'의 경우 '학교(기관) + 에서(조사)'가 주어이다.

⑤ '체언 + 조사'가 서술어가 된 경우로 '무엇이다'를 들 수 있다. 예를 들어 '언니는 대학생이다.'에서 서술어 '대학생이다'가 이런 경우에 해당한다.

01	해설 참조	02	독립어	
03	해설 참조	04	④	05	⑤
06	⑤	07	①	08	④	09	⑤
10	②				

01 부사어, 체언, 부사어, 부사어

정답 해설 | 문장 성분에는 주성분, 부속 성분, 독립 성분이 있는데 이 중에서 부속 성분은 주성분을 수식하는 문법적 기능을 하며 그 종류로는 관형어, 부사어 등이 있다. 관형사, 체언, 체언+관형격조사, 용언+관형사형 어미로 실현되는 관형어는 체언을 수식하는 기능을 하고 부사, 체언+부사격조사, 용언+부사형 어미로 실현되는 부사어는 용언이나 관형어, 다른 부사어나 문장 등을 수식하거나 문장이나 단어를 이어주기도 한다.

02 독립어

정답 해설 | 독립어는 다른 문장 성분과 관련을 맺지 않고 독립적으로 사용되는 성분이며 감탄사, 체언+호격조사, 제시어 등이 독립어가 된다.

03 독립어, 관형어, 목적어, 서술어, 부사어, 목적어, 서술어

정답 해설 | '청춘'은 제시어이므로 독립어에 해당하고, '이'는 '말을'을 수식하는 관형어이다. '말을'은 앞 절의 목적어이고 '떠올리며'은 앞 절의 서술어이다. '얼굴에'는 부사어이고 '웃음을'은 뒤 절의 목적어, '짓는다'는 뒤 절의 서술어이다. 문장 전체의 주어는 생략되어 있다.

04 ④

정답 해설 | '하늘은(주어)+사람을(목적어)+돕는다(서술어)'이고 '그(관형어)+약이(주어)+우리를(목적어)+돕는다(서술어)'로 구성되어 있다.

오답 체크 | '햇빛에(부사어)+눈이(주어)+부시다(서술어)'이고, '푸른(관형어)+파도가(주어)+넘실거린다(서술어)'이다.

05 ⑤

정답 해설 | '물이 얼음이 되었다'에서 '얼음이'는 서술어 '되다, 아니다' 앞에서 필요한 보어이다. '냉동실에 얼음이 있다.'에서 '냉동실에'는 부사어이고, '얼음이'는 주어, '있다'는 서술어인데 '얼음이'의 문법적 기능 즉, 문장에서 서술어를 보충하는 기능(㉠)인지 아니면 문장의 주체(㉡)에 따라 문장 성분이 달라진다.

06 ⑤

정답 해설 | 서술격 조사인 '이다'도 생략이 가능하다. '이것은 간식'이라는 문장에서 '이것은'은 주어이고 '간식(이다)'는 서술어인데 서술격 조사 '이다'가 생략된 경우에 해당한다.

오답 체크 |

① 문장의 구성이 '무엇이(누가)+무엇이다/어찌하다/어떠하다'이므로 이때 주어에 해당하는 '무엇이'는 사물, '누가'는 사람이므로 사람과 사물 모두 주어가 될 수 있다.

② '선물을 어제 겨우 준비했다'에서 '선물을'은 목적어이지만 문장의 제일 앞에 위치하므로 목적어가 항상 문장의 중간에 위치하는 것은 아니다.

③ '되어, 아니다' 앞에 오는 '체언+이/가'가 보이므로 문장에서 보어를 필요로 하는 서술어는 정해져 있다고 할 수 있다.

④ '나는 사랑만을 추구한다.'에서 '사랑만을'이 목적어인데 '체언+ 보조사+목적격조사' 형태이다.

07 ①

정답 해설 | '운동장에서'는 장소를 나타내는 부사어이며 '체언+부사격조사'의 형태로 실현되고 있다.

오답 체크 | '나는'은 문장의 주어이고, '푸른'은 '하늘을'이라는 목적어를 수식하는 관형어, '보았다'는 '어찌하다'에 해당하는 서술어이다.

08 ④

정답 해설 | '철수는(주어)+어제(부사어)+숙제를(목적어)+끝냈다.(서술어)'이므로 주성분은 세 개이다. '그녀는(주어)+뛰어난(관형어)+인물이(보어)+아니다.(서술어)' 이므로 주성분은 주어, 보어, 서술어의 세 개이다.

오답 체크 |

① 노을이(주어)+예쁘게(부사어)+보인다.(서술어) ⇒ 주성분 두 개(주어, 서술어)

② 법원에서(부사어)+소동이(주어)+일어났다.(서술어) ⇒ 주성분 두 개 (주어, 서술어)

③ 수박보다(부사어)+포도가(주어)+더(부사어)+맛있다.(서술어) ⇒ 주성분 두 개(주어, 서술어)

⑤ 시합에서(부사어)+너의(관형어)+능력이(주어)+필요하다.(서술어) ⇒ 주성분 두 개(주어, 서술어)

09 ⑤

정답 해설 | '나는(주어)+책상을(목적어)+닦고 있었다.(서술어)' 이며 이때 서술어인 '닦고 있었다'는 '본용언(주된 의미를 지닌 용언으로 보조 용언 앞에 쓰이는 것- 닦다)+보조용언(다른 용언의 뒤에 붙어 의미를 더해주는 용언- 있다)'이 결합한 형태이다.

오답 체크 |

① 우박이(주어)+우수수(부사어)+떨어졌다.(서술어)

② 나는(주어)+지금(부사어)+밥을(목적어)+먹고 있다.(서술어)

③ 우리는(주어)+국어(관형어)+문법을(목적어)+배웠다.(서술어)

④ 봄의(관형어)+꽃은(주어)+가을보다(부사어)+화려하다.(서술어)

10 ②

정답 해설 | 용언이나 관형어, 다른 부사어나 문장 등을 수식하거나 문장이나 단어를 이어주기도 하는 부사어는 '체언+부사격 조사', '용언+부사형 어미'로도 실현 된다.

오답 체크 |

① '하늘아'는 '(하늘)체언+조사(아)'의 형태로 독립 성분인 독립어가 된다.

③ 관형어는 관형사, 체언, 체언+관형격조사, 용언+관형사형 어미로 실현된다.

④ 부속성분은 주성분을 수식하는 기능을 하며 문장의 필수 성분이 아니므로 생략이 가능하다.

⑤ 부사어는 용언이나 관형어, 다른 부사나 문장 등을 수식하거나 문장이나 단어를 이어주는 문법적 기능을 하며 문장에서 '어떻게'나 '어찌' 등의 의미에 해당한다.

문장의 짜임 1, 2-기본 문제   본문 72~74쪽

01 홑문장		02 해설 참조	
03 해설 참조		04 ⑤	05 ⑤
06 ⑤	07 ①	08 ②	09 ①
10 ④			

01 홑문장

정답 해설 | 문장의 종류는 주어와 서술어의 관계가 문장 안에 몇 번 나타나느냐에 따라 나뉜다. 홑문장은 주어와 서술어가 한 번 나타나는 것이고, 겹문장은 두 번 이상 나타나는 것이다.

02 대등하게 이어진 문장

정답 해설 | 겹문장은 앞의 절과 뒤의 절의 의미 관계에 따라 대등하게 이어진 문장과 종속적으로 이어진 문장으로 나눌 수 있다. 대등하게 이어진 문장은 앞 절과 뒤 절의 순서를 바꾸어도 동일한 의미가 성립된다. '철수는 도서관에서 공부를 하고 영희는 운동장에서 축구를 한다'라는 문장은 '영희는 운동장에서 축구를 하고 철수는 도서관에서 공부를 한다.'라고 앞 절과 뒤 절의 순서를 바꾸어도 의미 변화가 없으므로 대등하게 이어진 문장이다.

03 종속적으로 이어진 문장

정답 해설 | 두 문장이 이어진 경우 앞의 절과 뒤의 절의 순서를 바꾸었을 때 원래의 문장과 동일한 의미가 성립되지 않으면 종속적으로 이어진 문장이라고 한다.

04 ⑤

정답 해설 | 〈보기〉의 ⓐ는 '관형어+주어+서술어', '주어+부사어+목적어+서술어'로 '주어-서술어'가 한 번만 나타난 홑문장이다. 이에 비해 ⓑ는 '주어+서술어+주어+서술어', ' 주어+서술어+주어+서술어'로 구성되어 '주어-서술어'가 두 번 이상 나타난 겹문장이다. 그러므로 두 개로 나누는 기준은 '주어-서술어'가 나타난 횟수라고 할 수 있다.

05 ⑤

정답 해설 | '명수는'이 주어이고 '학생이다'가 서술어인데 '성적이 좋은'은 '성적이'가 주어이고 '좋은'이 서술어인 관형절에 해당한다. 따라서 주어와 서술어가 두 번 이상 나

타나는 겹문장이다.

오답 체크 |

① 반짝반짝(부사어)+별들이(주어)+빛난다. (서술어)이므로 주어와 서술어가 한 번 나타나는 홑문장이다.

② 개구리는(주어)+파충류가(보어)+아니다(서술어)이므로 주어와 서술어가 한 번 나타나는 홑문장이다.

③ 우리는(주어)+어제(부사어)+여행을(목적어)+끝냈다.(서술어)

④ 눈이(주어)+소복소복(부사어)+내린다.(서술어)

06 ⑤

정답 해설 | '등불을(주어)+밝혀(서술어)+어둠을(목적어)+내몬다.(서술어)'로 구성되어 있으며 주어가 생략된 이어진 문장이다.

오답 체크 |

① '인생은'이 문장 전체의 주어이고, '살기가(주어)+어렵다. (서술어)'가 서술절인 겹문장이다.

② '나는(주어)+나에게(부사어)+손을(목적어)+내민다.(서술어)'인 홑문장이다.

③ '창밖에(부사어)+밤비가(주어)+속살거린다.(서술어)'인 홑문장이다.

④ '화자가(주어)+내적(관형어)+갈등을(목적어)+겪는다.(서술어)'인 홑문장이다.

07 ①

정답 해설 | '다수의(관형어)+국민이(주어)+교육(관형어)+정책에(부사어)+찬성했다.(서술어)'이므로 주어와 서술어가 한 번 나타나는 홑문장이다.

오답 체크 |

② '그가(주어)+대학에(부사어) 합격했다는(서술어)'인 관형절이고 '소식을'은 문장 전체의 목적어, '들었다'는 문장 전체의 서술어인 겹문장이다.

③ '나는(주어)+꿈을(목적어)+꾸고(서술어)+나의(관형어)+꿈은(주어)+나를(목적어)+키운다(서술어).'로 이어진 문장이다.

④ '비록(부사어)+봄은(주어)+사라지지만(서술어)+언젠가(부사어)+돌아온다.(서술어)'인 이어진 문장이며 뒤의 절에서 주어인 '봄은'은 앞 절의 주어이므로 중복이 되지 않도록 생략되어 있다.

⑤ '집에(부사어)+도착하니(서술어)+동생이(주어)+기다

리고 있었다.(서술어-본용언+보조용언)'로 구성되어 있는 이어진 문장이다.

08 ②

정답 해설 | '여기는(주어)+높지만(서술어)'과 '저기는(주어)+낮다(서술어)'가 이어져 있는데 앞의 절과 뒤의 절의 순서를 바꾸어도 의미의 변화가 없으므로 대등하게 이어진 문장이다.

오답 체크 |

① '눈이'가 문장 전체의 주어이고 '소리도 없이'가 부사절, '내린다'가 서술어인 겹문장이다.

③ 앞의 절이 '잇몸이(주어) 아파서(서술어)'이고 뒤의 절이 '점심을(목적어) 굶었다(서술어)'인데 앞의 절이 뒤의 절의 원인이 되므로 종속적으로 이어진 문장이다.

④ 앞의 절이 '늦잠을(목적어)+자서(서술어)'이고 뒤의 절이 '학교에(부사어)+지각했다.(서술어)'인데 앞의 절이 뒤의 절의 원인이 되므로 종속적으로 이어진 문장이다.

⑤ 앞의 절이 '버스가(주어)+밀리자(서술어)'이고 뒤의 절이 '사람들이(주어)+힘들어 했다(서술어-본용언+보조용언)'인데 앞의 절이 뒤의 절의 원인이 되므로 종속적으로 이어진 문장이다.

09 ①

정답 해설 | 아침부터(부사어)+비가(주어)+내렸다(서술어) ⇒ 홑문장

하늘은(주어)+푸르고(서술어)+강물은(주어)+흐른다(서술어) ⇒ 대등하게 이어진 문장

학교에(부사어)+가려고(서술어)+집에서(부사어)+출발했다.(서술어) ⇒ 앞 절과 뒤 절의 의미관계가 '의도'인 종속적으로 이어진 문장

10 ④

정답 해설 | 주어와 서술어로 된 문장이 이어질 때에는 앞 절과 뒤 절이 나열, 대조, 원인, 조건, 양보 등의 의미 관계를 형성하게 된다. 예를 들어 '봄이 가고 여름이 온다'는 나열의 의미 관계를 이룬다.

오답 체크 |

① 주어와 서술어의 관계가 한 번만 나오는 문장은 홑문장이다.

② 주어와 서술어의 관계가 두 번 이상 나오는 문장은 겹

문장이다.

③ 주어와 서술어로 이루어진 두 문장을 이은 문장은 이어진 문장이다.

⑤ 주어와 서술어가 있는 문장이 다른 문장의 성분 역할을 할 때 그 문장을 안긴문장이라고 한다.

01	해설 참조		02	해설 참조	
03	해설 참조	04	①	05	⑤
06	⑤	07	①	08	④	09	①
10	②				

01 이어진문장, 안은문장

정답 해설 | 주어와 서술어의 관계가 한 번 나타나면 홑문장이고 두 번 이상 나타나면 겹문장인데 겹문장은 두 종류가 있다. 두 문장이 이어지면 이어진문장, 한 문장이 다른 문장의 성분이 되면 안긴문장-안은문장이 된다.

02 겹문장, 안은문장

정답 해설 | '어제 책을 사다'와 '너에게 책을 빌려줄게'가 결합한 문장이다. 두 문장에서 중복되는 어휘인 '책을'은 생략이 되고, '어제 산'이 관형절이 되어 문장 성분 역할을 하므로 관형절을 안은문장이라고 할 수 있다.

03 한국인이 좋아하는 / 관형절

정답 해설 | '한국인이 돼지고기를 좋아하다'라는 문장이 '한국인이 좋아하는'이라는 형태의 관형절(안긴문장)이 되어 '돼지고기를'을 수식하고 있다.

04 ①

정답 해설 | 안은문장은 명사절, 서술절, 부사절, 관형절, 인용절 등이 있는데 이 중에서 명사절은 용언이나 서술격 조사에 명사형 어미 '-(으)ㅁ, -기' 등을 사용하고, 관형절은 용언이나 서술격 조사에 관형사형 어미 '-는, -(으)ㄹ, -던' 을 사용한다. 또, 부사절은 용언이나 서술격 조사에 '-이, -게, -도록' 등의 부사형 어미를 사용한다. 서술절은 서술어의 기능을 하는 절이고, 인용절은 다른 사람의 말을 인용한 것이 절의 형식으로 쓰인다.

05 ⑤

정답 해설 | '시원하게 내리는'이라는 관형절이 들어가 있고, '그녀는'은 주어이고 '좋아한다'가 서술어이므로 관형절을 안고 있는 겹문장이다.

오답 체크 | '그녀는'은 문장 전체의 주어이고, '시원하게 내리는'은 '비를'을 수식하는 관형절이다. '시원하게'는 '내

리는'을 수식하는 부사어이고 '비를'은 문장 전체의 목적어이고, '좋아한다'는 문장 전체의 서술어이다.

06 ⑤
정답 해설 | ㉠에서 '재능이 뛰어나다'는 서술절이고, ㉡에서 '그가 돌아온'은 관형절이다. ㉢의 '형과 달리'는 부사절이므로 세 문장은 문장에 포함된 절의 문장 성분이 다르다.

07 ①
정답 해설 | '태극기가(주어) 바람에(부사어) 펄럭였다(서술어)'인 홑문장이다.
오답 체크 |
② '아침 이슬을 머금은'이 관형절이다.
③ '그가 고국에 돌아왔다는'이 관형절이다.
④ '불이야!'가 인용절이다.
⑤ '내가 아는'과 '성격이 좋은'은 관형절이다.

08 ④
정답 해설 | '대학에 가기'는 부사격 조사 '로'가 붙어 부사어를 만드는 명사절이고, '친구랑 놀기'도 부사격 조사 '에'가 붙어 부사어가 되었다.
'시험을 보기'는 목적격 조사 '를'을 생략한 목적어이고, '방학이 시작되기'는 목적격 조사 '를'이 붙은 목적어이다.

09 ①
정답 해설 | '다리가 짧다'는 서술절이므로 '악어는 다리가 짧다'는 문장이 다른 문장의 성분이 된 경우에 해당한다.
오답 체크 |
② '물이 증발하면'과 '수증기가 된다.'가 이어진 문장이다.
③ '시골의(관형어) 새벽(관형어) 풍경은(주어) 고즈넉하다.(서술어)'인 홑문장이다.
④ '우리의(관형어) 노력이(주어) 결과를(목적어) 만들어낸다.(서술어)'인 홑문장이다.
⑤ '1등이 아니라도'와 '너는 우리의 영웅이다.'가 이어진 문장이다.

10 ②
정답 해설 | '철수가(주어) 드디어(부사어) 우주비행사가

(보어) 되었다(서술어)'인 홑문장이다.
오답 체크 |
① '택배가 도착하기'가 명사절이다.
③ '소리도 없이'가 부사절이다.
④ '1등이 아닌'이 관형절이다.
⑤ '국어 수업이 1교시야'가 인용절이다.

제4강 어휘 및 담화

01 ①

정답 해설 | 어휘는 그 기원(또는 말의 뿌리, 어종)에 따라 고유어, 한자어, 외래어로 나눌 수 있다. 따라서 정답은 ①번이다.

02 ⑤

정답 해설 | 추상적인 개념이나 전문 분야의 개념을 나타내는 어휘가 많은 것은 한자어의 특성이지 고유어의 특성이 아니다.

오답 체크 |

① 우리말 고유어는 촉감, 맛, 모양, 소리 등을 생생하게 표현할 수 있는 감각어가 발달 되어 있는 것이 특징이다.

② 우리말 고유어는 색깔을 표현하는 말이 다양하게 발달 되어 있는 것이 특징이다.

③ 우리말 고유어에는 농사와 관련된 말이 발달 되어 있는데 이는 우리 사회가 농경 사회였기 때문이다.

④ 우리말 고유어는 오랜 기간 우리 민족의 삶과 밀접한 관련을 맺고 발달해 왔기 때문에 우리 민족이 지닌 고유의 정서나 문화를 잘 표현할 수 있는 것이 특징이다.

03 ②

정답 해설 | 〈보기〉에 제시된 '동물, 농촌, 감상, 학교'는 모두 한자어로 한자에 기초하여 만들어진 말들이다.

오답 체크 |

① 우리말에 본디부터 있던 말은 한자어가 아니라 고유어이다.

③ 다른 나라의 문화와 함께 들어온 말은 한자어가 아니라 외래어이다.

④ 외래어의 경우 무분별하게 사용될 경우 우리말의 정체성을 위협할 수 있지만, 한자어는 우리말에서 차지하는 비중이 매우 크기 때문에 우리말의 정체성을 위협한다는 말은 적절하지 않다.

⑤ 외국에서 들어와 우리말처럼 쓰이는 말은 한자어가 아니라 외래어이다.

04 ③

정답 해설 | 〈보기〉는 파란색을 표현한 말들이다. 이와 같이 우리말에서 고유어는 색깔을 표현하는 말이 다양하게 발달 되어 있다.

오답 체크 |

① 뜻이 구체적인 경우가 많은 것은 한자어이다. 한자어는 고유어에 비해 뜻이 구체적인 경우가 많기 때문에 고유어를 보완하는 역할을 한다.

② 고유어가 친근하고 따뜻한 느낌을 주며 감각이나 정서를 섬세하게 표현할 수는 있으나 〈보기〉에 제시된 단어들은 우리말이 색채어가 발달 되어 있음을 나타내는 예시이다.

④ 우리말의 어휘를 풍부하게 해주는 것은 외래어이다. 왜냐하면 대체할 수 있는 고유어나 한자어가 별로 없고 외국에서 들어온 사물을 나타내는 경우가 많기 때문이다.

⑤ 전문 분야의 개념을 나타내는 어휘가 많은 것은 한자어이다.

05 ③

정답 해설 | '무지개'는 한자어가 아니라 고유어에 해당한다. 무지개는 공중에 떠 있는 물방울이 햇빛을 받아 나타나는, 반원 모양의 일곱 빛깔의 줄로 흔히 비가 그친 뒤 태양의 반대쪽에서 나타난다.

06 ③

정답 해설 | '자연(自然)'은 사람의 힘이 더해지지 아니하고 저절로 생겨난 산, 강, 바다, 식물, 동물 따위의 존재. 또는 그것들이 이루는 지리적·지질적 환경으로 한자어에 해당한다. 외국에서 들어온 사물을 나타내는 경우가 많은 것은 외래어이다.

오답 체크 |

① '꿈'은 고유어이다. 따라서 고유어가 우리 민족의 정서나 감정을 잘 나타낸다는 말은 적절하다.

② '종아리'는 고유어이다. 따라서 고유어는 본래부터 있던 우리말을 바탕으로 만들어졌다는 설명은 적절하다.

④ '경건(敬虔)'은 한자어에 해당한다. 한자어는 분화된 뜻을 가지고 있어서 고유어를 보완하는 역할을 한다는 설명은 적절하다.

⑤ '아스팔트(asphalt)'는 외래어에 해당한다. 따라서 대체할 수 있는 고유어가 별로 없다는 설명은 적절하다.

07 ⑤

정답 해설 | 〈보기〉에서 ⓪의 의미는 '이름, 제도 따위를 바꾸다'라는 의미이므로 한자어로 바꾸면 '개정하다'가 맞다. 고유어는 하나의 낱말이 여러 가지 뜻으로 쓰이지만, 한자어는 고유어보다 분화된 뜻을 가지고 있어 고유어를 보완하는 역할을 한다.

오답 체크 |

① ㉠은 '낡거나 헌 물건을 고치다'라는 의미이므로 '수선(修繕)하다'가 적절한 표현이다.

② ㉡은 '고장이 나거나 못 쓰게 된 물건을 손질하여 제대로 되게 하다'의 의미이므로 '수리(修理)하다'가 적절한 표현이다.

③ ㉢은 '병 따위를 낫게 하다'의 의미이므로 '치료(治療)하다'가 적절한 표현이다.

④ ㉣은 '잘못되거나 틀린 것을 바로잡다'라는 의미이므로 '수정(修訂)하다'가 적절한 표현이다.

08 감상(感想)

정답 해설 | '느낌'은 표현의 의도에 따라 문장 안에서 '감정(感情), 감상(感想), 예감(豫感)' 등 다양한 의미로 쓰인다. 〈보기〉에 제시한 문장 속에서 '느낌'의 의미는 '마음속에 일어나는 느낌이나 생각'을 뜻하므로 '감상(感想)'에 해당한다.

09 고유어는 하나의 낱말이 여러 뜻으로 쓰이지만, 한자어는 고유어보다 분화된 뜻을 지니고 있어서 고유어를 보완하는 역할을 한다.

정답 해설 | 〈보기〉에서 '말'은 고유어로 다양한 뜻으로 쓰인다. 첫째 문장의 '말'은 '언어(言語)'의 의미를, 둘째 문장의 '말'은 '소문(所聞)'의 의미를, 셋째 문장의 '말'은 '대화(對話)'의 의미를 나타낸다. 이렇듯 한자어는 고유어에 비해 좀 더 분화된 의미를 지니며 고유어를 보완하는 역

할을 한다.

10 고유어-미역국, 불고기 / 한자어-잡채, 만두, 우유 / 외래어 -오므라이스, 오렌지

정답 해설 | 단어를 어휘의 체계에 따라 분류할 때에는 사전을 이용하면 도움이 된다. 사전을 볼 때 표제어 옆에 원어 정보가 없으면 고유어에 해당하고, 표제어 옆 괄호에 한자가 있으면 한자어에 해당하며, 표제어 옆 괄호에 원어인 영어 알파벳이 있으면 외래어에 해당한다. 하지만 기본적으로 알고 있어야 문제에 접근할 수 있으므로 평소에 학습을 할 때 어휘의 의미를 이해하는 과정에서 그 어휘가 어디에 속하는지 알아두면 좋다. 〈보기〉의 식단에서 '미역국'과 '불고기'는 고유어에 해당하고, '잡채(雜菜)', '만두(饅頭)', '우유(牛乳)'는 한자어에 해당하며, '오므라이스(omelet rice)'와 '오렌지(orange)'는 외래어에 해당한다.

01 ④	02 ②	03 ②	04 ③
05 ④	06 ④	07 ③	08 은어
09 의미	10 ㉠-입다, ㉡-신다, ㉢-끼다		

01 ④

정답 해설 | 지역 방언이 생기는 까닭은 교통과 통신 수단이 발달하지 않아서이지 교통과 통신 수단이 급격하게 발달했기 때문이 아니다.

오답 체크 |

① 지역에 따라 달라진 말은 지역 방언이다.

② 같은 언어라고 하더라도 지역적으로 떨어져 오랜 시간이 흐르면 단어의 형태가 달라지는 등 원래의 언어와는 다른 모습으로 변하게 된다.

③ 지역 방언은 특정 지역에서 쓰이는 말로, 그 지역의 독특한 문화와 정서가 담겨 있다.

⑤ 지역 방언은 산과 강 등 지리적 장애물이 존재하여 지역 간의 교류가 활발하지 않게 됨으로써 원래의 언어와 다른 모습으로 변한 말이다.

02 ②

정답 해설 | 〈보기〉에 제시된 단어들은 모두 '부추'의 지역 방언에 해당하는 단어들이다. 따라서 전문 분야에서 특별한 뜻으로 쓰는 말이라는 선택지 ②번의 설명은 사회 방언 중 전문어에 대한 설명이기 때문에 틀린 설명이다.

오답 체크 |

① 〈보기〉의 단어들은 모두 '부추'를 의미하는 지역 방언들이다.

③ 지역 방언은 지역 간 교통과 통신이 발달되어 있지 않은 상황에서 원래 언어가 달라져 변한 말들인데, 교통과 통신이 발달되면서 지역 간 언어의 차이도 줄고 있다.

④ 비공식적인 상황에서 같은 지역 사람끼리 사용하는 방언은 유대감과 친근감을 형성해준다.

⑤ 지역 방언이 생긴 이유는 같은 언어라도 지역적으로 격리되어 오랜 시간이 흐르면 원래의 언어와 다른 모습으로 바뀌기 때문이다.

03 ②

정답 해설 | 같은 지역 사람들끼리 사용하는 지역 방언은 서로 간에 유대감과 친근감을 갖게 해주는 역할을 한다. 따라서 선택지 ②번의 설명은 적절하다.

오답 체크 |

① 같은 지역 사람들끼리 이질감을 해소하기 위해 지역 방언을 사용한다는 설명은 적절하지 않다.

③ 지역 방언은 다른 지역 사람들에게 사용하면 의미를 이해하기 어렵기 때문에 오히려 의사소통에 방해가 된다. 따라서 적절하지 않은 설명이다.

④ 객관적인 사실을 잘 드러내기 위해서는 방언이 아니라 표준어를 사용하는 것이 적절하다.

⑤ 특정 집단의 사람들끼리 비밀을 유지하기 위해 사용하는 말은 지역 방언이 아니라 사회 방언 중 은어에 해당한다.

04 ③

정답 해설 | 사회 방언이란 세대, 성별, 직업, 사회 집단 등에 따라 다르게 쓰이는 말인데, 여기서 세대, 성별, 직업, 사회 집단 등이 사회 방언에 영향을 미치는 요인들이다.

05 ④

정답 해설 | 〈보기〉에 제시된 말들은 지역 방언이다. 따라서 다른 지역 사람들에게 내용 전달을 정확하게 해야 할 때 지역 방언을 사용하는 것은 적절하지 않다.

오답 체크 |

① 고향에서 그 지역 상품을 홍보할 때 지역 방언을 사용하면 친근감을 느낄 수 있으므로 적절하다.

② 특정 지역을 배경으로 영화를 촬영한다고 했으므로 지역의 특색을 잘 드러낼 수 있기 때문에 적절한 설명이다.

③ 오랜만에 고향 사람을 만났다면 비공식적 상황이므로 지역 방언을 사용하면 유대감과 친근감을 느낄 수 있기 때문에 적절한 설명이다.

⑤ 가족들이 명절 때 만나서 하는 인사이기 때문에 지역 방언을 사용하면 친근감을 느낄 수 있어서 정서적으로도 매우 좋기 때문에 적절한 설명이다.

06 ④

정답 해설 | 〈보기〉는 상인들이 하는 대화로 밑줄 친 말은 사회 방언 중 은어에 해당한다. 선택지 ④번의 내용은 친밀감을 주고자 사용하나 상대의 기분을 상하게 할 수도 있다고 했으므로 이는 속어에 대한 설명이다. 따라서 적절하지 않은 것은 선택지 ④번이다.

오답 체크 |

① 〈보기〉에서 밑줄 친 말은 상인들이 사용하는 사회 방언 중 은어에 해당한다. 은어는 특정 집단의 비밀을 유지하는 기능을 한다.

② 은어는 그 말을 사용하는 구성원들의 소속감을 강화하는 기능을 한다.

③ 은어를 사용하는 까닭은 다른 집단의 사람들이 알아듣지 못하게 하기 위해서이기 때문에 자주 사용하면 외부 사람과의 의사소통을 방해하고 오해를 불러올 수 있다.

⑤ 은어는 다른 사람들이 알아듣지 못하도록 특정 집단의 구성원끼리 사용하는 말이기 때문에 외부에 알려지면 새로운 말로 변경되기도 한다.

07 ③

정답 해설 | 〈보기〉에 제시된 단어 '오르다'와 '상승하다'는 유의 관계에 있는 단어이다. 따라서 이와 의미 관계가 같은 것은 선택지 ③번 '식당'과 '음식점'이다.

오답 체크 |

① 반의 관계

② 반의 관계

④ 상하 관계

⑤ 상하 관계

08 은어

정답 해설 | 〈보기〉의 내용들은 다른 사람들이 알아듣지 못하도록 특정 집단의 구성원끼리 사용하는 말인 은어의 특징이다.

09 의미

정답 해설 | 〈보기〉의 내용은 유의어에 대한 설명으로 유의어는 말소리는 다르지만 의미가 서로 비슷한 관계에 있는 단어를 뜻한다.

10 ㉠-입다, ㉡-신다, ㉢-끼다

정답 해설 | '벗다'는 두 가지 이상의 의미를 지닌 단어로 〈보기〉에 제시된 각각의 문장에서 '벗다'에 해당하는 반의어가 존재한다. ㉠에 들어갈 '벗다'의 반의어는 '입다'이고, ㉡에 들어갈 '벗다'의 반의어는 '신다'이며, ㉢에 들어갈 '벗다'의 반의어는 '끼다'이다.

01	③	02	③	03	⑤	04	①
05	해설 참조		06	맥락	07	②	
08	④	09	②	10	해설 참조		

01 ③

정답 해설 | 담화의 구성 요소는 말하는 이(화자), 듣는 이(청자), 전달하려는 내용(화자와 청자가 주고받는 말), 담화가 이루어지는 맥락(상황 맥락과 사회문화적 맥락이 있음)이다. 배경 지식은 담화의 구성 요소가 아니다.

02 ③

정답 해설 | 다른 문화권의 사람과 대화할 때에는 우리의 문화가 담긴 관용적 표현보다는 구체적이고 직접적인 표현을 사용하거나 상대가 이해하지 못하는 우리 문화를 친절하게 설명해주어야 한다. 다른 나라 문화를 우리의 문화와 비교하여 말하는 것은 적절하지 않다.

오답 체크 |

① 화자는 청자가 어떤 사람들인지, 그리고 무엇에 관심을 가지고 있는지 등을 고려하여 말해야 의사소통을 원활하게 할 수 있다.

② 담화가 이루어지는 상황은 원활한 의사소통을 위해 중요하다. 특히, 담화가 이루어지는 구체적인 시간과 장소를 상황 맥락이라고 하는데 이는 담화에 영향을 미치는 중요한 요소이기 때문에 고려하는 사항이다.

④ 발화가 어떤 상황에서 이루어지는지에 따라 담화의 내용과 표현이 달라지기 때문에 발화가 이루어지는 상황을 고려해야 한다는 설명은 적절하다.

⑤ 말하는 사람의 의도나 목적이 무엇이냐에 따라서도 담화의 내용과 표현이 달라지기 때문에 발화의 의도나 목적이 분명하게 드러나도록 말해야 한다는 것은 적절한 설명이다.

03 ⑤

정답 해설 | 머릿속 생각이 음성 언어로 나타난 것을 발화라고 한다. 〈보기〉에서 동생이 한 말과 누나가 한 말 각각은 발화이다. 따라서 〈보기〉는 총 4개의 발화로 이루어진 담화이다.

오답 체크 |

① 동생과 누나가 한 말은 각각 발화에 해당한다는 설명은 적절하다.

② 화자와 청자가 주고받는 발화의 연속체, 다시 말해 동생과 누나가 나눈 대화 전체는 담화에 해당한다. 따라서 맞는 설명이다.

③ 동생이 말할 때 동생은 화자가 되고 누나는 청자가 된다. 그리고 누나가 말할 때 누나는 화자가 되고 동생은 청자가 된다. 따라서 누나와 동생은 화자가 되기도 하고 청자가 되기도 한다는 설명은 적절하다.

④ 〈보기〉의 내용으로 볼 때, 〈보기〉의 담화는 놀이공원에서 놀이 기구를 타기 전에 이루어졌다는 것을 알 수 있다. 따라서 놀이공원에서 누나와 동생이 놀이 기구를 타려고 하는 상황이 대화가 이루어지는 상황이라는 설명은 적절하다.

04 ①

정답 해설 | 지수의 말은 발화마다 의미는 분명하다. 그렇지만 무슨 말을 하고 있는지 알 수 없을 뿐이다. 따라서 지수의 발화가 모두 의미가 분명하지 않다는 설명은 적절하지 않다.

오답 체크 |

② 지수의 각 발화는 연관성이 없기 때문에 무슨 말을 하고 있는지 알 수가 없는 것이다. 따라서 이 선택지의 설명은 적절하다.

③ 경호의 말은 하나의 주제로 모아져 통일성이 있으나 지수의 말은 각각의 발화가 하나의 주제로 모아지지 않기 때문에 무엇을 말하는지 알기 어렵다. 따라서 맞는 설명이다.

④ 경호의 말은 각각의 발화가 하나의 주제로 모아져 경호가 말하고자 하는 것이 무엇인가를 파악하는 것이 쉽다. 따라서 적절한 설명이다.

⑤ 경호의 말은 각각의 발화가 하나의 주제로 모아져 있다. 다시 말하면, 통일성이 잘 갖추어져 있다는 설명이다. 따라서 적절한 설명이다.

05 충분한 수면이 건강에 도움을 준다.

정답 해설 | 제시문의 글에서 경호가 말하고자 하는 바는 하나의 주제로 모아지고 있다. 그 주제를 핵심적으로 나타내는 문장이 첫 번째 문장이고, 나머지 문장들은 첫 번

째 문장을 뒷받침하는 문장들이다.

06 맥락

정답 해설 | 담화의 구성 요소인 맥락은 의사소통에 영향을 미치는 여러 가지 배경이나 환경을 말하는데, 맥락은 말하는 이와 듣는 이의 처지, 담화가 이루어지는 시간적·공간적인 상황 그리고 그들이 속한 사회·문화적인 배경을 포함한다. 따라서 원활하게 의사소통을 하려면 말이나 글이 이루어지는 구체적인 맥락을 고려해야 한다.

07 ②

정답 해설 | (가)의 담화는 화자인 미용사가 청자인 손님의 머리를 미용실에서 손질하고 있는 상황이다. 이때 미용사가 "어떠세요?"라고 묻는 말의 의미는 자신이 손질한 머리 모양이 마음에 드느냐는 것이다. 따라서 "어떠세요?"의 의미로 적절한 것은 선택지 ②번이다.

08 ④

정답 해설 | (가)와 (나)에서 "어떠세요?"의 의미가 다르게 해석되는 이유는 담화가 이루어지는 시간이 다르기 때문이 아니다. (가)와 (나)의 장면 어디에도 시간을 추정할 수 있는 근거가 되는 것이 없다. 그리고 시간은 "어떠세요?"의 의미를 해석하는데 아무런 영향을 미치지 않는다. 따라서 선택지 ④번은 적절하지 않다.

오답 체크 |

① (가)의 화자의 발화 의도는 자신이 손질한 머리 모양에 대해 손님이 어떻게 생각하는지를 파악하려는 것이고, (나)의 화자의 발화 의도는 환자의 상처를 치료했던 의사가 환자의 치료 부위가 아픈지 그렇지 않은지를 파악하려는 것이다. 따라서 (가)와 (나)는 화자의 발화 의도가 다르기 때문에 "어떠세요?"의 의미가 다르게 해석되는 것이다.

② (가)의 화자는 미용사, 청자는 손님이고 (나)의 화자는 의사, 청자는 환자로 (가)와 (나)의 화자와 청자의 관계가 다르기 때문에 "어떠세요?"의 의미가 다르게 해석되는 것이다.

③ (가)의 담화가 이루어지는 장소는 미용실이고, (나)의 담화가 이루어지는 장소는 병원이다. 따라서 (가)와 (나)의 담화가 이루어지는 장소가 다르기 때문에 "어떠세요?"의 의미가 다르게 해석되는 것이다.

⑤ (가)에서 담화가 이루어지는 상황은 미용사가 손님의 머리를 손질하고 있는 상황이고, (나)에서 담화가 이루어지는 상황은 의사가 환자의 상처를 치료하고 있는 상황이다. 따라서 (가)와 (나)의 담화가 이루어지는 상황이 다르기 때문에 "어떠세요?"의 의미가 다르게 해석되는 것이다.

09 ②

정답 해설 | 제시된 지문에서 담화가 이루어지는 구체적 상황은 엄마가 빨래를 개려고 하는 것이다. 이때 엄마가 딸에게 "너, 시간 있어?"라고 묻는 의도는 빨래가 많으니까 함께 개줄 수 있느냐는 것이다. 따라서 정답은 선택지 ②번이다.

10 네, 제가 도와 드릴게요.

정답 해설 | 엄마의 발화 의도는 빨래를 함께 개줄 수 있느냐는 것이기 때문에 그 의도를 제대로 파악하고 엄마의 의도에 부합하는 대답으로 적절한 말은 엄마가 빨래 개는 일을 도와드린다는 것이다.

01	해설 참조	02	③	03	④
04	②	05	④	06	①	07	③
08	⑤	09	해설 참조
10	해설 참조

01 정답 해설 참조

정답 해설 | 〈보기〉의 예문을 통해 드러난 남한과 북한의 맞춤법의 차이는 세 가지이다. 첫째, '나루배'에서 알 수 있듯이 북한은 남한과 달리 사이시옷을 사용하지 않는다. 둘째, 북한 '리용'에서 확인할 수 있듯이 남한과 달리 두음 법칙을 인정하지 않는다. 셋째, '건널것이다'에서 확인할 수 있듯이 북한은 남한과 달리 의존 명사를 붙여 쓴다.

02 ③

정답 해설 | 남한에 거주하는 탈북민의 증가가 남한과 북한의 언어 차이와는 아무런 상관이 없다. 따라서 적절한 설명이 아니다.

오답 체크 |

① 남과 북의 언어가 차이가 나는 가장 근본적인 이유는 남북 분단이라는 설명은 적절하다. 분단 이후 남과 북이 오랫동안 다른 길을 걸어온 것이 언어에 영향을 미쳐서 차이가 났기 때문이다.

② 남과 북은 이념과 정치 체계가 언어의 영향을 미쳐 차이가 났기 때문에 적절한 설명이다.

④ 남북한의 철자법 개정과 북한의 말 다듬기 사업의 결과 언어의 차이가 발생했다는 설명은 적절하다. 왜냐하면, 그런 정책 시행의 결과가 언어에 영향을 미쳤기 때문이다.

⑤ 남한은 표준어, 북한은 문화어로 언어 규범이 다른 것도 언어에 영향을 미쳐서 차이가 나기 때문에 적절한 설명이다.

03 ④

정답 해설 | 서로의 언어의 차이를 인정하는 태도를 가지는 것이 바람직한 태도이다. 어느 한쪽이 일방적으로 다른 쪽의 언어를 바꾸거나 통합하려는 시도는 바람직한 자세가 아니다. 따라서 북한의 언어를 남한의 언어로 바꾸는 국가 차원의 정책을 펼쳐나가야 한다는 설명은 적절하

지 않다.

오답 체크 |

① 서로의 언어뿐만 아니라 문화에도 관심을 가지고 자주 교류하는 것은 서로의 의사소통과 통일을 대비하는 차원에서 바람직한 자세이므로 적절한 설명이다.

② 남과 북이 서로의 언어의 차이를 인정하고 받아들이는 자세는 남북이 자유롭게 소통을 하기 위해 바람직한 자세이므로 적절한 설명이다.

③ 남과 북은 한민족으로서 서로의 언어의 바탕이 같다고 인식하는 것은 통일 시대의 국어를 대하는 바람직한 자세이므로 적절한 설명이다.

⑤ 남과 북은 언어 차이로 여러 가지 문제가 발생할 수 있다. 따라서 남북의 언어 차이로 발생할 수 있는 어려움을 극복하기 위해 노력해야 한다는 설명은 적절하다.

04 ②

정답 해설 | '바쁘다'의 뜻이 남북에서 다르게 쓰이기 때문이다. 따라서 영민이와 하늘이가 사용한 단어의 뜻이 다르기 때문이라는 설명은 적절하다.

오답 체크 |

① 영민이와 하늘이의 대화가 원활하지 않은 것은 영민이가 해진이의 사정을 몰라서가 아니라 둘이 사용한 단어의 뜻이 다르기 때문이다.

③ 영민이는 하늘이의 말을 정확하게 듣고 대화를 했기 때문에 주의 깊게 듣지 않았다는 설명은 적절하지 않다.

④ 해진이가 오지 못하는 이유를 하늘이가 말하지 않았다는 것도 사실과 다르고 그것이 영민이와 하늘이의 대화가 원활하지 않은 이유는 더더욱 아니기 때문에 틀린 설명이다.

⑤ 약속 장소에 대한 영민이와 하늘이의 생각이 다르다는 것은 대화의 내용과는 전혀 관련이 없는 설명이므로 적절하지 않다.

05 ④

정답 해설 | 〈보기〉에 제시된 남한과 북한의 언어의 차이는 두음법칙이다. 두음 법칙은 일부 소리(ㄴ과 ㄹ)가 단어의 첫머리에 발음되는 것을 꺼려 나타나지 않거나 다른 소리로 발음되는 것인데, 〈보기〉에서는 'ㄴ'이 단어의 첫머리에 발음되는 것을 꺼려 나타나지 않는 남한의 표기와 두음법칙이 적용되지 않는 북한의 표기를 보여주고 있다.

06 ①

정답 해설 | 남한과 북한의 자음과 모음 체계는 동일하기 때문에 남북의 자음과 모음 체계가 달라 혼란스러웠을 것이라는 추측은 적절하지 않은 설명이다.

오답 체크 |

② 남한의 언어에는 외래어가 북한보다 빈번하게 사용된다. 따라서 북한에서 살다가 남한에 온 사람이 '룸메이트'나 '치킨'과 같이 남한에서는 일상으로 사용하는 단어의 의미를 몰라서 불편하다는 설명은 적절하다.

③ 같은 말이라도 남과 북에서 쓰이는 뜻이 다르기 때문에 북한에서 좋은 의미로 사용했던 단어가 남한에서는 그렇지 않아서 오해를 받을 수 있는 상황은 충분히 일어날 수 있다. 따라서 이 내용은 적절한 설명이다.

④ 남과 북이 의미는 같지만 단어의 형태가 달라 사용했을 경우 상대방의 오해를 받을 수 있는 경우가 있는데, '아재'라는 말이 바로 그 경우에 해당한다. 남한에서는 아저씨를 뜻하는 '아재'라는 말이 북한에서는 아가씨의 호칭이기 때문에 이 말을 여성에게 사용했을 경우 충분히 낭패를 볼 수 있기 때문에 적절한 설명이다.

⑤ 남과 북의 언어 차이의 근본적인 원인은 남북 분단이다. 따라서 오랜 세월 이어져 온 서로 다른 사회체제와 생활 방식으로 인해 남한 말이 낯선 말로 느껴져 당황스러웠던 경험은 충분히 예상할 수 있는 일이기 때문에 적절한 설명이다.

07 ③

정답 해설 | ㉠은 틀린 설명이다. 남한은 외국의 문물이나 문화가 자유롭게 들어오면서 외국말도 함께 들어와서 외래어가 많은 반면, 북한은 말 다듬기 작업을 통해 외래어를 우리말로 순화했기 때문에 남한보다 상대적으로 외래어가 적다고 할 수 있다. ㉡도 틀린 설명이다. 남북의 언어 이질화가 심각하지만 통일 시대를 대비하여 국가 차원에서 〈겨레말큰사전〉과 같이 남북의 언어를 통합하는 정책을 펼쳐 나가야 한다. 그리고 언어뿐만 아니라 서로의 문화에도 관심을 가지고 자주 교류해나가는 것은 충분히 가능하다. ㉢은 맞는 설명이다. 남북의 언어는 발음 및 표기, 그리고 어휘 면에서도 차이가 나지만, 표현 면에서도 차이가 있다. 남한 사람은 완곡하고 우회적인 표현을 선호하고, 북한 사람은 직접적인 표현을 선호한다. 이상에서 볼 때, 〈보기〉에서 적절한 것은 ㉢뿐이다.

08 ⑤

정답 해설 | 북한에서 사용하고 있는 '남새'는 남한에도 있다. 하지만 채소만큼 많이 사용되고 있지 않을 뿐이다. 남한의 국어사전에 '남새'는 '밭에서 기르는 농작물. 주로 그 잎이나 줄기, 열매 따위를 식용한다. 보리나 밀 따위의 곡류는 제외한다.=채소'라고 언급되어 있다. '남새'는 순수한 우리말이고 '채소'는 한자어에 해당한다.

오답 체크 |

① ㉠에서 '채소'는 한자어이고, '남새'는 순우리말이다. ㉣에서 '빙수'는 한자어이고, '단얼음'은 순우리말이다.

② ㉡에서 볶음밥은 '볶음+밥'의 구조이고, 기름밥은 '기름+밥'의 구조이므로 합성어에 해당한다. ㉣에서 빙수는 한자어로 '빙(氷)+수(水)'의 구조이고, 단얼음은 '단(달다)+얼음'의 구조이므로 합성어에 해당한다.

③ ㉢에서 '꼬부랑국수'는 음식의 생김새가 반영된 말이고, ㉣에서 '단얼음'은 음식의 맛이 반영된 말이다. 하지만 남한에서 사용되는 라면이나 빙수에는 생김새와 맛이 반영되어 있지 않다.

④ ㉢과 ㉤에서 북한에서 사용하는 '꼬부랑국수'와 '가락지빵'은 순우리말이지만, 남한에서 사용하는 '라면'과 '도넛'은 외래어에 해당한다.

09 정답 해설 참조

정답 해설 | 남한은 '나뭇잎'이, 북한은 '나무잎'이 각각에 맞는 언어 규범이다. 이렇게 표기상 차이가 나는 이유는 북한은 남한과 달리 사이시옷을 사용하지 않기 때문이다.

10 정답 해설 참조

정답 해설 | 〈보기〉에 제시된 단어의 의미는 '닭이 낳은 알'이라는 뜻으로 남과 북이 동일하지만, 단어의 표기 형태는 남한은 '달걀', 북한은 '닭알'로 서로 다르다.

제5강 국어의 규범과 역사

한글 창제의 원리 1-기본 문제
본문 110~112쪽

01 ②	02 ③	03 ③	04 상형
05 ①	06 ⑤	07 해설 참조	
08 ②	09 ⑤	10 해설 참조	

01 ②
정답 해설 | 한자의 음이나 뜻을 빌려서 적는 '차자 표기'를 했으며, 입으로 하는 말과는 다르게 한문으로 글을 쓰기도 했다.

오답 체크 |
① 한자를 읽고 쓸 수 있는 사람은 많지 않았을 것이다.
③ 양반들은 한자를 익혀 사용할 수 있었으므로 불만을 드러냈다고 보기 어렵다.
④ 입말과 글의 차이는 있었을지라도 우리말 자체가 쇠퇴하지는 않았다.
⑤ 한문이나 한자로 문자 생활을 했을 뿐 중국어를 배워 사용하는 사람들이 많았다고 보기 어렵다.

02 ③
정답 해설 | 세종은 글자를 몰라서 어려움을 겪는 백성들을 위하는 마음으로 훈민정음을 만들었다. 한글 창제 외에도 세종은 농업 관련 지식을 담은 『농사직설』을 편찬하거나, 아동·노인·장애인·노비 등을 위한 정책을 펼치는 등 애민 정신이 반영된 통치 철학을 보여 주었다.

오답 체크 |
① 자주 정신은 '우리나라 말이 중국과 달라 한자와 서로 통하지 않는다.'에서 확인할 수 있다.
② 〈보기〉에서 확인할 수 없다.
④ 창조 정신은 '새로 스물여덟 글자를 만드니'에서 확인할 수 있다.
⑤ 실용 정신은 '사람들로 하여금 쉽게 익혀 매일 쓰는 데 편하게 하고자 할 따름이다.'에서 확인할 수 있다.

03 ③
정답 해설 | 훈민정음은 독창적인 원리에 따라 새롭게 만들어진 문자이다. 다른 문자의 장점과는 관련성이 없다.

오답 체크 |
① 창제는 1443년, 반포는 1446년에 이루어졌다.
② 제자 원리와 운용 방법 등이 적힌 책 『훈민정음』이 발견되며 과학성과 우수성을 인정받았다.
④ 훈민정음은 '訓 가르칠 훈 民 백성 민 正 바를 정 音 소리 음'이다.
⑤ 창제 당시 만들어진 28자 중 4자(ㆍ, ㆁ, ㅿ, ㆆ)는 현재 쓰이지 않는다.

04 상형
정답 해설 | 상형(象形)은 어떤 것의 모양을 본떠 만드는 것을 말한다.

05 ①
정답 해설 | 'ㄱ'을 발음해 보면 혀뿌리 부분이 목구멍에 가까운 입천장 쪽에 닿았다 떨어지는 것을 알 수 있다. 이처럼 자음 기본자는 소리낼 때 관련된 발음 기관들의 움직임이나 모양을 바탕으로 만들어졌다.

오답 체크 |
② 'ㄴ'은 혀가 아랫니가 아니라 윗잇몸에 붙는 모양을 본떴다.
③ 'ㅁ'은 이가 아니라 입의 모양을 본떴다.
④ 'ㅅ'은 혀가 아니라 이의 모양을 본떴다.
⑤ 'ㅇ'은 입이 아니라 목구멍의 모양을 본떴다.

06 ⑤
정답 해설 | 'ㅈ, ㅊ'은 모두 'ㅅ'에 획을 더해 만들어진 글자로, 잇소리에 해당한다.

오답 체크 |
① 'ㄱ'은 어금닛소리, 'ㄴ'은 혓소리이다.
② 'ㄱ'은 어금닛소리, 'ㄷ'은 혓소리이다.
③ 'ㄷ'은 혓소리, 'ㅂ'은 입술소리이다.
④ 'ㅇ'은 목구멍소리, 'ㅅ'은 잇소리이다.

07 '소리'의 세기에 따라 '획'을 더해 만들었다.
정답 해설 | 'ㅂ, ㅍ'은 입의 모양을 본떠 만든 입술소리 기본자 'ㅁ'에 획을 더한 가획자이다. 예사소리인 'ㅂ'에 획을 더하면 거센소리인 'ㅍ'이 되는 것으로 보아, 가획의 원리는 소리의 세기에 따라 획을 더하는 것이라고 정리할 수 있다.

08 ②

정답 해설 | 나머지는 모두 가획자인데, 'ㄹ'은 이체자로서 모양을 달리하여 새로 만든 글자이다.

오답 체크 |

① 'ㅋ'은 'ㄱ'에 획을 더한 가획자이다.

③ 'ㅍ'은 'ㅁ'에 획을 2번 더한 가획자이다.

④ 'ㅈ'은 'ㅅ'에 획을 더한 가획자이다.

⑤ 'ㄷ'은 'ㄴ'에 획을 더한 가획자이다.

09 ⑤

정답 해설 | 'ㅂ, ㅍ'은 기본자 'ㅁ'에, 'ㆆ, ㅎ'은 기본자 'ㅇ'에 획을 더한 것이다.

오답 체크 |

① 이체자인 'ㄹ'이 포함되어 있다.

② 이체자인 'ㄹ'이 포함되어 있다.

③ 이체자인 'ㄹ'과 기본자인 'ㅅ'이 포함되어 있다.

④ 기본자인 'ㅁ'이 포함되어 있다.

10 창제 당시 세종이 만든 28자에 포함되었으나, 현대에는 쓰이지 않는 자음 글자이다.

정답 해설 | 'ㆆ(여린히읗)'과 'ㅿ(반시옷)'은 음가와 문자 모두 소실되었으나, 'ㆁ(옛이응)'은 현대 국어의 받침 [ㅇ] 소리에 음가가 남아 있고 문자의 모양만 달라졌다. 현재 쓰이지 않는다는 내용이 포함되도록 작성한다.

01	⑤	**02**	해설 참조	**03**	②
04	⑤	**05**	①	**06**	해설 참조
07	②	**08**	③	**09**	⑤
10	해설 참조				

01 ⑤

정답 해설 | 모음의 기본자는 'ㆍ, ㅡ, ㅣ'로, 각각 '하늘, 땅, 사람'을 본떠 만들고 이 글자들을 합하여 다른 글자들을 만들었다.

오답 체크 |

① 발음 기관을 상형하여 만든 것은 자음의 기본자이다.

② 초출자는 'ㅏ, ㅓ, ㅗ, ㅜ'이다.

③ 'ㅑ, ㅕ'는 각각 'ㅏ, ㅓ'에 'ㆍ'를 한 번 더 합하여 만든 재출자로 훈민정음 28자에 포함된다.

④ 소리의 세기에 따라 획을 더하는 것은 자음의 제자 원리이다. 재출자는 초출자에 'ㆍ'을 합하여 만들었다.

02 ㉠ 하늘의 둥근 모양 또는 둥근 하늘

　　㉡ 땅의 평평한 모양 또는 평평한 땅

　　㉢ 사람이 서 있는 모양 또는 서 있는 사람

정답 해설 | 모음의 제자 원리에는 철학적 바탕이 담겨 있다. 유교에서는 세상을 구성하는 근본 요소를 '천지인삼재 (天地人三才)'로 보았는데, 이것의 모양을 본떠 모음의 기본자를 만든 것이다.

03 ②

정답 해설 | 〈보기〉의 글자들은 초출자이다. 'ㅡ'의 위쪽과 'ㅣ'의 바깥쪽에 'ㆍ'를 합하여 'ㅗ'와 'ㅏ'를 만들었고, 'ㅡ'의 아래쪽과 'ㅣ'의 안쪽에 'ㆍ'를 합하여 'ㅜ'와 'ㅓ'를 만들었다.

오답 체크 |

① 'ㅣ'나 'ㅡ'에 획을 더한 것이 아니라, 'ㆍ'를 합한 것이다.

③ 가획은 자음의 제자 원리 중 하나이며, 기본자에 획을 2번 이상 더하면 'ㅌ, ㅍ, ㅎ'의 가획자가 만들어진다.

④ 발음 기관 상형은 자음 기본자와 관련이 있다.

⑤ 모음의 기본자에 대한 설명이다.

04 ⑤

정답 해설 | 'ㅘ'는 초출자인 'ㅗ'와 'ㅏ'를 합용하여 쓴 글자이다. 기본자를 조합하여 초출자와 재출자를 만드는 것은 '합성'이고, 이렇게 만들어진 모음 11글자를 아울러 쓰는 것을 '합용'이라고 한다.

오답 체크 |

① 초출자 'ㅏ'에 'ㆍ'를 더한 재출자이다.

② 초출자 'ㅓ'에 'ㆍ'를 더한 재출자이다.

③ 초출자 'ㅗ'에 'ㆍ'를 더한 재출자이다.

④ 초출자 'ㅜ'에 'ㆍ'를 더한 재출자이다.

05 ①

정답 해설 | 'ㄲ'은 'ㄱ'을 가로로 나란히 쓴 글자이며, 'ㅁ'은 'ㅁ'에 'ㅇ'을 세로로 나란히 쓴 글자이다. 'ㅢ'는 기본자인 'ㅡ'와 'ㅣ'를 합용하여 쓴 글자이다.

오답 체크 |

② 'ㅁ'은 (나), 'ㅉ'은 (가)의 예이다.

③ 'ㅛ'는 합용자가 아니라 재출자이다.

④ 'ㅓ'는 합용자가 아니라 초출자이다.

⑤ 'ㅸ'은 (나), 'ㅴ'은 (가)의 예이다.

06 ㉠ 음운(음소), ㉡ 음절

정답 해설 | 한국어의 음운(음소)은 자음과 모음이며, 한글의 자모 글자는 가독성을 높이기 위해 음절 단위로 모아서 쓴다.

07 ①

정답 해설 | 글자의 소릿값은 '음가(音價)'라고도 한다. 이는 낱글자가 발음될 때의 소리를 말하는데, 영어의 로마자와 달리 한국어의 자모 글자는 각각의 일정한 소릿값을 지니므로 배우기 쉽다. 나머지는 모두 〈보기〉와 관련이 없다.

오답 체크 |

② 글자 모양과 발음이 비슷한지 확인할 수 있으려면 〈보기〉에 'ㄱ-ㅋ, g-k'처럼 여러 글자들이 예시로 제시되었어야 한다.

③ 한글의 자모는 24자로, 영어 로마자의 26자(대문자 포함 52자)보다 적다.

④ 한글은 로마자와 달리 음절 단위로 모아써서 방향에 상관없이 불편함 없이 읽을 수 있는 것이 특징이나, 이는 〈보기〉와 관련이 없다.

⑤ 〈보기〉와 관련이 없고, 한글과 로마자 모두에 해당할 수 있는 특성이다.

08 ③

정답 해설 | 발음과 표기의 단위를 일치시켜 모아쓴 '훈민정음'이 자모 글자를 풀어쓴 'ㅎㅜㄴㅁㅣㄴㅈㅓㅇㅇㅡㅁ'보다 읽기 편하고, 의미를 더욱 빠르게 파악할 수 있다.

오답 체크 |

① 현행 한글 맞춤법을 고려할 때, 모아쓰기를 하더라도 띄어쓰기가 필요하다.

② 자음과 모음이 모여 음절이 되는 것이므로, 경계를 구별하기 위해서는 아니다.

④ 컴퓨터 자판을 입력할 때에는 풀어쓰기와 모아쓰기의 차이가 뚜렷하지 않을 것이다.

⑤ 모아쓰는 것과 표기할 수 있는 소리의 한계는 관련성이 없다.

09 ⑤

정답 해설 | (가)의 모음은 'a, e, i, o, u'로 왼손과 오른손의 위치 구분 없이 배치되어 있다.

오답 체크 |

① 로마자 순서는 'A/a, B/b, C/c, …'인데 자판 배열과는 관련이 없다.

② 'ㄱ-ㅋ', 'ㄴ-ㄷ-ㅌ' 등의 위치를 보면 기본자와 가획자의 연관성은 자판 배열에 반영되어 있지 않다.

③ (가) 로마자와 (나) 한글은 모두 소리를 문자로 나타낸 표음 문자이기 때문에, '의미'를 기준으로 자판이 구성되어 있지 않다.

④ 음절 구조 및 자음과 모음 자판의 배치를 고려할 때 (가)와 달리 (나)에서 양손을 '번갈아' 사용 가능하다.

10 한글은 다른 문자와의 관련성이 없는 새롭고 독창적인 문자이다.

정답 해설 | 〈보기〉를 통해 일본의 가나 문자는 한자에서 기원한 것임을 알 수 있다. 한글(제자 원리 등)이 독창적이라는 내용이 포함되도록 작성한다.

올바른 발음과 표기 1-기본 문제   본문 122~124쪽

01	⑤	02	③	03	④	04	③
05	해설 참조	06	②				
07	해설 참조	08	③	09	①		
10	해설 참조						

01 ⑤

정답 해설 | 실제 발음과 국어의 전통성 및 합리성을 모두 고려하여 표준어와 표준 발음법을 정한다. 실제 발음은 복수 표준어를 허용하는 기준이 되기도 하므로, 국어의 전통성과 합리성이 더 중요하다는 설명은 적절하지 않다.

02 ③

정답 해설 | 'ㅈ, ㅊ'은 음절 끝에서 대표음 [ㄷ]으로 바뀌어 발음된다. '낮[낟], 낯[낟]' 등의 예를 통해 확인할 수 있다.

오답 체크 |

① 음절의 끝소리에서 발음되는 자음은 'ㄱ, ㄴ, ㄷ, ㄹ, ㅁ, ㅂ, ㅇ'의 7개이다.

② '부엌[부억], 밖[박]'의 예를 보면, 'ㅋ, ㄲ'은 어말에서 [ㄱ]으로 발음됨을 알 수 있다.

④ '삶[삼], 넓다[널따], 밟다[밥따]' 등의 예를 보면, 겹받침은 어말 또는 자음 앞에서 두 자음 중 하나만 발음된다.

⑤ '넋[넉], 앉다[안따]'의 예를 보면 겹받침 'ㄳ, ㄵ'은 어말 또는 자음 앞에서 각각 앞 자음이 발음된다.

03 ④

정답 해설 | 'ㅅ'은 받침에서 대표음 [ㄷ]으로 바뀐다.

오답 체크 |

① 받침 [ㄱ]의 예는 '국[국], 밖[박], 부엌[부억]' 등이 있다. 'ㄲ, ㅋ'은 대표음으로 바뀐다.

② 받침 [ㄴ]의 예는 '눈[눈], 안[안]' 등이 있다.

③ 받침 [ㅁ]의 예는 '잠[잠], 꿈[꿈]' 등이 있다.

⑤ 받침 [ㅇ]의 예는 '콩[콩], 상자[상자]' 등이 있다.

04 ③

정답 해설 | '낮' 다음에 모음으로 시작하는 조사 '에'가 결합하였으므로, 받침 'ㅈ'이 뒤 음절 초성으로 옮겨져 제 음가대로 발음되어 [나제]가 된다.

오답 체크 |

① 올바른 발음은 [비치]이다. '빗이[비시], 빚이[비지]'와 혼동하지 않도록 주의한다.

② 올바른 발음은 [꼬츨]이다.

④ 올바른 발음은 [부어크] 또는 [부어케]이다. 뒤에 모음으로 시작하는 조사가 이어졌기 때문에 받침 'ㅋ'이 대표음으로 바뀌지 않고 연음된다.

⑤ 올바른 발음은 [가마소틀]이다.

05 ㉠ 걷옫, ㉡ 거돋

정답 해설 | 받침 'ㅌ, ㅅ'의 대표음은 [ㄷ]이다. 앞 음절의 받침이 뒤 음절의 초성으로 옮겨 가는 것을 연음이라고 한다.

06 ②

정답 해설 | 올바른 발음은 [달글]이다. 모음으로 시작된 조사 '을'이 이어졌으므로 겹받침 'ㄺ' 중 뒤엣것이 뒤 음절로 연음되어 겹받침이 둘 다 발음된다.

07 [여덜비다]

정답 해설 | 겹받침 뒤에 모음으로 시작된 조사 '이다'가 이어졌으므로 겹받침 'ㄼ' 중 뒤엣것이 뒤 음절로 연음되어 겹받침이 둘 다 발음되어야 한다. [여더리다]로 잘못 발음하는 경우가 많으니 주의한다.

08 ③

정답 해설 | '밟다'만 [밥따]로 발음된다. 표준 발음법 제10항에 따르면 겹받침 'ㄼ'은 어말 또는 자음 앞에서 [ㄹ]로 발음한다. 다만 '밟-'은 예외적으로 자음 앞에서 [밥]으로 발음한다.

오답 체크 |

① [끌타]로 발음된다. 겹받침 중 'ㅎ'은 뒤 음절 초성 'ㄷ'와 결합하여 거센소리가 되었다.

② [널따]로 발음된다. [따]에서 나는 된소리를 통해 '(빨래를)널다'와 구분할 수 있다.

④ 표준 발음법 제10항에 따라 [얄따]로 발음된다.

⑤ 표준 발음법 제10항에 따라 [할따]로 발음된다.

09 ①

정답 해설 | 표준 발음법 제11항에 따라 겹받침 'ㄺ'은 어

말 또는 자음 앞에서 [ㄱ]으로 발음한다. 다만 용언의 어간 말음이 'ㄺ'인 경우 'ㄱ' 앞에서 [ㄹ]로 발음한다는 예외가 있다.

오답 체크 |

ㄷ. '맑던'의 올바른 발음은 [막떤]이다.

ㄹ. '맑거나'의 올바른 발음은 [말꺼나]이다.

ㅁ. '맑든지'의 올바른 발음은 [막뜬지]이다.

10 ㉠ [바다래], ㉣ [흘게서]

정답 해설 |

㉠ 받침 뒤에 실질적 의미를 지닌 말이 연결되는 경우, 받침(ㅌ)을 대표음(ㄷ)으로 바꾸어서 연음하여 발음해야 한다.

㉣ 겹받침 뒤에 모음으로 시작하는 조사가 연결되는 경우, 겹받침 중 뒤엣것을 뒤 음절 초성으로 연음하여 발음한다.

오답 체크 |

㉤ '값어치[가버치]'는 연음이 되는 대신 겹받침 중 하나가 탈락한다는 점에서 예외적이다. 현재의 국어사전에서는 '-어치'를 형식적인 의미를 지닌 말로 다루고 있지만 이 말은 역사적으로 실질 형태소로 쓰였을 가능성이 크다.

올바른 발음과 표기 1-기본 문제   본문 127~130쪽

01 ②	02 ②	03 해설 참조	
04 ⑤	05 ③	06 ③	07 ②
08 해설 참조		09 ③	
10 해설 참조			

01 ②

정답 해설 | 단어의 첫음절에서는 [의]로만 발음한다.

오답 체크 |

① [시계/시게]

③ [혜택/헤택]

④ [주의/주이]

⑤ [나의/나에]

02 ②

정답 해설 | 자음을 첫소리로 갖고 있는 음절의 'ㅢ'는 [ㅣ]로만 발음해야 하므로, 올바른 발음은 [무니]이다.

오답 체크 |

① [예이]로도 발음할 수 있다. 단, [에의]는 틀린 발음이다.

③ [혀비]로도 발음할 수 있다.

④ 자음을 첫소리로 갖고 있는 음절이므로 [띄어쓰기]가 틀린 발음이여, [띠어쓰기](또는 [띠여쓰기])가 맞다.

⑤ [우리의] 또는 [우리에]로 발음할 수 있다.

03 [차뫼], [차붸]

정답 해설 | 〈보기〉에서 'ㅚ'를 단모음과 이중 모음 둘 다로 발음할 수 있다고 한 부분을 참고했을 때, 단모음으로 발음한 [차뫼]와 이중 모음으로 발음한 [차붸]를 표준으로 볼 수 있다.

오답 체크 |

[차뾔]라는 발음도 생각해 볼 수 있으나, 표준 발음법 제5항 해설에서는 "단모음 'ㅚ'는 이중 모음으로 발음할 때 기존의 이중 모음인 'ㅞ'로 발음"되는 것으로 설명하고 있다.

04 ⑤

정답 해설 | ㉠과 ㉡ 모두 형태를 밝혀 어법에 맞게 적은 것이다. 소리대로 적었다면 둘 다 '익씀니다'로 표기되어 의미를 쉽게 구별할 수 없었을 것이다.

05 ③

정답 해설 | '그'는 명사 '정도'를 꾸미는 관형사이다. '의'는 조사이므로 '정도'에 붙여 쓴다. 명사 '거리' 뒤에 조사 '는'을 붙여 쓴다. 부사 '충분히'는 한 단어로 띄어 쓴다. 동사 '갈(←가다)'은 의존 명사 '수'를 꾸미고 있으며, 꾸밈을 받는 의존 명사는 그 독립성을 인정하여 다른 명사와 같이 띄어 쓴다.

오답 체크 |

① 도시락은 ∨ 각자 ∨ 준비할 ∨ 것 : '것'이 의존 명사이다.

② 시간이 ∨ 없어서 ∨ 체육복을 ∨ 못 ∨ 갈아입었다 : 단어 단위로 띄어 써야 한다. '못'은 부사이다.

④ 밥이 ∨ 없으면 ∨ 남은 ∨ 라면이라도 ∨ 주세요 : '남은'과 '라면'은 별개의 단어이므로 띄어 쓰고, '이라도'는 조사이므로 앞말에 붙여 쓴다.

⑤ 그곳의 ∨ 경치는 ∨ 말도 ∨ 못하게 ∨ 아름다웠다 : '그곳'은 '그 ∨ 곳'으로 생각하기 쉬우나 한 단어이므로 붙여 쓴다. '말도 못하다'는 한 단어가 아니라 두 단어가 합쳐진 관용구이다. '아름다웠다(←아름답다)'는 한 단어이다.

06 ③

정답 해설 | '설겆이'로 적기 위해서는 '겆(다)'의 의미나 어원이 분명해야 하는데 그렇지 않으므로 소리나는 대로 적는다.

오답 체크 |

① 한글 맞춤법 25항에 따라 올바른 표기는 '곰곰이'이다.

② '금시에'가 줄어든 말이므로 어원을 고려해 '금세'로 적는다. '금새'라고 적을 근거가 없다.

④ 한글 맞춤법 6항에 따라 올바른 표기는 '굳이'인데 [구지]로 발음되므로 혼동하지 않도록 주의한다.

⑤ 어미 '-ㄹ게'를 소리대로 적은 것이나 한글 맞춤법 53항에 따라 올바른 표기는 '연락할게'이다.

07 ②

정답 해설 | 어간 '뵈-' 뒤에 어미 '-어'와 조사 '요'가 결합한 것이므로 줄어든 대로 '봬요'로 적는다.

오답 체크 |

① 어간 '되-'에 어미 '-었-'과 '-다'가 결합했다.

③ 어간 '뵈-'에 어미 '-어서'가 결합했다.

④ 어간 '되-'에 어미 '-어라'가 결합했다.

⑤ 어간 '되-'에 어미 '-ㄴ'이 결합했다. '-어'가 없으므로 '됀'으로 적지 않는다.

08 1) 반듯이 2) 반드시

정답 해설 | 1) 몸을 누인 모습이 비뚤어지거나 기울지 않고 반듯하다는 의미이므로 '반듯이'가 적절하다.

2) 약을 틀림없이, 꼭 식후에 복용해야 한다는 의미이므로 '반드시'가 적절하다.

09 ②

정답 해설 | '낳다'는 '배 속의 아이(새끼, 알)를 몸 밖으로 내놓다'라는 의미이다. '보다 더 좋거나 앞서 있다'는 의미인 '낫다'로 고쳐야 한다. '났다'는 '나다'의 과거형이다.

오답 체크 |

① '왠지'는 '왜인지'의 준말로, '왜 그런지 모르게, 뚜렷한 이유도 없이'라는 의미이다.

③ '(아이를)낳다'의 활용형 '낳으시면'과 '(병이)낫다'의 활용형 '나으시면'은 발음이 같아 혼동될 수 있다. 문맥상 '나으시면'으로 써야 한다.

④ '웬'은 '어찌 된, 뜻밖의'의 의미이다.

⑤ '주의[주의/주이]'와 같은 이중모음 'ㅢ'의 허용 발음 때문에 혼동될 수 있으나 '어이없는(어이없다)'이 올바른 표기이다.

10 1) ㄹ

2) '아버지의 딸'은 재료나 수단, 도구가 아니라 지위에 해당하므로 '로서'로 고쳐야한다.

정답 해설 |

㉠ 말은 천 냥 빚을 갚는 '수단, 도구'이다.

㉡ 학생이라는 '신분, 자격'을 나타낸다.

㉢ 대화는 갈등을 푸는 '수단, 도구'이다.

㉤ 대표적인 바로크 건축물이라는 '지위, 자격'을 나타낸다.

연습 문제 + 모의고사 **02**

제1강 음운

01 ④
정답 해설 | (가)는 언어마다 새로운 문장을 만들면서 단어를 배열할 때에 지켜야 할 순서가 다르다는 이야기를 하고 있다. 이는 다른 표현으로 하면 언어마다 문법 규칙이 다르다는 이야기이므로, 언어의 '규칙성'과 관련된다.
(나)는 인간이 기존에 배운 단어들을 토대로 새로운 문장을 만들어낼 수 있다는 것이므로 '창조성'과 관련된다.
오답 체크 |
① '규칙성'은 (나)와 관련된 내용이고, '역사성'은 시간이 흐르면 단어의 소리와 의미가 변하거나, 문법 요소에 변화가 생긴다는 것이다.
② '사회성'은 언어의 형식과 내용 사이에는 약속이 있다는 것이며, '역사성'은 ①을 참고한다.
③ ①, ②를 참고한다.
⑤ ②, ④를 참고한다.

02 ⑤
정답 해설 | 〈보기〉는 단어의 뜻이 확대된 사례로, 언어의 역사성과 관련된다. 따라서 숫자를 부르는 말의 변화를 나타내는 ⑤가 비슷한 사례이다.
오답 체크 |
① 언어의 창조성을 다루고 있다.
② 언어의 규칙성을 다루고 있다.
③ 언어의 사회성을 다루고 있다.
④ 언어의 자의성을 다루고 있다.

03 ④
정답 해설 | 〈보기〉의 사례를 통해 '흰할미꽃'처럼 꾸며주는 말이 꾸밈 받는 말 앞에 와야 한다는 규칙, '나무가'처럼 명사 뒤에 조사가 와야 한다는 규칙, '나무가 높이 자랐다'처럼 문장성분은 주어 부사어 서술어의 순서로 배열되어야 한다는 규칙을 알 수 있다.

04 ④
정답 해설 | (가)는 같은 대상을 국어와 영어에서 각각 다르게 표현하고 있다는 내용이다. 이는 언어의 내용과 형식에는 필연적인 관계가 없다는 '언어의 자의성'에 대한 것이다.
오답 체크 |
① 언어의 규칙성에 대한 내용이다.
② 언어의 기호성에 대한 내용이다.
③ 언어의 사회성에 대한 내용이다.
⑤ (가)의 내용과 반대되는 내용이며, 언어의 특성이 아니다.

05 ②
정답 해설 | (나)는 사람들이 '불고기'로 약속한 것을 '물고기'로 자의적으로 말하면 의사소통에 실패하게 된다는 내용을 다루고 있다. 따라서 ⓒ에 들어갈 말은 '사회성'이다.
(다)는 한국어에서 형용사로 서술어를 꾸밀 때에는 형용사를 부사어의 형태로 바꾸어야 문법에 맞다는 내용이다. 따라서 ⓒ에 들어갈 말은 '규칙성'이다.

06 ⑤
정답 해설 | 〈보기〉의 내용은 기존에 존재하던 명사인 '각'이나 '꿀'을 사람들이 표현하고자 하는 새로운 대상을 일컫는 말을 만들 때 접두사 또는 접미사로 바꾸어 사용한다는 내용이다. 이는 '언어의 창조성'과 관련이 있으므로 (마) 문단과 연결 지어야 한다.
오답 체크 |
① (가)는 언어의 자의성을 다루고 있다.
② (나)는 언어의 사회성을 다루고 있다.
③ (다)는 언어의 규칙성을 다루고 있다.
④ (라)는 언어의 역사성을 다루고 있다.

07 (라) 같은 단어가 시간이 지나면 의미가 바뀌어 사용될 수 있다는 내용으로 이것은 '언어의 역사성'을 보여준다.
정답 해설 | (라) 같은 단어가 시간이 지나면 의미가 바뀌어 사용될 수 있다는 내용으로 이것은 '언어의 역사성'을 보여준다.

08 한정된 언어 자원을 가지고 무한히 새로운 언어 형식을 만들어 내는 '언어의 창조성'과 관련되어 있다. / 기존 언어 자원의 조합을 통해 새로운 언어 형식이 만들 수 있다.

[선택할 수 있는 단어 : 기존 언어, 조합, 새로운, 만들다(창조)]

09 ⑤

정답 해설 | ㉠은 언어와 사고방식이 서로 상호작용한다는 내용이다.

ㄱ과 ㄴ은 언어를 바꾸었더니 사고방식이 바뀐 경우, ㄷ은 사고방식을 바꿔보고자 언어를 먼저 바꾼 경우이다. 따라서 ㄱ, ㄴ, ㄷ 모두 ㉠을 뒷받침할 수 있다.

10 언어가 그 사회의 문화를 반영하고 있기 때문에 우리의 문화를 보전하고 전수하지 못하게 하려고 조선어 말살 정책을 펼쳤을 것이다.

정답 해설 | 언어가 그 사회의 문화를 반영하고 있기 때문에 우리의 문화를 보전하고 전수하지 못하게 하려고 조선어 말살 정책을 펼쳤을 것이다. [보충설명] 조선어 교육을 폐지하고, 한글 신문이나 잡지를 폐간하며, 창씨개명까지 강요하는 조선어 말살 정책을 일제가 펼친 것은, 언어 안에는 그 언어를 사용하는 이들의 문화가 반영되어 있다고 일제가 여겼기 때문이라고 추측할 수 있다. 즉 사회의 문화를 보전하고 전수하는 언어의 기능이 작용하지 못하도록 일제가 조선어 말살 정책을 펼친 것이라 할 수 있다.

음운의 개념과 종류   본문 09~11쪽

01 ①	**02** ⑤	**03** ②	**04** ⑤
05 ③	**06** ④	**07** ①	
08 해설 참조		**09** 해설 참조	
10 해설 참조			

01 ①

정답 해설 | 다음 보기들은 분절음운 즉, 발음이 되는 자음과 모음의 개수를 세면 된다. 이름의 처음에 쓰인 'ㅇ'은 소리가 없이 형식적으로 쓰인 글자이기 때문에 음운으로 셀 수 없다. 그래서 '이름'의 음운 개수는 'ㅣ, ㄹ, ㅡ, ㅁ' 총 4개이다. 나머지 선택지들은 음운이 5개씩이다.

오답 체크 |

② '사람'의 음운을 분석하면 'ㅅ, ㅏ, ㄹ, ㅏ, ㅁ'이다. 3개의 자음과 2개의 모음으로 이루어져 있다.

③ '뚜껑'의 음운을 분석하면 'ㄸ, ㅜ, ㄲ, ㅓ, ㅇ'이다. 이때 주의할 것은 'ㄸ'과 'ㄲ'은 각각 한 개의 음운이라는 것이다. 'ㄸ'과 'ㄲ'을 ㄷ과 ㄱ이 2개씩 쓰인 것으로 생각하지 않도록 주의한다.

④ '서점'의 음운을 분석하면 'ㅅ, ㅓ, ㅈ, ㅓ, ㅁ'이다.

⑤ '구름'의 음운을 분석하면 'ㄱ, ㅜ, ㄹ, ㅡ, ㅁ'이다.

02 ⑤

정답 해설 | '열매'에 쓰인 음운인 'ㅕ, ㄹ, ㅁ, ㅐ'는 모음과 자음(비음, 유음)으로 울림소리이다.

오답 체크 |

① '아버지'에 쓰인 음운은 'ㅏ, ㅂ, ㅓ, ㅈ, ㅣ' 이렇게 총 5개이다.

② '따오신'과 '까오신'은 초성 자음 'ㄸ, ㄲ'에 의해서 의미가 변한다.

③ 하늘에서 내리는 '눈'은 길게 발음한다.

④ '붉은'의 발음은 '불근'으로 'ㅂ, ㄹ, ㄱ, ㄴ'이 모두 발음된다.

03 ②

정답 해설 | '말소리'와 '참말'에 쓰인 '말'은 모두 '사람의 생각이나 느낌을 표현하는 데 쓰이는 음성'을 뜻한다. '말'이 첫 음절에 쓰인 '말소리'의 말은 길게 발음하고, 두 번째 음절에 쓰인 '참말'의 '말'은 짧게 발음한다. 그러나 소

리의 길이에 상관없이 두 단어는 뜻이 같다.

오답 체크 |

① 음식물의 짠맛을 나타내는 '간'은 짧게 발음하고, 신체 기관을 나타내는 '간'은 길게 발음한다.

③ 해가 져서 어두운 시간을 나타내는 '밤'은 짧게 발음하고, 먹을 수 있는 나무열매 '밤'을 길게 발음한다.

④ 무언가를 가리기 위해 길게 늘어뜨린 물건인 '발'은 길게 발음하고, 사람의 신체 기관인 '발'은 짧게 발음한다.

⑤ 아버지와 아들을 뜻하는 '부자'는 짧게 발음하고, 가진 것이 많은 사람을 뜻하는 '부자'는 길게 발음한다.

04 ⑤

정답 해설 | '아버지가∨방에'는 '아버지께서 방에'로 해석되고, 아버지∨가방에'는 '아버지의 가방에' 해석된다. 이로부터 끊어 읽기(연접)가 뜻의 차이를 가져오는 비분절 음운임을 알 수 있다.

오답 체크 |

① '말'과 '발'은 자음의 차이로 뜻이 달라진다.

② '각'과 '곡'은 모음의 차이로 뜻이 달라진다.

③ 한 번에 발음할 수 있는 소리의 단위는 '음절'이다. 음운 가운데 모음은 한 번에 발음할 수 있지만, 자음이나 비분절 음운은 그렇지 않다.

④ 소리의 길이와 같이 경계가 분명히 나뉘지(분절) 않는 음운을 '비분절 음운'이라고 한다.

05 ③

정답 해설 | 우리말 자음은 소리의 세기에 따라 예사소리, 된소리, 거센소리로 분류할 수 있다. 국어 화자들은 이 세 가지 소리를 자연스럽게 서로 다른 음운으로 받아들이지만, 이 구분이 없는 영어권 화자들은 세 가지 소리를 같은 음운으로 받아들일 수 있다.

오답 체크 |

① 혜리는 '비'가 내린다고 분명하게 설명하고 있다..

② 에밀리도 하늘에서 내리는 물방울을 설명하기 위해서 특정 단어를 발음하고 이야기하고 있다. '피'와 '삐'의 발음이 똑같이 인식되기 때문에, 발음할 때마다 '피' 또는 '삐'로 다르게 발음하고 있을 뿐이다.

④ '피', '삐', '비'의 의미를 구별하여 인식했다면 계속 잘못 발음하지 않았을 것이고, 잘못 발음했더라도 이유를 알았을 것이다.

⑤ 한국 학생에게는 예사소리, 된소리, 거센소리가 '음운'이기 때문에 자세히 구분하여 설명하고 있지만, 외국 학생에게는 그것들이 p의 '변이음'에 불과할 것이다.

06 ④

정답 해설 | '다리'는 신체의 일부분으로도 쓰이고, 물건을 받치는 부분으로도 쓰이지만(책상 다리, 침대 다리 등) 소리의 길이에 따라 구분할 수 없어서 뜻의 차이를 맥락으로 파악해야 한다.

오답 체크 |

① 길게 발음하는 '밤'은 '나무 열매'를, 짧게 발음하는 '밤'은 '해가 지고부터 뜨기 전까지의 시간'을 의미한다.

② 길게 발음하는 '말'은 '의사표현 수단'을, 짧게 발음하는 '말'은 '동물'을 의미한다.

③ 길게 발음하는 '굽다'는 '불에 익히다'는 뜻이고, 짧게 발음하는 '굽다'는 '한쪽으로 휘다'는 뜻이다.

⑤ 길게 발음하는 '성인'은 '인품이 훌륭한 사람'을 의미하고, 짧게 발음하는 '성인'은 '어른'을 의미한다.

07 ①

정답 해설 | '독도'에서 'ㄷ'은 모두 무성음이므로 서로 변이음이 아니라 음성 측면에서 보았을 때에도 서로 같은 소리이다. 안울림소리는 울림소리(모음, ㄴ, ㄹ, ㅁ, ㅇ) 사이에 오면 그 영향을 받아 울림소리가 된다. 한편, 독도의 발음은 [독또]이므로 표기상으로는 같은 'ㄷ'이지만 둘은 서로 다른 음운으로 실현된다. 이들은 아예 다른 음운이지, 변이음이 아니다.

오답 체크 |

② '달'과 '라면'의 'ㄹ'은 각각 종성과 초성에 쓰였다. 위치에 따라서 'ㄹ'의 소리가 달라졌을 것이다.

③ 변이음은 음성적으로는 서로 다른 소리이지만, 한 언어를 사용하는 사람들에게는 같은 음운으로 인식되기 때문에 의미의 차이를 가져오지 않는다.

④ 변이음은 하나의 음운으로 인식되는 소리인데 어떤 음운은 변이음이 2개이고, 어떤 음운은 그 이상일 수 있다. 예를 들어 ㄹ은 '다리'처럼 초성에 쓰일 때, '달'처럼 종성에 쓰일 때, 혀를 진동하며 낼 때 등 셋 이상의 변이음이 있다.

⑤ 변이음은 하나의 음운이 서로 다른 위치에 놓이면서 발음하는 방법이 달라져 다른 소리가 되는 것이다.

08 모음은 발음기관에 방해를 받지 않는 소리이기 때문에 한 번에 여러 소리를 낼 수 있고, 자음은 발음할 때 방해를 받는 소리이기 때문에 혼자서는 하나도 발음할 수 없다.

정답 해설 | 모음은 방해를 받지 않고 자음은 방해를 받는 소리라는 내용이 들어가면 맞다.

09 국어에는 'f, v, th[θ]'를 정확하게 표현할 수 있는 음운이 없다. / 국어의 마찰음의 종류가 적다.

정답 해설 | 〈보기1〉을 통해 직관적으로 이끌어낼 수 있는 '국어에는 'f, v, th[θ]'를 정확하게 표현할 수 있는 음운이 없다.'도 맞는 표현이다.

10 음성으로는 각각 다르게 실현되고 있는 것을 하나의 음운으로 인식하고 있기 때문이다.

정답 해설 | '초성의 'ㄹ'과 종성의 'ㄹ'을 각각 다르게 발음하면서도 두 소리의 차이를 구별하지 못하는 것은 [r]과 [l]을 하나의 음운으로 인식하기 때문이라 할 수 있다. 즉 'ㄹ'이 음성으로는 각각 다르게 실현되고 있지만, 한국 사람들이 하나의 음운으로 여겨서 두 소리의 차이를 구별하지 못하는 것이다.

자음 체계 본문 12~14쪽

01 ④	02 ②	03 ②	04 ③
05 ⑤	06 ④	07 ⑤	
08 해설 참조		09 해설 참조	
10 해설 참조			

01 ④

정답 해설 | 센입천장에서 나는 콧소리(비음)는 국어에 없다.

오답 체크 |

① 'ㅂ, ㅃ, ㅍ'은 입술에서 나는 파열음이 맞다.

② 국어에 여린입천장에서 나는 파찰음은 없다. 국어의 파찰음은 센입천장소리인 'ㅈ, ㅉ, ㅊ'뿐이다.

③ ㉢성대가 비비면서(마찰하면서) 나는 소리는 'ㅎ'이다.

⑤ 혀가 윗잇몸에 거의 닿았다가 멀어지는 소리는 'ㄹ'이다.

02 ②

정답 해설 | 'ㄴ, ㄹ, ㅁ, ㅇ'은 국어의 울림소리이다. 여기서 울림소리란 코나 입 안이 아니라, 폐에서 성대를 통해 공기가 빠져나올 때 성대가 울리는 소리를 말한다.

오답 체크 |

① 'ㄴ, ㄹ'은 잇몸소리이지만, 'ㅁ'은 입술소리이고, 'ㅇ'은 여린입천장소리이다.

② 'ㅇ'은 단어의 첫소리에서는 발음이 나지 않는다.

③ 'ㄴ, ㄹ, ㅁ, ㅇ'은 소리의 세기에 따라 예사소리, 된소리, 거센소리로 구분할 수 없다.

④ 다른 자음에 비해서는 방해를 거의 받지 않지만, 자음이기 때문에 모음보다는 발음할 때 발음 기관의 방해를 받는다.

03 ②

정답 해설 | 센입천장에서 나는 안울림소리에는 'ㅈ, ㅊ, ㅉ'가 있고 이 가운데 발음기관의 근육을 긴장시키는 된소리는 'ㅉ' 하나이다.

오답 체크 |

① '학교'의 음운 '학꾜'에서, 'ㅎ'은 목청에서 나는 안울림소리이고, 'ㄲ'은 여린입천장에서 나는 안울림 된소리이다. 음운은 '소리'의 단위이기 때문에 표기된 'ㄱ'이

아니라, 'ㄲ'으로 분석해야 한다.

③ '오뎅'의 자음은 'ㄷ'과 받침에 쓰인 'ㅇ'으로, 'ㄷ'은 잇몸에서 나는 안울림 예사소리이고, 'ㅇ'은 여린입천장에서 나는 울림소리이다.

④ '풀'에 쓰인 'ㅍ'은 입술에서 나는 안울림소리 가운데 거센소리고, 'ㄹ'은 잇몸에서 나는 울림소리이다.

⑤ '까마귀'에 쓰인 자음 가운데 'ㄲ'은 코 안이 울리지 않으면서 된소리는 맞지만 조음위치가 '여린입천장'이다. 'ㅁ'은 입술에서 나는 울림소리고, 'ㄱ'은 여린입천장에서 나는 안울림 예사소리다.

04 ③

정답 해설 | 'ㅁ, ㅂ - ㄴ, ㅅ - ㅎ'은 발음하면 처음에 입술, 다음엔 윗잇몸, 마지막에 목청으로 조음 위치가 점점 안으로 옮겨가는 것을 알 수 있다.

오답 체크 |

① '혀의 높이'는 단모음을 구분할 때 쓰는 기준이다.

② '소리의 세기'는 예사소리, 된소리, 거센소리를 구분하는 기준이다.

④ '목청의 울림 여부'에 따라 국어의 자음은 울림소리와 안울림소리로 나뉜다.

⑤ '혀의 최고점 위치'는 단모음을 구분할 때 쓰는 기준이다.

05 ⑤

정답 해설 | ㅁ에 해당하는 자음은 'ㄹ'이다. '붕어'에는 'ㄹ'이 없다.

오답 체크 |

① ㄱ에 해당하는 자음은 'ㄷ, ㄸ, ㅌ,'이다.

② ㄴ에 해당하는 자음은 'ㅈ, ㅉ, ㅊ'이다.

③ ㄷ에 해당하는 자음은 'ㅎ'이다.

④ ㄹ에 해당하는 자음은 'ㅇ'이다.

06 ④

정답 해설 | 파열음의 조음위치는 '입술, 윗잇몸, 여린입천장'인데 파찰음은 조음위치는 '센입천장'이므로 서로 겹치지 않는다.

오답 체크 |

① 마찰음에는 된소리 'ㅆ'가 있다..

② 우리말 자음에는 파열음이 9개로 가장 많고, 파찰음은

3개뿐이다.

③ 센입천장에서는 거센소리가 'ㅊ'이 발음된다.

⑤ 파열음의 조음위치는 '입술, 윗잇몸, 여린입천장', 마찰음의 조음위치는 '윗잇몸, 목청'이므로 '윗잇몸'이 겹친다.

07 ⑤

정답 해설 | '호랑이'에 쓰인 자음은 'ㅎ, ㄹ, ㅇ'이므로 ㄴ + ㄹ + ㅁ이 되어야 한다.

오답 체크 |

① '나비'에 쓰인 자음은 'ㄴ, ㅂ'이므로 ㄱ + ㄴ이 맞다.

② '코뿔소'에 쓰인 자음은 'ㅂ, ㅆ, ㄹ, ㅋ'이므로 ㄱ + ㄴ + ㄹ이 맞다. 음운은 소리의 단위이기 때문에 [코뿔쏘]라는 발음을 대상으로 분석해야 한다.

③ '사자'에 쓰인 자음은 'ㅅ, ㅈ'이므로 ㄴ + ㄷ이 맞다.

④ '벌레'에 쓰인 자음은 'ㅂ, ㄹ'로 ㄱ + ㄴ이 맞다.

08 ㄱ은 여린입천장, ㄴ은 잇몸, ㄷ은 센입천장, ㄹ은 입술, ㅁ은 목청이다.

정답 해설 | 모음은 방해를 받지 않고 자음은 방해를 받는 소리라는 내용이 들어가면 맞다.

09 자음은 조음위치에 따라 목청소리, 여린입천장소리, 센입천장소리, 잇몸소리, 입술소리로 나뉜다. 조음 방법에 따라서는 파열음, 마찰음, 파찰음, 비음, 유음으로 나눌 수 있다.

정답 해설 | 자음은 조음위치에 따라 목청 사이에서 나는 목청소리, 여린입천장과 혀 뒷부분 사이에서 나는 여린입천장소리, 센입천장과 혀 사이에서 나는 센입천장소리, 혀끝과 윗잇몸이 닿아서 나는 잇몸소리, 두 입술에서 나는 입술소리로 나뉜다. / 조음 방법에 따라서는, 공기의 흐름을 완전히 막았다가 터뜨리면서 내는 파열음, 공기가 나오는 발음 기관의 공간을 좁혀 마찰을 일으키면서 내는 마찰음, 파열 후에 마찰을 일으키는 파찰음, 혀끝을 잇몸에 가볍게 대었다가 떼거나 혀끝을 윗잇몸에 댄 채 공기를 그 양옆으로 흘려 내보내면서 내는 유음, 공기가 코로 들어가도록 하여 내는 소리인 비음이 있다.

10 ㅁ : ㄱ~ㄹ은 모두 안울림소리이고, ㅁ만 울림소리이다.

정답 해설 | 자음은 발음할 때에 목청이 울리는지에 따라 '울림소리'와 '안울림소리'로 나뉜다. 울림소리에는 비음과

유음이 있는데, 비음은 입술소리에 속하는 'ㅁ', 잇몸소리에 속하는 'ㄴ, ㄹ', 여린입천장소리에 속하는 'ㅇ'이 있다. 울림소리는 소리의 세기에 따라 나눌 수 없다.

본문 15~17쪽

모음체계

01 ③	02 ④	03 ④	04 ③
05 ②	06 ⑤	07 ④	
08 해설 참조		09 해설 참조	
10 해설 참조			

01 ③

정답 해설 | 이중모음의 혀 높이는 반모음 뒤에 나오는 '단모음'의 위치로 생각하면 된다. 따라서 '혜'와 '해'를 비교하기 위해서는 'ㅔ'와 'ㅐ'를 비교하면 된다. 'ㅔ'는 중모음, 'ㅐ'는 저모음이므로, '혜'는 '해'보다 혀를 좀 더 높여 발음해야 한다.

오답 체크 |

① 입을 크게 벌리면 저모음이 된다.

② 이미 'ㅐ'도 입술이 편평하다.

④ 'ㅐ'도 전설모음이다.

⑤ 'ㅐ'는 단모음이고, 'ㅖ'는 이중모음이므로 오히려 'ㅖ'는 움직여야 한다. 그리고 이 문제에서 물어보는 것은 단모음과 이중모음의 차이가 아니므로 상관이 없다.

02 ④

정답 해설 | 'ㅣ'와 'ㅚ'의 혀의 위치는 전설모음으로 같지만, 혀의 높이는 'ㅣ'는 고모음, 'ㅚ'는 중모음이다.(높낮이가 다르다.)

오답 체크 |

① 'ㅜ'는 후설모음, 'ㅟ'는 전설모음이므로 맞는 설명이다.

② 'ㅓ'는 중모음, 'ㅏ'는 저모음이므로 맞는 설명이다.

③ 'ㅟ'와 'ㅗ'는 둘 다 원순모음이므로 입술 모양이 같다.

⑤ 'ㅜ'와 'ㅗ'는 둘 다 단모음이므로 혀의 위치나 입술 모양이 변하지 않는다. 비음이다.

03 ④

정답 해설 | 국어의 고모음은 'ㅣ, ㅟ, ㅡ, ㅜ' 4개이다. 따라서 '흔', '지', '줄'이 여기에 해당한다.

오답 체크 |

① ㄹ의 'ㅔ'는 중모음이다.

②, ③ ㄷ의 'ㅗ'는 중모음이다.

⑤ ㅁ의 'ㅏ'는 저모음이다.

04 ③

정답 해설 | 'ㅓ'와 'ㅡ'는 둘 다 평순모음, 후설모음이지만, 'ㅓ'는 입을 좀 더 벌리는 중모음이고, 'ㅡ'는 입을 덜 벌리는 고모음이다.

오답 체크 |

① '혀의 모양'은 모음을 나누는 기준이 아니다.

② 둘 다 평순모음이므로 입술 모양은 같다.

④ '입술 위치'는 모음을 나누는 기준이 아니다.

⑤ 둘 다 후설모음이기 때문에 혀의 앞뒤 위치는 같다.

05 ②

정답 해설 | 'ㅓ'와 'ㅔ'는 모두 중모음에 속하므로 전설 모음에 속하므로 혀의 최고점 위치에는 변동이 없다. 'ㅓ'는 후설모음 'ㅔ'는 전설 모음이므로 'ㅓ'는 'ㅔ'를 발음할 때보다 혀를 뒤로 보내야 한다.

오답 체크 |

① 'ㅟ'는 고모음, 'ㅚ'는 중모음이므로 적절하다.

③ 'ㅜ'는 원순 모음, 'ㅡ'는 평순 모음이므로 적절하다.

④ 'ㅣ'는 평순 모음, 'ㅟ'는 원순 모음이므로 적절하다.

⑤ 'ㅗ'는 후설 모음, 'ㅚ'는 전설 모음이므로 적절하다.

06 ⑤

정답 해설 | 〈보기〉에서 설명하는 첫 번째 모음은 '단모음'이고, 두 번째 모음은 '원순모음'이다. 따라서 두 가지가 순서대로 결합한 '질소'가 정답이다.

오답 체크 |

① '의문'의 첫 번째 모음 'ㅢ'는 이중모음이다.

② '머리'의 첫 번째 모음 'ㅓ'는 단모음이고, 두 번째 모음 'ㅣ'는 평순모음이다.

③ '완성'의 첫 번째 모음 'ㅘ'는 이중모음이 맞지만, 두 번째 모음 'ㅓ'는 평순모음이다.

④ '원리'의 두 번째 모음 'ㅝ'는 이중모음이 맞지만, 첫 번째 모음 'ㅣ'는 평순모음이다.

07 ④

정답 해설 | 〈보기〉에서 설명하는 모음은 '이중모음'이다. 따라서 반모음 'ㅣ'와 반모음 'ㅓ'가 결합한 모음 'ㅕ'가 있는 '형님'을 골라야 한다.

오답 체크 |

① 'ㅏ, ㅡ'는 모두 단모음이다.

② 'ㅏ, ㅗ'는 모두 단모음이다.

③ 'ㅏ, ㅓ, ㅣ'는 모두 단모음이다.

⑤ 'ㅗ, ㅓ'는 모두 단모음이다.

08 (가)는 단모음이어서 발음할 때 입이나 혀가 움직이지 않지만, (나)는 이중모음이어서 입과 혀가 모두 움직인다.

정답 해설 | 더 구체적으로 적는 것도 당연히 정답으로 인정한다. (가)는 단모음이어서 발음할 때 입이나 혀가 움직이지 않지만 (나)는 이중모음이어서 반모음 'ㅗ'는 혀가 뒤쪽에 있고 입을 동그랗게 하고 있다가 단모음 'ㅐ'를 발음할 때에는 혀가 앞으로 옮겨오고 아래로 내려간다.

09 '창'이다. 다른 모음은 혀의 높이가 중간인 '중모음'인데 '창'에 쓰인 'ㅏ'만 혀의 높이가 아래인 '저모음'이다.

정답 해설 | 〈보기〉에 쓰인 모음은 'ㅔ, ㅚ, ㅓ, ㅗ, ㅏ'이다. 이 가운데 'ㅔ'는 전설 중모음, 'ㅓ'는 후설 중모음으로 둘 다 평순모음이다. 'ㅚ'는 전설 중모음, 'ㅗ'는 후설 중모음으로 둘 다 원순모음이다. 그래서 모음 4개의 혀의 높이는 모두 같다.

10 ㉠ 다처서 / ㉡ 계세요, 게세요

정답 해설 | 이중모음은 발음할 때 입술 모양이나 혀의 위치에 변화가 있다. 그러나 현실에서 좀 더 효율적으로 발음하기 위하여 'ㅈ, ㅊ'과 결합하는 'ㅕ'는 단모음으로만 발음한다. 또한 '예, 례' 이외의 'ㅖ'도 단모음으로 발음할 수도 있도록 허용하였다. 따라서 '다쳐서'는 [다처서]로만 발음해야 하고, '계세요'는 [계세요] 또는 [게세요]로 발음할 수 있다.

01	①	02	③	03	①	04	⑤
05	②	06	⑤	07	④	08	⑤
09	④	10	②	11	①	12	④
13	②	14	③	15	⑤	16	①
17	⑤	18	해설 참조				
19	해설 참조			20	해설 참조		

01 ①

정답 해설 | 〈보기〉의 ㄱ은 언어의 자의성과 관련이 있다. 뜻과 소리의 대응은 자의적이기 때문에, 동일한 의미를 나타내는 사물이나 개념이 필연적인 이유 없이 언어마다 다른 음성으로 대응되거나 한 언어 안에서 지역 언어마다 다른 음성으로 대응된다.

오답 체크 |

② 언어의 역사성에 대한 설명이다.

③ 언어의 규칙성에 대한 설명이다.

④ 언어의 체계성에 대한 설명이다.

⑤ 언어의 분절성에 대한 설명이다.

02 ③

정답 해설 | '우리말에서는 모, 벼, 쌀, 밥 등으로 나뉘어 있는데 영어에서는 그저 라이스일 뿐이다. 삼시 세끼 밥을 먹지 않는 사람들이 사용하는 영어를 탓할 것이 아니라 밥에 대한 우리의 애착을 다시 볼 일이다.'로 보아, 언어가 인간의 의식주 등 문화와 관련을 맺고 있으며, 오래되고 생활에 밀접한 문화와 관련되어 있을수록 단어가 더 세밀하게 분화하는 모습을 보인다는 생각을 알 수 있다.

오답 체크 |

① 언어가 시대 변화에 따라 함께 변화하는 것은 맞다. 그러나 이 글에서 언급하고 있지 않다.

② 언어가 사람의 사고를 반영하며, 언어로 의사소통을 하는 것은 맞지만, 이 글에서 언급하고 있지 않다.

④ 이 글에는 영어와 국어에 반영된 문화 차이를 통해 언어에 문화가 반영될 수 있음을 보여주고 있다. 다른 문화와의 연계는 드러나지 않는다.

④ 언어는 추상화의 과정을 통해 만들어지지만, 이 글에는 공통점을 추출하는 것보다 오히려 다른 점을 포착하여 각각의 단어로 분화하는 과정이 나와 있다.

03 ①

정답 해설 | 우리말에서 다른 음식과는 달리 '밥'에는 '짓다'를 쓰는 이유는 그만큼 '밥'을 많이 먹는 '문화'가 언어에 반영되었기 때문이다.

오답 체크 |

② 영어권에서도 'make rice' 또는 'cook rice'라는 말을 쓰는 것은 그들도 밥을 해먹기 때문이다.

③ '밥'은 '집, 옷, 매듭'과 마찬가지로 서술어로 '짓다'를 선택한다. 따라서 이 단어들의 중요도는 모두 높다고 할 수 있다.

④ 영어권 문화 사람들이나 우리나라 사람들 모두 언어 공동체를 형성하고 있다고 볼 수 있다. 영어권 문화 사람들이 '라이스'라는 명칭을 붙인 것은 언어 공동체를 형성했기 때문이라고 할 수 있다.

⑤ 밥을 지을 때에는 다른 음식과 달리 '뜸을 들이는' 문화가 있기는 하지만, 다른 음식을 할 때에도 독특한 조리법은 있을 수 있다. 특별한 방법이 추가된다고 해서 '짓다'라는 말을 쓴 것은 아니다.

04 ⑤

정답 해설 | 'ㄲ'을 첫소리(초성)에는 쓸 수 있지만 끝소리(종성)에 쓰는 경우가 없는 것으로 보아, 첫소리에 올 수 있는 음운의 수가 끝소리에 오는 음운의 수보다 많다는 것을 알 수 있다.

오답 체크 |

① 자음, 모음, 자음을 차례로 결합하여 한 음절을 만들고, 그것이 한 단어가 된 예이다.

② 모음은 음운이므로, 모음이 바뀌면 단어의 뜻도 바뀐다.

③ 국어는 모음만 있으면 초성과 종성에 여러 자음을 결합하거나 하지 않음으로써 여러 단어를 만들 수 있다.

④ 가운뎃소리(중성)인 모음은 자음 오른쪽에 쓰는 것과 아래 쓰는 것으로 구별된다.

05 ②

정답 해설 | ⓒ은 음운체계의 차이에 대한 설명인데, 영어에서 'mom'의 초성과 종성 [m]을 구별하지 않듯 국어에서도 같은 'ㅁ'으로 인식하고 구별하지 않는 것은 관련이 없다.

오답 체크 ┃

① 모음에 의해 뜻이 구별되는 것으로 보아, 모음이 음운 임을 알 수 있다.

③ 모양이 같은 음운이라도 중세국어에는 이중모음이었지 만 현대국어에서는 단모음으로 발음하는 것은 언어의 역사성에 해당한다.

④ 자음 모음은 같은 글자가 소리의 길이에 의해 뜻이 바 뀌었다는 것으로 보아 비분절적 요소인 소리의 장단도 음운이 될 수 있음을 알 수 있다.

⑤ 친구의 목소리와 나의 목소리가 달라 음성은 다르지만, '소리'라는 '내용'이 같은 것으로 보아 음운은 음성에서 같은 부분만을 추출하여 인식하는 추상적인 소리이다.

06 ⑤

정답 해설 ┃ 두 번째 문단을 참고하면 모음은 발음할 때 소리가 막히거나 마찰이 일어나지 않음을 알 수 있다.

오답 체크 ┃

① 음운에는 자음과 모음 말고도 비분절 음운이 있지만 윗 글에는 설명되어 있지 않다.

② 자음은 반드시 모음의 앞뒤에 와야 한다고 하였으므로 혼자서 음절을 만들 수 없다.

③ 자음은 모음의 앞에만 올 수도 있고, 뒤에만 올 수도 있 는데, 모두에도 놓일 수 있다.

④ ②번과 같은 내용이다. 말소리가 나는 최소 단위를 '음 절'이라고 하는데 이는 한 개 이상의 모음이 있어야 한 다.

07 ④

정답 해설 ┃ 스마트폰 'ㅅ, ㅡ, ㅁ, ㅏ, ㅌ, ㅡ, ㅍ, ㅗ, ㄴ' 총 9개의 음운이 사용되었다.

오답 체크 ┃

① '분필'에는 'ㅂ, ㅜ, ㄴ, ㅍ, ㅣ, ㄹ' 6개의 음운이 사용되 었다.

② '고무나무'에는 'ㄱ, ㅗ, ㅁ, ㅜ, ㄴ, ㅏ, ㅁ, ㅜ' 8개의 음 운이 사용되었다.

③ '왕밤빵'에는 'ㅘ, ㅇ, ㅂ, ㅏ, ㅁ, ㅃ, ㅏ, ㅇ' 8개의 음운 이 사용되었다.

⑤ '인터넷'에는 'ㅣ, ㄴ, ㅌ, ㅓ, ㄴ, ㅔ, ㅅ' 7개의 음운이 사용되었다.

08 ⑤

정답 해설 ┃ 'ㅘ, ㅞ'는 반모음이 'ㅗ / ㅜ[w]'인 이중모음 이고, 'ㅢ, ㅐ'는 반모음이 'ㅣ [j]'인 이중모음이다.

오답 체크 ┃

① 'ㅟ, ㅢ, ㅛ, ㅖ' 가운데 'ㅟ'는 단모음이다. 이중모음으 로 발음하는 것도 허용할 뿐이다.

② 'ㅚ, ㅠ, ㅞ, ㅙ' 가운데 'ㅚ'는 단모음이다. 이중모음으 로 발음하는 것도 허용할 뿐이다.

③ 'ㅑ, ㅕ, ㅛ, ㅗ' 가운데 'ㅗ'는 단모음이다.

④ 'ㅏ, ㅙ, ㅡ, ㅟ' 가운데 'ㅏ, ㅡ'는 단모음이다.

09 ④

정답 해설 ┃ 센입천장 소리는 'ㅈ, ㅉ, ㅊ'인데 거센소리가 없다고 하였으므로 자음은 'ㅈ, ㅉ'만 가능하다.

전설모음인 평순모음은 'ㅣ, ㅔ, ㅐ'이고, 그중에 중모음 이 아닌 모음은 'ㅣ'와 'ㅐ'이다.

따라서 자음 'ㅈ, ㅉ', 모음 'ㅣ, ㅐ'의 조합으로 가능한 글 자 가운데 하나인 ④'째'가 정답이다.

오답 체크 ┃

① '장'은 자음의 조건은 충족하지만 모음의 조건은 충족 하지 못한다.

③ '노'는 자음과 모음의 조건 모두 충족하지 못한다.

④ '개'는 자음의 조건은 충족하지 못하고, 모음의 조건은 충족한다.

⑤ '최'는 자음과 모음의 조건 모두 충족하지 못한다.

10 ②

정답 해설 ┃ 'ㅟ'와 'ㅚ'는 혀의 위치와 입술모양은 같은데 혀의 높이만 다른 모음이다. 따라서 혀만 아래로 내리면 된다.

오답 체크 ┃

① 'ㅣ'에서 'ㅟ'는 혀의 높이와 위치는 같고 입술모양만 다 르므로 입술만 동그랗게 하면 된다.

③ 'ㅔ'에서 'ㅏ'는 입술모양만 그대로 두고 혀의 위치와 혀 의 높이가 모두 바꾸어야 한다.

④ 'ㅏ'에서 'ㅔ'는 입술모양만 같고 혀의 위치와 높이가 다 르므로 둘 다 바꾸어야 한다.

⑤ 'ㅐ'에서 'ㅗ'는 혀의 위치, 높이, 입술 모양이 서로 다 르기 때문에 모두 바꾸어야 한다.

11 ①

정답 해설 | 원순 모음이면서 저모음인 모음은 없다.

오답 체크 |

② 'ㅞ'와 'ㅒ'는 이중모음으로 모두 반모음 'ㅣ[j]'로 시작하는데 'ㅞ'는 'ㅔ'로 끝나고, 'ㅒ'는 입을 더 크게 벌리는 'ㅐ'로 끝난다.

③ 마찰음에는 예사소리와 된소리만 있다.

④ 'ㅌ'과 'ㅅ'은 모두 윗잇몸에서 나는 소리이다.

⑤ 'ㄹ'은 국어의 유일한 '유음'이다.

12 ④

정답 해설 | 〈보기〉의 내용이 모음에 대한 것이므로, 모음만 살펴보면 된다. '속리'의 모음은 'ㅗ'와 'ㅣ'이다.

'ㅗ'는 후설, 원순, 중모음이다.

'ㅣ'는 전설, 평순, 고모음이다.

따라서 조건을 모두 포함하고 있다.

오답 체크 |

① '수락'에 포함된 모음은 'ㅜ, ㅏ'로 둘다 후설모음이다.

② '금정'에 포함된 모음은 'ㅡ, ㅓ'로 둘다 후설모음이다.

③ '마니'에 포함된 모음은 'ㅏ'와 'ㅣ'로 둘다 평순모음이다.

⑤ '설악'에 포함된 모음은 'ㅓ'와 'ㅏ'로 둘다 평순모음이다.

13 ②

정답 해설 | '비표준어'에서는 '나', '남', '당'에 해당하는 모음 즉 'ㅏ'였던 것들이 '표준어'에서는 'ㅐ'가 되었다. 모음 체계표에서 'ㅏ'와 'ㅐ'의 차이는 오로지 혀의 전후 위치뿐이다. 따라서 '전설모음'이 표준어로 인정받고 있다고 정리할 수 있다.

오답 체크 |

① ㅐ, ㅏ는 모두 저모음이다.

③ ㅐ, ㅏ는 모두 평순모음이다.

④ ㅐ, ㅏ는 모두 단모음이다.

⑤ 자음에 따라 모음을 선택하는 경우는 없다.

14 ③

정답 해설 | '아무'의 음운은 'ㅏ, ㅁ, ㅜ' 3개로, 'ㅇ'은 음가가 없다. 따라서 '나무'는 '아무'보다 음운이 한 개 더 많은 것이지, 'ㄴ'과 'ㅇ'의 차이가 있는 것은 아니다.

오답 체크 |

① '굴'과 '길'은 모음에 의해 뜻에 차이가 발생한다.

② '창'과 '총'은 모음에 의해 뜻의 차이가 발생한다.

④ '고기'와 '모기'는 자음에 의해 뜻에 차이가 발생한다.

⑤ '고가[고께]'와 '고가[고개]'는 발음하였을 때 나는 자음 'ㄱ'과 'ㄲ'에 의해 뜻의 차이가 발생한다. 음운은 소리의 단위이기 때문에 표기로 판단하지 않도록 한다.

15 ⑤

정답 해설 | ⑩의 소리들은 모두 예사소리로, 숨을 거세게 내는 거센소리도 아니고, 목을 긴장시키는 된소리도 아니다.

오답 체크 |

① ㉠에서 'ㅁ, ㄴ'은 비음이지만 'ㄹ'은 유음으로 입으로 공기가 흘러나간다.

② ㉡의 세 자음은 모두 조음위치가 다르다.

③ ㉢의 소리들은 모두 마찰음으로 '공기가 막혔다 터진 후 마찰이 일어나'는 '파찰음'이 아니다.

④ ㉣은 모두 여린입천장에서 나는 소리, 즉 연구개음이다.

16 ①

정답 해설 | '하양'의 음운은 'ㅎ, ㅏ, ㅑ, ㅇ' 총 4개로 가장 적다.

오답 체크 |

② '노랑'의 음운은 'ㄴ, ㅗ, ㄹ, ㅏ ㅇ' 총 5개이다.

③ '검정'의 음운은 'ㄱ, ㅓ, ㅁ, ㅈ, ㅓ, ㅇ' 총 6개이다.

④ '파랑'의 음운은 'ㅍ, ㅏ, ㄹ, ㅏ, ㅇ' 총 5개이다.

⑤ '빨강'의 음운은 'ㅃ, ㅏ, ㄹ, ㄱ, ㅏ, ㅇ' 총 6개이다.

17 ⑤

정답 해설 | ⑩에 해당하는 자음은 'ㄹ' 1개이다. '양념'에는 'ㄹ'이 없다.

오답 체크 |

① ㉠에 해당하는 자음은 'ㄷ, ㄸ, ㅌ'이다.

② ㉡에 해당하는 자음은 'ㅈ, ㅉ, ㅊ'이다.

③ ㉢에 해당하는 자음은 'ㅅ, ㅆ'이다.

④ ㉣에 해당하는 자음은 'ㅁ'이다.

18 연속적인 시간을 불연속적인 시각으로 나누어 표현하는 것은 '언어의 분절성'과 관련이 있다.

19 '㉠~㉢은 모두 최소 대립쌍을 이루고 있다. ㉠에서 알 수 있는 음운은 'ㅜ', 'ㅣ'이고 ㉡에서 알 수 있는 음운은 'ㅈ', 'ㅎ'이며, ㉢에서 알 수 있는 음운은 '소리의 길이'(이)다.

정답 해설 | 같은 위치에 나타나는 소리의 차이로 인해 의미가 달라지는 경우를 찾는다.

20 ㉠ 모음
　　㉡ 자음
　　㉢ 자음과 모음의 중간

정답 해설 | '반모음'은 '반자음'이라고도 불리는데 그 이유는 자음과 모음의 성질을 모두 갖추고 있기 때문이다. 따라서 ㉠ 모음 ㉡ 자음을 옳게 풀었다면, ㉢에는 두 가지 성격을 모두 갖추었다 또는 그 중간적인 성격이라는 이야기가 들어가면 모두 맞다.

제2강 품사

품사의 개념과 체언　　　　　본문 27~28쪽

01 ③	**02** 는 / 가		**03** ④
04 ③	**05** ②	**06** ④	**07** ⑤
08 해설 참조		**09** ①	
10 해설 참조			

01 ③

정답 해설 | 문장의 각 단어는 띄어 씀을 원칙으로 한다. ① '점심'은 하나의 단어이다. ②와 ③에서 '시간에'의 '에'나 '풋고추를'의 '를'은 홀로 쓰일 수 없지만 홀로 쓰일 수 있는 말에 붙는 말이라 앞말에 붙여 쓴다. ③과 ④에서 '풋고추'는 '풋-+고추'로, '열심히'는 '열심+-히'로 나눌 수 있지만 '풋-'이나 '-히'는 단어가 아니라 접사이다. 접사(接辭)란 단독으로 쓰이지 않고 다른 말에 붙어 새로운 단어를 구성하는 부분이다. '고추', '열심'과는 다른 뜻의 '풋고추'와 '열심히'의 새로운 단어를 만드는 역할을 한다. '풋고추를'은 '풋고추'라는 단어에 '를'이라는 단어가 붙은 것이다. ⑤'먹었다'는 '먹다'라는 단어가 '먹(다)-+-었-+-다'로 형태를 바꾼 것이다.

02 는 / 가

정답 해설 | '는, 가'와 같은 단어는 홀로 쓰일 수 없지만 홀로 쓰일 수 있는 말에 붙어 쉽게 분리될 수 있어 단어로 인정한다.

03 ④

정답 해설 | 품사란 단어를 문법적인 성질의 공통성에 따라 나눈 단어의 갈래이다. 이때 그 성질에는 형태, 기능, 의미가 있는데, 의미상 나눈 단어의 갈래를 9품사라고 한다. 형태가 변하지 않는 단어는 불변어, 변하는 단어는 가변어라고 한다. 기능에 따라 나누었을 때에는 체언, 용언, 수식언, 관계언, 독립언의 다섯 가지로 나눌 수 있다.

04 ③

정답 해설 | '지우개 / 가 / 잠깐'은 형태가 변하지 않는 단어들이고, '예뻐서 / 빌렸다'는 형태가 변하는 단어들이다. '예뻐서'는 사전에서 '예쁘다'로, '빌렸다'는 '빌리다'로

찾아야 하는데, 이를 '기본형'이라고 부른다. 기본형은 형태가 변하는 단어의 기본이 되는 형태를 말하는데 어간(예쁘- / 빌리-)에 어미 '-다'를 붙인다. 기본형 '예쁘다'와 '빌리다'는 문장에서 쓰임에 따라 '예쁘고, 예쁘니, 예뻐서, 예뻤다, …'와 '빌리고, 빌리니, 빌려서, 빌렸다, …'와 같이 다양한 형태로 변한다.

05 ②

정답 해설 | '이'는 뒤에 오는 '머리'를, '너무'는 뒤에 오는 '아파'를 꾸며 주고 있다.

06 ④

정답 해설 | '깼지만'은 '단단한 물체를 쳐서 조각이 나게 하다'라는 뜻을 가진, 움직임을 나타내는 단어이다.

07 ⑤

정답 해설 | '너희'는 이름을 대신하여 나타내는 대명사이고, '셋'은 수량을 나타내는 수사이고, '우정'은 사물의 이름을 나타내는 명사이다. 명사, 대명사, 수사는 조사와 결합하여 주어, 목적어, 보어로 주로 쓰인다. 이렇게 문장에서 주로 주어, 목적어, 보어의 자리에 쓰여 '몸 체(體)' 자를 써서 체언이라고 부른다. 사람이나 사물 등의 이름을 나타내는 단어는 명사이다.

08 ㉠: 명사
㉡: 단어의 형태만 보고 판단할 게 아니라 무슨 의미인지를 따져야겠네.

정답 해설 | 단어 가운데에는 형태는 같지만 뜻이 달라 품사가 다른 경우가 많다. 그리고 원래 9품사는 어떤 의미적 특성을 지니느냐에 따라 나눈 단어의 갈래이다.

09 ①

정답 해설 | 사람이나 사물 등의 이름을 대신하여 나타내는 단어는 대명사이다. 대명사는 크게 둘로 나눌 수 있는데, 사람의 이름을 대신하여 가리키는 인칭 대명사와, 사물이나 장소 등의 이름을 대신하여 가리키는 지시 대명사로 나눌 수 있다. '여기'는 말하는 이에게 가까운 곳을 가리키는 장소 지시 대명사이다. 먼 곳을 가리킬 때에는 '저기'가 쓰인다.

10 공통점 : 수사, 차이점 : '첫째'는 순서를 나타내고 '둘'은 수량을 나타냄

정답 해설 | 사물이나 사람 등의 수량이나 순서를 나타내는 단어는 수사이다. 이때 '하나, 둘, 일, 이'처럼 수량을 나타내면 양수사, '첫째, 둘째, 제일, 제이'처럼 순서를 나타내면 서수사라고 한다.

01 용언

정답 해설 | '노래했다'와 '노는'은 동사이고, '좋다고'는 형용사이다. 동사와 형용사를 통틀어 용언이라고 부른다.

02 ④

정답 해설 | 동사와 형용사는 주로 서술어의 자리에서 설명하는 역할을 주로 한다.

오답 체크 |

①, ② 홀로 쓰일 수 있으며 형태가 변한다.

③ 수식언을 가리킨다.

⑤ 독립언을 가리킨다.

03 ②

정답 해설 | '웃음'은 명사이다. '웃다'라는 동사에서 나온 말이기는 하지만 '웃음'이라는 형태로 굳어져 명사로 쓰인다. '웃음' 뒤에 서술격 조사 '이다'가 붙어 서술어 역할을 하고 있다.

오답 체크 |

①, ③ '그렇지'와 '높은데'는 각각 기본형이 '그렇다'와 '높다'인 형용사이다.

④, ⑤ '기다려라'와 '숨고'는 각각 기본형이 '기다리다'와 '숨다'인 동사이다.

04 ③

정답 해설 | '놀다, 먹다, 쉬다, 두드리다, 공부하다'는 모두 동사이다. 동사는 문장에서 쓰일 때에 상황에 맞게 형태가 다양하게 변한다. 각각의 상황은 ㉠은 과거 시간이고, ㉡은 이유나 시간의 선후 관계이고, ㉢은 미래 시간이다.

오답 체크 |

① '노는'이 어색하다.

② '먹자'가 어색하다.

④ '두드릴'과 '두드린'이 어색하다.

⑤ '공부했을'이 어색하다.

05 ②

정답 해설 | '잊었다'는 '한번 알았던 것을 기억하지 못하거나 기억해 내지 못하다'라는 뜻의 동사이다. 동사는 사람이나 사물 등의 움직임을 나타내는 단어이다. ②의 '이럴'은 기본형이 '이렇다'인 형용사이다.

오답 체크 |

① '울어라'는 기본형이 '울다'인 동사이다.

③ '가지고'는 기본형이 '가지다'인, '와'는 '오다'인 동사이다.

④ '돕자'는 기본형이 '돕다'인 동사이다.

⑤ '긁는군'은 기본형이 '긁다'인 동사이다.

06 ⑤

정답 해설 | 형용사는 사람이나 사물 등의 상태나 성질을 나타내는 단어이다. '안타깝네'는 '뜻대로 되지 아니하거나 보기에 딱하여 가슴 아프고 답답하다'라는 뜻의 형용사이다.

오답 체크 |

① '고쳐서'는 기본형이 '고치다'인 동사이다.

② '쓰면'은 기본형이 '쓰다'인 동사이다.

③ '되는데'는 기본형이 '되다'인 동사이다.

④ '바꾸다니'는 기본형이 '바꾸다'인 동사이다.

07 ①

정답 해설 | '가볍다', '맛있다', '슬프다', '미끄럽다', '둥글다'는 모두 형용사이다. 형용사는 동사에 비해 활용에 제약이 있다. 명령형, 청유형, 진행형, 현재형으로는 쓰일 수 없으며, 목적을 나타내는 '-(으)러'나 의도를 나타내는 '-(으)려'와도 결합할 수 없다. ①처럼 명령형과 형태가 같은 감탄형 '-아라/-어라'와는 결합할 수 있다.

08 ⑤

정답 해설 | '그리다, 좋아하다, 만나다, 모르다'는 사람이나 사물 등의 움직임을 나타내는 동사이다. '크다'는 사람이나 사물 등의 상태나 성질을 나타내는 형용사이다. 이때 '머리가 크다'처럼 '사람이나 사물의 외형적 길이, 넓이, 높이, 부피 따위가 보통 정도를 넘다'라는 뜻으로 쓰이면 형용사인데, '1년 사이에 부쩍 크다'처럼 '동식물이 몸의 길이가 자라다'의 뜻으로 쓰이면 동사이다.

09 예뻐서 : 형용사, 샀는데 : 동사, 신으니까 : 동사, 작다 : 형용사

정답 해설 | 용언은 형태가 변하며 동사와 형용사가 있다.

10 ㄹ과 ㅁ, '행복하자'와 '건강하세요'는 형용사인데 각각 결합할 수 없는 청유형과 명령형 표현이 쓰였다.

정답 해설 | '행복하다, 건강하다'는 형용사이므로 청유형이나 명령형과는 결합할 수 없다. 그런데 일상에서 습관적으로 쓰고 있어 잘못된 표현인 것을 모르는 경우가 많다. '아름다워라'는 형용사 '아름답다'의 감탄형이고, '예쁘셨다'는 형용사 '예쁘다'에 높임 표현 '-시-'가 붙은 과거형이다. '멋있어져라'는 명령형인데 기본형은 '멋있어지다'이다. '멋있어지다'는 형용사 '멋있다'에 '-(어)지다'가 붙어 동사로 바뀐 단어이다. 그러므로 동사 '멋있어지다'는 '멋있어져라'처럼 명령형으로 쓰일 수 있다.

수식언

본문 31~32쪽

01 ④		**02** ③		**03** 관형사, 대명사	
04 ①		**05** ⑤		**06** ④	**07** ③
08 해설 참조				**09** ②	
10 해설 참조					

01 ④

정답 해설 | '첫'은 '만남'(명사)을 꾸며 주는 관형사이고, '콩닥콩닥'은 '뛴다'(동사)를 꾸며 주는 부사이다. 관형사와 부사를 통틀어서 수식언이라고 하고, 수식언은 다른 말을 꾸며 주는 단어로서 형태가 바뀌지 않는다. 꾸며 주는 말이기 때문에 없어도 문장은 성립하지만 쓰이면 문장의 의미가 더 구체적이고 분명해진다.

02 ③

정답 해설 | '이'(㉠)는 '셋'(수사)을, '이'(㉡)는 '학교'(명사)를 꾸며 주는 관형사이다. 관형사에는 조사가 붙을 수 없다.

03 관형사, 대명사

정답 해설 | 앞의 '그'는 '일'(명사)을 꾸며 주는 관형사이고, 뒤의 '그'는 3인칭 대명사이다. 대명사는 사람이나 사물 등의 이름을 대신하여 나타내는 단어이다.

04 ①

정답 해설 | '새로운'은 '학생'(명사)을 꾸며 주고 있지만 관형사는 아니다. '새로운'은 기본형 '새롭다'에서 뒤에 오는 말을 꾸며 주기 위해 형태를 바꾼, 곧 활용을 한 형용사이다.

오답 체크 |

② '다섯'은 '명'(의존 명사)을 꾸며 주는 관형사이다.

③ '어느'는 '누구'(대명사) 꾸며 주는 관형사이다.

④ '저'는 '둘'(수사)을 꾸며 주는 관형사이다.

⑤ '맨'은 '처음'(명사)을 꾸며 주는 관형사이다.

05 ⑤

정답 해설 | 부사는 수식언으로 주로 용언을 꾸며 준다. '주로'라는 말을 붙이는 것은 동사나 형용사가 아닌 다른 것을 꾸며 주기도 하기 때문이다. '와글와글'은 '시끄럽더

니'(형용사)를 꾸며 주는 부사이다.

오답 체크 |

① '안'은 '풀었으면'(동사)를 꾸며 주는 부사이다.

② '매우'는 '잘'(부사)을 꾸며 주는 부사이다.

③ '과연'은 뒤에 오는 문장 전체를 꾸며 주는 부사이다.

④ '하지만'은 앞뒤 문장을 이어 주면서 뒤에 오는 문장 전체를 꾸며 주는 부사이다.

06 ④

정답 해설 | 모두 뒤에 오는 말을 꾸며 주는 수식언인데, '이런'은 체언을 꾸며 주는 관형사이고 나머지는 동사나 형용사, 곧 용언을 꾸며 주는 부사이다. '이런'은 '조합'(명사)을 꾸며 준다.

오답 체크 |

① '무척'은 '신선하다'(형용사)를 꾸며 주는 부사이다.

② '꼭'은 '빠지지 않는다'(동사)를 꾸며 주는 부사이다.

③ '많이'는 '먹어서인지'(동사)를 꾸며 주는 부사이다.

⑤ '방긋'은 '웃고'(동사)를 꾸며 주는 부사이다.

07 ③

정답 해설 | 설명의 3가지 조건에 해당하는 품사는 부사이다. ③의 '열심히'는 '읽고'(동사)를 꾸며 주는 부사이다.

오답 체크 |

① '즐겁게'는 기본형 '즐겁다'에서 뒤에 오는 '보낸다'(동사)를 꾸며 주기 위해 활용을 한 형용사이다.

② '모두'는 뒤에 조사 '가'가 붙은 명사이다. '모두'는 '일정한 수효나 양을 기준으로 하여 빠짐이나 넘침이 없는 전체'라는 뜻으로 쓰일 때에는 명사이지만, '일정한 수효나 양을 빠짐없이 다'라는 뜻으로 뒤의 말을 꾸며 주면 부사이다.

④ '무슨'은 뒤의 '영상'(명사)을 꾸며 주는 관형사이다.

⑤ '바람같이'는 '달려 나간다'(동사)를 꾸며 주고 있지만 '바람'(명사)에 '같이'(조사)가 붙은 말이다.

08 '잘'과 '빨리'가 부사인데 모두 조사와 결합하고 있다.

정답 해설 | '잘'은 '모르겠지만'(형용사)을, '빨리'는 '풀지만'(동사)을 꾸며 주는 부사이다. 부사는 용언을 꾸며 주는 품사로 일반적으로 조사가 붙지 않는다. 하지만 때로는 '잘은'이나 '빨리도'처럼 조사와 결합하기도 한다. 같은 수식언인 관형사는 조사와 결합하지 않는다.

09 ②

정답 해설 | '먼저'는 뒤에 오는 문장 전체를, '더'는 '귀여워한다는'(동사)을 꾸며 주는 부사이다. '여러'는 '부모'(명사)를, '둘째'는 '아이'(명사)를 꾸며 주는 관형사이다.

10 '옛'과 '문득'은 모두 다른 말을 꾸며 주는 수식언이라는 측면에서는 같지만, 꾸며 주는 품사가 다르다.

정답 해설 | '옛'은 '기억'(명사)을 꾸며 주는 관형사이고, '문득'은 '떠오른다'(동사)를 꾸며 주는 부사이다. 기능의 측면에서 같은 수식언이지만 관형사는 체언을 꾸며 주고 부사는 주로 용언을 꾸며 준다는 측면에서 다르다.

01 ⑤	02 ④	03 ③	04 ①
05 해설 참조		06 해설 참조	
07 해설 참조		08 ⑤	09 ④
10 ③			

01 ⑤

정답 해설 | '는, 에서, 과, 을'은 조사이다.

오답 체크 |

① 조사는 문장에서 쓰일 때 형태가 변하지 않는데, 서술격 조사 '이다'만 예외적으로 형태가 변한다.

②, ③, ④ 조사는 주로 체언(명사, 대명사, 수사) 뒤에 붙어서 다른 말과의 문법적 관계를 나타낸다. 그래서 관계언이라고 부른다. 또 특별한 뜻을 더해 주는 조사도 있다.

02 ④

정답 해설 | '작은'의 '-은'은 단어가 아니다. 형용사 '작은'의 기본형 '작다'의 어간 '작-'에 '-은'이라는 어미를 붙여 활용하고 있다. '께서, 의, 에, 를'은 모두 조사 가운데에서도 일정한 자격을 나타내는 격조사이다. 이밖에 같은 자격으로 이어 주는 접속 조사(와 / 과, 하고 등)와 특별한 뜻을 더해 주는 보조사(은 / 는 / ㄴ, 만, 도 등)가 있다.

03 ③

정답 해설 | 체언이나 체언 구실을 하는 말 뒤에 붙어 앞말이 다른 말에 대하여 갖는 일정한 자격을 나타내는 조사를 격 조사라고 한다. 격 조사에는 여러 가지가 있는데 부사격 조사에는 '에, 에서, 에게, (으)로' 등이 있다. 또 서술격 조사('이다')와 호격 조사('아/야') 등도 있다.

오답 체크 |

① 주격 조사(이 / 가, 께서), 보격 조사(이 / 가, 되다, 아니다 앞)

② 목적격 조사('을/를/ㄹ')

④ 접속 조사('과/와, 하고, (이)랑')

⑤ 관형격 조사('의')

04 ①

정답 해설 | '밖에, 도, 부터, 만, 은'은 모두 특별한 뜻을

더해 주는 보조사이다. 같은 보조사라도 상황에 따라 다양한 뜻으로 쓰일 수 있다. ①에서 조사 '밖에'는 '그것 말고는 더 없음'의 뜻을 가지고 있다. 선택의 뜻을 가지고 있는 조사에는 '(이)나'가 있다.

05 까지, 는, 도, 으로, 는, 뿐, 이다

정답 해설 | 조사는 주로 체언 뒤에 붙는다. '까지'는 '여기'(대명사) 뒤에, '으로'는 '앞'(명사) 뒤에, '뿐'은 '죽음'(명사) 뒤에 붙었다. 그런데 때로는 같은 조사와 결합('는'은 '까지'와 '으로' 뒤에, '이다'는 '뿐' 뒤에 붙음)하기도 하고 부사와 결합('도'는 '잘' 뒤에 붙음)하기도 한다.

06 ㉠ : 은 / 는 / ㄴ(또는 '이 / 가', '으로 / 로', '와 / 과' 등), ㉡ : 이다, ㉢ : 용언

정답 해설 | 조사는 서술격 조사 '이다'를 제외하고는 형태가 변하지 않는다. 각각 자음과 모음으로 끝나는 말 뒤에 나타나는 주격 조사 '이'와 '가', 목적격 조사 '을'과 '를'처럼 뜻이나 기능은 같고 형태만 다른 '이형태(異形態)'가 존재한다. 결국 9품사 가운데 형태가 변하는 가변어는 동사, 형용사, 서술격 조사, 이렇게 3가지가 있다.

07 기능상 : 독립언, 의미상 : 감탄사

정답 해설 | '야호'는 신이 나서 외치는 환호의 소리이다. 문장에서 다른 말들에 얽매이지 않고 독립적으로 쓰이는 단어이다.

08 ⑤

정답 해설 | '왜냐하면'은 뒤에 오는 문장 전체를 꾸며 주는 부사이다.

오답 체크 |

① '아니요'는 대답을 나타내는 감탄사이다.

②, ③ '오'와 '맙소사'는 놀람이나 반가움 등의 느낌을 나타내는 감탄사이다.

④ '여보세요'는 부름을 나타내는 감탄사이다.

09 ④

정답 해설 | '아이고'는 놀람이나 반가움을 나타내는 감탄사이다.

오답 체크 |

①, ③ '진성아'와 '선생님'은 부름의 표현이지만 '진성아'

는 '진성'(명사)에 '아'(호격 조사)가 붙은 것이고 '선생님'
은 명사이다.
② '엄마야'는 놀람의 표현이지만 '엄마'(명사)에 '야'(호격
조사)가 붙은 것이다.
⑤ '깨달았구나'는 감탄의 표현이지만 기본형 '깨닫다'(동
사)에 감탄형 어미를 붙여 활용한 것이다.

10 ③
정답 해설 | '응'은 대답을 나타내는 감탄사이고, '문제가'
의 '가'는 명사 '문제' 뒤에 붙은 조사이다.
오답 체크 |
① '누나'는 명사이다.
② '앗'은 감탄사이다.
④ '지수야'는 '지수'(명사)에 '야'(호격 조사)가 붙은 것이
다.
⑤ '그리고'는 접속 부사이고, '시험이'의 '이'는 명사 '시험'
뒤에 붙은 조사이다.

모의고사 본문 35~39쪽

01 ②	02 ②	03 ⑤	04 ①
05 ③	06 ③	07 ②	08 ④
09 ①	10 ④	11 ①	12 ③
13 ⑤	14 ①	15 ⑤	16 ③
17 ④	18 ⑤	19 ④	20 ②

01 ②
정답 해설 | 단어는 홀로 쓰일 수 있는 가장 작은 말의 단
위이다. 그런데 예외적으로 조사도 단어로 인정한다. 품사
는 단어의 갈래인데, 일정한 기준(형태, 기능, 의미)에 따
라 나누어 놓은 것이다.

02 ②
정답 해설 | '그(대명사) + 는(조사), 기분(명사), 좋은(형용
사), 말(명사) + 을(조사), 자주(부사), 한다(동사)'
오답 체크 |
① 8개의 단어이고 체언, 용언, 수식언, 관계언이 모두 있
다.
③ 수식언에는 부사만 있다.
④ 용언에는 동사와 형용사가 하나씩 있다.
⑤ 명사 '기분'에는 조사가 붙어 있지 않다.

03 ⑤
정답 해설 | '두'는 뒤에 오는 명사 '시간'을 꾸며 주는 관형
사이다. 수나 양을 나타낸다고 모두 수사는 아니다. '두'처
럼 뒤에 오는 말을 꾸며 주는, 수나 양을 나타내는 관형사
도 있다. 수사는 체언으로 뒤에 조사가 붙을 수 있지만 관
형사는 조사가 붙을 수 없다.
오답 체크 |
① '그녀'는 인칭 대명사이다.
② '문제'는 명사이다.
③ '하나'는 수사이다.
④ '지'는 의존 명사이다.

04 ①
정답 해설 | 명사는 일반적으로 홀로 쓰일 수 있는데, 의미
가 형식적이어서 다른 말 아래에 기대어 쓰이는 경우가
있다. 이러한 명사를 '의존 명사(依存名詞)'라고 부른다. 의

존 명사에는 여러 가지 문장 성분으로 쓰이는 '것, 수, 바, 데'(보편성), 부사어로만 쓰이는 '만큼, 대로'(부사성), 서술어로 쓰이는 '뿐, 따름'(서술성), 단위를 나타내는 '마리, 개, 켤레'(단위성) 등이 있다.

05 ③

정답 해설 | 문장에서 주체가 되는 역할을 하는 단어는 체언이다. 이 가운데 사람이나 사물 등의 이름을 대신하여 나타내는 단어는 대명사이다. 대명사를 비롯해 체언은 뒤에 조사가 붙을 수 있다. ③에는 '너'(2인칭 대명사)와 '언제'(시간 지시 대명사)가 쓰였다.

오답 체크 |

① 사물 지시 대명사 '저기'가 있다. '이'는 '사람'(명사)을 꾸며 주는 관형사이다.

② 3인칭 대명사 '그녀'가 있다. '그'는 '사실'(명사)을 꾸며 주는 관형사이다.

④ 사물 지시 대명사 '이것'이 있다. '나는'은 동사 '나다'('땅 위에 솟아나다'나 '농산물이나 광물 따위가 산출되다' 등의 뜻)의 활용형이다.

⑤ 대명사가 하나도 없다. '아빠'는 명사이고 '우리'('짐승을 가두어 기르는 곳'이라는 뜻)도 명사이다.

06 ③

정답 해설 | 사람이나 사물 등의 수량이나 순서를 나타내는 단어는 수사이고, 체언을 꾸며 주는 관형사 가운데 대상의 수나 양을 나타내는 단어가 수 관형사이다. 수사에는 조사가 붙을 수 있지만 관형사에는 붙을 수 없다. ③의 '세'는 '살'(의존 명사)을 꾸며 주는 관형사이고, '여든'(80)은 수사이다.

오답 체크 |

① '하나'와 '열'은 수사이다.

② '한'과 '두'는 관형사이다.

④ '둘'과 '하나'(조사를 붙일 수 있음)는 수사이다.

⑤ '열'과 '한'은 관형사이다.

①: 한마디 말을 듣고도 여러 가지 사실을 미루어 알아낼 정도로 매우 총기가 있다는 말. ②: 정신없이 매우 서두르는 모양을 이르는 말. ③ 어릴 때 몸에 밴 버릇은 늙어 죽을 때까지 고치기 힘들다는 뜻으로, 어릴 때부터 나쁜 버릇이 들지 않도록 잘 가르쳐야 함을 비유적으로 이르는 말. ④: 음식이 아주 맛있음을 이르는 말. ⑤: 사람의 속마

음을 알기란 매우 힘듦을 비유적으로 이르는 말.

07 ②

정답 해설 | ㉮의 괄호에는 '사다'와 같은 동사가, ㉯의 괄호에는 '이상하다'와 같은 형용사가 들어갈 수 있다. 동사와 형용사는 용언으로, 주로 서술어의 자리에서 주체의 동작이나 상태 등을 설명하는 역할을 한다. 용언은 문장에서 쓰일 때에 형태가 다양하게 변하는데, 이를 활용이라고 한다.

오답 체크 |

① 관형사의 꾸밈을 받는 것은 명사, 대명사, 수사 곧 체언이다. 용언은 부사의 꾸밈을 받는다.

③ 체언은 문장에서 주로 주체가 되는 역할을 한다.

④ 용언에 조사가 붙는 경우도 있지만 조사와 자유롭게 결합하는 것은 체언이다.

⑤ 관계언 곧 조사를 가리킨다.

08 ④

정답 해설 | ㉮의 괄호에는 어떠한 행동을 같이 할 것을 요청하는 청유형 표현이, ㉯의 괄호에는 현재 어떤 일이 진행 중임을 나타내는 표현이 자연스럽다. 그래서 ㉮의 괄호에는 '살자, 달리자, 오르자, 집중하자'와 같은 활용형이, ㉯의 괄호에는 '살고, 달리고, 오르고, 집중하고'와 같은 활용형이 들어갈 수 있다. 청유형이나 진행 중임을 나타내는 표현은 움직임을 나타내는 동사는 가능하지만 상태나 성질을 나타내는 형용사는 불가능하다. 이런 까닭으로 '함께 예쁘자'나 '예쁘고 있다'는 자연스럽지 못하다.

09 ①

정답 해설 | '저렇지만(저렇다)'과 '건강하게(건강하다)'는 형용사이다.

오답 체크 |

② '젊어서(젊다)'는 형용사이고, '늙으면(늙다)'은 동사이다.

③ '서툴렀던(서투르다)'은 형용사이고, '잊는(잊다)'은 동사이다.

④ '행복하게(행복하다)'는 형용사이고, '사랑하라(사랑하다)'는 동사이다.

⑤ '낳는(낳다)'은 동사이고, '낫다고(낫다)'는 형용사이다.

10 ④

정답 해설 | 문장에서 다른 단어를 꾸며 주는 역할을 하는 단어를 수식언이라고 한다. 수식언에는 체언을 꾸며 주는 관형사와, 주로 용언을 꾸며 주는 부사가 있다. '깨끗하게'는 '비웠다'(동사)를 꾸며 주고 있지만 부사가 아니라 '깨끗하다'라는 기본형을 가진 형용사이다. '깨끗하게'는 '깨끗하다'의 활용형이다. 한편 '깨끗이'는 '깨끗하다'에서 나온 말이지만 부사로 굳은 단어이다.

오답 체크 |

①, ③ '저'는 '가게'(명사)를, '웬'은 '떡'(명사)을 꾸며 주는 관형사이다.

②, ⑤ '많이'는 '먹어도'(동사)를, '쓸쓸히'는 '먹던'(동사)을 꾸며 주는 부사이다. '많이'도 '깨끗이'처럼 '많다'(형용사)에서 나온 말이지만 부사로 굳은 단어이다.

11 ①

정답 해설 | 보기의 설명에 해당하는 품사는 관형사이다. '무슨'은 '소리'(명사)를 꾸며 주는 관형사이다.

오답 체크 |

② '부회장의'는 '말'(명사)을 꾸며 주고 있지만 '부회장'(명사)에 '의'(조사)가 붙은 것이다.

③ '결국'은 뒤에 나오는 문장 전체를 꾸며 주는 부사이고, '참았던'은 '눈물'을 꾸며 주고 있지만 '참다'가 기본형인 동사의 활용형이다.

④ '대통령인'은 '친구'(명사)를 꾸며 주고 있지만 '대통령'(명사)에 '이다'(서술격 조사)의 활용형인 '인'이 붙은 것이다.

⑤ '아름다운'은 '경쟁'(명사)을 꾸며 주고 있지만 '아름답다'가 기본형인 형용사의 활용형이다.

12 ③

정답 해설 | 부사는 수식언으로 주로 동사나 형용사를 꾸며 준다. 때로는 부사나 문장 전체를 꾸며 주기도 하고 관형사나 명사를 꾸며 주기도 한다. '아주'는 '잘'(부사)을, '잘'은 '어울린다'(동사)를 꾸며 주는 부사이다.

오답 체크 |

① '매우'는 '강한'(형용사)을 꾸며 주는 부사이지만, '강한'은 '비'(명사)를 꾸며 주는 것처럼 쓰인 형용사 '강하다'의 활용형이다. 한편 '지금'이 뒤에 나오는 문장 전체를 꾸며 주는 부사이다.

② '펑펑'은 '내리며'(동사)를 꾸며 주는 부사이지만, '세차게'는 '불었습니다'(동사)를 꾸며 주는 것처럼 쓰인 형용사 '세차다'의 활용형이다. 한편 '함께'가 '불었습니다'를 꾸며 주는 부사이다.

④ '많이'는 '늘었습니다'(동사)를 꾸며 주는 부사이지만, '자연스럽게'는 '늘었습니다'를 꾸며 주는 것처럼 쓰인 형용사 '자연스럽다'의 활용형이다.

⑤ '그리고'는 뒤에 나오는 문장 전체를 꾸며 주는 접속 부사이지만, '준비해'는 기본형이 '준비하다'인 동사이다. 한편 '꼭'이 '준비하다'를 꾸며 주는 부사이다.

13 ⑤

정답 해설 | 문장에서 문법적 관계를 나타내거나 특별한 뜻을 더해 주는 단어를 조사라고 한다. '있어도'의 '도'는 단어가 아니라 형용사 '있다'의 활용형(있-+-어도)의 일부이다.

오답 체크 |

① '와'는 접속 조사이다.

② '에서'는 부사격 조사이다.

③ '아'는 호격 조사이다.

④ '만'은 '놀지'(동사) 뒤에 붙은 보조사이다. 조사는 보통 체언(명사, 대명사, 수사)에 붙어 쓰이지만 용언이나 부사, 조사에 붙기도 한다.

14 ①

정답 해설 | 조사는 일정한 자격을 나타내는 격 조사, 특별한 의미를 더해 주는 보조사, 이어주는 접속 조사 등이 있다. 특히 보조사는 다양한 뜻을 지니고 있다.

만 : 한정이나 강조.

뿐 : 그것만이고 더는 없음.

도 : 더함이나 똑같이 아우름.

은 / 는 : 대조나 강조.

조차 : 더함이나 양보하여 포함함.

마저 : 더함이나 하나 남은 마지막.

밖에 : '그것 말고는'이나 '피할 수 없는'의 뜻.

15 ⑤

정답 해설 | 보기의 설명에 해당하는 품사는 감탄사이다. 감탄사는 다른 말들과 독립적으로 쓰이는 단어로, 느낌이나 부름, 대답 등을 나타낸다. '엉엉'은 우는 소리나 모양

을 나타낸 부사이다.

오답 체크 |

① '저런'은 뜻밖에 놀라운 일이나 딱한 일을 보거나 들었을 때 하는 감탄사이다. '저런'이 '상태, 모양, 성질 등이 저러한'(난 저런 사람이 좋아.)이라는 뜻으로 쓰이면 관형사이다.

② '아하'는 미처 생각하지 못한 것을 깨달았을 때 가볍게 내는 감탄사이다.

③ '네'는 대답을 나타내는 감탄사이다.

④ '자'는 남에게 어떤 행동을 권하거나 재촉할 때 하는 감탄사이다.

16 ③

정답 해설 | 품사는 일정한 기준에 따라 나누어 놓은 단어의 갈래인데, 우리말 단어 분류의 기준은 3가지이다. 형태 변화 유무, 문장에서의 기능, 그리고 의미적 특성이다. 각각의 기준에 따라 분류하여 품사의 체계를 정리할 수 있다.

㉠ : 체언, ㉡ : 용언, ㉢ : 관형사, ㉣ : 감탄사, ㉤ : 서술격 조사.

'이것'은 사람이나 사물 등의 이름을 대신하여 나타내는 대명사이다.

17 ④

정답 해설 | '보고'와 '달려왔다'는 각각 기본형이 '보다'와 '달려오다'인 동사이다.

오답 체크 |

① '합격'은 독립어처럼 보이지만 의미상 명사이다.

② '그'는 '하나'(수사)를 꾸며 주는 관형사이다.

③ '하나'는 수사이고 '만'과 '을'은 각각 '하나'와 '만'에 붙은 조사이다.

18 ⑤

정답 해설 | ①은 순서대로 감탄사, 대명사이고, ②는 조사, 부사이고, ③은 조사, 동사이고, ④는 부사, 조사이다. ⑤의 앞에 쓰인 '아이'는 사람이나 사물 등의 이름을 나타내는 명사이고, 뒤의 '아이'는 무엇을 재촉하거나 마음에 선뜻 내키지 않을 때 내는 감탄사이다.

오답 체크 |

① 앞에 쓰인 '저'는 어떤 생각이나 말이 얼른 잘 떠오르지

않거나 말을 꺼내기가 어색하거나 곤란하여 머뭇거릴 때 쓰는 감탄사이다. 뒤에 쓰인 '저'는 사람이나 사물 등의 이름을 대신하여 나타내는 대명사가 맞다.

② '보다'는 '어떤 수준에 비하여 한층 더'라는 뜻으로 뒤에 오는 말을 꾸며 주면 부사이고, '눈으로 대상의 존재나 형태적 특징을 알다'라는 뜻으로 쓰이면 동사이고, 차이가 있는 것을 비교할 때에 비교의 대상이 되는 말에 붙어 '~에 비해서'의 뜻으로 쓰이면 조사이다. 그러므로 앞에 쓰인 '보다'는 조사가 맞지만 뒤에 쓰인 '보다'는 동사가 아니라 부사이다.

③ 앞에 쓰인 '와'는 접속 조사가 맞고, 뒤에 쓰인 '와'는 동사 '오다'의 활용형이다.

④ 앞에 쓰인 '같이'는 '둘 이상의 사람이나 사물이 함께'라는 뜻으로 뒤에 오는 말을 꾸며 주는 부사이고, 뒤에 쓰인 '같이'는 앞말에 붙어 '앞말이 보이는 전형적인 어떤 특징처럼'의 뜻을 가진 조사이다.

19 ④

정답 해설 | ④의 '이'는 관형사가 아니라 수 '2'를 가리키는 수사이다. 수사는 체언이므로 조사가 붙을 수 있지만 관형사는 조사와 결합할 수 없다. '이'가 관형사로 쓰이는 예는, '헤어진 지 이 년', '책 이 권' 등이다.

20 ②

정답 해설 | 와 : 감탄사 / 드디어 : 부사 / 품사 : 명사 / 를 : 조사 / 확실하게 : 형용사 / 끝내서 : 동사 / 온갖 : 관형사 / 걱정 : 명사 / 이 : 조사 / 사라지는 : 동사 / 것 : 명사 / 같다 : 형용사

'와'는 놀람이나 반가움을 나타내는 감탄사이고, '드디어'는 '끝내서'(동사)를 꾸며 주는 부사이고, '품사'와 '걱정'은 이름을 나타내는 명사이다. '품사를'의 '를'과 '걱정이'의 '이'는 다른 말과의 문법적 관계를 나타내는 조사이다. '확실하게'는 기본형이 '확실하다'이고, '같다'는 '같다'인데 이 둘은 상태나 성질을 나타내는 형용사이고, '끝내서'는 기본형이 '끝내다'이고, '사라지는'은 '사라지다'인데 이 둘은 움직임을 나타내는 동사이다. '온갖'은 뒤에 오는 '걱정'(명사)을 꾸며 주는 관형사이고 '것'은 의존 명사이다.

제3강 문장

문장성분, 주성분 1
본문 43~45쪽

01 ⑤	02 ⑤	03 ②	04 ④
05 ②	06 ④	07 ②	
08 해설 참조		09 해설 참조	
10 해설 참조			

01 ⑤

정답 해설 | '하늘이시여'는 '체언+호격조사'로 이루어진 독립어이다.

오답 체크 |

① 눈이(주어)+내렸다(서술어)

② 바다는(주어)+왜(부사어)푸른색일까(서술어)

③ 친구가(주어)+내(관형어)+이름을(목적어)+불렀다(서술어)

④ 일이(주어)+많아서(서술어)+잠을(목적어)+못(부사어)+잤다(서술어)

02 ⑤

정답 해설 | 선생님께서(주어)+너에게(필수부사어)+책을(목적어)+주셨다.(서술어) 로 구성되어 주어, 필수 부사어, 목적어가 있는 세 자리 서술어이다.

오답 체크 |

① '좋은(관형어)+말이(주어)+세상을(목적어)+바꾼다.(서술어)'로 구성되어 서술어가 요구하는 필수 성분이 주어, 목적어인 두 자리 서술어이다.

② '그(관형어)+아이가(주어)+반장이(보어)+되었다.(서술어)'여서 주어와 보어가 있는 두 자리 서술어이다.

③ '하늘에(부사어)+별이(주어)+무수히(부사어)+많다.(서술어)'로 주어 하나가 있는 한 자리 서술어이다.

④ '하얀(관형어)+강아지가(주어)+신나게(부사어)+달렸다.(서술어)'로 주어 하나가 있는 한 자리 서술어이다.

03 ②

정답 해설 | '물이'는 주어이고 서술어가 '되다'이므로 '얼음이'는 보어이다.

오답 체크 |

① '시간(체언)+은(보조사)'이 문장 전체의 주어에 해당하며 '쏜살같이'는 부사어, '흐른다'는 서술어이다.

③ 주어인 '너' 뒤에 주격조사가 생략되어 있다.

④ '할아버지'가 높임의 대상이어서 주격조사 '께서'를 사용하고 있다.

⑤ '영수는(주어)+밥을(목적어)+좋아하고(서술어)+빵을(목적어) +싫어한다.(서술어)' 구성이며 주어 '영수는'을 중복하여 사용하지 않도록 뒤 절에서 주어를 생략하였다.

04 ④

정답 해설 | '어느덧(부사어)+한(관형사)+학기가(주어)+끝났다(서술어)'이므로 주성분은 주어, 서술어 두 개이다.

오답 체크 |

① '형기는'은 문장 전체의 주어이고, '키가(주어)+크다.(서술어)'는 서술절이다.

② '민수가(주어)+노래를(목적어)+부른다.(서술어)'이므로 주성분은 주어, 목적어, 서술어 세 개이다.

③ '그녀는(주어)+학생이(보어)+아니다.(서술어)'에서 주성분은 주어, 보어, 서술어 세 개이다.

⑤ '시험이'가 전체 주어이며 '시작되었다고'는 서술어이다.

05 ②

정답 해설 | '사과보다'는 비교 대상에 해당하는 부사어이므로 주성분이 아니다.

오답 체크 |

① '크다'는 문장 전체의 서술어이고, '기린은'은 문장 전체의 주어, '키가'는 서술절의 주어이다.

③ '오토바이가'는 주어이고, '빠르게'는 부사어, '지나갔다'는 서술어이다.

④ '나는'은 주어이고, '아직'은 부사어이고, '성인이'는 보어, '아니다'는 서술어이다.

⑤ '너를'은 목적어이고, '생각하면'은 서술어, '마음이'는 주어, '아프다'는 서술어이다.

06 ④

정답 해설 | '아이들이'는 주어이고, '시를'은 목적어, '배웠다'는 서술어이다. 또, '기상청이'는 주어, '일기예보를'은 목적어, '하였다'는 서술어이다.

'그녀는'은 주어이고, '엄마와'는 부사어이고, '비슷하다'는 서술어이다. '장점과'는 부사어이고 '단점은'은 주어이고, '통한다'는 서술어이다.

07 ②
정답 해설 | '국회에서(주어)+법안을(목적어)+처리했다(서술어)'의 구성이다.

오답 체크 |
① 겨울에는(부사어)+해가(주어)+짧다.(서술어)
③ 나는(주어)+어제(부사어)+학교에(부사어)+지각했다.(서술어)
④ 이번(관형어)+시험엔(부사어)+영희가(주어)+1등이다.(서술어)
⑤ 수지는(주어)+가방을(목적어)+집에(부사어)+두고 왔다.(서술어)

08 토끼가, 뜯는다, 어찌하다
정답 해설 | '토끼가(주어)+들판에서(부사어)+풀을(목적어)+뜯는다(서술어)'의 구성이며, 이때 서술어인 '뜯는다'는 주체인 '토끼'의 행동을 나타내므로 '어찌하다'에 해당한다.

09 역할이(동작이나 작용, 상태 및 성질의 주체가 되는 문장 성분) / 돋보였다(동작이나 작용, 상태 및 성질을 서술하는 문장 성분)
정답 해설 | '주인공의(관형어)+역할이(주어)+돋보였다(서술어)'의 구성이며 주성분은 주어와 서술어이다. 주어는 동작이나 작용, 상태 및 성질의 주체가 되는 문장 성분이고, 서술어는 주어의 동작, 작용, 상태 및 성질을 서술하는 문장 성분이다.

10 나는(주어), 어제의(관형어), 나에게(부사어), 인사를(목적어), 건넸다(서술어) / 세 자리 서술어
정답 해설 | '나는(주어)+어제의(관형어)+나에게(부사어)+인사를(목적어)+건넸다(서술어)'이므로 서술어가 필요로 하는 문장 성분이 주어, (필수)부사어, 목적어의 세 개여서 세 자리 서술어이다.

주성분 2, 부속성분, 독립성분   본문 46~48쪽

01 ③	02 ⑤	03 ⑤	04 ④
05 ①	06 ⑤	07 ④	
08 해설 참조		09 해설 참조	
10 해설 참조			

01 ③
정답 해설 | 부속 성분에 해당하는 것은 관형어와 부사어인데 '얘들아(독립어)+하늘을(목적어)+한번(부사어)+봐봐(서술어)'의 형식이므로 '한번'이 부속 성분에 해당한다.

오답 체크 |
① 차례로(부사어)+줄을(목적어)+서세요.(서술어)
② 그는(주어) + 커서(서술어) + 의사가(보어) + 되었다.(서술어)
④ 시간이(주어) + 흐르자(서술어) + 모두가 (주어) + 잊혀졌다.(서술어)
⑤ 학교에서(주어)+성적표를(목적어)+집으로(부사어)+보냈다.(서술어)

02 ⑤
정답 해설 |
㉠ 나는(주어)+동물을(목적어)+ 사랑한다. (서술어)
㉡ 와,(독립어)+하늘이(주어)+정말(부사어)+맑구나.(서술어)
㉢ 아이들이(주어)+복도에서(부사어)+떠든다.(서술어)

03 ⑤
정답 해설 | 고양이에게(부사어)+밥을(목적어)+주었다(서술어)

오답 체크 |
① 나는(주어)+선물을(목적어)+받았다(서술어)
② 이것은(주어)+평가가(보어)+아니다(서술어)
③ 경찰이(주어)+수사를(목적어)+시작했다.(서술어)
④ 학교에서(주어)+통신문을(목적어)+보냈다.(서술어)

04 ④
정답 해설 | 영수야(독립어-독립성분)+네가(주어-주성분)+좋은(관형어-부속성분)+직장에(부사어-부속성분)+취직했구나!(서술어-주성분)

05 ①

정답 해설 | '토끼는(주어)+귀가(주어)+귀엽다(서술어)'인데 이때 '귀가 귀엽다'는 서술절에 해당한다.

오답 체크 |

② '너를(목적어)+닮은(관형어)+사람을(목적어)+좋아한다.(서술어)'이므로 '사람을'은 목적어이다.

③ '나는(주어)+밥을(목적어)+그는(주어)+빵을(목적어)+먹었다.(서술어)'로 구성된 이어진 문장인데 앞 절의 서술어 '먹었고'가 중복을 방지하기 위해 생략되었다.

④ '학교에서(부사어)+5층의(관형어)+미술실이(주어)+제일(부사어)+덥다(서술어)'이므로 '학교(체언)+에서(부사격조사)'와 '제일(부사)'이 부사어이다.

⑤ '너를(목적어) + 만난(관형어) + 어제가(주어) + 제일(부사어) + 행복한(관형어) + 날이다.(서술어)'이므로 '어제가'가 문장 전체의 주어이다.

06 ⑤

정답 해설 | 필수적 부사어는 서술어가 반드시 필요로 하는 부사어인데 이런 부사어를 요구하는 서술어로는 '닮았다, 비슷하다. 삼다, 같다, 다르다, 주다, 드리다' 등이 있다. '아이들이(주어) + 운동장에서(부사어) + 농구를(목적어) + 한다(서술어)'인데 이때 부사어인 '운동장에서'는 장소를 나타내는 것이며 생략을 하여도 의미 전달이 가능하다.

오답 체크 |

① 나는(주어)+엄마와(필수적 부사어)+닮았다.(서술어) ⇒ 누구와 닮았는지를 서술해야 문장의 의미가 성립이 되므로 부사어가 필요하다.

② 얼음은(주어)+물과(필수적 부사어)+다르다.(서술어) ⇒ 무엇과 다른지를 서술해야 하므로 '얼음이'가 필요하다.

③ 그녀는(주어)+성실을(목적어)+신조로(필수적 부사어)+삼았다.(서술어) ⇒ '성실을' 무엇으로 삼았는지 서술해야 하므로 필수적 부사어인 '신조로'가 필요하다.

④ 순희가(주어)+ 할머니께(필수적 부사어)+ 인사를(목적어)+ 드렸다.(서술어) ⇒ 누구에게 무엇을 드렸는지 서술해야 문장의 의미가 전달되므로 필수적 부사어와 목적어가 모두 필요하다.

07 ④

정답 해설 | '그녀는(주어)+천재가(보어)+아니다(서술어)'의 구성으로 나머지 문장과 달리 보어가 있다.

오답 체크 |

① 나는(주어)+아빠와(부사어)+놀았다.(서술어)

② 그들은(주어)+우리와(부사어)+다르다.(서술어)

③ 그는(주어)+이곳에서(부사어)+떠났다.(서술어)

⑤ 사람들이(주어)+남쪽으로(부사어)+도망갔다.(서술어)

08 보어 / '되다, 아니다' 서술어 앞에서 주어와 서술어로 구성된 내용을 보충하는 문장 성분

정답 해설 | 오늘의(관형어) + 매출이(주어) + 10만 원이(보어) + 안(부사어) + 된다(서술어)의 구성이며 '10만 원이'는 서술어 '된다' 앞에 오는 보어이다.

09 올해의, 첫, 넓은, 벼의 / 올해의(체언+관형격 조사), 첫(관형사), 넓은(용언+관형사형 어미)+벼의(체언+관형격 조사)

정답 해설 | 체언을 수식하는 관형사는 관형사, 체언, 체언+관형격 조사, 용언+관형사형 어미로 실현되므로 '올해의(체언+관형격 조사), 첫(관형사), 넓은(용언+관형사형 어미), 벼의(체언+관형격 조사)'로 분석할 수 있다.

10 ㉠ 주성분 / 문장의 뼈대가 되는 필수적 역할을 함, ㉡ 부속 성분 / 주성분을 꾸미는 역할을 함, ㉢ 독립 성분 / 문장 내 다른 성분과 직접적 관계를 맺지 않음

정답 해설 |

'설마(부사어)+시험이(주어)+어려울까?(서술어)'로 분석할 수 있다.

'시험(관형어)+정보를(목적어)+들었다.(서술어)'로 분석할 수 있다.

'글쎄(독립어)+내(관형어)+생각은(주어)+조금(부사어)+다른데.(서술어)'로 분석할 수 있다.

문장의 짜임 1, 2

본문 49~51쪽

01 ②	02 ⑤	03 ①	04 ④
05 ②	06 ④	07 ①	
08 해설 참조		09 해설 참조	
10 해설 참조			

01 ②

정답 해설 | '새해가 되면'이 앞 절인데 뒤의 절인 '세계 여행을 갈 수 있을까요?'에 대해 '조건'의 의미 관계를 이루며 종속적으로 이어진 문장이 된다. '기운이 좀 나면'도 앞 절인데 뒤의 절인 '공부를 해보자'에 대해 조건에 해당되며 종속적으로 이어진 문장이다.

오답 체크 |

① '순희는 주먹을 내고'와 '철수는 가위를 냈다.'가 대등하게 이어진 문장이다.

③ '여름에는 과일이 좋고'와 '겨울에는 찐빵이 좋다.'가 대등하게 이어진 문장이다.

④ '어제는 기분이 좋았지만'과 '오늘은 기분이 별로다.'가 대등하게 이어진 문장이다.

⑤ '사람은 옛 사람이 좋고'와 '물건은 새 물건이 좋다.'가 대등하게 이어진 문장인데 '사람은'이 주어이고 '옛 사람이 좋고'가 서술절이 되는 겹문장이다. 뒤의 절도 '물건은'이 주어이고 '새 물건이 좋다'가 서술절이 되는 겹문장이다.

02 ⑤

정답 해설 | '나는(주어)+정류장에서(부사어)+영희를(목적어)+기다렸다.(서술어)'로 구성된 홑문장이다.

오답 체크 |

① '밖은 덥지만'과 '안은 시원하다.'가 대등하게 이어진 문장이다.

② '날씨가 더워서'와 '휴가를 갔다.'가 종속적으로 이어진 문장이며 앞 절이 뒤 절의 원인이 된다.

③ '토끼는 춤추고'와 '여우는 노래한다.'가 대등하게 이어진 문장이다.

④ '영화가 끝나자'와 '사람들이 일어났다'가 종속적으로 이어진 문장이며 앞 절이 뒤 절의 원인(배경 또는 전후로 대체 가능)이 된다.

03 ①

정답 해설 | '낮이(주어)+점점(부사어)+길어지고 있다.(서술어)'인 홑문장이다.

오답 체크 |

② '내가 운동하면'과 '너도 할래?'가 종속적으로 이어진 문장이며 앞 절이 뒤의 절의 조건이 된다.

③ '내가 공부를 하는데'와 '벨이 울렸다'가 종속적으로 이어진 문장이며 앞 절과 뒤 절은 '배경'의 의미 관계를 이룬다.

④ '날씨가 추워지니'와 '건강을 조심하자'가 종속적으로 이어진 문장이며 앞 절과 뒤 절의 의미관계가 '원인'이다.

⑤ '아무리 힘들어도'와 '할 일을 해야 한다'는 종속적으로 이어진 문장이며 앞 절과 뒤 절이 '양보'의 의미 관계를 이룬다.

04 ④

정답 해설 |

ⓐ 꽃잎이(주어)+바람에(부사어)+흩날린다.(서술어) ⇒ 홑문장

ⓑ 아침을(목적어)+못(부사어)+먹고(서술어)+학교에(부사어)+갔다.(서술어) ⇒ 겹문장

ⓒ 날씨가(주어)+선선해서(서술어)+기분이(주어)+좋다.(서술어)⇒ 겹문장

ⓓ 우리는(주어)+운동장에서(부사어)+체육 대회를(목적어)+하였다.(서술어) ⇒ 홑문장

05 ②

정답 해설 | 서술어가 두 개 이상 사용된 문장이면서 앞 절과 뒤 절의 순서를 바꾸어도 의미 변화가 없는 문장은 이어진 문장이다. '사람은 둘이고'와 '빵은 하나다'가 대등하게 이어져 있다.

오답 체크 |

① '까마귀 날자'와 '배 떨어진다.'는 문장의 순서를 바꾸면 의미가 달라지므로 종속적으로 이어진 문장이다.

③ '신제품을 보려고'와 '매장에 갔다.'는 종속적으로 이어진 문장이여 앞 절과 뒤 절의 의미 관계는 '의도'이다.

④ '우리(관형어)+집은(주어)+학교에서(부사어)+매우(부사어)+가깝다.(서술어)'로 이루어진 홑문장이다.

⑤ '철수는 친구를 만나러'와 '시내에 갔다.'는 앞 절과 뒤

절이 의도의 의미 관계를 이루며 종속적으로 이어진
문장이다.

06 ④

정답 해설 | 앞의 문장이 뒤의 문장의 조건이 되는 겹문장
은 종속적으로 이어진 문장이다. '내일 비가 온다면'은 뒤
의 절인 '제주도 여행은 취소된다'의 조건에 해당하므로
종속적으로 이어진 문장이다.

오답 체크 |

① '우리는 숙제를 하려고'와 '도서관에 갔다'가 '의도'의 의
미 관계를 이루며 종속적으로 이어진 문장이다.

② '수지는 간식을 먹어서'와 '저녁을 굶었다'는 종속적으
로 이어진 문장이며 앞 절이 뒤 절의 원인이 된다.

③ '동생은'은 문장 전체의 주어이고 '형과 달리'는 부사절
이며 '성적이 매우 뛰어나다'는 서술절이다. 따라서 부
사절과 서술절이 있는 겹문장이다.

⑤ '할머니께서(주어)+한(관형사)+손으로(부사어)+장바구
니를(목적어)+들고 계신다(서술어)'로 된 홑문장이다.

07 ①

정답 해설 | '아무리 비가 와도'라는 앞 절의 내용을 사실
로 인정하더라도 '우리는 출발한다'라는 뒤 절의 내용을
하겠다는 의미이므로 앞 절과 뒤 절은 대조의 관계로 대
등하게 이어진 문장이 아니라 '양보'의 의미 관계로 종속
적으로 이어진 문장이다.

오답 체크 |

② '형도 고향을 떠났고'와 '누나도 떠났다'는 앞 절과 뒤
절의 순서를 바꾸어도 의미 변화가 없으므로 나열의
관계로 대등하게 이어진 문장이다.

③ '네가 오지 않으면'이 '모임이 재미가 없다'의 조건에 해
당한다.

④ '나는 시험공부를 하려고'가 '일요일에도 학교에 갔다'
의 의도에 해당한다.

⑤ '아침부터 비가 와서'가 '가을 체육 대회가 연기되었다'
의 원인이다.

08 음료가 차갑다 / 관형 / 음료(가)

정답 해설 | 한 문장이 다른 문장 속에 관형절로 안길 때
두 문장에 중복된 단어가 있으면 관형절에서 그 단어가
포함된 문장 성분이 생략된다. '나는 차가운 음료를 좋아

한다'라는 문장에서 '차가운'은 '음료가 차갑다'라는 문장
에서 중복되는 어휘인 '음료'를 생략하고 '차가운'이라는
관형절로 실현되고 있다.

09 햇빛을 받아서 바닷물이 반짝반짝 빛났다. / 원인

정답 해설 | 바닷물이 반짝반짝 빛나는 원인이 햇빛을 받
은 것이므로 '햇빛을 받아서 바닷물이 반짝반짝 빛났다'
라는 이어진 문장을 만들면 앞 절과 뒤 절의 의미 관계는
원인이 된다.

10 ㉠ 대등, ㉡ 원인, ㉢ 양보 / 연결어미의 차이

정답 해설 |

㉠ '시험이 어렵다'와 '시험이 힘들다'가 대등하게 이어진
문장이며 '~고'라는 연결어미로 이어진다.

㉡ 시험이 어려운 것이 원인이 되어 대비가 힘들다는 내용
이므로 앞 절이 뒤의 절의 원인이 되며 '~어서'라는 연
결어미로 이어진다.

㉢ '시험이 어렵다'는 사실을 인정하더라도 '대비를 해야
한다'는 의미이므로 앞 절과 뒤의 절은 '양보'의 의미
관계를 이루는 문장이다. 연결어미 '~라도'는 종속적으
로 이어진 문장을 만들 때 사용한다.

문장의 짜임 3

본문 52~54쪽

01 ⑤	02 ③	03 ④	04 ④
05 ⑤	06 ①	07 ⑤	
08 해설 참조		09 해설 참조	
10 해설 참조			

01 ⑤

정답 해설 | 문장 안에 다른 문장이 성분으로 들어갈 때 두 문장에서 중복되는 단어가 있는 성분은 생략이 가능하다. 예를 들어 '나는 그녀가 보낸 편지를 받았다'에서 관형절 '그녀가 보낸'은 원래 문장이 '그녀가 편지를 보내다'인데 이때 '편지를'이 두 문장에서 중복이 되므로 생략을 한다.

오답 체크 |
① 안은문장은 겹문장이므로 주어와 서술어가 두 번 이상 나타난다.
② 직접 인용절은 큰 따옴표와 인용격 조사 '라고'를 사용하고 간접 인용절은 문장 부호 없이 인용격 조사 '고'를 사용한다.
③ 부사절은 문장의 서술어에 부사격 조사를 사용하여 부사어로 파생된 것이다.
④ 관형절은 관형어 역할을 하는 절이므로 체언을 수식하고 용언이나 서술격조사에 관형사형 어미를 사용하여 만든다.

02 ③

정답 해설 | ''민수는(주어) 팔을(목적어) 움직였다(서술어).'이므로 홑문장이다.
'그가 진정한 승자임'이 명사절이다.
'선생님의 도움 없이'가 부사절이다.

03 ④

정답 해설 | ㉠에서는 '함축적인'이 관형절이다. ㉡에서는 '밤이 새도록'이 부사절이다. ㉢에서는 '탐구 과제를 함께 하자'가 인용절이다.

04 ④

정답 해설 | '민영이가 유기견을 입양했다'가 인용절이고 안긴문장인 인용절의 표지는 인용격 조사 '고'이다.

오답 체크 |
① '언니는 키가 크고'와 '나는 키가 작다'가 이어진 문장이며 '키가 크고'와 '키가 작다'가 모두 서술절이다.
② 우리(관형어) 아버지가(주어) 군대에서(부사어) 승진을 (목적어) 하셨다.(서술어) 이므로 주어와 서술어가 한 번 나타나는 홑문장이다.
③ '건강한'은 관형절이고, '건강한 식습관을 형성하기'가 주어 역할을 하는 명사절이다. 관형절에는 '식습관이'라는 주어가, 명사절에는 '우리가'와 같은 주어가 생략되어 있다.
⑤ '매일'과 '저녁마다'는 부사어이고 '땀이 나도록'은 부사절이다

05 ⑤

정답 해설 | '바다에 가기'는 서술어 활용형에 명사형 어미 '기'가 붙어 부사격 조사 '에'가 결합할 수 있는 명사가 되었으므로 명사절이다. 또, '바다에 가기에'는 '체언+부사격 조사' 형태로 부사어에 해당하지만 '바다에 가기' 자체는 명사절이다.

오답 체크 |
① '매우'는 '좋은'을 수식하는 부사어이다.
② '바다에 가기'에 '우리가'와 같은 주어가 생략되어 있다.
③ '바다에 가기'는 명사절이고 '좋은'은 관형절이다.
④ '날씨가 좋다'가 '좋은'이라는 관형절로 실현되면서 중복되는 '날씨'가 생략되었다

06 ①

정답 해설 | '마음이 따뜻한'은 '사람이'를 수식하는 관형절이다.

오답 체크 |
② '대학에 합격하는'은 '사람이'를 수식하는 관형절이다.
③ '머리가 시리도록'은 부사절이다.
④ '분위기가 좋았다'는 서술절이다.
⑤ '치료제를 반드시 개발하겠다'는 인용절이다.

07 ⑤

정답 해설 | ㉢에서 명사절 '추운 겨울이 지나가기'에는 관형절 '추운'이 포함되어 있지만 ㉠에는 명사절이 없다.
㉠ '그가 산'은 관형절이고, '가격이 매우 비쌌다.'는 서술절이다. ㉡ '내가 어제 치렀던'은 관형절이다. ㉢ '추운'은

관형절이고, '겨울이 지나가기'는 명사절이다. ㉣ '배가 고팠던'은 관형절이고, '엄마가 모르게'는 부사절이다.

오답 체크 |

① ㉠에는 관형절과 서술절, ㉣에는 관형절과 부사절이 있다.

② ㉠에서 관형절의 원래 문장은 '그가 보석을 사다'이므로 '보석을'이라는 목적어가 생략되었다. ㉡에서 관형절의 원래 문장은 '내가 어제 시험을 치렀다'인데 목적어인 '시험을'이 관형절이 되면서 생략되었다.

③ ㉢에서 '겨울은 춥다'에서 관형절 '추운'이 되면서 '겨울은'이라는 주어가 생략되었고, ㉣에는 '동생이 배가 고팠다'에서 '동생이'라는 주어가 생략된 관형절 '배가 고팠던'으로 실현되었다.

④ ㉡과 ㉢에는 관형절이 있으므로 체언을 수식하는 기능을 한다.

08 그녀는 진심으로 기원했다. / 그 사람이 행복하다.

정답 해설 | '그 사람이 행복하기'가 명사절이므로 '그녀는 진심으로 기원했다'와 '그 사람이 진정한 행복에 이르다'로 나눌 수 있다.

09 그는 "결과에 이의가 있습니다."라고 말했다. / 영희는 자기가 청소를 하겠다고 말했다.

정답 해설 | 직접 인용은 큰 따옴표와 인용격 조사 '라고'를 사용하고 간접인용은 문장 부호 없이 인용격 조사 '고'를 사용하므로 간접 인용절인 '결과에 이의가 있다'는 '그는 "결과에 이의가 있습니다."라고 말했다.'로 바꾸고, 직접 인용절인 "제가 청소를 하겠습니다."는 '영희는 자기가 청소를 하겠다고 말했다.'로 바꾸어야 한다. 이 때 '제가'라는 1인칭은 간접 인용이 되면서 '자기가'로 바꾸어야 한다.

10 〈조건1〉 그 영화는 관객이 긴장하여 손에 땀이 나게 만들었다.

〈조건2〉 그 영화는 관객이 손에 땀이 나도록 긴장하게 만들었다.

정답 해설 |

〈조건1〉

그 영화는(주어) / 관객이 긴장하여 손이 땀이 나게(이어진문장, 부사절) / 만들었다(서술어)

〈조건2〉

그 영화는(주어) / 관객이 [손에 땀이 나도록] 긴장하게(부사절 안에 '손에 땀이 나도록'이라는 부사절이 있음 / 만들었다.(서술어)

01	⑤	02	②	03	③	04	④
05	④	06	①	07	③	08	③
09	③	10	④	11	②	12	①
13	③	14	⑤	15	⑤	16	②
17	⑤	18	②	19	④	20	③

01 ⑤

정답 해설 | '지금까지(부사어) 온갖(관형어) 고생을(목적어) 다했다(서술어)'이다.

오답 체크 |

① 봄방학은(주어) 정말(부사어) 짧다.(서술어)

② 아!(독립어) 드디어(부사어) 시험이(주어) 끝났다.(서술어)

③ 우아,(독립어) 우리나라가(주어) 금메달이다!(서술어)

④ 천재는(주어) 노력으로(부사어) 만들어진다.(서술어)

02 ②

정답 해설 | '심부름을(목적어) 거의(부사어) 끝냈다.(서술어)'이다.

오답 체크 |

① 그는(주어) 이곳에서(부사어) 떠났다.(서술어)

③ 잎사귀가(주어) 바람에(부사어) 진다.(서술어)

④ 하늘이(주어) 무섭게(부사어) 흐려진다.(서술어)

⑤ 자동차가(주어) 빠르게 (부사어) 달려간다.(서술어)

03 ③

정답 해설 | '삼촌과'는 서술어 '닮다'가 필수적으로 요구하는 부사어이고, '부모님께'는 '드렸다'가 필수적으로 요구하는 부사어이다. 이에 비해 B의 부사어들은 생략을 해도 문장의 의미 전달이 가능하므로 필수적 부사어가 아니다.

오답 체크 |

① A는 '체언+조사'로 실현되지만 B는 '부사+조사', '용언+부사형어미', '부사'로 실현되고 있다.

② 가~라 모두 문장 전체를 꾸미는 기능을 하는 부사어는 없다.

④ 가에서 '삼촌과'와 '영화를'의 순서를 바꾸어도 문장의 의미가 성립하고 라에서 '파자를'과 '정말'의 순서를 바꾸어도 문장의 의미는 변함이 없다.

⑤ '정말'은 부사가 부사어로 실현된 경우에 해당하지만 '정말로'는 '정말'이라는 부사어에 '로'라는 조사가 결합하였으며, '멋지게'는 용언에 부사형어미가 결합한 형태이다.

04 ④

정답 해설 | ⓐ는 체언이 관형어가 된 경우이고, ⓑ는 용언의 어간 '고되다'에 관형사형 어미 '-ㄴ'이 붙어서 관형어가 된 경우이다.

오답 체크 |

㉠의 '새'는 관형사이고, ㉢의 '그의'는 '대명사+관형격 조사'이다.

05 ④

정답 해설 | ㉣에는 종류가 다른 부속성분인 관형어('할머니의')와 부사어('어제')가 모두 있다.

오답 체크 |

㉡ 인공위성이(주어) 궤도에서(부사어) 이탈하였다.(서술어) ⇒ 주성분 2개, 부속 성분 1개

㉢ 어머나,(독립어) 비가(주어) 오는데 (서술어) 우산이(주어) 없네.(서술어) ⇒ 주성분 4개, 독립 성분 1개

㉣ 나는(주어) 어제(부사어) 할머니의(관형어) 선물을(목적어) 준비했다.(서술어) ⇒ 주성분 3개, 부속 성분 2개

㉤ 틀림없이(부사어) 이번(관형어) 시험에서 (부사어) 내가(주어) 일등이다.(서술어) ⇒ 주성분 2개, 부속 성분 3개

① '삼촌은(주어) 그를(목적어) 양자로(부사어) 삼았다(서술어)'의 구성인데 서술어인 '삼았다'는 필수적 부사어를 필요로 하므로 '양자로'는 필수적 부사어에 해당한다. 따라서 이 문장의 주성분은 3개이고 서술어의 자릿수가 세 자리 서술어이다.

② ㉡에는 독립 성분이 없다.

③ ㉢의 독립 성분 개수는 1개이며 ㉠, ㉡, ㉣, ㉤에는 독립 성분이 없다.

⑤ ㉤의 부속 성분 개수는 3개이며 ㉠~㉤ 중에서 부속 성분이 가장 많다.

06 ①

정답 해설 | '그녀는(주어) 머리가(주어) 하얗다.(서술어)'이므로 부속 성분이 없는 문장이다. 이때 '머리가 하얗다'는

서술절에 해당한다.

오답 체크 |

② 복숭아가(주어) 정말(부사어) 맛있다.(서술어)

③ 오늘(부사어) 할(관형어) 일을(주어) 전부(부사어) 끝냈다.(서술어)

④ 국어(관형어) 문법은(주어) 진짜(부사어) 쉽지 않다.(서술어)

⑤ 용감한(관형어) 기사가(주어) 사위가(보어) 되었다.(서술어)

07 ③

정답 해설 | '나는(주어) 엄마를(목적어) 많이(부사어) 닮았다.(서술어)'의 구성이며 '나는(주어) 엄마와(부사어) 많이(부사어) 닮았다.(서술어)'로 분석할 수 있다.

오답 체크 |

① '영수가'와 '영수마저'는 모두 주어이다.

② '우리는'과 '우리가'는 모두 주어이다.

④ '바다에'와 '바다로'는 모두 부사어이다.

⑤ '정부가'와 '정부에서'는 모두 주어이다.

08 ③

정답 해설 | '여기다'는 무엇을 무엇으로 여기는지 진술하여야 의미 전달이 가능하다. 따라서 필수적 부사어를 필요로 하는 서술어이므로 '친구로'는 필수적 부사어에 해당한다.

오답 체크 |

① '의사가'는 보어이다.

② '이름은'은 주어이다.

④ '어제'는 부사어이다.

⑤ '학교에서'는 부사어이다.

09 ③

정답 해설 | '여러분'은 독립어이고 '수업을'은 목적어, '시작할까요'는 서술어이다.

오답 체크 |

① '풍선이(주어) 멀리(부사어) 날아가고 있어(서술어)'이며 이때 '멀리'는 부사가 부사어로 실현된 경우이다.

② '바람처럼(부사어) 빠르게(부사어) 너에게(부사어) 달려갈게(서술어)'이며 주어인 '내가'가 생략된 문장이다.

④ '중3의(관형어) 시간은(주어) 천천히(부사어) 흘러간다

(서술어)'이며 관형어와 부사어는 부속 성분이다.

⑤ '영수가(주어) 우리의(관형어) 회장이다(서술어)'이며 '회장이다'는 '무엇이다'로 실현되고 있다.

10 ④

정답 해설 | '채로'는 의존명사 '채'에 조사 '로'가 결합하여 부사어로 실현된 경우이다.

오답 체크 |

① ㉠과, ㉡은 모두 관형어이므로 다른 말을 꾸미는 문법적 기능을 한다.

② ㉢과 ㉣의 품사는 모두 부사이며, 문장성분은 부사어이다.

③ ㉢과 ㉤은 부속성분이므로 생략을 해도 문장의 의미 전달이 가능하다.

⑤ ㉦과 ㉡은 모두 관형사가 관형어가 된 경우이다.

11 ②

정답 해설 |

㉠ 겨울에도(부사어) 온실에(부사어) 꽃이(주어) 활짝(부사어) 피었다.(서술어) ⇒ 홑문장

㉡ 부엌에서(부사어) 아버지께서(주어) 요리를(목적어) 하신다. (서술어) ⇒ 홑문장

㉢ '사람은 서울로 가고'와 '말은 제주로 간다.'가 이어진 문장이다. ⇒ 겹문장

㉣ '땀이 비 오듯 쏟아지고'와 '머리마저 아프다.'가 이어진 문장이다. ⇒ 겹문장

12 ①

정답 해설 | ㉠에서 '조심성이 없다'는 서술절이다. ㉡에서 '심성이 정말 곱구나'는 서술절이다. ㉢에서 '영어 원서를 읽기'는 명사절이다. ㉣에서 '민수가 빵을 좋아한다는'은 관형절이다. ㉤에서 '건강이 좋아진'은 관형절이다.

오답 체크 |

② ㉡과 ㉢은 안긴문장의 종류가 다르므로 동일한 형태의 어미를 사용하여 안긴문장을 만들었다고 할 수 없다.

③ ㉡에는 관형절이 없고 ㉣에서는 관형절이 문장의 목적어를 수식하고 있다.

④ ㉢에서는 '주어+서술어' 형식이 문장 전체의 주어지만 ㉤에서는 '주어+서술어' 형식이 관형절이다.

⑤ ㉣과 ㉤에서는 '주어+서술어' 구성은 관형어 역할을 한다.

13 ③

정답 해설 | 'ㄹ'과 'ㅁ'을 살펴보면 앞 절과 뒤 절의 순서를 바꾸면 의미가 달라진다.

오답 체크 |

① 'ㄱ'과 'ㄴ'을 보면 이어진문장에서 앞뒤 절에서 중복되는 문장 성분 '명희는'은 생략이 되었다.

② 'ㄱ'은 앞 절과 뒤 절이 대조의 의미로 연결되었으며, 'ㄹ'은 앞 절이 뒤 절의 원인이 된다.

④ 'ㄱ'에서는 앞 절과 뒤 절의 주어가 같지만 'ㄹ'은 앞 절과 뒤 절의 주어가 다르다.

⑤ 대등하게 이어진 문장은 앞 절이 뒤 절 안으로 들어가면 비문법적인 문장이 된다는 것을 'ㄷ'에서 알 수 있다. 종속적으로 이어진 문장은 앞 절이 뒤 절 안으로 들어가도 문법적인 문장이 된다는 것을 'ㅂ'에서 확인할 수 있다.

14 ⑤

정답 해설 | ㉠의 안긴문장은 '책을 읽기'이고 ㉣의 안긴문장은 '대학에 빨리 가기'인데 모두 명사절이다.

오답 체크 |

① ㉡에는 '이번'이 '사건의'를 수식하는 관형어이므로 안긴문장에 관형어를 수식하는 관형어가 있다.

② ㉡은 명사형 어미 'ㅁ'과 결합하였고, ㉢은 관형사형 어미 'ㄴ'과 결합하여 실현되고 있다.

③ ㉡의 안긴문장인 '그가 이번 사건의 범임임'에는 생략된 문장이 없다.

④ ㉣의 안긴문장인 '대학에 빨리 합격하기'에는 '빨리'라는 부사어가 있다.

15 ⑤

정답 해설 | '대회에서 우승한'이 안긴문장이며 원래 문장인 '순희는 대회에서 우승하였다'에서 알 수 있듯이 '순희는'은 원래 문장의 주어이다.

오답 체크 |

① '그 사람이 요리를 만들다'가 원래 문장이므로 '요리는'은 원래 문장의 목적어이다.

② '영희가 학교에 다녔다'가 원래 문장이고 '학교에'는 원래 문장의 부사어이다.

③ '그가 말을 했다'가 원래 문장이고 '말이'는 원래 문장의 목적어이다.

④ '천으로 이 옷을 만들다'가 원래 문장이며 '천은'은 원래 문장의 부사어이다

16 ②

정답 해설 | '그녀는'이 주어이므로 간접 인용일 때에는 '내가'를 '자기가'로 바꾸어 '그녀는 자기가 직접 하겠다고 말했다.'의 형태로 서술해야 한다.

오답 체크 |

① 간접 인용이므로 '-다고' 어미를 사용하여 문장을 서술하였다.

③ 간접 인용이므로 '내가'를 '자기가'로 바꾸고 '-다고'를 사용하여 서술하였다.

④, ⑤ 직접 인용이므로 ""를 사용하고 '라고'를 활용하여 서술하였다.

17 ⑤

정답 해설 | '낮말은 새가 듣고'와 '밤말은 쥐가 듣는다'가 대등하게 이어진 문장이다.

오답 체크 |

① '숙제를 하느라'가 '밥을 굶었다'의 원인이다.

② '내 곳간이 차야'가 '인심이 난다'의 조건이다.

③ '개똥밭에 굴러도'와 '이승이 낫다.'는 '양보'의 의미 관계를 형성한다.

④ '마감 시간이 다 되어서'가 '문을 닫는다'의 원인이다.

18 ②

정답 해설 | '가을(관형어) 하늘에(부사어) 별들이(주어) 가득(부사어) 있습니다(서술어)'인 홑문장이다.

오답 체크 |

① '사람이 제일 중요한'이 관형절이다.

③ '예쁜'과 '좋은'은 관형절이다.

④ '그가 미술에 소질이 있음'은 명사절이다.

⑤ '기척도 없이'가 부사절이다.

19 ④

정답 해설 | ㉠의 '되었다'는 '물이(주어)'와 '얼음이(보어)'를 필요로 하는 두 자리 서술어이고, ㉡의 '끝냈다'는 '우리가(주어)'와 '일을(목적어)'를 필요로 하는 두 자리 서술어이다.

오답 체크 |

①~③ ㉠은 홑문장이지만 ㉡은 '도움도 없이'라는 부사절이 있는 겹문장이다.

⑤ ㉠에서 '물이'는 주어이고 '얼음이'는 보어이다. ㉡에서 '우리는'은 문장 전체의 주어이고, '도움도'는 안긴문장의 주어이다.

20 ③

정답 해설 | '땀이 나도록'은 운동장을 '어떻게' 뛰어다녔는지를 알려주는 부사절이고 '아무도 모르게'도 기부를 '어떻게' 하였는지를 알려주므로 부사절이다.

오답 체크 |

① '이 일을 끝내기'는 명사절이다.

② '그가 도착하기'는 명사절이다.

④ '약속을 어긴'은 관형절이다.

⑤ '최선을 다하겠다'는 인용절이다.

제4강 어휘 및 담화

01 ④

정답 해설 | '양말(洋襪)'은 한자어이기 때문에 선택지 ④의 설명은 적절하지 않다. 우리 민족의 정서와 감정을 드러내는 말은 고유어의 특성이지 한자어의 특성은 아니다.

오답 체크 |

① '돌멩이'는 고유어이기 때문에 우리말에 원래부터 있던 말이라는 설명은 적절하다.

② '양말(洋襪)'은 한자어이기 때문에 한자를 바탕으로 만들어진 말이라는 설명은 적절하다.

③ '버스(bus)'는 외래어이기 때문에 외국에서 들어온 말이지만 우리말처럼 사용하는 말이라는 설명은 적절하다.

⑤ '버스(bus)'는 외래어이기 때문에 고유어로 대체하기가 어렵다는 말은 적절한 설명이다.

02 ③

정답 해설 | 〈보기〉는 고유어에 대한 설명이다. 따라서 이에 해당하지 않는 것은 '구피'이다. '구피(guppy)'는 외국에서 들어온 말이지만 우리말처럼 사용되는 말로 외래어에 해당한다.

오답 체크 |

① '둔치'는 '물가의 언덕' 또는 '강, 호수 따위의 물이 있는 곳의 가장자리'라는 의미의 순우리말이다. 따라서 '둔치'는 고유어에 해당한다.

② '쉼터'는 '쉬는 장소'라는 의미의 순우리말이다. 따라서 '쉼터'는 고유어에 해당한다.

④ '강아지'는 '개의 새끼'라는 의미의 순우리말이다. 따라서 '강아지'는 고유어에 해당한다.

⑤ '민들레'는 '국화과의 여러해살이풀'이라는 의미의 순우리말이다. 따라서 '민들레'는 고유어에 해당한다.

03 ②

정답 해설| 〈보기〉에 제시한 단어들을 어휘의 체계에 따라 분류하면 '지우개, 부채, 가위'는 고유어에 해당하고, '연필(鉛筆)'은 한자어에 해당하며, '샤프(sharp), 노트(note), 컴퓨터(computer)'는 외래어에 해당한다. 따라서 정답은 선택지 ②번이다.

04 ③

정답 해설| 〈보기〉의 단어들은 동물이나 사람이 뛰는 모습을 표현하는 말들이다. 이는 모두 고유어로서 상황을 생동감 있게 나타내는 어휘들이다. 우리말 고유어의 특성 중에 하나는 상황을 생생하게 나타내는 감각어가 발달되어 있다는 점이다.

오답 체크|

① 전문 분야를 표현하는 말들은 주로 한자어이다.

② 외국의 문화와 함께 들어온 말은 외래어이다.

④ 좀 더 분화된 의미를 가지는 말은 한자어로 고유어를 보완하는 역할을 한다.

⑤ 〈보기〉의 말들은 원래부터 순우리말이었기 때문에 고유어이지, 우리말로 순화된 한자어가 아니다.

05 ②

정답 해설| 〈보기〉의 '벼, 쌀, 밥'은 순우리말로 고유어에 해당한다. 하지만 고유어에 추상적 개념을 나타내는 표현들이 많다는 설명은 적절하지 않다. 추상적인 개념을 나타내는 말들이 많다는 것은 한자어의 특징이다.

오답 체크|

① 〈보기〉에 제시된 우리말은 모두 고유어에 해당하기 때문에 우리 민족이 지닌 고유의 정서와 문화가 담겨 있다는 설명은 적절하다.

③ 우리나라는 농경 사회였고 오래전부터 쌀이 주식이었기 때문에 쌀과 관련된 말들이 많이 발달하였다는 설명은 적절하다.

④ 오랜 기간 우리 민족의 삶과 밀접한 관련을 맺으면서 함께 발달해 온 고유어에는 우리 민족이 지닌 고유의 정서와 문화가 담겨 있다. 따라서 적절한 설명이다.

⑤ 우리나라는 오래전부터 쌀이 주식이어서 많은 사람이 쌀을 중요하게 생각하였을 것이다. 그래서 쌀과 관련된 말도 발달하였다는 설명은 적절하다.

06 ②

정답 해설| ㉠~㉢은 모두 외국에서 들어와 우리말처럼 사용되는 외래어이다. 〈보기〉에서 외래어에 때한 설명은 ㉮와 ㉯이다. 따라서 정답은 선택지 ②번이다.

오답 체크| 〈보기〉에서 ㉰는 한자어에 대한 설명이다. 한자어는 고유어보다 분화된 뜻을 지니고 있기 때문에 고유어를 보완하는 역할을 한다.

07 ⑤

정답 해설| '약점(弱點)(ⓐ)'과 '미소(微笑)(ⓑ)'는 한자어이다. 한자어는 한자를 바탕으로 만들어진 말이기 때문에 한자어의 특성으로 가장 적절한 것은 선택지 ⑤번이다.

오답 체크|

① 다른 나라의 문화와 접촉에서 생겨난 말은 외래어이다.

② 본래부터 우리말에 있던 말은 고유어이다.

③ 우리 민족의 정서를 잘 드러내는 말은 고유어이다.

④ 고유어에는 촉감, 색깔, 맛, 모양, 소리 등을 생생하게 표현할 수 있는 감각적인 어휘들이 많다. 따라서 적절한 설명이다.

08 ③

정답 해설| 표제어 '방학' 옆 괄호에 한자 '放學'이 표기되어 있기 때문에 '방학'은 한자어에 해당한다.

오답 체크|

① 표제어 옆에 원어 정보인 한자가 있으므로 한자어이기 때문에 원어 정보가 없다는 설명은 틀린 설명이다.

② 발음에 관한 정보가 없기는 하지만 그렇다고 해서 한자어가 아니라는 설명은 적절하지 않다.

④ 표제어 옆에 품사가 무엇인지 표시되어 있다고 해서 모두 고유어는 아니다. 한자어나 외래어도 품사가 표기되어 있기 때문이다.

⑤ 표제어 옆 괄호에 한자가 표기되어 있으면 모두 한자에 바탕을 두고 만들어진 말이기 때문에 한자어이다. 한자어도 우리말인 것은 분명하지만 고유어는 아니다.

09 한자어: 구매하려고 ➡ (사려고)

　　　외래어: 사이즈 ➡ (크기)

정답 해설| 우리는 평소의 언어생활에서 한자어와 외래어를 반드시 써야 하는 상황이 아니라면, 되도록 쉬운 말과 고유어로 바꾸어 써야 한다. 〈보기〉에서 밑줄 친 '구매(購

買)'는 한자어이고, '사이즈(size)'는 외래어이다. 따라서
이 말들을 고유어로 바꾸어 쓸 경우, '구매(購買)하다'는
'사다'로, '사이즈(size)'는 '크기'로 바꾸는 것이 적절하다.
이를 문맥의 흐름에 맞게 쓰면, '구매하려고'는 '사려고'로,
'사이즈'는 '크기'로 수정하면 된다.

10 외래어

정답 해설 | 어휘의 체계에 따른 분류는 외래어이고, 그 특
성 첫째는 고유어로 바꾸기가 어렵다는 것이고, 둘째는
우리말 어휘를 풍부하게 해준다는 것이다.

국어 어휘의 양상

01 ①		**02** ④		**03** ⑤	
04 해설 참조				**05** ⑤	
06 해설 참조				**07** ④	**08** ②
09 ⑤		**10** ②			

01 ①

정답 해설 | 〈보기〉의 현수막에 쓰인 말은 충청도에서 사
용하는 지역 방언이며 이는 과속하거나 신호위반을 하는
운전자들을 계도할 목적으로 만든 현수막이다. 따라서 비
공식적인 상황에 적합한 이 말은 그 지역 사람들에게는
친근한 느낌을 주는 기능을 한다고 할 수 있다.

오답 체크 |

② 지역 방언은 공식적 상황이 아니라 비공식적 상황에서
  사용하는 말에 해당한다.

③ 비공식적 상황에서 사용하는 지역 방언은 다른 지역 사
  람들에게는 낯선 말이기 때문에 의미를 정확하게 전달
  할 수 있다는 말은 적절하지 않은 설명이다.

④ 지역 방언은 다른 지역 사람들에게는 낯설기 때문에 쉽
  게 공감하기 어려운 말이다.

⑤ 지역 방언은 어느 특정 지역에서만 사용되는 말이기 때
  문에 어느 누구나 쉽게 알 수 있다는 설명은 적절하지
  않다. 어느 누구나 쉽게 알 수 있는 것은 표준어이다.

02 ④

정답 해설 | 〈보기〉에서 밑줄 친 '심리, 변론, 클로즈업, 슛'
은 학술이나 기타 전문 분야에서 특별한 뜻으로 쓰는 말
인 전문어에 해당한다. 이에 대한 설명으로 적절하지 않
은 것은 선택지 ④번이다. 외부에 알려지면 새로운 말로
변경되는 것은 은어이다.

오답 체크 |

① 전문어는 전문 분야에서 쓰는 말로 업무에 효율성을 높
  여 준다.

② 전문 분야에서 사용하는 말이기 때문에 뜻이 정밀하고
  다의성이 적은 것이 특징이다.

③ 전문 분야에서 사용하는 말이기 때문에 대부분의 사람
  들이 일반적으로 사용하는 어휘에는 대응하는 말이 없
  는 것이 특징이다.

⑤ 전문어는 전문 분야에서 특별한 뜻으로 사용되는 말이다.

03 ⑤

정답 해설 | 〈보기〉에서 설명한 의미 관계는 반의 관계에 대한 것이다. 이에 해당하는 것은 '오르다'와 '내리다'이다.

오답 체크 |

① 유의 관계

② 유의 관계

③ 상하 관계

④ 상하 관계

04 ㉠-닫고, ㉡-잠그는

정답 해설 | 〈보기〉는 반의 관계에 대한 설명으로 그 예로 '열다'와 짝을 이루는 반의 관계의 말을 파악하는 문제이다. ㉠에 들어갈 '열다'의 반의어는 '닫다'이고, ㉡에 들어갈 '열다'의 반의어는 '잠그다'이다. 따라서 문장의 흐름에 맞게 써보면 ㉠은 '닫고'이고, ㉡은 '잠그는'이다.

05 ⑤

정답 해설 | 〈보기〉에 있는 단어들은 상하 관계에 있는 단어들이다. 따라서 '옷'과 '치마'를 반의 관계로 설명한 선택지 ⑤번은 적절하지 않은 설명이다. 오직 한 개의 의미 요소만 대립하는 관계는 반의 관계이다.

오답 체크 |

① '복식'과 '옷'은 상하 관계로 '복식'은 '옷'의 상의어이고, '옷'은 '복식'의 하의어이다.

② '옷'과 '아래옷'은 상하 관계로 '옷'은 '아래옷'의 상의어이고, '아래옷'은 '옷'의 하의어이다.

③ '아래옷'과 '치마'는 상하 관계로 '아래옷'은 '치마'의 상의어이고, '치마'는 '아래옷'의 하의어이다.

④ '옷, 아래옷, 치마'는 모두 '복식'의 하의어이다.

06 지역 방언을 사용하면 서로 친근감을 나타낼 수 있기 때문에

정답 해설 | (가)는 방송 중에 공식적인 대화를 하는 상황이고, (나)는 방송이 끝나고 비공식적인 대화를 하는 상황이다. (나)에서 두 사람이 지역 방언을 사용한 까닭은 서로 친근감을 나타낼 수 있기 때문이다.

07 ④

정답 해설 | 제시된 지문은 사회 방언이 나타나는 담화들이다. 사회 방언은 세대, 성별, 직업 등에 따라 다르게 사용되는 말이다. 사회 방언의 특성으로 적절하지 않은 것은 선택지 ④번으로 사회 방언이 대부분 비공식적인 상황에서만 사용되는 말이라는 설명은 적절하지 않다.

오답 체크 |

① 사회 방언은 사회 집단의 특성을 반영하고 있는 말들이다.

② 사회 방언은 사회적 요인, 다시 말하면 세대, 성별, 직업 등에 따라 다르게 사용되는 말이므로 적절한 설명이다.

③ 사회 방언은 서로 다른 세대에게, 서로 다른 성별에게, 그리고 서로 다른 직업을 가진 사람들에게 거리감을 줄 수도 있다. 따라서 서로 다른 위치에 있는 사람들에게는 사회 방언보다는 이해하기 쉬운 말로 바꾸어 사용하여 거리감이 느껴지지 않도록 해야 한다.

⑤ 사회 방언은 다른 집단의 사람들이 의미를 잘 모르기 때문에 의사소통에 문제가 발생할 수도 있다.

08 ②

정답 해설 | (가)에서 인물들이 사용하는 어휘의 차이를 만든 요인은 '성별'이다. 여성은 남성에 비해 감정을 표현하는 어휘를 더 많이 사용하고 여성은 해요체를, 남성은 하십시오체를 상대적으로 더 사용한다.

09 ⑤

정답 해설 | (나)는 기성세대인 '엄마'와 청소년 세대인 '딸'이 나누는 대화로 어휘를 차이를 만드는 요인은 '세대'이다. 따라서 상대방이 이해할 수 있도록 용어를 사용하는 것은 맞지만, 전문 용어에 대한 해석을 덧붙여야 한다는 설명은 적절하지 않다. 왜냐하면, 딸이 사용하고 있는 '문상'은 전문 용어가 아니라 줄임말이기 때문이다.

오답 체크 |

① 엄마는 '문화 상품권'이라고 말하지만, 딸은 문화 상품권을 줄여서 '문상'이라는 말을 사용하고 있다.

② 원활한 의사소통을 위해서 기성세대인 엄마는 청소년 세대인 딸이 사용하는 말을 이해하려는 노력이 필요하다는 설명은 적절하다.

③ 엄마는 딸이 사용하는 줄임말을 이해하지 못 할 수도 있으므로 청소년 세대인 딸과의 사이에서 갈등이 생길 수 있다고 말한 것은 적절한 설명이다.

④ 기성세대인 엄마는 청소년 세대인 딸의 줄임말을 이해하지 못하기 때문에 의사소통에 장애가 생길 수 있다는 설명은 적절하다.

10 ②

정답 해설 | ㉠은 청소년들 사이에서 유행하는 줄임말이고, ㉡은 의료진 사이에서 사용되는 전문 용어이다.

오답 체크 |

① ㉠은 엄마의 이해를 돕기 위해 사용한 말이 아니라 오히려 기성세대인 엄마가 알아듣기 어려운 말이다.

③ ㉡은 의료진 사이에서 사용되는 전문 용어이기 때문에 이해하기 쉬운 말이 아니다.

④ ㉠은 청소년들 사이에서 유행하는 말이기 때문에 어느 대화에서나 사용하기 부적절하다는 설명은 옳지 않다.

⑤ 사회 방언은 그 말이 사용되는 공간 속에서 의미 있게 사용되는 말이기 때문에 모두 표준어로 바꾸어 사용해야 하는 건 아니다. 표준어는 공식적인 상황에서만 사용되는 것은 아니기 때문이다.

담화의 개념과 특성
본문 69~70쪽

01 ②	02 ②	03 ③	04 ⑤
05 ③	06 ④	07 ④	
08 해설 참조		09 해설 참조	
10 ④			

01 ②

정답 해설 | 〈보기〉의 ㉠에 들어갈 말은 발화이며, ㉡에 들어갈 말은 담화이다. 이것을 순서대로 묶어놓은 것은 선택지 ②번이다.

02 ②

정답 해설 | 제시된 만화에서 담화가 이루어지는 상황은 다양하게 생각할 수 있다. 버스 안이라고 하는 공간 속에서 이루어지는 담화임을 고려하여 생각해 볼 때, 선택지 ②번은 적절하지 않은 설명이다. 발화가 이루어지고 있는 상황은 버스가 정류장에 정차해 있는 상황이고 그 상황에서 손님이 "내려요."라고 말했기 때문에 다음 정차역이 어디인지를 묻는 것도 상황에 어울리지 않고 우회적으로 물었다는 말도 "내려요."라고 직접 말을 했기 때문에 적절하지 않은 설명이다.

오답 체크 |

① 버스 안에서 마음에 드는 사람을 발견하고 같이 타고 오다가 자신이 내릴 정류장에서 "내려요."라고 말하는 것은 같이 내리자는 의미로 한 말이라고 생각할 수 있다.

③ 버스 정류장에서 내려야 하는 상황인데 출입문 주변으로 승객들이 있을 때 자신이 내려야 하니까 비켜달라는 의미로 한 말이라고 생각할 수 있다.

④ 버스 정류장에서 내려야 하는 상황인데 출입문이 닫혀버렸을 때 기사님에게 문을 열어달라는 의미로 한 말이라고 생각할 수 있다.

⑤ 버스에서 내리지 못한 승객을 대신하여 기사님께 문을 열어달라는 의미로 한 말이라고 생각할 수 있다.

03 ③

정답 해설 | 제시된 만화에서 "내려요."의 의미가 다양하게 해석되는 것을 이해하기 위해서는 담화가 이루어지는 맥락을 파악해야 한다. "내려요."라는 말은 화자가 한 말

인데, '청자가 사는 지역'은 화자의 입장에서 알 수 없는 것이다. 버스에서 미처 내리지 못한 승객을 대신해서 "내려요."라고 한 말도 그 승객이 처한 상황을 고려해서인 것이지 '청자가 사는 지역'을 고려하여 한 말은 아니다. 따라서 선택지 ③은 적절한 근거가 아니다.

오답 체크 |
① 화자가 어떠한 의도에서 말을 했느냐에 따라 담화의 상황이 다르게 해석될 수 있다는 설명은 적절하다.
② 화자가 버스에서 미처 내리지 못한 승객을 대신해서 "내려요."라고 말했을 때 "내려요."라는 말은 승객이 처한 상황을 고려해서 한 말이라고 생각할 수 있다.
④ 담화가 이루어지는 시간은 등굣길인지 하굣길이지 다양하게 시간을 생각해볼 수 있다.
⑤ 담화가 이루어지는 장소인 버스 안도 다양하게 해석되는 이유의 한 근거로 생각해볼 수 있다.

04 ⑤
정답 해설 | 제시된 지문에서 담화에 참여한 사람은 예진이와 해담이 2명이다.

오답 체크 |
① 화자는 예진이다.
② 청자는 해담이다.
③ 제시된 지문에서 '토요일 오후'라고 했으므로 담화가 이루어지는 시간이 '토요일 오후'라는 설명은 적절하다.
④ 제시된 지문에서 '전시회장'이라고 했으므로 담화가 이루어지는 공간이 '전시회장'이라는 설명은 적절하다.

05 ③
정답 해설 | 제시된 지문에서 '미처 초대하지 못한 해담이가 찾아온 것을 보고 놀라서'라고 한 것과 해담이가 "진호가 알려 줬어."라고 말한 것으로 볼 때, ㉠의 의미는 "어떻게 알고 왔니?"라고 할 수 있다.

06 ④
정답 해설 | "양심을 지키세요!"라는 문구는 양심을 지키지 않는 사람들에게 던지는 메시지라고 생각하면 쉽게 이해할 수 있다. 일반적으로 마을 공원에서는 자유롭게 거닐며 산책을 하든가 공원의 일정한 공간에서 스포츠 활동을 할 수 있다. 하지만 공원에서 좌측통행을 해야 할 일도 별로 없겠지만, 특별한 안내가 함께 이루어지지 않는 한

좌측통행의 행위가 양심을 지키지 않는 부정적인 일로 판단되는 경우는 없을 것이므로 선택지 ④번은 적절하지 않은 내용이다.

오답 체크 |
① 도서관에서 책을 찢는 행위는 비양심적인 행동이므로 적절한 내용이다.
② 급식실에서 줄을 서서 차례를 지키지 않는 행위는 비양심적인 행동이므로 적절한 내용이다.
③ 시험장에서 부정행위를 하는 것은 비양심적인 행동이므로 적절한 내용이다.
④ 화장실을 더럽히는 행위는 비양심적인 행동이므로 적절한 내용이다.

07 ⑤
정답 해설 | (가)와 (나)의 화자가 행하는 발화의 목적과 의도가 모두 동일하다는 설명은 적절하지 않다. (가)에서 화자가 "지금 몇 시니?"라고 말하는 것은 너무 늦게까지 잔다는 의미이고, (나)에서 화자가 "지금 몇 시니?"라고 말하는 것은 잠잘 시간이 지났는데, 계속해서 휴대폰 게임을 하는 것 아니냐 라는 의도에서 하는 말이다. 따라서 발화의 목적과 의도가 동일하다고 말할 수 없다.

오답 체크 |
① (가)는 아침이고, (나)는 늦은 밤이기 때문에 담화가 이루어지는 시간은 서로 다르다는 설명은 적절하다.
② (가)와 (나)의 담화가 이루어지는 공간은 모두 아이의 방으로 동일하기 때문에 적절한 설명이다.
③ (가)의 화자는 아이가 늦게 일어나는 것에 대하여, (나)의 화자는 아이가 밤늦게까지 자지 않고 휴대폰 게임을 하는 것에 못마땅해 하고 있으므로 적절한 설명이다.
④ (가)의 청자는 일어나야 할 시간을, (나)의 청자는 자야 할 시간을 넘어서고 있으므로 적절한 설명이다.

08 정답 해설 참조
정답 해설 | (나)의 담화에서 화자의 발화 의도는 잠잘 시간이 지났는데, 계속해서 휴대폰 게임을 하는 것 아니냐는 것이다. 따라서 청자가 화자의 발화 의도를 정확하게 이해하여 화자의 의도대로 행동을 한다고 할 때 청자가 화자에게 할 수 있는 말은 "네, 곧 잘게요." 또는 "이것만 마무리하고 곧 잘게요." 등을 예상할 수 있을 것이다.

09 정답 해설 참조

정답 해설 | (나)'한국 사람들이 '이모'라는 말을 많이 사용하는 것은, 우리 문화에서는 친척이나 연상이 아니더라도 친근감 있는 어투로 상대를 부를 때 '이모'라는 말을 사용하기 때문이다.

10 ④

정답 해설 | 제시된 지문에서 외국인은 한국말에 대해 어려워하고 있다. 특히 우리의 문화가 담긴 관용적 표현은 더 어렵게 느끼기 마련이므로 외국인과 대화할 때에는 우리의 문화가 담긴 관용적 표현보다는 구체적이고 직접적인 표현을 사용해야 한다. 따라서 관용적 표현을 사용하도록 노력해야 한다는 설명은 적절하지 않다.

오답 체크 |

① 외국인은 다연이가 식당에서 일하는 아주머니를 '이모'라고 부르는 것을 이해하지 못하고 있다.

② 외국인들은 우리의 문화에 대해 잘 알지 못한다. 따라서 우리 문화를 친절하게 설명해주어야 한다는 설명은 적절하다.

③ 다연이는 외국인이 이해하기 어려운 우리의 관습적인 표현인 '이모'라는 말을 사용하고 있으므로 적절한 설명이다.

⑤ 우리의 문화가 담긴 관용적 표현은 외국인이 이해하지 못하므로 구체적이고 직접적인 표현을 사용해야 의사소통에 도움이 된다는 설명은 적절하다.

통일 시대의 국어

01	⑤	02	⑤	03	④	04	③
05	해설 참조			06	①		
07	해설 참조			08	②		
09	해설 참조			10	④		

01 ⑤

정답 해설 | 서로의 언어에 대해 관심을 갖고 존중하는 자세가 필요하며 사전을 통해서 남북의 언어를 통합하는 정책을 펼쳐야지 어느 한쪽의 언어를 기준으로 다른 쪽의 언어를 제외하는 일방적인 방법은 원활한 의사소통을 위해서 바람직한 방법이 아니다. 따라서 남한의 표준어에 없는 북한의 문화어는 제외한다는 설명은 적절하지 않다.

오답 체크 |

① 남북의 언어 차이를 인정하고 관심을 가지는 자세는 남북의 원활한 의사소통을 위해 바람직한 자세이기 때문에 적절한 설명이다.

② 남북이 서로 대화하고 소통하려는 열린 마음을 갖는 것은 남북의 원활한 의사소통을 위해 바람직한 자세이기 때문에 적절한 설명이다.

③ 남북의 사전에서 공통으로 사용하고 있는 어휘를 정리하는 작업은 남북의 언어의 차이를 극복하는 방법으로 남북의 언어가 근본적으로 같은 뿌리임을 확인하는 일이라는 측면에서 남북의 원활한 의사소통을 위해 바람직한 자세이기 때문에 적절한 설명이다.

④ 국가 차원에서 〈겨레말큰사전〉과 같이 남북이 공동으로 사용할 수 있는 사전을 만드는 일은 남북의 원활한 의사소통을 위해 바람직한 자세이기 때문에 적절한 설명이다.

02 ⑤

정답 해설 | 〈보기〉에서 북한의 말이 대부분 이념과 사회 체제의 영향을 받은 것이라는 설명은 적절하지 않다. 왜냐하면, 그에 해당하는 단어는 '인민 배우'뿐이기 때문이다.

오답 체크 |

① ㉠과 ㉡에서 남한은 '음반(音盤)'과 '견인차(牽引車)' 모두 한자어인데, 북한은 '소리판', '끌차'와 같이 한자어를 순우리말로 다듬어 사용하고 있기 때문에 적절한 설명이다.

② ㉢과 ㉣에서 남한은 '나이프(knife)'와 '노크(knock)' 모두 외래어이지만, 북한은 '밥상칼', '손기척'과 같이 외래어를 순우리말로 다듬어 사용하고 있기 때문에 적절한 설명이다.

③ '소리판'은 '소리+판', '끌차'는 '끌(다)+차', '밥상칼'은 '밥상+칼', '손기척'은 '손+기척'으로 이루어진 합성어이기 때문에 단어의 형성으로 볼 때 모두 같은 종류에 해당한다는 설명은 적절하다.

④ 북한의 '인민 배우'에 해당하는 남한의 말은 없다. 이는 북한의 이념과 사회 체제의 영향을 받은 말이다. 따라서 남한에는 없는, 북한에서 새로 만들어서 사용하고 있는 단어라는 설명은 적절하다.

03 ④

정답 해설 | (가)~(다)에서 첫 자음은 모두 'ㄱ'으로 같지만, 마지막 자음은 'ㅎ', 'ㅇ', 'ㅉ'으로 모두 다르다. 따라서 맞는 설명이다.

오답 체크 |

① 남한의 한글 맞춤법 자음의 배열순서는 훈민정음의 자음 순서인 아설순치후가 아니라, 1933년 한글 맞춤법 통일안이 제정되었을 때의 한글 자음 순서를 따르고 있다. 따라서 적절하지 않은 설명이다.

② 제시된 표에서 알 수 있듯이 (나)의 복합 자음은 기본 자음 뒤에 오는 것으로 착각할 수 있다. 하지만 'ㅇ'이 맨 마지막에 위치하기 때문에 틀린 설명이다.

③ (다)에서 복합 자음은 모두 기본 자음 다음에 위치하는 것을 확인할 수 있다. 복합 자음이 각각의 기본 자음 뒤에 위치하는 것은 (가)이다. 따라서 적절하지 않은 설명이다.

⑤ (가)~(다) 모두 기본 자음 14개, 복합 자음 5개로 이루어져 있기 때문에 틀린 설명이다.

04 ③

정답 해설 | 〈보기〉의 단어들을 (가)에 따라 배열하면 '거울, 까닭, 여름, 짱구, 한글'의 순서이다. 따라서 가장 뒤에 위치하는 것은 '한글'이다.

05 ㉡과 ㉣

정답 해설 | 〈보기〉의 단어들을 (가)에 따라 배열하면 '궁, 뽕, 영화, 징, 창'의 순서이고, (나)에 따라 배열하면 '궁,

징, 창, 뽕, 영화'이다. (나)에 따라 배열했을 때, (가)에 따라 배열했을 때와 달라지는 것은 '뽕'과 '영화'이다. ㉡과 ㉣이다.

06 ①

정답 해설 | 북한에서 '동무'는 제시된 지문에서 확인할 수 있듯이 이념과 제도가 영향을 미쳐 의미가 달라진 예이다. 따라서 ㉠은 적절한 설명이다. 제시된 지문에 북한 사전에도 동무에는 '늘 친하게 어울려 노는 사람'이라는 뜻풀이가 있다고 했으므로 ㉡은 적절하지 않은 설명이다. '동무'와 '세포'가 이념과 제도가 영향을 미쳐 남한과 의미가 달라진 말이기는 하지만, 이 단어들이 북한에서 부정적 의미로 사용되고 있지는 않다. 따라서 ㉢은 적절하지 않은 설명이다. 제시된 지문에서 확인할 수 있듯이 남한과 북한의 '동무'의 의미가 다르므로 형태는 동일하지만 의미는 다르게 사용되고 있다. 따라서 ㉣은 적절한 설명이다. 그러므로 정답은 ㉠과 ㉣이 묶여 있는 ①번이다.

07 로동, 이유는 해설 참조

정답 해설 | 북한은 남한과 달리 두음법칙을 인정하지 않기 때문에 ㄴ이나 ㄹ이 단어의 첫머리에도 나타난다. 그렇기 때문에 북한에서는 남한과 달리 '로동'이라고 표기한다.

08 ②

정답 해설 | 북한의 '망돌'과 의미는 동일하지만 형태가 다른 말이 남한에 있는데, 그것은 '맷돌'이다. 따라서 '망돌'과 형태는 다르지만 같은 의미의 단어가 남한에도 존재한다는 설명은 적절하다.

오답 체크 |

① '망돌'은 순우리말로 북한의 정치 체계의 영향으로 새롭게 만들어진 말이 아니다.

③ '밥공장'은 북한의 정치 체계의 영향으로 생겨난 말이기 때문에 남한에는 같은 의미의 단어가 존재하지 않는다. 따라서 적절한 설명이 아니다.

④ '망돌'과 '밥공장'이 모두 북한의 문화어인 것은 맞지만 남한의 방언은 아니다. 따라서 적절한 설명이 아니다.

⑤ '밥공장'은 북한의 정치 체계의 영향으로 북한 내부에서 생겨난 말이지 외래어를 순화하여 다듬은 말이 아니다.

09 한글 맞춤법 통일안

정답 해설 | 1933년 조선어 학회가 제정한 것은 '한글 맞춤법 통일안'이다. 그리고 남과 북의 언어는 여기에 뿌리를 두고 있다. 이 사실은 한글 역사에서 매우 중요한 부분이기 때문에 꼭 배경지식으로 알아두기 바란다.

10 ④

정답 해설 | '찬물미역', '갑작바람', '거님길', '물힘'은 모두 순우리말이지만, 남한말의 '뮤지컬'에 해당하는 북한말 '가무(歌舞)이야기'는 순우리말이 아니다. 따라서 정답은 선택지 ④번이다.

오답 체크 |

① 미역 : 냇물이나 강물 또는 바닷물에 들어가 몸을 담그고 씻거나 노는 일.

② 돌풍(突風) : 갑자기 세게 부는 바람.

③ 산책로(散策路) : 산책할 수 있게 만든 길.

⑤ 수력(水力) : 물의 힘

모의고사			본문 74~79쪽
01 ④	02 ②	03 ②	04 ④
05 ③	06 ⑤	07 ④	08 ①
09 ⑤	10 ③	11 ⑤	12 ⑤
13 ⑤	14 ④	15 ⑤	16 ④
17 ④	18 ④	19 ③	20 ⑤

01 ④

정답 해설 | '맘마'는 언어적으로 미성숙한 어린아이들이 '밥'을 표현할 때 쓰는 말이다. 그렇지만 '밥'의 의미를 아이들이 모른다는 설명은 적절하지 않다.

오답 체크 |

① '밥'은 그 말을 사용하게 될 대상과 그 말을 사용하는 사람들이 누구냐에 따라 다양하게 나타남을 〈보기〉에서 확인할 수 있다.

② '수라'는 궁중에서 임금에게 올리는 '밥'을 높여 이를 때 쓰는 말이다. '진지'는 할아버지, 할머니와 같이 웃어른에게 사용하는 '밥'을 높여 이를 때 쓰는 말이다.

③ '무림'은 심마니들 사이에서 '밥'을 표현할 때 쓰는 말이다. 따라서 '무림'이 특정 집단의 사람들끼리 사용하는 말이라는 설명은 적절하다.

⑤ '진지'는 '밥'을 높여 이를 때 사용하는 말이기 때문에 예문에서 '아버님'은 높임의 대상이므로 '진지'가 적절하게 사용된 예문이라고 할 수 있다.

02 ②

정답 해설 | 〈보기〉는 단맛을 표현하는 다양한 어휘들이다. 따라서 맛을 생생하게 나타내는 어휘가 많다는 설명은 적절하다.

오답 체크 |

① 고유어가 한자어를 보완하는 것이 아니라, 하나의 고유어가 다양한 의미로 쓰일 때 그 다양한 의미를 한자어로 대신 할 수 있기 때문에 한자어가 고유어를 보완한다고 볼 수 있다.

③ 〈보기〉의 단어들은 대상을 높이는 것과는 아무런 관련이 없으므로 적절한 설명이 아니다.

④ 〈보기〉의 단어들은 시대 상황을 나타내는 것과는 아무런 관련이 없으므로 적절한 설명이 아니다.

⑤ 〈보기〉의 단어들은 전문적인 분야의 개념을 나타내는

것과는 관련이 없으므로 적절한 설명이 아니다.

03 ②

정답 해설 | (가)의 단어들을 ㉠, ㉡, ㉢에 따라 구분했을 때 각각의 단어는 ㉠에는 '지우개, 공책'이고, ㉡에는 '이모, 고모, 숙부'이며, ㉢에는 '작가, 교사, 요리사, 의사'이다. 따라서 ㉠, ㉡, ㉢에 속하는 단어들의 개수가 동일하다는 것은 틀린 설명이다.

오답 체크 |

① (나)의 ㉠, ㉡, ㉢은 (가)의 단어들을 구분했을 때 ㉠,㉡,㉢ 중 어느 하나에는 속하게 되므로 맞는 설명이다.

③ '학용품'의 범주 안에 '공책'이 있으므로 '학용품'은 '공책'의 상의어에 해당한다.

④ ㉡은 가족 관계를 나타내는 말이기 때문에 '할아버지'를 추가할 수 있다. 따라서 적절한 설명이다.

⑤ ㉢은 직업을 나타내는 말이기 때문에 '건축가'를 추가할 수 있다. 따라서 적절한 설명이다.

04 ④

정답 해설 | ㉠의 단어들은 고유어이고, ㉡의 단어들은 한자어이며, ㉢의 단어들은 외래어이다. 지나치게 사용할 경우 자국어의 정체성의 위협을 받는 것은 한자어가 아니라 외래어이다. 한자어는 우리말의 상당 부분을 차지하고 있기 때문에 적절하지 않은 설명이다.

오답 체크 |

① ㉠과 같은 부류에 속하는 말들은 고유어로 본래부터 있던 우리말이며 우리 민족의 정서가 잘 드러나기 때문에 적절한 설명이다.

② ㉡과 같은 부류에 속하는 말들은 한자어로 한자를 바탕으로 만들어졌거나 우리 스스로 만들어낸 말이기도 하기 때문에 적절한 설명이다.

③ ㉢과 같은 부류에 속하는 말들은 외래어로 외국과의 문화적 교류 과정에서 들어온 말이기 때문에 적절한 설명이다.

⑤ ㉢은 외래어로 이를 대신할 수 있는 고유어나 한자어가 없기 때문에 고유어나 한자어로 바꾸기 어렵다는 설명은 적절하다.

05 ③

정답 해설 | 〈보기〉에 제시된 식단의 단어 중 '계란탕(鷄卵

湯)'은 한자에 기초하여 만들어진 한자어에 해당한다.

오답 체크 |

①, ②, ⑤ 고유어

④ 외래어

06 ⑤

정답 해설 | 〈보기〉의 밑줄 친 단어들은 사회 방언 중 전문어에 속하는 것으로 작곡가, 연주자 등 음악과 관련된 직업을 가진 사람들이 사용하는 말이다. 전문어는 업무에 효율성을 높여 주지만, 일반인에게 사용할 경우는 의사소통에 어려움이 생길 수 있기 때문에 쉬운 말로 풀어서 설명을 해주어야 한다.

오답 체크 |

① 전문어는 일반적으로 뜻이 정밀한 것은 맞지만 다의성이 많은 것이 아니라 적은 것이 특징이다.

② 외부에 알려지면 새로운 말로 바뀌는 것은 사회 방언 중 은어에 해당한다.

③ 친근감을 주고자 사용하나 자주 사용하면 상대방에게 불쾌감을 줄 수 있는 건 전문어가 아니라 은어이다.

④ 다른 사람들이 알아듣지 못하도록 특정 집단의 구성원끼리 사용하는 말은 전문어가 아니라 은어이다. 은어는 비밀 유지 기능이 있기 때문에 외부에 알려지면 새로운 말로 변경되기도 한다.

07 ④

정답 해설 | 〈보기〉의 밑줄 친 한자어를 고유어로 고칠 경우 적절하지 않은 것은 선택지 ④번이다. '품절되다'의 뜻은 '물건이 다 팔리어 없게 되다'의 의미이기 때문에 '품절된'을 대신하여 '나온'을 사용하는 것은 적절하지 않다.

오답 체크 |

① '구매하다'의 뜻은 '물건 따위를 사들이다.'이므로 대신하여 사용한 말이 '사다'인 것은 적절하다.

② '수령하다'의 뜻은 '돈이나 물품을 받아들이다.'의 의미이므로 개신하여 사용한 말이 '받다'인 것은 적절하다.

③ '별도로'의 뜻은 '원래의 것에 덧붙여서 추가한 것으로'의 의미이므로 대신하여 사용한 말이 '따로'인 것은 적절하다.

⑤ '소요되다'의 뜻은 '필요로 되거나 요구되다.'의 의미이므로 대신하여 사용한 말이 '들다'인 것은 적절하다.

08 ①

정답 해설 | (가)와 (나)의 대화에서 인물들이 사용하는 어휘에 차이가 생기는 요인은 '세대'이다. (가)는 청소년 세대가 사용하는 말의 특징이, (나)는 노인 세대가 사용하는 말의 특징이 드러난다.

09 ⑤

정답 해설 | 언어 차이에 의해 세대 간에 나타날 수 있는 문제점을 해결하기 위해서는 어느 한 세대가 다른 세대에게 어휘 사용에 개선을 일방적으로 요구하는 것이 아니라, 세대 간의 어휘의 차이를 이해하려는 노력이 필요하고 상대방이 이해할 수 있는 말을 사용해 의사소통을 해야 한다.

오답 체크 |

① (가)에서 청소년 세대는 '생파, 생선, 문상, 고구마'와 같은 줄임말이나 유행어를 많이 사용하는 것이 특징이다.

② (나)에서 노인 세대는 '평안, 염려, 영애'와 같이 한자어를 많이 사용하는 것이 특징이다.

③ (가)와 (나)의 세대들이 대화를 할 경우 서로가 사용하는 말들이 상대방이 들을 경우 이해할 수 없는 말들이 많기 때문에 의사소통에 장애가 생길 수 있다는 설명은 적절하다.

④ (가)의 청소년 세대들은 (나)의 노인 세대들과 대화를 할 때에는 노인들이 이해할 수 없는 말인 줄임말이나 청소년 세대에서 유행하는 말들은 이해하기 쉬운 말로 바꾸어 사용하여 의사소통을 해야 한다는 것은 적절한 설명이다.

10 ③

정답 해설 | 제시된 지문에서 '지우'는 '어제 지희가 문상은 싫다고 그렇게 눈치를 줬는데'라고 말하면서 '고구마'라고 말하고 있다. 따라서 지우가 철우에게 지난 일을 상기시키며 융통성이 없음을 탓하고 있다는 것은 적절한 설명이다.

오답 체크 |

① 철우가 지희의 생일 파티에 가기를 꺼리는 내용은 제시된 지문에서 확인할 수 없다.

② 철우가 지희에게 생일 선물로 문화 상품권을 줄 거라는 얘기를 사전에 했다는 내용은 제시된 지문에서 확인할 수 없기 때문에 적절하지 않은 설명이다.

④ 노인1이 '그간 평안하셨는지요?'라고 말하는 것으로 볼 때, 노인1과 노인2가 매일 만난다고는 볼 수 없으므로 적절하지 않은 설명이다.

⑤ 노인2의 '영애'라고 했으므로 아들이 아니라 딸이다. '영애'는 윗사람이나 상대방의 딸을 높여서 말할 때 사용하는 말이다.

11 ⑤

정답 해설 | 지영이가 희수 엄마의 물음에 답한 것은 담화가 아니라 발화에 해당한다. 발화는 담화를 이루고 있는 각각의 문장을 의미한다. 다시 말하면 발화(문장)의 연속체를 담화라고 한다. 따라서 희수 엄마와 지영이가 한 말은 각각 발화에 해당한다.

오답 체크 |

① 〈보기〉에는 담화의 구성 요소인 화자(희수 엄마), 청자(지영), 전달하고자 하는 내용(전해 줄 물건이 있어서 왔다.), 맥락(늦은 밤 지영이가 친구 희수 집에 들른 상황)이 모두 갖추어져 있다. 따라서 적절한 설명이다.

② '늦은 밤'은 담화가 이루어지는 시간이고, '희수의 집'은 담화가 이루어지는 공간이다.

③ '희수 엄마'는 말하는 이이고, '지영'이는 듣는 이이기 때문에 맞는 설명이다.

④ '희수 엄마'는 지영이에게 "지영아, 무슨 일이니?"라고 자신의 집에 온 이유를 묻고 있으므로 적절한 설명이다.

12 ⑤

정답 해설 | ㉠은 '좋아' 또는 '잘 어울려'의 의미이고, ㉡은 '아니, 부족하지 않아.'의 의미이다. 따라서 ㉠과 ㉡은 상황에 따라 다르게 해석되고 있음을 확인할 수 있다.

13 ⑤

정답 해설 | ㉠은 '좋아' 또는 '잘 어울려'의 의미로 별로 나쁘지 않고 보통 이상으로 좋다는 뜻을 내포하고 있다. 이와 의미가 가장 비슷한 것은 선택지 ⑤번이다. 친구가 자신의 발표가 어땠는지를 묻는 물음에 답하는 것이니까 별로 나쁘지 않고 보통 이상으로 좋다는 의미로 해석할 수 있기 때문이다.

오답 체크 |

① 상대방의 사과를 수용하며 너무 마음 쓰지 말라고 표현

할 때

② 상대방의 제안을 거절하는 의미를 담고 있을 때

③ 문제되거나 꺼릴 것이 없다는 뜻을 나타낼 때

④ 상대방을 위로할 때

14 ④

정답 해설 | 〈보기〉의 담화에서 지후 아빠가 말한 '차린 건 없지만 많이 먹으렴.'은 우리나라에서 손님을 대접할 때 겸손하게 말하는 문화에서 비롯된 것이다. 따라서 파블로의 질문에 대한 지후의 대답으로 적절한 것은 선택지 ④번이다.

오답 체크 |

① 부모님 세대가 그렇게 말하는 게 아니라 우리나라의 문화에서 비롯된 것이다.

② 파블로의 말에 '음식이 엄청 많은데'라고 되어 있으므로 음식을 평소보다 적게 차렸기 때문이라는 말은 적절하지 않다.

③ 부모님이 음식이 많은 것을 좋아하기 때문이 아니라 우리나라의 문화가 그렇기 때문이다.

⑤ 우리나라의 솔직하게 말하는 문화가 아니라 겸손하게 말하는 문화에서 비롯된 것이다.

15 ⑤

정답 해설 | 제시된 지문에서 나타나는 역사적 상황은 상황 맥락이 아니라 사회·문화적 맥락에 해당한다. 따라서 상황 맥락을 고려해야겠다는 '승아'의 말은 적절하지 않다.

> **아파르트헤이트(아프리칸스어: Apartheid)**는 과거 남아프리카 공화국의 백인 정권에 의하여 1948년에 법률로 공식화된 인종 분리 즉, 남아프리카 공화국 백인 정권의 유색인종에 대한 차별 정책을 말한다. 1990년부터 1993년까지 벌인 남아공 백인 정부와 흑인 대표인 아프리카 민족회의와 넬슨 만델라 간의 협상 끝에 급속히 해체되기 시작했고, 민주적 선거에 의해 남아프리카 공화국 대통령으로 당선된 넬슨 만델라가 1994년 4월 27일에 완전 폐지를 선언하였다.

오답 체크 |

① '아파르트헤이트'가 무엇인지 모르면 연설문을 이해하

지 못한다는 것은 남아프리카 공화국의 역사적 상황, 다시 말해 사회·문화적 맥락을 고려하지 않았기 때문이다.

② 남아프리카 공화국에서 보통 선거가 가져다주는 의미역시 사회·문화적 맥락을 파악해야 이해할 수 있는 부분이기 때문에 그렇지 않으면 남아프리카 공화국에서 보통 선거가 가져다주는 의미는 알기가 쉽지 않을 것이다.

③ 남아프리카 공화국의 아파르트헤이트가 인종 차별과 관련이 깊다는 것을 연설문을 통해 파악한 후 그에 대한 역사적 상황을 조사해보는 것은 사회•문화적 맥락을 고려하는 것이기 때문에 적절한 설명이다.

④ 연설문 자체가 사회·문화적 맥락을 고려해야 이해하기 쉽고 연설을 한 당사자인 '넬슨 만델라'의 마음을 이해할 수 있기 때문에 적절한 설명이다.

16 ④

정답 해설 | 통일성이란 문장들의 내용이 하나의 주제를 향해 밀접하게 연결되는 것을 의미한다. 제시된 지문에서 핵심이 되는 문장은 첫째 문장이다. 글 전개에 있어서 첫째 문장의 내용과 전혀 어울리지 않는 것은 선택지 ④번이다.

17 ④

정답 해설 | 제시된 지문에서 주제가 잘 전달되도록 수정해야 할 것으로 적절하지 않은 것은 선택지 ④번이다. 내용을 강조하기 위해 같은 문장을 반복해서 쓴다 라고 되어 있는데, 반복하는 것이 강조의 방법이기는 하나 어느 문장을 반복하느냐에 따라 주제가 잘 전달될 수도 있고 그렇지 않을 수도 있기 때문에 적절하지 않은 설명이다.

오답 체크 |

① 글에 쓰인 모든 문장이 하나의 주제를 향해 모아지는지의 여부를 파악하는 것은 적절하다.

② 앞의 내용과 반복되는 부분인 '깜짝 놀라면서도 한편으로 우습기도 한 것'은 지시어를 사용하여 '그것은'으로 고친다는 것은 적절한 설명이다.

③ 글에서 문법적으로 어긋나는 표현이 없는지 살피는 것은 적절한 설명이다. 예를 들어, '저는 곧 황당한 일을 겪을 것이라고 예상하지 못했습니다.'에서 '황당한 일'은 이미 겪은 일이기 때문에 '곧'이라는 말은 문맥의 흐

름상 맞지 않는다. 따라서 '곧'을 삭제하거나 앞에서 겪은 내용을 지시하는 말인 '그렇게'를 '곧' 대신에 넣으면 적절하다.

⑤ 네 번째 문장부터는 내용이 전환되는 부분이므로 접속어 '그런데'를 넣는 것이 자연스러우므로 적절한 설명이다.

18 ④

정답 해설 | '가르치다'와 '배워주다'는 형태는 다르지만 의미는 동일한 단어기 때문에 선택지 ④의 설명은 적절하지 않다.

오답 체크 |

① 남한의 '노크'와 '거짓말'에 해당하는 북한말도 동일한 형태로 존재하기 때문에 적절한 설명이다.

② 남한은 '냉장고'에서 '냉'을 '랭'으로 쓰지 않고 있으므로 두음법칙을 적용하고 있으나 북한은 '랭동기'에서 '냉'이 아니라 '랭'으로 쓰고 있으므로 적절한 설명이다.

③ 북한말 '덜기'와 '사귐'은 남한말 '빼기'와 '교집합'에 해당하는데, 이는 학문상의 용어들로 남북이 차이가 있음을 나타내는 예이기 때문에 적절한 설명이다.

⑤ 북한에서 접미사 '-질'은 직업이나 직책을 나타내는 의미로 사용되기 때문에 남한과 달리 '선생질'의 경우도 직업으로서의 의미만 있을 뿐 비하의 뜻은 없다. 따라서 적절한 설명이다.

19 ③

정답 해설 | 〈보기〉에서 형태나 발음이 같은 단어이지만 남과 북에서 의미가 다른 단어에 해당하는 것은 '연락'이다. 남한에서 '연락'의 의미는 '어떤 사실을 상대편에게 알림.'의 뜻이고, 〈보기〉에 사용된 예처럼 북한에서 '연락'의 의미는 축구 경기에서 '패스'의 뜻이다.

오답 체크 |

① '동무'는 이념이나 체제의 영향을 받아 생긴 의미도 있지만, 〈보기〉에서는 남한과 같은 의미인 '친하게 어울리는 사람. 친구. 벗.'의 뜻으로 사용되었기 때문에 ㉠에 해당하는 단어가 아니다.

20 ⑤

정답 해설 | 남과 북의 언어의 이질성은 어느 한쪽의 일방적인 방법으로 해결될 수 있는 것이 아니다. 남한의 외래어를 북한처럼 모두 순우리말로 고치는 것은 제반 상황이나 그로 인해 생겨나게 될 문제점은 고스란히 남한만 떠안게 되는 상황이 되므로 적절하지 않은 방법이다.

오답 체크 |

① 북한에서 사용하는 탁구 용어인 '받아치기, 쳐넣기, 판때기' 등은 모두 순우리말에 해당하므로 맞는 설명이다.

② 남한은 '리시브' 서브' 라켓' 등 외래어를 사용하고 있지만 북한은 모두 순우리말로 고쳐서 사용하고 있으므로 적절한 설명이다.

③ 남한의 탁구 용어는 모두 외국에서 들어와 우리말처럼 쓰이는 외래어이므로 적절한 설명이다.

④ 탁구 이전에 서로 '이질적인 언어를 통일하는 부분부터 익숙해지려고 하고 있다.'고 했으므로 적절한 설명이다.

제5강 국어의 규범과 역사

한글 창제의 원리 1		본문 83~84쪽
01 ③	02 해설 참조	03 ③
04 ⑤	05 ②	06 ①	07 ③
08 털커덕		09 ⑤
10 해설 참조		

01 ③

정답 해설 | 각 글자 모양과 발음 사이의 관련성이 있다. 한글은 표음 문자이므로 말의 뜻을 문자의 모양으로 나타내지 않는다. 나머지는 모두 적절한 설명이다.

02 ㉠ 우리말을 표기하기 위한 고유 문자를 만들려는 '자주 정신'

㉡ 백성들이 말하고자 하는 바를 문자로도 원활히 표현할 수 있도록 도우려는 '애민 정신'

㉢ 사람들이 쉽게 배우고 효율적으로 사용하도록 하려는 '실용 정신'

정답 해설 | '자주 정신, 애민 정신, 실용 정신'의 키워드가 포함되어야 한다.

03 ③

정답 해설 | 자음의 기본 글자는 발음 기관의 모양을 상형하여 만들었다. 'ㄱ'은 혀뿌리가 목구멍을 막는 모양, 'ㄴ'은 혀가 윗잇몸에 닿는 모양, 'ㅁ'은 입의 모양, 'ㅅ'은 이의 모양, 'ㅇ'은 목구멍의 모양을 본떴다.

오답 체크 |

① 'ㄷ'은 가획자, 'ㄹ'은 이체자이다.

② 'ㄷ'은 가획자이다.

④ 'ㄷ'은 가획자, 'ㄹ'은 이체자, 'ㅂ'은 가획자이다.

⑤ 'ㄹ'은 이체자이다.

04 ⑤

정답 해설 | 이체자는 'ㆁ, ㄹ, ㅿ' 3글자인데 각각 어금닛소리, 혓소리, 잇소리로 다른 자음과 비교할 때 발음되는 위치는 다르지 않다. 다만 모양을 달리하여 새롭게 만들었기에 이체자라고 한다.

오답 체크 |

① 기본자는 발음 기관의 모양을 본떠 만들어졌다.

② 가획의 원리는 소리의 세기에 따라 획을 더하는 것이다.

③ 기본자는 5자, 가획자는 9자, 이체자는 3자로 가획자의 수가 가장 많다.

④ 가벼운 입술소리를 표현하기 위해 'ㅁ, ㅂ, ㅍ' 아래에 'ㅇ'을 세로로 이어 쓸 수도 있었는데 이것을 '연서'라고 한다.

05 ②

정답 해설 | 이의 모양을 본떠 만든 자음 기본자는 'ㅅ'이다. 혀가 윗잇몸에 붙었다 떨어지면서 발음되는 것은 혓소리인데 혓소리 중 이체자는 'ㄹ'이다. 자음 글자 'ㅅ, ㄹ'이 모두 포함된 말은 '이슬'이다.

06 ①

정답 해설 | 'ㄱ'과 'ㄴ'은 모두 자음 기본자로, 상형의 원리에 따라 만들어졌다.

오답 체크 |

② 'ㄷ'은 가획의 원리에 따라 만들어졌고, 'ㄹ'은 이체자이다.

③ 'ㄹ'은 이체자이고, 'ㅁ'은 상형의 원리에 따라 만들어졌다.

④ 'ㅂ'은 가획의 원리에 따라 만들어졌고, 'ㅅ'은 상형의 원리에 따라 만들어졌다.

⑤ 'ㅇ'은 상형의 원리에 따라 만들어졌고, 'ㅊ'은 가획의 원리에 따라 만들어졌다.

07 ③

정답 해설 | 'ㅊ'은 이의 모양을 본떠 만든 기본자 'ㅅ'에 획을 2번 더해 만들어졌다.

오답 체크 |

① 'ㄹ'은 이체자이다.

② 'ㅂ'은 'ㅁ'에 획을 1번 더해 만들어졌다.

④ 'ㅿ'은 이체자이다.

⑤ 'ㅋ'은 'ㄱ'에 획을 1번 더해 만들어졌다.

08 털커덕

정답 해설 | 〈보기〉는 소리를 나타내는 의성어의 뜻풀이이

77

제5강 국어의 규범과 역사

다. 의미와 어감의 차이를 낳는 자음의 제자 원리는 '가획'이다. 가획은 소리의 세기에 따라 획을 더하는 것이므로, 의성어에 가획자가 많이 쓰인다면 더욱 크고 거센 소리를 나타낸다고 볼 수 있다. 따라서 ⓒ에 각 1음절씩 가획자가 추가된 양상을 고려한다면 ⓒ에는 2음절 모두에 가획자가 포함될 것으로 유추할 수 있다.

09 ⑤

정답 해설 | 〈보기〉는 같은 글자 'ㄱ, ㄷ, ㅅ, ㅈ'를 가로로 2개 나란히 써서 만든 쌍자음이다. 이렇게 글자를 가로로 나란히 써서 만드는 방식을 '병서'라고 한다.

오답 체크 |

① 가획의 원리에 대한 설명이다.

② 'ㄱ, ㅅ'은 기본자이지만 'ㄷ, ㅈ'은 가획자이다.

③ 혀 모양을 본떠 만든 글자는 없다.

④ '연서'는 'ㅱ, ㅸ'처럼 자음 글자를 세로로 이어 쓰는 방식이다.

10 사라진 'ㆁ(옛이응)'을 대신하여 받침 'ㅇ'의 소리를 나타내고, 모음으로 시작하는 음절의 비어 있는 초성을 채우는 역할을 한다.

정답 해설 | 문제에서 현대 국어에서 'ㆁ(옛이응)'이 현재 쓰이지 않는 글자임을 파악한 후, 〈보기〉에서 관련된 내용 2가지를 찾으면 된다. "받침 'ㅇ'의 소리 및 초성의 빈 공간"이라는 키워드가 포함되도록 작성한다.

한글 창제의 원리 2		본문 85~87쪽
01 ③	02 ⑤	03 ④
04 해설 참조	05 ①	06 ②
07 해설 참조	08 ⑤	09 ④
10 해설 참조		

01 ③

정답 해설 | 모음 기본자 'ㆍ, ㅡ, ㅣ'는 만물 구성 요소에 대한 철학을 바탕으로 각각 '둥근 하늘, 평평한 땅, 서 있는 사람'의 모양을 본떠 만들었다.

02 ⑤

정답 해설 | 재출자인 'ㅠ'는 초출자 'ㅜ'에 'ㆍ'를 한 번 더 합성하여 만든다. 초출자 'ㅜ'는 기본자 'ㅡ'의 아래쪽에 'ㆍ'를 합성하여 만든다.

03 ④

정답 해설 | 현대 모음 글자의 모양만 보면 획을 더한 것처럼 보이지만, 초출자 'ㅏ, ㅓ, ㅗ, ㅜ'를 만든 창제 원리는 가획이 아니라 합성이다.

오답 체크 |

ㄱ. 'ㅏ'는 'ㅣ'의 바깥쪽에 'ㆍ'를 합하여 만들었다.

ㄹ. 'ㅜ'는 'ㅡ'의 아래쪽에 'ㆍ'를 합하여 만들었다.

04 ㆍ(아래 아)

정답 해설 | 'ㆍ(아래 아)'는 하늘의 둥근 모양을 상형하여 만들었으며, 현대에는 더 이상 널리 사용되지 않아 소실된 글자이다. 발음에 대해서는 많은 연구가 진행되었으나 음성 언어의 특성상 정확하게는 알 수 없다.

05 ①

정답 해설 | 상형과 합성의 원리에 의해 이미 만들어진 모음 기본자, 초출자, 재출자끼리 조합하여 쓰는 것을 '합용'이라고 한다. 'ㅢ'는 기본자 'ㅡ'와 'ㅣ'를 합쳐서 만든 글자이다.

오답 체크 |

② '합성'은 기본자를 결합하여 초출자와 재출자를 만드는 원리이다. 'ㅚ'는 초출자 'ㅗ'에 'ㅣ'를 합용하여 만든 글자이다.

③ 'ㄸ'는 같은 자음 글자를 가로로 나란히 썼으므로 병서한 것이다.

④ 'ㅄ'는 자음 글자 3개를 가로로 나란히 쓴 것이므로 병서만 한 것이다.

⑤ 'ㅸ'은 같은 자음 글자를 병서한 'ㅂ'에 'ㅇ'을 연서하여 만든 글자이다.

06 ②

정답 해설 | 한글은 자모 글자를 만든 원리가 과학적이고 체계적이어서 배우기 쉽다.

오답 체크 |

① 〈보기〉와 관련이 없는 내용이다.

③ 한글의 제자 원리는 책 『훈민정음』을 통해 밝혀져 있으나, 제자 원리를 몰라도 쉽게 배울 수 있는 문자이다.

④ 〈보기〉와 관련이 없으며, 글자 모양 자체는 직선이나 곡선 등을 조합하여 만들어졌다고 볼 수 있다.

⑤ 〈보기〉와 관련이 없으며, 한글은 자주 쓰는 한자를 모방하여 만들어지지 않았다.

07 소리와 글자 모양의 연관성이 있다. (모양이 비슷한 글자는 발음이 비슷하여 체계적이다 등)

정답 해설 | 특히 자음 글자의 경우 가획의 원리를 적용하여 만들었기 때문에, 비슷한 소리는 비슷한 글자 모양을 지니고 있다.

08 ⑤

정답 해설 | (가)의 자판에는 3~4개의 글자가 배치되어 있으므로, 특정 자판을 반복적으로 누르는 횟수는 최대 4번까지 발생할 수 있다. 반면 (나)의 자판에는 1~2개의 글자만 배치되어 있으므로 최대 2번까지 누르는 것으로 충분하다. 따라서 (나)보다 (가)의 자판을 누르는 횟수가 더 많다고 볼 수 있다.

오답 체크 |

① (가)의 1~9번 자판을 보면 3~4개의 글자가 로마자 순서대로 배치된 것을 알 수 있다.

② (나)의 모음 자판에는 기본자를 조합하여 나머지 글자를 만드는 합성과 합용의 원리가, 자음 자판에는 가획의 원리가 일부 반영되어 있다.

③ 단 10개의 자판만으로 표현하고자 하는 모든 말을 다 입력할 수 있다.

④ (가)의 0번 자판은 비어 있는 반면, 7·9번 자판에는 무려 4개의 글자가 포함되어 있다. (나)는 제자 원리를 바탕으로 자판이 체계적으로 구성되어 있다.

09 ④

정답 해설 | 음절 단위로 모아쓴 ㉠이 풀어쓴 ㉡보다 의미를 한눈에 빠르게 파악하기 쉽다.

10 소리와 문자(키보드 자판)가 일대일로 대응되므로 별도의 변환 과정 없이 빠르게 입력할 수 있다.

정답 해설 | 한자는 뜻을 글자로 나타낸 표의 문자이다. 표현하려는 모든 글자를 하나하나 자판으로 만들기는 현실적으로 불가능하다. 따라서 표음 문자의 자판 입력 방식을 활용하는데, 발음을 입력한 후 발음에 해당하는 한자들 중에서 표현하려는 한자를 선택하는 과정이 필요한 것이다. 반면에 한글은 소리를 문자로 나타낸 표음 문자인데다, 하나의 문자는 하나의 소리에만 대응하기 때문에 입력이 빠르고 간편하다.

01	해설 참조	02	④	03	②
04	해설 참조	05	②	06	⑤
07	③	08	④	09	해설 참조
10	①				

01 정확하고 원활한 의사소통을 하기 위함이다.

정답 해설 | 〈보기〉의 대화에서는 '빗이[비시]'와 '빛이[비지]'를 정확하게 발음하지 않아 대화가 원활하게 이루어지지 않고 있다. 또한 '빛이[비지]' 역시 [비시]로 잘못 발음하는 경우가 많으니 유의할 필요가 있다.

02 ④

정답 해설 | 〈보기〉 중 표기와 발음이 같은 단어는 '강[강], 달[달], 문[문], 집[집]'이다. '밖[박], 낫[낟], 낮[낟], 솥[솓]'은 받침이 대표음으로 바뀌어 발음된다.

03 ②

정답 해설 | 받침은 어말이나 자음 앞에서 발음되는 경우에는 대표음으로 바뀌기도 하지만, 뒤에 오는 말이 모음으로 시작하는 경우에는 받침의 음가 그대로 연음되어 소리 난다.

오답 체크 |

① '꽃[꼳], 숲[숩]'을 보면 받침에서 표기와 발음이 일치하지 않음을 알 수 있다.

③ '눈과[눈과]'를 보면 된소리가 반드시 나는 것이 아님을 알 수 있다. 받침이 [ㄱ, ㄷ, ㅂ]이고 뒤 음절 첫소리가 예사소리인 경우 된소리가 날 수 있다.

④ '꽃과[꼳꽈]'를 보면 형식적 의미를 지닌 조사가 이어졌음에도 받침이 제 음가대로 발음되지 않고 대표음으로 바뀌었음을 알 수 있다.

⑤ 받침이 생략되는 것은 〈보기〉를 통해 확인할 수 없는 내용이다.

04 ㉠ 실질 형태소, ㉡ 허두슴, ㉢ 나달

정답 해설 |

㉠ '옷, 알, 웃-'처럼 실질적인 의미를 지닌 말을 말한다.

㉡ '웃-'이 실질 형태소이므로 '헛'의 받침 'ㅅ'이 대표음

[ㄷ]으로 바뀐다. 그 후 받침이 뒤 음절 첫소리로 옮겨 발음된다.

㉢ '알'이 실질 형태소이므로 '낱'의 받침 'ㅌ'이 대표음 [ㄷ]으로 바뀐 후 뒤 음절 첫소리로 옮겨 발음된다.

05 ②

정답 해설 | '무릎을'의 '을'은 실질 형태소가 아니라 형식적 의미를 지니면서 모음으로 시작하는 조사이므로 받침 그대로 연음하여 [무르플]로 발음해야 한다.

오답 체크 |

① 모음으로 시작하는 조사 '으로'와 결합되는 경우이므로 받침 'ㄲ'이 제 음가대로 발음된다.

③ '없-'이 실질 형태소이므로 '맛'의 받침이 대표음 [ㄷ]으로 바뀐다. '없-'의 겹받침 뒤에는 모음으로 시작하는 어미 '-어서'가 결합했으므로 겹받침 중 뒤엣것이 연음된다. 받침 [ㄷ] 뒤에 이어지는 첫소리가 예사소리인 경우 된소리가 나게 된다.

④ '옷'이 실질 형태소이므로 '웃-'의 받침이 대표음 [ㄷ]으로 바뀐 후 연음된다. 모음으로 시작하는 형식적 의미의 말 '이라는' 앞에서 '옷'의 받침은 제 음가대로 연음된다.

⑤ 쌍받침 'ㅆ'은 자음 앞에서 대표음 [ㄷ]으로 바뀌며, 뒤에 이어지는 첫소리가 예사소리인 경우 된소리가 나므로 [낟따]가 된다.

06 ⑤

정답 해설 | 올바른 발음은 [외골]이다.

07 ③

정답 해설 | 올바른 발음은 [넙쩌카다]이다. 표준 발음법 제10항 해설에 따르면 현실 발음을 고려하여 겹받침 'ㄼ'의 표준 발음은 단어에 따라 다르게 정한다.

오답 체크 |

①, ② 표준 발음법 제10항의 예시로, 겹받침 'ㄼ'은 어말 또는 자음 앞에서 [ㄹ]로 발음한다.

④, ⑤ 표준 발음법 제10항의 예외이다.

08 ④

정답 해설 | 다른 선택지와는 달리 겹받침 'ㄺ'이 [ㄱ]으로 발음된다. 'ㄺ'이 용언의 어간 말음인 경우 'ㄱ' 앞에서 [ㄹ]

로 발음된다.

오답 체크 |

① [일근]으로 발음한다.

② [일끼]로 발음한다.

③ [일껜꾼]으로 발음한다.

⑤ [일거서]로 발음한다.

09 받침 뒤에 모음으로 시작하는 형식적 의미의 말이 이어지면 뒤 음절 첫소리로 옮겨 간 받침이 제 음가대로 발음된다.

정답 해설 | 조사, 어미와 같은 형식적 의미의 말이 모음으로 시작하는 경우 그 음절의 초성이 비어 있으므로, 앞 음절의 홑받침과 겹받침 중 뒤엣것이 비어 있는 공간으로 옮겨간다. 따라서 받침은 대표음으로 바뀌지 않고, 제 음가(소릿값)대로 초성에서 발음된다.

10 ①

정답 해설 | '없-'이 실질 형태소이므로 겹받침 'ㄳ' 중 [ㄱ] 하나만을 옮겨 발음한다. '없-' 뒤의 어미 '-이'는 모음으로 시작하므로 겹받침 'ㅄ' 중 뒤엣것을 연음하여 [너겁씨]로 발음한다.

오답 체크 |

② 표준 발음은 [다가플]이다. '앞'이 실질 형태소이므로 겹받침 'ㄹ' 중 [ㄱ] 하나만을 옮겨 발음한다. 이어서 모음으로 시작하는 조사 '을'이 결합했으므로 '앞'의 받침은 제 음가대로 발음한다.

③ 표준 발음은 [여더라를]이다. '알'이 실질 형태소이므로 겹받침 'ㄼ' 중 [ㄹ] 하나만을 옮겨 발음한다.

④ 표준 발음은 [읍꾀]이다. 겹받침 'ㄿ'은 어말 또는 자음 앞에서 [ㅂ]으로 발음한다.

⑤ 표준 발음은 [가버치]이다. '-어치'는 역사적으로 볼 때 실질 형태소로 여겨지므로 겹받침 'ㅄ' 중 [ㅂ] 하나만을 옮겨 발음한다.

올바른 발음과 표기 2 본문 90~91쪽

01 ⑤	02 ④	03 해설 참조
04 ①	05 해설 참조	06 ③
07 ④	08 ④	09 ②
10 해설 참조		

01 ⑤

정답 해설 | '예, 례'의 'ㅖ'는 [ㅔ]로 발음함을 허용하지 않는다. 따라서 [경례]라고 발음해야 한다.

오답 체크 |

① 용언의 활용형이므로 [눅저]라고 단모음으로 발음한다.

② 용언의 활용형이므로 [반처]라고 단모음으로 발음한다.

③ 용언의 활용형이므로 [벙쩌]라고 단모음으로 발음한다.

④ '예, 례' 이외의 모음 'ㅖ'는 [ㅔ]로 발음함도 허용되므로, [세게]로도 발음할 수 있어서 반드시 이중모음으로만 발음해야 하는 것은 아니다.

02 ④

정답 해설 | 자음을 첫소리로 가진 'ㅢ'는 [ㅣ]로만 발음한다. 따라서 표준 발음은 [히미하다]이다.

오답 체크 |

① 단어의 첫음절 이외의 'ㅢ'는 [ㅣ]로도 발음할 수 있으므로, 표준 발음은 [유의/유이] 2가지이다.

② 단어의 첫음절이므로 [의리]로만 발음한다.

③ 단어의 첫음절 이외의 'ㅢ'는 [ㅣ]로도 발음할 수 있으므로, 표준 발음은 [호의/호이] 2가지이다.

⑤ 조사 '의'는 [에]로 발음함도 허용되므로, 표준 발음은 [나의/나에] 2가지이다.

03 [강의의, 강이의, 강의에, 강이에]

정답 해설 | 단어의 첫음절 이외의 'ㅢ'는 [ㅣ]로도 발음할 수 있고, 조사 '의'는 [에]로 발음함도 허용된다. 가능한 모든 경우를 조합하면 [강의의, 강이의, 강의에, 강이에] 4가지가 된다.

04 ①

정답 해설 | '몇'과 '일'로 분석되지 않으므로 어원이 분명하지 않다고 보아 소리 나는 대로 '며칠'로 적는다.

오답 체크 |

② '어떻게 해'가 줄어든 말은 '어떡해'이다.

③ 어려움이 없다는 의미로 '무난(無難)할'이 맞다.

④ 돈이나 재물을 걸고 내기를 하는 일은 '노름'으로, '놀다'라는 어원에서 멀어진 것으로 보아 형태를 밝혀 적지 않고 소리 나는 대로 적는다. '놀음'은 '여러 사람이 모여 즐겁게 노는 일'을 뜻한다.

⑤ '매우 드물거나 신기하다'라는 의미로 '희한(稀罕)하다'가 맞다.

05 형태를 밝혀 적으면 의미를 한눈에 빠르게 파악할 수 있기 때문이다.

정답 해설 | 발음 그대로 표기한다면 〈보기〉의 예와 같이 같은 단어라도 표기가 제각각이 되어 의미를 파악하는 데 오랜 시간이 소요될 수 있다.

06 ③

정답 해설 |

㉠ '굳이'가 [구지]로 발음되어서 표기가 혼동된다. '단단한 마음으로 굳게, 고집을 부려 구태여'라는 의미이므로 어간 '굳-'의 의미를 고려하여 형태를 밝혀 '굳이'라고 적어야 한다.

㉡ 의미가 다른 단어인데 발음이 같아 혼동된다. '부치다'는 '편지나 물건 따위를 일정한 수단이나 방법을 써서 상대에게로 보내다, 어떤 문제를 다른 곳이나 다른 기회로 넘기어 맡기다(예: 회의에 부치다)' 등의 의미이다. 한편 '붙이다'는 '맞닿아 떨어지지 않게 하다'라는 의미이다. 〈보기〉의 문맥상 '우편으로 부치다'가 자연스럽다.

㉢ '드러나다'는 '가려 있거나 보이지 않던 것이 보이게 되다' 등의 의미이다. '들다'의 의미와 관련성이 있다면 형태를 밝혀 '들어나다'라고 쓸 수 있겠지만 그렇지 않으므로 소리 나는 대로 쓴다.

07 ④

정답 해설 | '문제에 대한 답을 틀리지 않게 하다'라는 의미의 '맞히다'가 적절하게 쓰였다.

오답 체크 |

① '부품을 제자리에 맞게 대어 붙인다'는 의미이므로 '맞췄다(맞추었다)'로 고쳐야 한다.

② '화살을 과녁에 쏘아서 닿게 하다'라는 의미이므로 '맞혔다'로 고쳐야 한다.

③ '주사로 치료를 받게 하다'라는 의미이므로 '맞히기가'로 고쳐야 한다.

⑤ '남은 생을 끝내려고 했다'는 의미이므로 '마치려고'로 고쳐야 한다.

08 ④

정답 해설 | 용언 '했다'를 꾸미는 부사 '아니'의 준말 '안'이 적절하게 쓰였다.

오답 체크 |

① 어간 '되-'에 어미 '-고'가 결합했으므로 '되고'로 고쳐야 한다. 어미 '-어고'는 없다.

② 어간 '되-'에 어미 '-어서'가 결합했으므로 '되어서, 돼서'로 고쳐야 한다.

③ 용언 '만나겠다'를 꾸며 주는 부사 '아니'의 준말 '안'이 쓰여야 자연스럽다.

⑤ 어간 '되-'에 어미 '-었-'과 '-다'가 결합했으므로 '되었다'가 줄어든 '됐다'로 고쳐야 한다. 용언 '됐다'를 꾸며 주는 부사 '안'은 적절하게 쓰였다.

09 ②

정답 해설 | '-던데'는 뒤에 이어질 내용과 관련 있는 과거 사실을 회상하여 미리 말할 때에 쓰는 어미이다. 주어진 문장은 과거 경험과 관련이 있으므로 적절하게 쓰였다.

오답 체크 |

① '-드라'라는 말은 '-더라'와 발음이 유사하여 쓰이는 경우가 있으나 표준어가 아니다. '-더라'는 과거에 직접 경험하여 새로이 알게 된 사실을 그대로 옮겨 와 전달한다는 뜻의 어미이다.

③ 문맥상 싫거나 좋음을 가리지 않는다는 의미이므로 '-든'으로 써야 한다.

④ 사과와 감 중 어떤 것이 선택되어도 무관함을 나타내므로 '-든지'로 써야 한다.

⑤ 문맥상 선택의 의미가 없으므로 '-든지'가 쓰일 필요가 없다. '-던지'는 과거의 일을 회상하여 감탄하는 뜻을 나타내는 어미이다.

10 있다가

정답 해설 | 부사 '이따가'는 '조금 지난 뒤에'의 의미이고,

발음이 유사한 '있다가'는 용언 '있-'에 어미 '-다가'가 결합한 말이다. 〈보기1〉은 '여기에 머무르다가' 출발한다는 의미가 되어야 문법적으로 자연스러우므로 '있다가'를 쓴다. '이따가'가 빈칸에 들어갈 수 있으려면 '조금 지난 뒤에'가 들어가도 자연스러워야 하는데, '10분만 여기에 조금 지난 뒤에 출발할게'라는 문장은 자연스럽지 않다.

모의고사			본문 92~98쪽
01 ⑤	02 ⑤	03 ③	04 ②
05 ③	06 ④	07 ②	08 ③
09 ③	10 ⑤	11 ③	12 ②
13 ①	14 ①	15 ④	16 ③
17 ⑤	18 ④	19 ③	20 ③

01 ⑤

정답 해설 | ⓒ은 형식적 의미를 지닌 조사 '은'을 한자로 나타낸 것으로, '숨기다'라는 뜻과는 관련이 없으며 한자의 소리만 빌려서 표기한 것이다.

오답 체크 |
① 〈보기〉의 '내용' 부분을 보면 알 수 있다.
②, ③ 한글 창제 이전이므로 우리말을 표기할 문자가 없어 한자를 빌려 쓰는 '차자(借字) 표기'를 했다.
④ 차자 표기는 한자의 뜻 아니면 소리를 빌려 표기하는 것인데, ⓐ의 경우 뜻의 일부인 '임(님)' 부분을 소리로 읽은 것이다.

02 ⑤

정답 해설 | 'ㄱ, ㄴ, ㅁ, ㅅ, ㅇ'은 자음의 기본자로 발음 기관의 모양을 본떴다. 'ㆍ, ㅡ, ㅣ'는 모음의 기본자로 만물을 구성하고 있는 3요소인 '하늘, 땅, 사람'을 본떠 만들었다.

오답 체크 |
① 한국어는 중성의 모음을 중심으로 하는 음절 구조를 지닌다. 따라서 모음은 단독으로 발음할 수 있으나, 자음은 반드시 모음과 결합하여 음절을 이룬다.
② 가획은 자음의 제자 원리에 해당한다.
③ 발음할 때 혀의 위치 또는 입 모양이 변하는 것은 이중 모음이다.
④ 모음에 관련된 설명이다.

03 ③

정답 해설 | 입의 모양을 본떠 만든 자음 기본자 'ㅁ'에 획을 한 번 더하면 'ㅂ'이 되고, 한 번 더 더하면 'ㅍ'이 된다.

오답 체크 |
① 'ㅕ'는 재출자로, 기본자 'ㅣ'의 안쪽에 'ㆍ'를 합한 'ㅓ'에 'ㆍ'를 한 번 더 합하여 만들었다.

② 기본자 'ㅈ'에 획을 더하면 'ㅊ'이 된다. 모음 'ㅡ'를 더하는 것은 아니다.
④ 모음의 기본자는 'ㆍ, ㅡ, ㅣ' 3글자이다.
⑤ 소리의 세기에 따라 획을 더하는 '가획'은 모음이 아닌 자음의 제자 원리이다. 모음의 초출자나 재출자와는 관련이 없다.

04 ②

정답 해설 |

㉠ '백성을 가르치는 바른 소리'라는 의미를 지니고 있으며, 책 『훈민정음』을 통해 문자의 제자 원리와 운용 방법 등을 알 수 있게 되었다.

㉢ 자음 글자의 기본자 5개는 'ㄱ, ㄴ, ㅁ, ㅅ, ㅇ', 가획자 9개는 'ㅋ, ㄷ, ㅌ, ㅂ, ㅍ, ㅈ, ㅊ, ㆆ, ㅎ', 이체자 3개는 'ㆁ, ㄹ, ㅿ'이다.

오답 체크 |

㉡ 창제 당시 만들어진 28개의 자모 글자 중 현재 쓰이지 않는 것은 'ㆆ, ㅿ, ㆁ, ㆍ' 총 4글자이다.

㉣ '연서'나 '병서'를 통해 조합할 수 있는 것은 모음이 아니라 자음 글자이다. 모음 글자는 '합용'한다.

05 ③

정답 해설 | 바르게 설명한 것은 'ㅏ, ㆁ, ㅁ, ㄴ' 4개이다.

오답 체크 |

ㄱ : 혀뿌리가 입천장을 막는 모양을 본떴다.

ㅜ : 'ㅡ'의 아래쪽에 'ㆍ'를 합성하여 만들었다.

06 ④

정답 해설 | '도구'의 'ㅗ, ㅜ'는 초출자이고, '여유'의 'ㅕ, ㅠ'는 재출자이다. '예의'는 'ㅕ'에 'ㅣ'가 합쳐진 합용자와 기본자 'ㅡ'와 'ㅣ'가 합쳐진 합용자로 이루어져 있다.

오답 체크 |

① '국어'의 모음은 재출자이고, '고기'의 모음은 초출자과 기본자이며, '생활'의 모음은 합용자이다.

② '글자'의 모음은 기본자와 초출자이고, '역사'의 모음은 재출자와 초출자이며, '창제'의 모음은 초출자와 합용자이다.

③ '상어'의 모음은 초출자이고, '원리'의 모음은 합용자와 기본자이며, '기관'의 모음은 기본자와 합용자이다.

⑤ '사과'의 모음은 초출자와 합용자이고, '연구'의 모음은

재출자와 초출자이며, '학교'의 모음은 초출자와 재출자이다.

07 ②

정답 해설 | 입술소리는 'ㅁ, ㅂ, ㅍ'인데 이 중 소리의 세기가 가장 센 것은 획을 2번 더한 'ㅍ'이다. 사람을 본뜬 'ㅣ'의 바깥쪽에 하늘을 본뜬 'ㆍ'를 합성한 글자는 'ㅏ'이다. 혓소리 'ㄴ, ㄷ, ㅌ, ㄹ' 중에서 획을 2번 더한 것은 'ㅌ'이다.

입의 모양을 본뜬 글자 'ㅁ'에 획을 1번 더한 'ㅂ'을 2번 가로로 나란히 쓰면 'ㅃ'이 된다. 사람을 본뜬 'ㅣ'의 바깥쪽에 하늘을 본뜬 'ㆍ'를 합성한 글자는 'ㅏ'이다. 어금닛소리는 'ㄱ, ㅋ, ㆁ'인데 이 중 이체자는 'ㆁ'이다. 따라서 답은 '팥빵'이다.

오답 체크 |

① '깡통'의 'ㄲ'은 혀뿌리가 목구멍을 막는 모양을 본뜬 기본자 'ㄱ'을 병서하여 만든 글자이다. 'ㅗ'는 'ㅡ'의 위쪽에 'ㆍ'를 합성하여 만들었다.

③ '왕벌'의 'ㅘ'는 초출자 'ㅗ'와 'ㅏ'를 합용하여 만든 글자이다. 'ㅓ'는 'ㅣ'의 안쪽에 'ㆍ'를 합성하여 만들었다. 'ㄹ'은 혓소리 중 이체자이다.

④ '팔딱'의 'ㄹ'은 혓소리 중 이체자이고, 'ㄸ'은 가획자 'ㄷ'을 병서한 것이다.

⑤ '참말'의 'ㅊ'은 이의 모양을 본뜬 'ㅅ'에 획을 2번 더해 만든 글자로 잇소리 중 가장 거센소리이다. 'ㅁ'은 입의 모양을 본떠 만든 기본자이다.

08 ③

정답 해설 | (가)에서 '탈'을 입력하려면 자판을 5회 (2-*-*-3-4) 눌러야 하는데, (나)에서는 6회(6-6-1-2-5-5) 눌러야 하므로 적절하지 않은 설명이다.

오답 체크 |

① 자음 버튼은 총 6개로, 기본자 'ㄱ, ㄴ, ㅁ, ㅅ, ㅇ'와 이체자 'ㄹ'로 구성되어 있다.

② (가)의 '획 추가'는 가획의 원리를 응용한 것으로, 자음 뿐 아니라 모음 입력에도 활용할 수 있다.

④, ⑤ (나)는 모음 기본자를 합성하여 초출자와 재출자를 만들고, 모음 글자들을 합용하여 나머지 글자를 만들어 쓰는 제자 원리를 충실히 반영하고 있다.

09 ③

정답 해설 | 〈보기〉에서 '수많은 정보들을 입력·인식·저장·활용해야 하는 정보화시대'라는 점에 주목한다면 가장 관련성이 높은 것은 ③이다.

오답 체크 |
① 훈민정음에 자주 정신이 담겨 있기는 하나, 정보 처리의 효율과는 관련성이 없다.
② 과학적·철학적 제자 원리를 지닌 최초의 문자라는 이유만으로 정보화 시대에 편리한 문자라고 볼 수는 없다.
④ 한글은 소리와 문자 사이의 연관성이 있으나, 그 연관성 때문이 아니라 하나의 소리가 하나의 글자에 대응하기 때문에 음성 인식에 유리한 것이다.
⑤ 한글은 발음 그대로 입력하면 되므로 해당 글자를 선택하는 변환 과정이 필요하지 않다.

10 ⑤

정답 해설 | 하나의 문자는 하나의 발음으로만 읽고, 의미에 따라 다양하게 발음되지 않는다.

오답 체크 |
① 〈보기〉의 '28자로 전환이 무궁하며 간단하지만 요긴하고 정밀하지만 소통이 쉽다. 그러므로 똑똑한 자는 반나절이면 깨우칠 수 있고 우둔한 자라도 열흘이면 배울 수 있다.'에서 알 수 있다.
② 〈보기〉의 첫 번째 문장과 마지막 문장 '비록 바람 소리, 학 울음소리, 닭 우는 소리, 개 짖는 소리라 하더라도 모두 적을 수 있다.'를 통해 알 수 있다.
③, ④ 〈보기〉의 '이 글자로써 한자로 쓰인 책을 풀이하면 그 뜻을 파악할 수 있다. 이 글자로 송사를 살피면 그 복잡한 사정을 알 수 있다.'를 통해서 백성들의 삶이 문자 생활을 통해 개선되었을 것이라 추정할 수 있다.

11 ③

정답 해설 |
ㄱ. '키읔[키윽]'을 통해 알 수 있다.
ㄴ. '웃다[욷따], 있다[읻따], 빗다[빋따], 쫓다[쫀따], 뱉다[밷따]'를 통해 알 수 있다.
ㄹ. '닭다[닥따], 키읔과[키윽꽈], 웃다[욷따], 있다[읻따], 빗다[빋따], 쫓다[쫀따], 뱉다[밷따], 덮다[덥따]'를 통해 알 수 있다.

오답 체크 |
ㄷ. 받침 'ㅍ'은 어말(숲[숩])과 자음 앞(덮다[덥따])에서 모두 대표음 [ㅂ]로 바뀐다.

12 ②

정답 해설 | 표준 발음법 제11항 '다만'에 따라 '맑게'의 표준 발음은 [물께]가 되어야 한다.

오답 체크 |
① 표준 발음법 제11항에 따라 올바른 발음이다.
③ 표준 발음법 제10항에 따라 올바른 발음이다.
④ 표준 발음법 제11항에 따라 올바른 발음이다.
⑤ 표준 발음법 제10항에 따라 올바른 발음이다.

13 ①

정답 해설 | 표준어의 실제 발음을 따른다는 것은 말 그대로 현대 서울말의 현실 발음을 기반으로 표준 발음을 정한다는 뜻이다. 'ㄼ'의 경우 단어에 따라 겹받침의 발음이 달라져서 '밟다'에서는 'ㄹ'을 발음하지 않고 '넓다'에서는 'ㅂ'을 발음하지 않는다. 만약 〈보기〉 학생의 의견대로 현실 발음을 반영하지 않는다면 '밟다'와 같은 예외는 없었을 것이다.

오답 체크 |
② 표준 발음법에서는 다양한 발음을 권장하고 있지 않다. 복수 표준어까지는 허용한다.
③ 표준 발음법 총칙에 따르면 표준어의 실제 발음과 함께 국어의 전통성과 합리성 모두 고려되어야 한다.
④ 실제 발음 및 표준 발음과 자모 글자의 원래 소릿값이 일치하지 않는 경우도 많다.
⑤ 현실에서 나타나는 모든 발음을 인정한다면 의사소통에 혼란이 올 것이다. 따라서 표준이 되는 올바른 발음을 정하는 것이 표준 발음법의 목적이다.

14 ①

정답 해설 | 〈보기〉의 '다만 2'에서 '예, 례' 이외의 'ㅖ'의 허용 발음에 대해 규정하고 있는데, 이는 달리 말하면 '예'와 '례'는 [ㅖ]로만 발음해야 한다는 의미이다.

오답 체크 |
② [계획/게획]으로 발음할 수 있다.
③ [폐품/페품]으로 발음할 수 있다.
④ [지혜/지헤]로 발음할 수 있다.

⑤ [개폐/개페]로 발음할 수 있다

15 ④
정답 해설 |

- 생닭을 : 겹받침 뒤 모음으로 시작하는 조사 '을(형식 형태소)'이 이어졌으므로, 겹받침 중 뒤엣것이 뒤 음절 첫소리로 옮겨 발음되므로 [생달글]이 표준 발음이다.
- 부엌에: 홑받침 뒤 모음으로 시작하는 조사 '에(형식 형태소)'가 이어졌으므로, 홑받침 그대로 연음되어 [부어케]가 표준 발음이다.
- 가져다 : 이중 모음의 발음에서 용언의 활용형 '져, 쪄, 쳐'는 [저, 쩌, 처]로 발음하므로 [가저다]가 표준 발음이다.
- 두었으니 : 받침 뒤 모음으로 시작하는 어미 '-었-(형식 형태소)'이 이어졌으므로, 그대로 연음되어 [두어쓰니]가 표준 발음이다. 어간과 어미가 줄어 '뒀으니[뒤쓰니]'가 되기도 한다.
- 삶아 : 겹받침 뒤 모음으로 시작하는 어미 '-아(형식 형태소)'가 이어졌으므로 겹받침 중 뒤엣것이 연음되어 [살마]가 표준 발음이다.
- 먹어라 : 홑받침 뒤 모음으로 시작하는 어미 '-어라(형식 형태소)'가 이어졌으므로 그대로 연음되어 [머거라]가 표준 발음이다.

16 ③
정답 해설 | '주의[주의/주이]'를 보면, 단어의 첫음절 이외인 경우 [의] 또는 [이]로 발음할 수 있다. [에]로 발음하는 것은 '의'가 조사일 경우에만 허용된다.

오답 체크 |
① '의사[의사]'를 통해 알 수 있다.
② '너의[너의/너에]'를 통해 알 수 있다.
④ '닐리리[닐리리], 하늬바람[하니바람]'을 통해 알 수 있다. 첫소리에 자음이 있다면 단어의 첫음절이든 아니든 [ㅣ]로만 발음한다.
⑤ '주의[주의/주이]'를 통해 알 수 있다.

17 ⑤
정답 해설 | '구름[구름], 나무[나무], 하늘[하늘]'은 소리대로 적은 표기이고, '꽃이[꼬치], 꽃나무[꼰나무], 꽃과[꼳꽈]'는 어법에 맞게 '꽃'의 형태를 밝혀 적어 의미를 한눈에 파악할 수 있게 한 표기이다.

오답 체크 |
① 발음과 표기가 일치하도록 적는다면 '꼬치, 꼰나무, 꼳꽈'처럼 표기해야 할 것이다.
② 고유어와 한자어는 한자를 병기하지 않는 이상 맞춤법 표기만으로는 구분할 수 없다.
③ 하나의 말을 다양한 표기로 적는다면 의미를 파악하기 어려워 의사소통에 혼란이 올 것이다.
④ 한 단어는 다양한 뜻을 지닐 수 있으나, 다의성은 표기할 때 고려해야 할 것이 아니다.

18 ④
정답 해설 | '입니다'는 서술격 조사 '이다'의 활용형이다. '이다'는 용언처럼 활용을 하지만 품사는 조사이므로 앞말에 붙여 쓴다. 조사가 둘 이상 연속되는 경우라도 앞말에 붙여 쓰므로, '여기서부터입니다'로 고쳐야 한다.

오답 체크 |
①, ⑤ '만큼'은 '앞말과 비슷한 정도나 한도'임을 의미한다. 앞말이 '당신'과 같이 체언일 경우 '만큼'의 품사는 조사로 보아 앞말에 붙여 쓴다. 앞말이 '들릴'과 같이 체언을 꾸며주는 관형어일 경우 의존 명사로 보아 띄어 쓴다. 조사 '만큼'과 의존 명사 '만큼'의 의미는 유사하며 문장 내 역할(앞말의 품사가 무엇인지)에 따라 품사를 구분한다.
②, ③ '뿐'은 '오직 그렇게 하거나 그러하다'는 의미이다. 앞말이 '실력'과 같이 체언일 경우 '뿐'의 품사는 조사로 보아 앞말에 붙여 쓴다. 앞말이 '할'과 같이 관형어일 경우 관형어의 꾸밈을 받는 의존 명사가 있어야 하므로 이때의 '뿐'은 의존 명사로 보아 띄어 쓴다.

19 ③
정답 해설 | '겉늙다'는 두 개의 단어, '겉'과 '늙다'가 어울려서 이루어진 말인데 둘 다 어원이 분명하므로 의미를 파악하기 쉽도록 형태를 밝혀 적는다.

오답 체크 |
① 받침 'ㅌ'을 대표음 [ㄷ]으로 바꾼 뒤 연음해야 하므로 [파달]이 표준 발음이다.
② 받침 'ㅊ'을 대표음 [ㄷ]으로 바꾼 뒤 연음해야 하므로 [오도르다]가 표준 발음이다.
④ '오라비'는 '아비'라는 어원에서 온 말인지 알 수 없다. 어원이 분명하지 않으므로 소리대로 적는다.

⑤ [며칠]로 발음하고, '몇'과 '일'로 분석되지 않으므로 소
　 리대로 적는다.

20 ③
정답 해설 | '그러므로'는 앞 내용이 뒤 내용의 이유나 근
거가 됨을 나타내는 말이다. 문장의 관계를 정확히 파악
해야 한다.
오답 체크 |
① 첫 번째 예시에서 '써'에 괄호가 표시되어 있으므로 생
　 략 가능함을 알 수 있다.
② 첫 번째 예시에서 '그는 열심히 일하는 것으로(써) 삶의
　 보람을 느낀다'라고 바꾸어도 자연스럽다.
④ 세 번째 예시에서 '-ㅁ으로'와는 달리 '-므로'에는 '써'가
　 결합할 수 없음을 알 수 있다.
⑤ 두 번째 예시를 통해 알 수 있다.